汉语非线性音系学(增订版)
汉语的音系格局与单字音

NON-LINEAR PHONOLOGY OF CHINESE

王洪君 著

本书全面评介国外非线性音系学理论,以新的理论视角全面分析了汉语的单字音与派生音的性质不同,普通话或方言中儿化、双声叠韵、连调、轻声等多种语音构词法的共时和历时表现,现代汉语各级句法韵律单元(音步、停延段、语调段)的特点及其与语法语用层面的关联。本书分析揭示出汉语的音系和句法韵律均以单字音为枢纽,是字本位的,与多音节语言以韵律词为枢纽明显不同。书中的讨论涉及世界各种类型的语言,对汉语普通话与方言的讨论尤为深入,并对研究方法有专门的论述。

北京大学出版社
PEKING UNIVERSITY PRESS

图书在版编目(CIP)数据

汉语非线性音系学:汉语的音系格局与单字音(增订版)/王洪君著.—2版.—北京:北京大学出版社,2008.5
(博雅大学堂·语言)
ISBN 978-7-301-03607-5

Ⅰ.汉… Ⅱ.王… Ⅲ.汉语—语言系统—研究 Ⅳ.H116

中国版本图书馆 CIP 数据核字(2008)第 068340 号

书　　　名：汉语非线性音系学——汉语的音系格局与单字音(增订版)
著作责任者：王洪君　著
责 任 编 辑：旷书文
标 准 书 号：ISBN 978-7-301-03607-5
出 版 发 行：北京大学出版社
地　　　址：北京市海淀区成府路 205 号　100871
网　　　址：http://www.pup.cn
电 子 邮 箱：zpup@pup.cn
电　　　话：邮购部 010-62752015　发行部 010-62750672　编辑部 010-62754144
　　　　　　出版部 010-62754962
印 　刷 　者：北京虎彩文化传播有限公司
经 　销 　者：新华书店
　　　　　　650 毫米×980 毫米　16 开本　22.5 印张　398 千字
　　　　　　1999 年 4 月第 1 版
　　　　　　2008 年 5 月第 2 版　2024 年 12 月第 3 次印刷
定　　　价：38.00 元

未经许可,不得以任何方式复制或抄袭本书之部分或全部内容。
版权所有,侵权必究　举报电话：010－62752024
　　　　　　　　　　电子邮箱：fd@pup.cn

目 录

绪论 / 1

第一章 非线性音系学溯源 / 5
  1.1 生成音系学的酝酿 / 5
    1.1.1 酝酿生成音系学的时代背景 / 5
    1.1.2 酝酿期的主要人物和事件 / 7
  1.2 生成音系学的形成 / 9
    1.2.1 第一次挑战——英语句子的重音问题 / 9
    1.2.2 生成音系学的进展 / 14
  1.3 标准理论时期（SPE 时期）/ 16
  1.4 非线性音系学时期（后 SPE 时期）/ 19

第二章 什么是音系的基本单位 / 21
  2.1 确定音系单位的原则 / 21
    2.1.1 历史的回顾 / 21
    2.1.2 结构主义的双向单一性原则使音系格局混乱 / 23
    2.1.3 语素音位、自立音位与系统音位 / 24
    2.1.4 双向单一性原则使音系规则复杂化 / 26
    2.1.5 生成派确定音系基本单位的原则
        ——可预测/不可预测分布和核心/边际分布 / 27
  2.2 什么是汉语音系的基本单位 / 29
    2.2.1 研究现状 / 29
    2.2.2 单字音、派生音、边际音与语法语义的不同关联 / 31
    2.2.3 单字音与派生音形成不同的共时音系格局 / 32
    2.2.4 单字音与派生音各自成系统演变 / 35
    2.2.5 汉语音位和声韵调分析的原则 / 39

第三章　区别特征、自然类和音系的格局 / 41

3.1　音系的格局 / 41
3.2　语音特征 / 43
3.3　语音特征、自然类与音系的规则和格局 / 44
3.4　语音特征、区别特征与羡余特征 / 47
3.5　普通话韵母系统的格局和韵母的分类 / 50
　　3.5.1　普通话的韵母及其具体音值(音段层次) / 50
　　3.5.2　普通话的韵母及其系统格局(区别特征层次) / 52
　　3.5.3　普通话韵母的分类 / 55

第四章　语素的深层形式与音系规则——连接方言音系与历史音系的桥梁 / 61

4.1　深层形式与音系规则(共时) / 61
　　4.1.1　语素的深层形式 / 61
　　4.1.2　语素的深层形式反映两音系本质上的相似度 / 62
　　4.1.3　语素深层形式的确定 / 63
　　4.1.4　深层形式与共时音系格局 / 66
　　4.1.5　音系规则的次序性、循回性和可选 / 72
　　4.1.6　馈给规则和阻断规则 / 76
　　4.1.7　词汇音系规则与词汇后音系规则 / 78
4.2　深层形式与音系规则(历时) / 82
4.3　深层形式与音系规则(方言) / 86
4.4　音系规则的添加与深层结构的重新分析 / 88
4.5　深层形式与单字音 / 89
4.6　SPE的单线性音系学与后SPE的非线性音系学 / 90

第五章　音节结构 / 94

5.1　音节的定义和内部层次 / 94
　　5.1.1　音节在音系理论中的地位 / 94
　　5.1.2　音节概念的恢复和音节的定义 / 95
　　5.1.3　音节的结构层次 / 97
5.2　音节的响度顺序原则 / 99
5.3　核心音节与边际音节 / 100
5.4　词中音节与词缘音节 / 102

5.5 构词中音节界线的变动与增音、省音 / 105
5.6 核心音节的判定与历史演变 / 106
5.7 汉语音节结构的特点 / 110

第六章 节律结构 / 115
6.1 自主的节律结构 / 115
6.2 节律树模型 / 117
6.3 节律栅模型 / 118
6.4 汉语普通话的节律 / 123
 6.4.1 普通话的基本节奏单元——音步 / 124
 6.4.2 普通话音步与词法、句法、节律模式的关联及动态划分策略 / 125
 6.4.3 普通话的音步与连调域 / 138
 6.4.4 普通话基本节奏单元的性质——松紧型音步 / 141

第七章 韵律词法 / 147
7.1 韵律单位与词法 / 147
7.2 音节模块说 / 148
7.3 音节模块、韵律词音形与叠音等特殊韵律词 / 151
7.4 北京多音象声词的韵律模块 / 156
7.5 韩语的拟声摹态词 / 160
7.6 从汉语韩语拟声摹态词的异同看语言的共性和类型差异 / 165

第八章 自主音段与特征几何 / 167
8.1 自主音段 / 167
8.2 特征几何 / 169
 8.2.1 主动的发音要素和被动的发音要素(生理角度) / 169
 8.2.2 单值的发音要素和偶值的发音要素(系统角度) / 170
 8.2.3 特征的层级与结构 / 171
 8.2.4 器官与特征详介 / 173
8.3 特征几何与语流音变、构词音变 / 176
 8.3.1 单个音段的特征几何 / 176
 8.3.2 音流及音变的特征几何 / 177
8.4 北京儿化的特征几何诠释 / 183

第九章　汉语中常用的两种语音构词法 / 187
　9.1　语音构词法 / 187
　9.2　"一生二"式语音构词法 / 188
　　9.2.1　太原嵌 l 词——前冠衍接式韵律词 / 188
　　9.2.2　福州切脚词 / 191
　　9.2.3　表音词头词——前冠跌接式韵律词 / 192
　　9.2.4　先秦的重言、双声、叠韵与 CV 分层的音义关联 / 193
　　9.2.5　多音韵律词的类型及其与单音节结构的关联 / 198
　9.3　"二合一"式语音构词法 / 200
　　9.3.1　儿化合音的各个阶段 / 201
　　9.3.2　儿化合音的演化与语法意义的磨损 / 209
　　9.3.3　儿化合音的重新分析与循环的变化 / 210
　　9.3.4　Z 变韵的演化 / 211
　　9.3.5　Z 变例外词形与时间层次 / 216
　9.4　单字音与汉语语音构词法 / 221

第十章　声　调 / 222
　10.1　两种不同类型的声调 / 222
　10.2　自主音段声调学——基于非洲语言声调的声调学 / 223
　　10.2.1　自主的声调音列 / 223
　　10.2.2　声调的最小单位与结构单位
　　　　　　——单值音高的声调（特征）与调型（旋律）/ 224
　　10.2.3　声调特征与音质音段的连接规则 / 226
　10.3　汉语的声调（一）——声调特征与调型 / 230
　10.4　汉语的声调（二）
　　　　——五度标调法与 H、M、L 标调法及阴阳调域 / 232
　10.5　汉语的声调（三）——浮游调和浮游摩拉 / 236
　10.6　汉语的声调（四）——轻声和单字调 / 237
　　10.6.1　普通话轻声的声学特性 / 238
　　10.6.2　普通话轻声的音系特征：轻声的深层形式和
　　　　　　调值实现规则 / 238
　　10.6.3　普通话轻声连调、吴语黏合式连调与音高重音
　　　　　　语音"词调"的重要区别 / 242

10.7 汉语的声调(五)——单字调与连字调 / 243

第十一章 普通话的韵律层级及其与语法语义语用的关联 / 248
11.1 问题的提出 / 248
11.2 韵律层级与句法韵律层级 / 248
11.3 普通话韵律层级各级单位的韵律标志 / 251
   11.3.1 一般性理论:层面、单位层级、单位活动模式 / 251
   11.3.2 与普通话韵律单位分级有关的几个常用概念 / 252
   11.3.3 普通话各级韵律单位的形式标志 / 254
   11.3.4 普通话的句重音模型 / 258
   11.3.5 普通话的语调模型 / 260
   11.3.6 总览:普通话各级韵律单位的韵律标志 / 263
11.4 普通话音步、停延段与语法、语用、节律模式的关联 / 264
   11.4.1 普通话音步、停延段与语法单位的表层对应 / 264
   11.4.2 适合节律生成的句法模型
      ——基于谓词、论元结构的句块模型 / 265
   11.4.3 普通话音步、停延段与语法等立/黏合/组合的关联 / 267
   11.4.4 普通话音步、停延段边界的动态划分规则 / 269
   11.4.5 普通话音步、停延段与"二常规、一三可容、
      四受限"节律模式和语用限制的关联 / 271
11.5 语调段诸韵律标记与语法语义语用的关联 / 273
   11.5.1 语句重音 / 273
   11.5.2 语调 / 275
11.6 小结 / 276

第十二章 普通话的句法韵律层级和韵律模块对词法的制约 / 277
12.1 句法韵律层级的性质 / 277
12.2 普通话的句法韵律层级:韵律字、韵律词、韵律类词、
   韵律短语 / 278
   12.2.1 从与语法单位的关联看英语句法韵律层级的
      各级单位 / 278
   12.2.2 普通话的句法韵律层级应该有几级单位 / 279
   12.2.3 单音步语段中普通话韵律词、韵律类词、韵律短语
      的区别 / 282

12.2.4　多音步语段中普通话韵律类词、韵律短语的区别 / 288
　12.3　韵律字、韵律词、韵律类词、韵律短语在语言系统中的
　　　　重要性 / 292
　12.4　句法韵律模块、音节单双对汉语词法句法的制约 / 294
　　12.4.1　音节单双与汉语的词法和句法(一)：
　　　　　　煤炭店与种大蒜 / 295
　　12.4.2　音节单双、句法韵律模块与词法、句法(二)：
　　　　　　碎纸机与纸张粉碎机 / 299
　　12.4.3　音节单双与汉语的词法和句法(三)：
　　　　　　"关严了窗户"与"把窗户关严实了" / 305
　12.5　音节单双、自由、黏着和现代汉语书面/口语语体 / 305
　　12.5.1　问题的提出 / 305
　　12.5.2　音节单双与半自由语素及自由条件 / 306
　　12.5.3　音节单双与现代汉语书面/口语语体 / 309
　12.6　小　　结 / 313

**第十三章　句法韵律枢纽、汉语的字本位和更普遍的句法
　　　　　　韵律层级说 / 315**
　13.1　句法韵律层级和张洪明修正方案的三分说 / 315
　13.2　句法韵律枢纽(上)——多音节重音型语言的韵律词 / 318
　13.3　句法韵律枢纽(下)——单音节声调语言中的韵律字
　　　　和字本位 / 320
　13.4　句法韵律枢纽与文字单位和语法切分的初始单位 / 323
　　13.4.1　句法韵律枢纽与文字单位 / 323
　　13.4.2　句法韵律枢纽与语法切分的初始单位 / 325
　13.5　句法韵律枢纽与语音演变的组合条件 / 328
　13.6　汉语的字本位与更普遍的句法韵律层级说 / 331

第十四章　余论：材料与理论、语言普遍性与汉语特殊性 / 333

主要参考文献 / 336

后　　记 / 348

增订版后记 / 350

绪 论

非线性音系学是20世纪70年代中期以后美国出现的诸多音系新理论的总称。1975年以后的近20年,美国音系学界异常活跃,节律音系学、自主音段音系学、CV音系学、特征几何音系学、韵律音系学等冠以音系学学科名称的新术语不断涌现。如果说20世纪20至40年代堪称美国音系理论的第一高潮,在这一时期中,语言学家以自己本不熟悉的印地安语为素材,建立起了严格的描写派结构主义音位学(即自立音位学);20世纪50年代中期至60年代末可称美国音系理论的第二高潮,该时期语言学家以自己熟悉的英语、俄语等为素材,在与自立音位学的激烈论战中,建立起生成音系学的标准理论;那么,70年代中期以后至今的时期,无论从提出理论的价值还是从提出理论的数量看,都当之无愧地可称之为美国音系理论的第三高潮。

70年代中期以后的诸多音系新理论之所以被统称为"非线性音系学",是因为这些理论对组合方向上音流的结构有了全新的看法。描写派结构主义的自立音位学和生成音系学的标准理论都把音流的结构看做单线性的,即语音的小单位(音位或音段)在一条线上的组配限制形成了音流的结构。所以,这些学说又可统称为"单线性音系学"。而70年代中期以后的音系学研究了不同类型语言的各种音系现象,分别揭示了轻重音、声调、区别特征、声母、韵母、音节、语音词等不同性质、不同层次语音单位有独立于音段(或称音位)的线性结构。例如,节律音系学揭示了在有的语言中词内的轻重音总是形成先重后轻的一个个小的节拍,在超音段的层次上形成"重轻·重轻·重轻……"的线性结构;另一些语言的词内轻重音则是"轻重轻·轻重轻……"的线性结构,更常见的是复杂得多的多层次的轻重音线性结构(详见第六章)。再如CV音系学揭示了有些语言通过元辅音分为两层线性配列的方式来构词,如阿拉伯语中katab表示"已写了",其中只要辅音选择了ktb,就表示"写",元音a就表示主动态、过去的事。而元音u、i则表示被动态、过去的事。所以,kutib表示"已被写了",šarab-a表示"已喝了"，šurib-a表示"已被喝了"（详见第九章）。而包括汉语在内的许多语言都有许多特殊的拟声摹态词，如北京的"啪啪"、"啪啦"、"劈啪"、"劈啪劈啪"、"啪啦啪啦"、"劈里啪啦"、"哗哗"、"哗啦"、"稀里哗啦"等等，如果仅从音段线性配列的角度无法描写其中的组合限制，而如果从音步、声韵分层的选择看，就可以看出它们都是两音节一音步，音步中前音节暗、后音节亮，同音步中两音节声母或韵母的选择必须至少有一项相同等限制（详见第七章）。总之，表面看在时间的一维向度上延续的音流，结构上却比前人描述的一条线复杂得多：音流有多层次、多音列的线性配列限制，不同列的线性结构相对独立又彼此关联。揭示音流的多层次线性组配，揭示某个层次上线性配列的普遍特点，揭示多层线性配列间的普遍关联，成为音系学研究新的趋向。这一全新的立足点，使得这一时期的音系学取得了许多令人振奋的新成果。本书采用这一新的角度观察汉语，力图挖掘隐藏在繁复的表面现象之下的简单规律。

非线性音系学研究的语料较之前的音系学更广泛，观察也更深入。其涉及的语言材料不仅有西方语言学家熟练掌握的、有很长人文研究传统的英、俄、法、德、西等欧洲语言，有描写派结构主义收集整理过的印地安语，还有经典阿拉伯语及伊拉克、开罗等多种阿拉伯语方言、非洲班图语系的多种语言、菲律宾南岛语系的多种土著语、汉语普通话及多种方言、日语、韩语、希伯来语等等。而且，对这些语言的收集和研究大多都有母语者的直接参与，材料大多很全面，不仅给出音位系统，还常常给出各种词类的基本形式和变化形式、语流音变、拟声摹态词等等。在丰富的材料和母语者语感的基础上，非线性音系学的研究在普遍性的程度上较之以前的音系学的确有了较大的进展。

非线性音系学属于普通语言学的音系理论。这就是说，它立足于揭示人类音系的普遍性的特点。值得注意的是普通语言学的研究方法。毫无疑问，普通语言学原则的提出，应该有尽可能多的语言事实作为基础。但是，任何一个语言学家都不可能占有所有类型语言的所有材料，这也永远是不争的事实。因此，普通语言学的原则是不可能通过归纳的方法得出的。科学的方法是在一定材料的基础上提出普遍意义的可验证的假设，然后通过更多的材料检验假设：或证明假设的普遍意义而支持它，或证明假说完全不成立而推翻它，或证明假设有局限而修正它。这种通过反复进行的"材料→假设→新的材料验证→新假设"来不断地接近普遍原则的方法，是非线性音系学各种理论总的研究方法，也正是科学哲学家通过研究各种

绪 论

学科的进展而发现的普遍的科学的研究方法。正因如此,本书在运用非线性音系学的方法研究汉语的同时,也介绍这些新的理论假设提出时所依据的语料,如英语、俄语、阿拉伯语、菲律宾土著语等。这样,一方面可以看出这些普遍规则的假设是如何从具体材料中抽象出来的,另一方面,也有利于通过本书给出的,或读者自己掌握的汉语语言材料进行验证,来证明、证否或修正这些假设。

世界语言可分为几种大的语言类型,汉语是其中一种(单音节、有声调、无形态)的典型代表,有许多不同于其他语言的特点。可以说,不能涵盖汉语特点的语言理论就称不上普通语言学理论。但是,所谓汉语的特点必须与其他语言相比较才能真正显示出来。另外,汉语也是人类自然语言的一种,也必然会有人类语言的普遍性的特点,但这些普遍性也往往是要通过分析才能揭示的。在许多情况下,从低层次看是汉语的特点,到更高的层次看则体现了人类语言的普遍性。因此本书在讨论汉语材料的同时也介绍不少其他语言的语言材料,除了上面所说的为更好地反映理论提出背景的考虑外,也是为了在比较中更好地显示汉语的特性和普遍性。

除了对组合音流的认识外,非线性音系学在理论的其他方面与美国音系学 20 世纪 60 年代的主流派——生成音系学一脉相承。如,主张音系和语法是相对独立但彼此有关联的层面,音系单位、音系规则的确定和施用也应考虑语法语义的因素;主张音系应分为表层结构和深层结构,深层结构经过一些规则的运转生成表层结构;在音系的分析中特别注意语素或词的音形交替,力图从语言材料的分析中发现人类音系的普遍性原则,等等。总之,从大的理论范畴看,本书介绍的非线性理论大都可以归入生成音系学的范畴,属于生成音系学的新分支。(20 世纪 90 年代开始出现的非线性的优选论则逐渐突破了生成的理论框架。这一理论的详情,需要专书另外介绍,本书不拟涉及。)

非线性音系学的一些基本理论在 20 世纪 50 年代后期、60 年代前期生成音系学与结构主义的大论战中就确立了。但由于种种原因,那段时期我国的对外学术交流正好完全中断,以致直至 20 世纪末我国音系学界熟悉的普通语言学理论仍是描写派结构主义的自立音位学,直接接受非线性音系学有些困难。因此,为理清非线性音系学的理论背景和发展脉络,为与我国学者比较熟悉的自立音位学接轨,本书的各章打算这样来安排:

第一章按时间顺序追溯生成音系学的发展。着重介绍生成音系学取代结构主义音位学成为主流学派的大的时代背景,生成派在与结构主义几次大的论争中所揭示的结构主义音位学在基本理论原则上的谬误,生成派得以成为主流学派的一些最重要的实质性的研究成果,生成音系学由单线性到非线性的发展。其余的章节则每章讨论音系理论的一个重要方面。其中第二、三、四章讨论的理论问题是在初期生成音系学与结构主义音位学论争时就已经解决了的,但我们的讨论一方面尽量结合汉语诸多方言的材料,另一方面不再拘于早期单线性音系学的术语,而尽量使用能够把问题说得更清楚的后期非线性理论的术语。第五、六、七、八、十章各讨论非线性音系学的一个分支,介绍这些理论的主要观点和所依据的语言材料,并用这些新的观点分析汉语的一些实例。第九章综合非线性音系学各个分支的理论专门分析汉语语音构词共时的种种表现,并透视其历时发展的轨迹。第十一、十二章结合分析国外的韵律层级模型专门讨论现代汉语的韵律单位及其与语法语用的关联。第十三章通过单音节、有声调的汉语与多音节、有轻重音的英语的整体比较对非线性音系学的韵律层级模式做出一点补正。最后的结语阐述对语言的普遍性与汉语特殊性的一些看法。

　　书中第一章关于美国生成学派和结构主义论争的介绍主要参考了 S. R. Anderson 的 Phonology in the Twenty Century (1985) 一书,第五至十章中介绍非线性音系学的部分主要依据 M. Kenstowicz 的 Phonology in Generative Grammar (1994) 一书和我 1990~1991 年度在 MIT 旁听 M. Halle 和 M. Kenstowicz 所授音系学课程时的课堂用辅助材料和各种课外练习。本书关于非线性理论在汉语中的运用的实例分析及其从新的角度观察汉语的一些新的发现及对现代汉语韵律的讨论则主要是我个人的研究体会。我想,主要对汉语感兴趣的读者,完全可以跳过第一章,从第二章开始阅读;只对非线性音系理论感兴趣的读者,则可以直接从第五章开始阅读。

第一章 非线性音系学溯源

非线性音系学从大的理论范畴来说属于生成音系学。生成音系学的发展可以大致分为以下四个时期:1952～1956年酝酿期,1956～1968年形成期,1968～1975年标准理论期,1975年至今非线性理论期。下面分期做简要介绍。

1.1 生成音系学的酝酿

1.1.1 酝酿生成音系学的时代背景

生成音系学是生成语法的重要组成部分,它是作为结构主义、特别是美国描写派结构主义的对立面而出现的(可参考 Anderson 1985)。

直至20世纪50年代初,美国描写语言学派一直被认为是模范的、科学的学科。但当一门学科发展到顶峰,危机也就伏下了。20世纪50年代初,正是科学哲学史上两种理论潮流交替的时代转折点,而结构主义被视为模范、科学的理论基础却属于即将被替代的一方。

20世纪20年代到40年代(两次世界大战之间),科学哲学的主流是逻辑实证主义。逻辑实证主义认为,凡科学,对世界的解释都可以分为两个部分:一部分是少数的原子命题(atomic proposition)。原子命题是一些能直接感觉到的、不用证明的基本事实。另一部分则是由原子命题按照逻辑推导出来的大量的分析命题。一门学科是不是科学就取决于:① 原子命题是否符合事实;② 其他命题与概念能否用原子命题加逻辑推导来证明。由于一门学科中大量的命题是分析命题,所以一门学科的科学性几乎就取决于其命题的推导过程是否合乎逻辑,是否具有操作性(即重复演算而结论相同)。换句话说就是,一门学科的科学性就取决于其大部分命题能否不受人的主观意识的影响用形式化的方式得出。所以,当时有这样一句名言:"是不是正确的答案无所谓,重要的是得到该答案的方法是否正确"。

这一时代又被称做"分析的时代"。

美国描写语言学的科学哲学基础是逻辑实证主义。它的基本原则就是尽量少地考虑意义,强调要依据可以反复测试而结果相同的对立互补等分布关系、按照一定的程序来发现语言的单位和规则。在20世纪50年代前,这被认为是唯一科学的。

然而,20世纪50年代以后,逻辑实证主义受到越来越多的怀疑。科学家们发现,许多领域的基本科学概念并不具备逻辑实证主义所要求的固定的可操作性,却并不因此而失去意义。科学越来越注意整个理论在某个领域中的解释力与预见性的大小,能否给该领域带来内部的一贯性和明晰性,而不再注意某理论的论断是否能通过逻辑的分析来证明。也就是说,重要的是所建立的理论本身的效力如何,而建立该理论所用的方法完全不必限于逻辑推导。所以有人说,20世纪50年代以后科学进入了"综合的时代"。这一转折严重地动摇了美国描写语言学派的哲学基础。

另一个相关学科是心理学。20世纪50年代以前,心理学的主流是符合逻辑实证主义的行为主义心理学。该派认为,语言和人的所有行为一样,都是一种刺激-反应的过程。由于刺激和反应都是可以直接观察的客观事实,所以可以从可观察的客观事实入手研究其对应规则。如下所示:

```
    输入      (对应规则)      输出
(可观察)刺激 A ——————→ 反应 B(可观察)
```

对应研究好了,就可以从刺激A加上对应规则得到反应B,或是从反应B加上对应规则得到刺激A。但到20世纪50年代,这一学说也受到严重挑战。不仅是从科学哲学方面的挑战,而且还有心理学实验事实的挑战。实验证明,人类的行为远比简单的刺激-反应复杂得多。相同的刺激可引起不同的反应,不同的刺激也可能引起相同的反应。因为承受刺激的主体也在过程中起主动性的作用。与上面的问题直接有关的是,原来认为相同的语音输入必然引起说话人相同的反应,即说话人只根据所接收的声波解译语言码;但实验证明,说话人解码的根据不仅是直接听到的声波,而且还有头脑里已有的语音、语法、语义知识。比如,尽管北京话中"土改"与"涂改"语音完全相同,但在一定的上下文中经过解码,北京人不但不认为它们是同一个词,甚至并不感到它们是同音词(因为它们的单字调不同,详见第二章)。因而,找出了语音上的区别性单位,并不等于完全说明了人们的语音知识。心理学在20世纪50年代的发展进一步动摇了美国描写语言学派的理论基础。

1.1.2 酝酿期的主要人物和事件

生成音系学的出现离不开三个人物和两所大学。

三个人物一是结构主义布拉格学派的代表性人物之一 Roman Jakobson(雅克布逊),二是美国麻省理工学院学院教授、生成音系学的创始人和领头人的 Morris Halle(哈勒),三是美国麻省理工学院学院教授、生成音系学的创始人和生成语法的创始人和领头人 Noam Chomsky(乔姆斯基)。

两所大学是美国的哈佛(Harvard)大学与麻省理工学院(MIT)。这两所世界知名的大学都坐落在美国东北部波士顿市郊的坎布里奇(Cambridge)小镇,相隔只有两三个地铁站。

这三个人物20世纪50年代初在这两所学校中的密切接触,酝酿出一门新的学科——生成音系学。他们是怎样相继来到这里的,当时又是什么关系呢?

Jakobson:1896年生于莫斯科,犹太人。十月革命前他是著名的"莫斯科语言小组"的发起人之一。该小组以调查俄国的民俗和方言、研究历史比较语言学和语言地理学为目的,Jakobson本人对诗歌有很深入的研究。十月革命期间移居捷克,成为布拉格学派的著名学者,对音位理论的建立卓有贡献。德国占领捷克后,他几经辗转来到美国。到美国后,他成为重功能的语言学派的领头人,与重形式的美国描写主义的结构语言学有明显的不同。美国语言学界颇具影响的 WORD 杂志就是这一派创建的。他先是在纽约的一所由法国逃难者创办的"高等研究自由学院"任教,后于1943~1949年受聘于哥伦比亚大学,1949年任哈佛大学教授并在MIT兼职。他那时已经是很有声望的世界级语言学家。

Halle:1923年生于拉脱维亚,犹太人。1940年该地区并入苏联时移居美国。他先是在大学里学习工程学,二次大战时参军服役,战后重续学业,改学语言学。1948年始师从Jakobson,1949年作为博士研究生随导师到哈佛,学习的同时在哈佛和MIT兼做教学和研究工作。由于在基于声学的区别特征和诗歌节律方面的研究卓有成绩,在当时小有名气,是Jakobson身边形成的青年斯拉夫学者群中的佼佼者。

Chomsky:1928年生于美国宾州的费城。大学时师从美国结构主义大师Harris,取得硕士学位。毕业后经哲学家Goodman的推荐得到哈佛大学1951～1955年度初级研究员的资助。当时他在哲学、逻辑、语言学等诸多方面都有很好的基础,师从Harris时掌握了形式化分析语言的美国传统,并在硕士期间就发现了这种传统的缺陷,开始新的理论途径的思考。1951年至1955年为哈佛大学初级研究员,建立生成语法基本框架的博士论文《语言理论的逻辑结构》大部分是在这期间完成的。1956年经Jakobson介绍到MIT教授科技法语、德语和逻辑。1955年以前,乔姆斯基是三人中名气最小的,几乎不为学术界所知。

有趣的是这三个人有一些极为明显的共同点:都是犹太人;都会多种语言,如Halle会英语、俄语、德语、希伯来语、拉脱维亚语、法语等六七种语言;都对当时占统治地位的美国结构主义的理论不满,都有探索语言的普遍特点的强烈愿望。同时他们又有各不相同的、可以互相补充的学术背景:Jakobson较偏重文学、诗歌理论、民俗与文化,是人文性较强的欧洲派结构主义的顶尖人物。Halle有工程学背景,擅长声学分析,对诗歌节律有特殊兴趣,并师从Jakobson系统学习了欧洲派结构主义理论。Chomsky有极好的哲学、数学、逻辑学基础,系统学习了美国描写派结构主义理论。

可以说,他们三人代表了结构主义两大派别的新老两代。智慧的欧洲派与精密的美国派于科学时代交替之时相会在充满自由学术空气的校园,迸发出创新的火花,逐渐孕育成完整的新体系,似乎是历史的必然。

这一时期,生成音系学中占据重要地位的区别特征理论已经成熟,代表作是1952年Jakobson、Fant & Halle合写的《言语分析初探》。该文提出,12对偶分的区别特征足以描写所有人类语言的语音音质。生成音系学的理论基础——生成语法的基本思路也已经明确,Chomsky在Jakobson的大力支持和与Halle的密切切磋下完成的博士论文中提出,语言不是一种机械的行为,所谓"语法发现的机械程序"是根本不可能存在的。一种好的语言理论要能够简明地生成语言中所有能说的句子,而不生成所有不能说的句子。重要的是语言理论的生成能力与语言事实是否相符,生成程序是否简明,至于发现这种语法的方法,则不排除直觉、猜测、方法论上的各种暗示、以往的经验等各种途径。

1.2 生成音系学的形成

1.2.1 第一次挑战 —— 英语句子的重音问题

我们以 1956 年作为形成期的开始,因为生成音系学第一篇有影响的论文是在这一年发表的,这就是收在庆祝 Jakobson 六十华诞论文集中的 Chomsky、Halle、Lukoff(1956)合写的《英语的重音与音渡》(On Accent and Juncture in English)。这也是整个生成理论的第一篇有影响的论文,那时 Chomsky 关于语法的论文尚未公开发表。也就是说,生成理论与结构主义的直接交火是从音系领域而不是语法领域开始的。

重音、音高、句调、音渡等超音质现象始终是令美国描写派结构主义的音位理论颇感尴尬的难点,因而成为生成派攻击的突破口。按照结构主义理论,超音质区别性单位的发现程序与音质区别性单位(音质音位)的发现程序应该是统一的,然而经过几代人的努力,依照这一原则得到的成果却漏洞百出。后期结构主义大师霍凯特的《现代语言学教程》(中译本,1987)对英语句调的分析(第四章)是最好的例子。

霍凯特认为英语句子的语调可分为四个有区别的音高级。这四级音高是这样得出来的:找一段音质成分完全相同的对话,改变其中一句话的音高,看英语者是不是认为有意义上的区别。作为测试,句子可以尽量简单。霍凯特选了下面的对话:

Jack:Where're you going?
Bill:Home.
Jack:Home?
Bill:Yes.

其中第二句话,Bill 说的"Home",可能有三种英语者能听得出区别的语调。如果以 4 表示最高的音高,以 1 表示最低的音高,则这三种语调可以表示如下:

4 Home 1 —— 表不耐烦的情绪:这么晚了,当然是回家,还能去哪儿!
3 Home 1 —— 正常的一般性回答,无特殊附加情绪。
3 Home 2 —— 犹豫不决的回答:只是没事干才打算回家,有事就不回了。

由此可得出句子有区别的点音高至少有四级,再观察其他复杂一些的句子发现这四级音高在句子中分布的规律是:感情强烈的句子的音高最高点为4,一般句的音高最高点为3,一般句的最低点为1,一般句的中等音高为2。一般句音高的最高点出现在句子的新信息(大多为句子的主动词)上,最低点出现在句子的末尾,中等音高出现在句首到新信息的那一段。如:

  I^2 $want^2$ to^2 go^3 $there^1$.

  这一分析表面上看很漂亮,因为它所用的方法与音质音位的发现程序完全一致:设置一个语音条件相同的语境,只替换其中一个语音要素,询问发音人替换前后是否相同,如果发音人认为相同,则所替换的要素为自由替换关系,不是有区别的语音形式;如果发音人认为不同,则所替换的要素为对立关系,是有区别的语音形式。工作过程似乎无需任何语法语义的信息。无需语法语义信息对于结构主义音位学来说是非常重要的,因为该派的理论根基就是音系是独立于语法语义的自立的系统,确定音系的单位只能考虑语音的条件。因此,该理论又称为"自立音位学"。"自立"者,语音自立,与语法语义无涉之谓也。"音位学"也是美国结构主义专用术语,与该学派把"发现音位"当作音系分析的主要任务有关,其他学派均用"音系学"("音位学"这一术语现已废弃不用)。只根据语音分布的对立互补将实际出现的音素归纳为有区别作用的音位,被该派总结为归纳音位的一条重要原则——**双向单一性**(bi-uniqueness)条件。即,音位集合中的成员只依据一定的语音条件(不涉及构词及句法)与音素集合中的成员对应;反之,音素集合中的成员也只依据一定的语音条件与音位集合中的成员对应。

  然而,虽然这一分析的程序看去漂亮,所得结果却并不那么漂亮。首先是结果很难得到英语者的一致赞同。许多人不认为句子主要动词前的所有词都是相同的2级音高,从而音高的等级似不止四级。其次,大量的语音感知实验证明,如果离开语法语义的信息(比如去掉句子的音质部分,只留下超音质部分,使得听者不知道所听语料中词的分界),即使是受过训练的语言学家也无法仅从语音信息判断英语句子语调的四级音高。一是无法判断句中成分音高的差别是语调音高的差别还是词重音的差别,二是英语者可以分辨的句中成分的音高差别远远多于四级。这是不争的事实,因此连自立音位学家自己也承认这种分析结果是不能令人满意的(见霍凯特1987中译本的序)。

  由于Halle是实验语音学家,在酝酿期就做了大量的实验,对自立音位学语调处理方案的不合理深有体会。在与Chomsky的切磋中,两人逐渐认识到自立音位学的基本原则——双向单一性条件就有问题。事实上,从音

第一章 非线性音系学溯源

位出发只依据一定的语音条件得到具体的音素是可以做到的,但从具体的音素出发只依据语音条件得到音位就不一定都能做得到。如北京话的连调规律"上+上→阳平+上",可以从箭头前的调位推出箭头后的调值,但不能从箭头后的调值推出箭头前的调位。因为调位"阳平+上"的连调值也同样是"阳平+上"。如果不考虑词汇条件,语流中出现的"阳平+上"的调值对应两种调位,是一对多的关系。由于自立音位学的基本原则——双向单一性条件不成立,两人决定另辟新路:既然语音单位的确定也要涉及语法语义的因素,那么就应该把构词和句法的条件也考虑进来;既然无法仅从具体的音值加上语音条件得到唯一对应的音位,那么音系学的要求就应该只限于从音位出发加上一些条件得到具体语音(生成方向),而不必要求仅根据语音条件从音值得到音位(音位发现程序)。1956 年他们提出了全新的生成方向的英语句子的句调重音的处理方案。

该方案以 1 为最重的重音,数目越大,重级越小。如 2 级重音轻于 1 级重音,3 级轻于 2 级。但还有个数目最小的 0 级,却是最轻的。这是因为 0 级表示弱读,它还伴随元音的变化,属于轻音的性质,因此不计入重音等级的序列。该方案认为,由数目不同的词组成的长短不同的词组或句子,句中实际句调重音的重度的等级完全可能超过 4 级,句调重音具体模式的数量在原则上是无限多的。但英语的句调重音从深层看只有重/非重两级对立。它是在词重音基础之上的轻重对比。如,短语 yellow cover 的第一个词 yellow 的词重音在第一音节,第二个词 cover 的词重音也在第一音节。单说一个词时两词的词重音重度是一样的,但如果两词结合成短语,第二个词的词重音就一定要比第一个词的词重音更重些(yellow 'cover)。在词与词结合的每个层次上都要根据一定的规则确定所结合成分词重音的相对轻重,从而形成实际句子的各种语调起伏。因此,虽然实际句子的语调起伏多种多样,但只要知道了每个词的重音,就可以用非常简单的两三条规则反复套用来推出实际句子中每个词的相对重度。音系学的任务之一就是要找出这些反复套用的简单的重音规则,而这些任务是"音位学"这一术语无法涵盖的。Chomsky 和 Halle 找出的英语句调重音的规则及具体操作过程如下:

首先,设每个词单念时的词重音均为 1 级重音(个别一贯轻读的语法词为 0 重音,如冠词 a);其次,词与词两相结合后,其中一个词重音的重度保持不变,另一个词重音减弱一级。哪个保持,哪个减弱,是由它们之间的语法关系是词还是词组、句子决定的:如果词与词组合后整个结构仍为词(复合词),那么,左边的词重音保持 1 级,其余的重音减弱一级(2 级),如复

11

合词"黑板"black¹ board² 是左边的 black 保持 1 级；如果词与词组合后形成词组或句子，则右边的那个词重音保持 1 级，其余的词重音减弱一级（2级），如词组"黑色的板"black² board¹ 是右边的 board 保持 1 级。以上规则可以概括为"**复合词左重，词组和句子右重**"。词组常常可以是词的多层套合，复合词也有时是词的多层套合。对于多层套合的结构，要根据其直接成分的结构层次，将复合词左重、词组与句子右重的规则在每个结构层次上都重复运用一次。要注意两点。一是重复运用的"减一级"将使 1 级重音减为 2 级，2 级重音则减为 3 级，3 级减为 4 级……等等，依此类推；二是在重复运用的"左重、右重"中保持 1 级重音是指保持左边或右边的直接成分中的 1 级重音，它并不一定是最左边或最右边的那个词。也就是说，以上两条规则的更精确的陈述应为：

① 复合词的两个**直接成分**中，左边那个成分中的 1 级重音保持，其余的词的重音重度顺减一级。

② 词组或句子的两个**直接成分**中，右边那个成分中的 1 级重音保持，其余的词的重音重度顺减一级。

另外，在最后一个层次上，还要再加一条调整规则：

③ 调整规则：如果 1 级重音的右边的那个词重音到结构的最后一层仍为 2 级重音，将它减为 3 级重音。

规则③又叫做"重音碰撞规则"，即紧挨着最强重音出现的重音要特别减弱。

这样，每个句子都肯定有一个最重的 1 级重音，最轻可轻到多轻则取决于句子结构套合的方式和套合层次的多少。下面是一些例子（方括号外的下标表示该层结构的整体功能：n、adj、v 分别表示名词、形容词、动词，np、ap、vp 分别表示名词词组、形容词词组、动词词组。1、2、3 表示各词在单念和组合各个层次上的相对重度，①、②、③指出在该组合层次上所运用的是第几条规则）：

```
[black board]n        [easy going]adj      [air condition]v (装空调)
   1     1              1     1              1       1
         2①                   2①                     2①
         3③                   3③                     3③

[black board]np       [very easy]ap        [chang condition]vp
   1     1              1     1              1       1
         2②                   2②                     2②
```

第一章 非线性音系学溯源

每个语段下面的第一行都是几个阿拉伯数字1,它表示生成英语句调重音的第一步是先将每个语段中每个词的词重音(都是1级重音)标出。下面的阿拉伯数字表示在词与词结合的每个层次上的相对重度。如果该语段是复合词(如义为"黑板"的 black board),根据规则①,右边那个词的重音减为2级。如果该语段是词组(如义为"黑颜色的板"的 black board),则根据规则②,左边那个词的重音减为2级。另外,复合词中紧靠1级重音右边的音节到最后的层次仍为2级重音,因此要施用调整规则③把它减为3级。再看复杂些的例子:

$$
\begin{array}{llll}
[[\text{black board}]_n \text{ eraser}]_n & \quad & [[\text{black board}]_{np} \text{ eraser}]_n \\
1 \quad 1 \quad \quad 1 & \quad & 1 \quad 1 \quad \quad 1 \\
1 \quad 2① & \quad & 2 \quad 1② \\
1 \quad 3 \quad \quad 2① & \quad & 3 \quad 1 \quad \quad 2①
\end{array}
$$

左边一例义为"黑板擦儿",右边一例义为"镶有黑色木板的板擦儿"。在语法结构的第二层上,左边一例的两个直接成分是 black board 与 eraser,其整体性质为复合词,因而左边的直接成分的1级重音(在 black 上)保持,其余的重音顺减一级(board 由2减为3,eraser 由1减为2)。右边一例道理相同。下面再看更复杂的例子。

$$
\begin{array}{l}
[[\text{John's }[[\text{black board}]_n \text{ eraser}]_n]_{np} [\text{was stolen}]_{vp}]_s \\
1 \quad \quad 1 \quad \quad 1 \quad \quad 1 \quad \quad 0 \quad 1 \\
\quad \quad \quad \quad 1 \quad 2① \\
\quad \quad \quad \quad 1 \quad 3 \quad \quad 2① \\
2 \quad \quad 1 \quad 4 \quad \quad 3② \\
3 \quad \quad 2 \quad 5 \quad \quad 4 \quad \quad \quad 1②
\end{array}
$$

$$
\begin{array}{l}
[\text{take }[[\text{John's}[[\text{black board}]_n \text{ eraser}]_n]_{np}]_{vp} \\
1 \quad \quad 1 \quad \quad 1 \quad \quad 1 \quad \quad 1 \\
\quad \quad \quad \quad 1 \quad 2① \\
\quad \quad \quad \quad 1 \quad 3 \quad \quad 2① \\
\quad \quad 2 \quad \quad 1 \quad 4 \quad \quad 3② \\
2 \quad \quad 3 \quad \quad 1 \quad 5 \quad \quad 4②
\end{array}
$$

该方案生成的语调曲线符合说话人的语感。Chomsky 与 Halle 还指出,虽然表层具体音高的差别实际上是无限多的,但对英语者来说,只有左重与右重的区别是重要的、自觉的:'black board ≠ black'board。前者为词,后者为词组,有语法结构的不同。至于复合词 'black board 在单念时为1 3,在 black board eraser 中为1 2,在 John's black board eraser 中为1 4,在 take John's black board eraser 中为1 5,对英语者来说是不自觉的,因为

13

这只是左重与右重这两个区别性单位按规则套合而成的表层事实。这一论断亦很符合英语者的语感。这样,生成音系学的第一篇论文就把自立音位学未能解决的问题解决得相当圆满。这一方案的路子是全新的:1. 不是对具体语音资料的直接分类描写,而是试图用最简单的方案(少量的深层单位和少量的规则)达到对语音资料的生成;2. 生成规则不仅用语音的条件,还大量地依靠语法结构的信息。

这样的叛逆之道当然不会受到描写主义语言学的张臂欢迎。美国当时的主流派——结构主义描写学派对 Chomsky 的《句法结构》都比对这篇文章宽容得多。因为美国描写语言学的基础是音位学,是以完全形式化的、不依赖意义和说话人语言直觉的对立互补原则为基础的音位学。后来,同样的不依赖意义的方法原则又推广到语素的分析,也被认为是成功的。但在句法领域,该派一直未能取得突破性的成果。所以当《句法结构》刚问世时,主流派还希望它能成为自己学说句法部分的补充。音系学领域则不相同,这里没有等待填补的真空,只有当时公认最科学的、主流派的理论基础——以与语法、语义无关的、以纯语音为条件的、形式化的程序"发现"音位的原则。否定这一原则就意味着描写学派理论的全面崩溃。因而生成音系学的第一篇文章一问世就遭到了猛烈的攻击。根据 S. R. Anderson(1985)的介绍:

1957 年英语语言学 Texas 会议上 Chomsky 用这篇文章的稿子发了言,遭到与会者的一致反对,据称是被完全摧毁了。当然,事实是它引起了广泛的讨论和注意,虽然没有被立即接受。

1958 年 Texas 会议 Chomsky 又被邀发言。这可不是什么好意。会议主持者准备了重型炮火,准备在这一次彻底扼杀它。然而,分析本身是会为自己说话的,结果与时居主流的结构主义派的愿望相反,一位语言学家(Newmeyer 1980:35) 20 年后根据会议记录所做的评论是这样的:"Chomsky 这个肆无忌惮的顽童,凌驾于语言学界的伟人之上,使他们看上去就像是在语言学入门课程上听讲的疑惑不解的学生。"

1959 年 Texas 会议 Chomsky 再一次被邀请。他提交的仍是音系方面的论文,是 1956 年论文的进一步扩充。这次 Chomsky 大约是更神气了,以致这次的会议论文集一直没有出版。

1.2.2 生成音系学的进展

这以后生成音系学的几件大事是:

第一章 非线性音系学溯源

1959年Halle发表《俄语语音模式》,该书第一次用生成的模型全面地处理一个具体语言的整个音系,并第一次详细论证了美国描写主义的音位分析原则(双向单一性原则)同样不能很好地处理音质音位问题,这一论证我们将在下面的第二章中结合汉语事实介绍。

1962年Halle发表《生成语法的音系学》,该文首次论证了为什么用特征做音系的最小单位比用音位更简明、更合理。并论证了用生成的方法找出的共时音系规则往往也是一个音系历史发展的音变规则,现在的深层音系往往就是过去的表层音系。生成音系学对音系的处理能够揭示方言音系间、历史音系间的同一性。Halle的这篇文章还用生成的方法具体处理了英语的元音音位,得到的深层音位恰好是15世纪英语的音位系统;从这个系统出发可以最简明地处理现在英语许多构词音变现象。这一成果使得生成理论的威信大大提高。这些成果我们将在第四章中结合汉语事实介绍。

1962年的另一件事是在麻省Cambridge召开的国际语言学会议邀请Chomsky做了大会发言。本来大会主持人请的大会发言人是Chomsky的老师Harris,但他谢绝了邀请,于是改请了Chomsky(Halle当时是会议主持人之一)。Chomsky提交的论文是他的博士论文的很大一部分。该文将对描写主义音位学的批评和句法问题一起放到更大的理论背景中去讨论,论证了描写语言学派的理论已无法修补和进一步完善,无论是音系的问题还是句法的问题都一样。这次发言对描写语言学派来说是个很大的打击:原来他们试图把生成句法作为可以嫁接到他们的音系学与形态学(构词法)上的一种技术,而不是一种理论。现在他们被迫正视现实。现实是生成理论是全面的语言理论,生成理论在音系、形态、句法各个方面都向描写语言学派提出了挑战,准备取而代之。

1965年是生成学派与描写学派对抗的高峰,也是力量对比的转折点。这一年美国《语言学杂志》的创刊号上发表了一篇很长的文章,该文囊括了当时批评、不满、攻击生成音系学的所有观点。但杂志的主编Lyons事先也邀请了Chomsky与Halle做答辩文章。他俩接受了邀请,在该杂志的第二期上做了全面的答复。答复之后,生成学派不再发表与描写学派争论的文章,而开始就自己学派的模式、术语、运用进行讨论。

1968年Chomsky与Halle发表了《英语语音模式》(Sound Pattern of English,简称SPE),该书被称做生成音系学的标准理论,标志着生成音系学进入了标准理论时期。

1.3　标准理论时期(SPE 时期)

SPE 是一本 16 开 400 余页的巨著。该书不仅全面介绍了生成音系学的理论模式,还具体运用该模式处理英语音系。对英语音系的处理不仅包括音系方面,还包括声学方面;不仅包括现在的共时音系的各个方面,如音质、超音质、构词音变规则等等,还涵盖了对历史音变的说明。取得的结果令人振奋。新的理论当然需要对已有理论已经找出的规律用新的术语重新说明,但如果新理论的成果仅限于此,就没有什么实质性的意义。SPE 的发表在美国引起轰动,其影响甚至超出了语言学界,这是因为 SPE 不仅用新的术语重新解释了已被发现的规律,而且发现了许多新的规律。这对于有很长人文历史的、已经经过传统语言学十几个世纪研究的英语来说是很不容易的。除了前面提到的英语句调重音的规则、英语的底层音位外,SPE 最重要的贡献是找出了英语词内重音(词重音)的规则。

传统音系学、自立音位学都同意英语的词重音分 4 级。如,autobiography 的音节划分与重音等级(音节后的数字表重音级,1 级最重,2、3、4 级依次渐轻,但 0 级最轻,为轻音)为:$au^2 to^3 bi^3 o^1 gra^0 fi^0$。据此可对英语所有的词重音进行描写和分类。但是,在什么情况下出现什么重音,以往的研究都没有找出规则。教学时只能要求死记硬背。英语的词重音的确复杂,两音节词可能前重('edit),也可能后重(e'rase);三音节词可能首音节重('cinema)、中间音节重(po'tato),也可能末音节重(guaran'tee)。然而英语者又确实感到,英语除个别借词外,词重音有个固定的模式。对于日益增多的派生新词,人们并不需要查字典就能知道其重音所在。不少外语借词,刚借来时是一种重音模式,人们由此而知其外来身份;时间久了重音模式改变,一般人就以为是本族词了。可见,英语本族词的重音虽然较为复杂,但确实是有个固定的模式的,是有规律的。Halle 经过近 20 年的努力,终于发现了英语词重音的基本规律。下面简单介绍 SPE 发现的英语词重音规律。但我们的介绍不打算用 SPE 的表达公式和术语,因为后来的非线性音系学有了更合适的表达方法。

先请观察下面英语例词的重音:

第一章 非线性音系学溯源

	动词（单纯）			名词（单纯）	
I	II	III	I	II	III
astonish	maintain	collapse	America	aroma	veranda
edit	erase	torment	cinima	balalaika	agenda
consider	carouse	exhaust	asparagus	hiatus	consesus
imagine	appear	elect	metropolis	horizon	synopsis
interpret	cajole	convince	javelin	thrombosis	amalgam
promise	surmise	usurp	venison	corona	utensil
embarrass	decide	observe	asterisk	arena	asbestos
elicit	devote	cavort	arsenal	Minnesota	phlogiston
determine	achieve	lament	labyrinth	angina	appendix
cancel	careen	adapt	analysis	factotum	placenta

	形容词（单纯）			派生词	
solid	supreme	absurd	personal	anecdotal	dialectal
frantic	sincere	corrupt	maximal	adjectival	incidental
handsome	secure	immense	medicinal	sacerdotal	fraternal
clandestine	inane	abstract	municipal	medieval	universal
certain	obscure	robust	magnanimous	dasirous	momentous
common	extreme	overt	polygamous	sonorous	amorphous
vulgar	remote	august	rigorous	decorous	tremendous
wanton	discreet	occult	vigilant	complaisant	reluctant
shallow	complete	direct	mendicant	defiant	repugnant
sturdy	obscene	succinct	significant	clairvoyant	observant
			innocent	inherent	dependent

上面所分列的构词结构（单纯词/派生词）和词类（单纯词中动词/名词/形容词）等语法条件的区别和 I II III 栏的词音形的语音条件的区别与英语词重音的规律密切相关。

先看语法条件的作用。规律是：1. 单纯动词、形容词的重音位置为一类，名词、派生词为另一类：① 单纯动词、形容词的 I 栏的重音在倒数第二音节，II III 两栏的重音在倒数第一音节。② 单纯名词和派生词（词类无关）的 I 栏的重音在倒数第三音节，II III 两栏的重音在倒数第二音节。可以看出，在词音形的配列相同（竖栏相同）的条件下，单纯动词、形容词的重音位置要比单纯名词和派生词向词末方向后推一个音节。语法构词方面

17

的条件是决定英语词重音位置的因素之一。

那么,相同的竖栏在音段配列上又有什么共同点呢?答案是,它们在词形某个位置上的音节构造上有相同之处。请先把单纯动词、形容词去掉最后一个辅音,名词、派生词去掉最后一个音节,然后观察剩下的末音节,规律就显现出来了。规律2是:Ⅰ栏剩下的末音节是短元音V韵,而Ⅱ栏、Ⅲ栏剩下的末音节是长元音、复元音VV韵或复合的VC韵。V与VV、VC的区别正是欧洲传统诗律学中很重要的一对范畴——轻音节(V)与重音节(VV、VC)的区分。

也就是说,除了语法方面的条件之外,决定英语词重音位置的另一因素是词音形中音质音段在音节结构中的配列——词音形某特定位置上轻重音节的区分。这是一种音质方面的条件。

综合语法和语音的条件,英语词重音的规则可表述为:

1. 英语单纯动词和形容词的最末一个辅音和单纯名词、派生词的最末一个音节是与词重音无关的"**韵律外成分**"。

除去韵律外成分后

2. 如果末音节是重音节(VV或VC韵),则词重音在该音节上。

3. 如果末音节是轻音节(V韵),则词重音在前面(左边)的那个音节上。

音节的轻重在许多语言中都与词重音的位置有关,这说明音质成分在音节中的配列(音节结构)与超音质的韵律有密不可分的关系是语言的一种普遍性的特征。而英语中的这种关系隐藏得特别深,需要去除单纯动词、形容词的词末最后一个辅音和单纯名词、派生词的词末最后一个音节才能显现。这些大多出现在词首或词末的与重音等韵律特征无关的音质成分,在后来的非线性音系学中称做"韵律外成分"。后来对其他一些多音节重音型语言的研究还表明,不少其他语言也存在着各种不同的韵律外成分,必须把这些成分放置一边,才能揭示这些语言的词重音规律。

英语词重音的规律隐藏如此之深,怨不得上千年来人们虽然能够感到英语的词重音有某种固定的模式,但却没有人能够把这一模式外显地揭示出来。Halle对英语词重音规律的研究成果具有划时代的意义。它生动地说明了,语言的语音和语法两个层面是相对独立而又彼此关联的,坚持先语音后语法、排除意义的发现程序无疑是自缚手脚。如果没有"生成"的眼光,如果仍然坚持语音层面自立于语法词汇层面,只注重描写哪些语音对立可以区别词形,而不去思考哪些词形区别是可以由其他条件推出来的,

第一章 非线性音系学溯源

其中有什么样的规则在起作用，就绝不可能取得这样的成果。

SPE 以自己实质性的成就(不仅仅是换一套术语，而且是发现了新的规律)征服了语言学界，生成音系学无可争议地取代结构主义音位学而成为美国的主流学派。在这之后的七八年间(1968～1975)主要是围绕 SPE 的模型、术语进行讨论，讨论如音系深层单位的抽象度应该有多大，是否应该加以限制；规则运用与语法层次结构间可能有的关系类型等等。

有关 SPE 理论模式的主要特点我们将在下面的二、三、四章结合汉语的例子详细介绍。

SPE 虽然取得了很大的成就，但也有不完善之处。不完善之处我们将在第四章以后讨论。这里只想指出，正是 SPE 的成就与 SPE 的不完善，激发了后来非线性音系学的蓬勃发展。

1.4 非线性音系学时期(后 SPE 时期)

1975 年后至 90 年代，美国出现了各种名称的音系学，如词汇音系学、节律音系学、自主音段音系学、CV 主干音系学、特征几何音系学、韵律音系学、优选音系学等等。除优选音系学外，这些学说的大的理论模式仍属于 SPE 一派：追求对人类语言普遍特征的发现，区分深层结构与表层结构，结合考虑语法语义因素确定语音单位，强调构词的词形交替反映音系的结构格局，通过少量的、不可预测的深层单位和规则来生成多种多样的表层语流等。但在对语音组合模式的看法方面起了本质性的变化。这就是，SPE 把音流看做是一条线的单线性结构，即由长度相当于音位的音段所组成的配列流；而后 SPE 的诸派都把音流看做是多条线的线性结构，如声调自成一线，鼻音自成一线等，只是这多线性的结构都投射到了同一条时间的线性流上。以上各派分别在声调的结构、区别特征的结构、轻重音的节律结构、音节的结构、语音词的结构等不同方面批判了 SPE 的单线性音流说，逐步完善了多线性的音流模型。所以后 SPE 时期的诸家学说又统称为"非线性音系学"(实际上称为"多线性音系学"更合理些)。这些非线性音系学将音系学的解释力与普遍性大大提高。本书将在第五至十二章介绍这些学说的主要成果。20 世纪 90 年代后的优选音系学在多线性音流模型上与后 SPE 的其他学说一致，但它进一步抛弃了 SPE 理论中转写规则(少量深层单位通过少量转写规则的多层施用产生大量的表层语流)的中心地位，而采用制约及优选的途径来限制正确词形的产生。由于该说需要另外的专书介绍，本书将不涉及这一学说。

最后我们还想指出，后 SPE 时期 Chomsky 退出了音系学领域而专攻句法，Halle 则在这一领域继续耕耘。他在词汇音系学、节律音系学、特征几何等方面发表了不少论文或专著，并培养了一大批优秀学生。上述学说的提出者都是 Halle 的博士生或这些博士的学生，不少学说就是在他们的博士论文中首次提出的。在 Halle 的悉心培养下，MIT 成为音系学新理论的发源地，不断地由这里影响全美，影响世界。

第二章 什么是音系的基本单位

2.1 确定音系单位的原则

2.1.1 历史的回顾

关于音系单位问题,从表面看,生成音系学与结构主义自立音位学的明显区别是前者强调区别特征的重要性,以区别特征作为最小的基本单位,而后者则以音位(音段)为最小的基本单位,有一些汉语研究学者还认为汉语音系的描写应该以声母、韵母为基本描写单位。我们认为,这种区别是以多大的语音单位为描写单位的问题,这些表面上区别十分明显的主张背后的理论分歧并不是根本性的。比如,把区别特征作为基本描写单位就是结构主义理论完全可以容纳、事实上也容纳了的。音系单位问题还有更重要的一面,这就是我们在上一章已经提到过的——确定音系单位是否要考虑语法语义层面的有关信息的问题。该问题是涉及到自立音位学以至整个描写派结构主义理论基础是否合理的原则问题,因此在本章中我们打算暂时忽略基本单位大小的问题(基本单位是声母、韵母,还是音位或区别特征等等),结合汉语的实例集中讨论音系基本单位的确定要不要考虑语法语义因素的问题。

综观语言学史,在语音单位的确定是否要参考语法语义方面的信息这一原则问题上,可以说是经历了一个否定之否定的循环。

传统语言学对音系的分析常常以文字,特别是拼音文字的字母为基本单位。拼音文字的基本语音单位——字母,明显地考虑了语法层面的语素同一性。如英文 nation、national、nationality 中的正数第二个字母 a,以相同的字母形式分别表示了同一语素中 [ˈei]、[ˈæ]、[ˌæ] 的不同音值;而 damn[dæm]、dam[dæm] 则是以不同的字母序列标写相同读音的两个语素。这样的标音可以更好地兼顾语素在语音和意义上的联系,但具体的音值要另立一些规则(即所谓正字法的规则)来调整,才能达到。

结构主义,特别是美国描写派结构主义,否定了传统语言学的做法。他们设计出一套尽量少依靠意义的确定音系单位的程序。这就是设法找到其他语音环境都相同,只有一个音素不同的"最小对立对儿",让母语者判断两个语段在该语言中是否"同音"。如果母语者认为不同音,则这两个音素处于"对立"分布;如果母语者认为同音,则这两个音素处于"自由替换"的关系;如果两个音素从来不在其他要素都相同的语音环境中出现,找不到它们的"最小对立对儿",它们就是互补关系。凡有对立关系的两音素必须分立两个音位,处于自由替换或互补关系的音素则可能归纳为一个音位。在这种分析中,完全不允许考虑是不是同一个语素等涉及语法语义的问题。结构主义的初期,不允许考虑语法语义问题还不太严格,一般还是用单音节的单纯根词来作为最小对立对儿。这样找出的音位,与文字或标音的字母体系大致相同,符合母语者的语感。但随着理论的不断系统化,美国描写派开始强调形式化的分析程序,强调形式化的分析程序应该遵循从语音到语法的次序进行,因此"单音节根词"这样带有语法构词信息的条件就被认为是分析音位时不应该使用的。在音系分析中完全排斥语法语义的要素,对立互补原则就被进一步抽象为双向单一性原则。如前所述,该原则是说:语言中音系的单位——音位形成一个集合,话语的语音的单位——音素亦形成一个集合,两个集合按双向单一的语音条件对应。即,音位集合的一个成员在一定的语音条件下只可能表现为音素集合中的一个成员,反过来,音素集合的一个成员在一定的语音条件下也只可能属于音位集合中的某一个音位。这一原则的要害是音位与音素的对应条件必须是纯语音的,音位分析不能利用语法语义的条件。由于这种理论强调音系分析只能考虑语音的条件,又把"发现音位"当作音系分析的主要任务,所以又称做"自立音位学"派。

这一原则发展到极端,是在20世纪40年代。由于"可单念的词"实际上已经考虑了语法单位的分界,严格说来是不符合"双向单一性原则"的,所以当时开始提倡直接从连续的自然话语出发,不考虑任何语法语义信息,只考虑语音的对立互补来发现音位。这样,就要把许多句调的要素,连读变化的要素都和音位划分问题放在一个平面上解决。前面已介绍了这样的双向单一性原则用于分析英语超音质的语调问题是完全失败的,下面我们再介绍一下在音质音位分析上该原则造成的结果。

Halle在1959年的《俄语语音模式》一书中指出,直接从连续语流中实际出现的音素出发,只根据语音条件,不利用词的分界、词与词的派生关系

第二章　什么是音系的基本单位

等语法语义信息,确定音质音位也是不可能的。也就是说,双向单一性原则的两个方向中的一个,从音素集合到音位集合的这一方向的对应,不可能用单纯的语音条件控制,而应辅以语法语义的条件。根据完全不考虑语法语义信息的双向单一性原则找出的音位必然是不符合说话人语感的,其音系必然是一个混乱的格局,其音系的规则必然十分复杂。下面举例说明。

2.1.2　结构主义的双向单一性原则使音系格局混乱

美国描写学派大师 Bloch(1941)发表了一篇著名的文章 Phonemic Overlapping。这篇文章用严格的双向单一性原则分析了美国英语的元音系统,得到了与传统分析完全不同的混乱结果(当时却被认为是典范的分析)。

Bloch 指出,美国中西部英语元音的长度从具体的值来说可分为短、较长、长三类。如(右上角加 ' 表示较长的元音):

短	bit[bit]	bet[bet]	bat[bæt]	but[bət]	pot[pat]
					(清辅音前)
稍长	bid[bi'd]	bed[be'd]	bad[bæ'd]	bud[bə'd]	pod[pa'd]
					(浊辅音前)
长	beat[bi:t]				part[pa:t]
	bead[bi:d]				card[ka:d]

如果只考虑词单说时的情况,这三种音长的分布很成系统,与英文正字法字母的区分基本一致:短的只分布在清辅音前,较长的只分布在浊辅音前,两者可以合并为一个短元音音位,与长元音对立。但 Bloch 认为这种整齐的系统是假象,因为它是在预先知道了词的界线的情况下得出的,利用了语法层面有关构词结构的信息,不符合双向单一性原则。直接从语流出发,不考虑语法信息,就会发现如下情况:

　　Pa'd go (if he could).　　爸会去的(如果他能去的话)。
　　The pod grows.　　豆荚生长。

"爸"Pa 单说时为长的元音,但在自然语流中与弱化的 would 合音后,元音缩短,成为较长的元音(Pa[pa:] would → Pa'd [pa'd])。这样,Pa'd [pa'd] 与 pod [pa'd]的主元音不仅音值完全相同,而且所出现的语音环境 [p＿d] 也完全相同。因而,根据双向单一性原则(相同语音条件下出现的相同的音素应该有相同的音位形式），Pa'd 和 pod 的主元音的音位形式也应该相同。那么，两者的音位应该取短的 /a/ 呢还是长的 /a:/ 呢？

Bloch 主张取/a:/。他的理由是："爸" Pa[pa:] 单说时主元音与 card[ka:d] 的主元音相同，同是长的；而 card 与短的[a]有对立（card[ka:d] ≠ cod[kad]），所以长/a:/与短/a/有对立，不能归入一个音位。同时，既然"爸"Pa 的 a 的音位形式是 /a:/，Pa'd 中较长的[a']也只能归入音位/a:/。而由于 Pa'd 归入了音位/a:/，与之音值相同、语音环境也相同的 pod 也就只能归入/a:/。

值得注意的是其他音值较长的元音，比如 i'、e'，并不存在与 Pa～Pa'd 类似的问题，它们仍然很自然地与短元音一起归到短元音音位。这样就得到下面这样一个很不平行对称的系统：

bit /i/ = bid /i/ ≠ bead /i:/
bet /e/ = bed /e/
bat /æ/ = bad /æ/
pot /a/ ≠ pod /a:/ = part/a:/

这样的处理不仅系统不平行，而且也不符合发音人的语感，从英文字母的标写就可以看出，英语者当然认为 pod 中较长的[a']与 bad、bed、bid 中较长的元音一样，应该归入短元音一类。虽然系统的平行性被破坏了，且并不符合发音人的语感，但 Bloch 与许多同时代的人还把这种分析看做是描写学派的一大贡献，用它来证明，发音人直觉上认为是一个音的，实际上可能不是一个音位；原来认为音位系统总是大致平行对称的，其实不然。

1950 年 Bloch 又以同样的原则分析了日语音系，又一次把五十音图整齐的系统搞得面目全非。当时又被称为音位学的一大进步。

然而这样的进步多了人们也禁不住怀疑起来，是说话人的直觉有问题，还是你的分析方法有问题？是音位系统真的不平行对称，还是你找出的并非合理的音位系统？生成派取后一种看法。

2.1.3 语素音位、自立音位与系统音位

20 世纪 50 年代初美国描写学派的一部分人也认识到 Bloch 方案的不合理，又提出了语素音位的概念。语素音位的概念基于这样的事实：音位的配列构成语素的形式，但语素在不同的组词环境中可能有不同的语素形式（音位配列）。如英语表复数的语素 s,在不同的词根后面有/s/、/z/、/iz/等不同的音位形式。经提示，英语者一般能听出这些形式的语音差别，但

第二章 什么是音系的基本单位

不经提示则意识不到这些差别。再如北京话的上声有 214、35 两种调值形式，其中的 35 值（只出现在上声前）与阳平的值完全相同，如"土改"＝"涂改"，但北京人不经特别提示，往往意识不到两词中的"土"和"涂"调值相同，也意识不到"土改"的"土"（35 调）和"土地"的"土"（21 调）的调值有什么不同。这说明，是否同音（同调）有不同的层次，一是只考虑语音条件的同音（同调）与否，另一是更高的层次的、考虑语素在各种构词环境中所有表现的是否同音（同调）。也就是说，应该把一个语素在不同构词环境中的所有语音形式抽象为更高一级的语音形式。这时，一个语素只有一种语音形式，语素就以这一形式与其他语素区别。即，book[s]、bag[z]、box[iz] 中的 [s]、[z]、[iz] 可以做更高一级的抽象，抽象为统一的语素音位形式 {s}；"土改"的"土[35]"与"土地"的"土[21]"可以抽象为统一的语素调位 {21(4)}。一个语素有一个统一的抽象的音形，无论对语法分析还是对解释发音人的语感都是很必要的。下面我们还将看到，它对于分析音系的格局、找出音系的规则也是必不可少的。

有了语素音位的概念，涉及语音的分析就有了三层，描写学派分别以 [ ]、/ /、{ } 表示音素、音位、语素音位三层。这样对 pa'd 与 pod 的分析就可以合理一些：

	音素层	音位层	语素音位层
爸	[pa:]～[pa']	/pa:/～/pa/	{pa:}
豆荚	[pa'd]	/pad/	{pad}

然而这样的修补并未解决根本问题。该派坚持认为只有音位层是音系的单位，音素层是语言外的生理、物理层面，语素音位层则是语音与语法层的中介层面。分析语音单位时仍然是只能考虑语音因素，到语法层面才考虑语素音位问题。在上例的音位层中，"爸"仍然有与"豆荚"相同的短元音的音形，只是到了语素音位层才完全归入长元音。

这样的做法只是美国描写学派的一家之言。欧洲许多学派的音位一直是要考虑词界等语法语义的因素的。因此，虽然同叫"音位"，所指其实一直有不同，所以后来语言学界把美国派的音位叫"自立音位"，即不考虑语法语义而得出的音位；把考虑语法语义要素得出的音位叫"系统音位"。

Halle 在《俄语语音模式》(1959) 中又进一步论证了，只有类似语素音位的系统音位才是音系的基本单位，所谓自立音位的一层完全是多余的。有音素层足可以区分词表层的同音与否，而系统音位则决定了音系的格局

25

和音系的规则。所谓自立音位这一级只有增加分析手续,使音系分析复杂化的负面作用。后来,生成派干脆抛弃了"音位"这一概念,而改用"深层音段/表层音段"(大致相当于"语素音位/音素")。

20世纪50年代以后,在生成派的攻击下,结构主义后期的学者也对分析音位是否应该直接从语流入手进行了辩论,也有相当一部分人认识到分析音位应该从单念的词入手而不能直接从语流入手的道理。但这样它的理论基础就垮了。值得一提的是我国的一些学者(如王理嘉(1988))在完全独立的情况下也发现了这个问题,并进行了论述。

2.1.4 双向单一性原则使音系规则复杂化

Halle是用俄语的例子来证明自立音位这一级完全是多余的。

欧洲许多语言中,如俄语、德语,都有下述现象:清浊辅音在词末位置上单念时一律清化。即,在词中位置,清浊辅音有对立,但词末位置在单念时只出现清音,不出现浊音。如俄语:

葱(阳、单、所有格)[luka] ≠ 牧场(阳、单、所有格)[luga]

葱(阳、单、主格)[luk] = 牧场(阳、单、主格)[luk]

如果词末再接其他词,则词末的辅音的清浊取决于后接成分。后接成分为浊阻塞音时,前面的词末辅音为浊;后接成分不是浊阻塞音时,前面的词末辅音为清。这种词末的清浊辅音是互补分布的,因此在词末位置上仍然没有清浊的对立。如(下面的标音用俄文字母的拉丁转写,其中的 ' 表重读,辅音后的,表软辅音):

[mʹok lʲi]   淋湿了吗?   [žʹeč lʲi] 点火了吗?

[mʹog bɨ]   要是淋湿了⋯   [žʹeʒ bɨ] 要是点了火⋯

俄语的复杂还在于,在词中位置有清浊对立的辅音有6对:p/b、t/d、k/g、f/v、s/z、š/ž;上例的k/g属于这6对之一。另外在词中还有三个辅音只有清的形式,没有浊配对,它们是:c、č、x。上例的č/ǯ属于这三个之一。由于自立音位学的原则是凡有对立分布的两个音素必须分立音位,而互补分布的音素可以归为一个音位;所以,对词末位置辅音音位的处理必须分别两种情况:词末的b、d、g、v、z、ž 和 p、t、k、f、s、š 必须分别定为浊阻塞音音位和清辅音音位,而词末的 ǯ、ʒ、ɣ 和 c、č、x 则要合并为清阻塞音音位。如下所示:

第二章　什么是音系的基本单位

音素层		音位层		语素音位层
[mʹok 1,i]	→	/mʹok 1,i/	→	{mʹok} {1,i}
[mʹog bɨ]	→	/mʹog bɨ/	→	{mʹok} {bɨ}
[zʹeč 1,i]	→	/zʹeč 1,i/	→	{zʹeč} {1,i}
[zʹeʒ bɨ]	→	/zʹeč bɨ/	→	{zʹeč} {bɨ}

这样的音位处理还需要设立两类音系规则来说明三层单位之间的关系：

① 音位变体规则：/c、č、x/ → [ʒ、ǯ、ɣ] /＿＿ ♯ 浊阻塞音

② 语素音位规则：{ k、t、p、f、s、š} → / g、d、b、v、z、ž/ /＿＿ ♯ 浊阻塞音

可以看出，区别特征相类的几套清浊阻塞音，都是清阻塞音在词末位置上发生浊化，但在上面的处理中却把这些阻塞音分为了两类，分别使用不同层面的规则，而且在规则中还必须一个一个音位地穷尽列举，显得十分烦琐。而如果我们抛弃双向单一性原则，分析音位的同时考虑语法语义因素，取系统音位的观点，则只需要两层单位、一条规则就能够说明上述事实，而且规则中可以用[±浊]这一组特征来概括所有的词形变化，显得十分简明：

{mʹok} {1,i} → [mʹok 1,i]
{mʹok} {bɨ} → [mʹog bɨ]
{zʹeč} {1,i} → [zʹeč 1,i]
{zʹeč} {bɨ} → [zʹeʒ bɨ]

派生（转写）规则：［－浊］→［＋浊］/ ＿＿ ♯ 浊阻塞音

Halle在《俄语语音模式》一书中用这个例子说明，俄语的这种词形交替，无论从音系还是说话人心理看，都是语流中词末清音的浊化现象，是属于同一性质的；而根据双向单一性原则确定的自立音位却不能说明这一系统性很强的词形交替，人为地把它们分为音位、语素音位两个层面，结果使得音系规则复杂化，音系格局混乱。自立音位这一层完全是多余的，应该完全抛弃。Halle的这种处理符合说话人的心理且十分简明，使许多人认识到自立音位学的弊端，转向生成音系学。

2.1.5　生成派确定音系基本单位的原则——可预测/不可预测分布和核心/边际分布

作为一个新的学派，生成音系学不愿再使用原来的术语，重新定义了

27

自己的术语。生成音系学区分深层音形和表层音形,也可以叫做基本音形与派生音形。基本音形也就是音系的深层形式,它们一方面决定着音系的格局,另一方面也是派生表层音形的起点。本源性的基本音形通过若干音系规则的转写,就生成派生性的表层音形。表层音形决定着实际音值是否相同,但不决定音系的格局。

那么,怎样找出音系的本源性的基本(深层)单位呢?生成派认为分析音位时应该假设语言中的词的界限已经划出,词的意义也已经知晓,分析音位根据的是分布可否预测与分布是否自由这两条原则。

分布可否预测就是说,如果某音的音值可以从其他音加规则推出来,那么它就是分布可预测的,就属于派生音;反之,如果某音的音值不能从其他音加规则推出来,那么它就是分布不可预测的,是基本音。规则的条件可以是语音的,也可以是语法语义的。如,原来音位学所说的音位变体都属于语音上可预测分布的音,都不是基本(深层)音形。如普通话 a →ɛ / i ___ n,所以 ɛ 不是深层单位。除此之外,还要考虑语法语义上的可否预测。如英语 Pa'd 的音值可以从 Pa 加弱化的 would 推出,所以是派生音。汉语的"土改"的调值 35+214 可以由单字调 214+214 加变调规则推出来,所以也是派生性的。

分布是否自由,一是指语音上的分布自由,即在词形的合乎音理的位置都可能出现;二是在语法语义上的分布自由,即在不同语法、语义类型的词中都可能出现。而像北京话的"诶"(ê),从语义上看只出现在呼语中,从语音上看只出现在开口呼零韵尾的条件下,这就不是自由分布,因此它属于音系的边际性单位,不能做基本音形。

总之,生成音系学确定音系单位要综合考虑语音、语法、语义的条件及分布,将具体词形中出现的语音单位分为深层(基本的)与表层(派生的)两类,只把深层(基本)音形作为音系的单位。

在语音分析是否要考虑语法、语义信息这一点上,传统语法主张要考虑;描写派结构主义在逻辑实证主义的大背景下,发展了形式化的、完全抛弃语法语义条件的方法,否定了传统语法;生成派则又否定了描写派结构主义,回到了分析语音要考虑语义、语法因素的主张。仅就这一点而言,理论经历了一次否定之否定的循环。

下面我们用汉语的例子来证明音系分析中区分基本音形与派生音形的必要性,但我们说的基本音形/派生音形是指汉语的单字音与派生音。单字音/派生音这一对范畴与生成派的深层音形/表层音形的范畴在应该

第二章 什么是音系的基本单位

考虑语法、语义因素、词与词的派生关系这一基本立足点上相同,但也有不尽相同的其他方面。下面我们先以汉语单字音/派生音为例着重阐述音系分析一定要考虑语法、语义因素的原则,至于单字音/派生音与生成派的深层音形/表层音形有什么不同,生成派的深层/表层分析法有什么优点和不足,将稍后在第四章中讨论。

2.2 什么是汉语音系的基本单位

2.2.1 研究现状

多年来汉语的音系学理论界很是冷清,颇有些像 20 世纪 50 年代的美国音系学的情况。给人的印象似乎是音系学的理论问题已经解决了,剩下的任务只是运用相同的原则逐一地描写各个方言的音系。其实这只是假象。由于关于音位分析是否要考虑语法语义的因素,是否要区分语法的基本词根与派生词的问题一直未能从理论上加以论证,给普通话及方言的音系描写都留下了不少不必要的分歧。

从普通话来说,普通话究竟有多少个韵母、多少个元音音位(特别是中元音音位),有多种不同的方案。其分歧的重要原因之一就是归纳音位的原则未能在上述理论问题上取得一致。比如,对韵母的处理明显可分为两派。一派的韵母表不含儿化韵、m 尾韵等只出现在派生词中的韵母,韵母的数目在 34 到 38 之间。汉语拼音方案及现行各种版本的大学现代汉语教材属于这一派。另一派的韵母表含有儿化韵、m 尾韵,如哈忒门(Hartman,1944)的韵母表收有 93 个韵母,除去因把 tʂ 组声母处理为 r 介音而多出了 32 个韵母外,还收了 26 个儿化韵。霍凯特(1947)的韵母表有 67 个韵母,其中儿化韵 28 个,m 尾韵 4 个。李荣(1957)的韵母表收有 66 个韵母,其中 25 个儿化韵,4 个 m 尾韵。黄家教(1990)亦主张儿化韵与本韵同等看待,一起列入韵母表。可以看出,两派其实至今没有分出个胜负(较具体的介绍可参看李延瑞,1984)。

也曾有学者为韵母表不收儿化韵、m 尾韵的方案做过理论说明。但我们感到,这些说明还没有上升到理论原则的高度。如史存直(1957)提出的理由是:① 儿化"急言为一、慢声为二",不宜作为稳定的韵母。此一理由与今北京音的现状不符。今北京音的儿化韵无论急言还是慢声,都是一个音节。② 许多词可儿化可不儿化,在意义上没有什么变化。这是事实,但不足以作为不把儿化韵算做韵母的理由。因为韵母不同也即韵位的不同,严格说这只意味着不同音(词形有区别),并不意味着不同义。比如,"太阳"与"日头"意义上也没有什么大的变化,但并不能用相同的音位或韵位标写;而"只"与"指"意义完全不同,却用相同的音位或韵位标写。因此,按结构主义的严格定义,音位或韵位区分的是词形(土人感中的同音与否),并不直接区分意义(土人感中的同义与否)。③ 许多方言无儿化。这也是事实,但也不能因此而不把儿化韵算韵母,因为按照结构主义的基本原则,各方言的音系自成系统,其韵母并不一定要相同。

我们以为,两派分歧的实质在于上面讨论过的结构主义自立音位学的基本原则是否合理,即,分析音系单位时是否要区分语法上的单纯词根与派生词,是否认为只有能在单纯词根中自由分布的语音单位才是音系的基本单位。不把儿化韵、m尾韵收入韵母表的一派,其理论的基础必然是对上述问题取肯定态度,属否定结构主义基本原则的一派;而把儿化韵、m尾韵收入韵母表的一派,其理论基础则必然是对上述问题取否定答案,属肯定结构主义基本原则的一派。不管他们是否意识到这一点。

普通话的元音音位问题亦与上述问题有关。以对中元音的处理为例。普通话的中元音应该设立几个音位,有多种方案。从一个中元音到四个中元音都有人主张,而且设立的是哪些音位,各音位含哪些变体也各不相同。如,郑锦全(1973)、薛凤生(1986)设一个中元音;周同春(1982)设 ɛ、ə,拼音方案设 e、o,王理嘉(1991)设 ə、ɤ 各两个中元音;李兆同、徐思益(1981)设 e、ə、o,王理嘉(1983)设 e、ɤ、ə 各三个中元音;黄伯荣、廖序东(1981),林祥楣(1991)则设 e、o、ə、ɚ 各四个中元音。中元音的音位处理牵涉几个性质不同的问题。其中一个仍是前面所讨论的音系的基本单位如何确定的问题。如果不考虑只在派生词中出现的儿化韵和只在叹词、拟声词中出现的一些音,各中元音音素的分布是互补的,可以归纳为一个音位。如果考虑儿化韵,词形的对立就会增加(可参考王理嘉1983,1991)。

在方言音系的处理上也可看到以上两派的对立。《昌黎方言志》(1960)、《陕西省志·方言志(陕北部分)》(1990)等是儿化韵列入韵母表,而更多的方言著作是韵母表只列单字音,儿化韵另外列表。

也就是说,美国在20世纪50年代争论的问题:什么是音系的基本单位,音系单位的确定是不是需要参考语法语义的因素,只在语法的派生单位中出现的音是不是音系的基本单位等等,在汉语音系的处理中也有现实意义。特别是由几个单字合音而来的儿化等词的语音形式在语音系统中

第二章 什么是音系的基本单位

的地位问题,在汉语中尤显突出。

Halle用俄语的材料,从音系规则的简明性方面论证了音系基本单位的确定必须考虑构词的条件,同一个语素在不同构词环境中的几个不同的语音形式中只能确定一个做音系的基本形式,其余的是派生形式。下面我们从汉语的材料入手,看看是这一原则在汉语中适用,还是自立音位学的双向单一性原则适用。具体做法是把汉语的语音形式分为单字音、派生音(儿化韵、Z变音等)、边际音(只出现于叹词、象声词中的音)三类,观察它们在系统中的表现。

2.2.2 单字音、派生音、边际音与语法语义的不同关联

单字音、派生音、边际音与语法语义的关联不同:单字音的小单位不与特定的语法语义因素相连,派生音的小单位只出现在特定的语素环境下且词音形整体可以由单字音加规则推知,边际音则只出现在特定的意义条件下且与该意义有象似性联系。也就是说,加上语法语义的条件,单字音中出现的是本身没有意义但能区别意义的语音单位,分布自由、不可预测;派生音与边际音中出现的则是本身与意义有直接关联的语音单位,分布不自由、可预测。因此这两种单位的性质很不相同。可对比下表中北京话的单字韵母 a 与儿化韵母 ar,河南获嘉话单字韵母 a 与 Z 变韵母 ɔ 在语词中的分布。

北京话	阴平	阳平	上声	去声
pa	八巴吧扒疤叭	拔跋	把靶	坝霸爸罢
pʰa	趴啪葩杷	爬耙	—	怕帕怕
par	八ᵣ班ᵣ	白ᵣ	把ᵣ板ᵣ	半ᵣ伴ᵣ瓣ᵣ
pʰar	拍	牌ᵣ盘ᵣ	—	盼ᵣ攀ᵣ

获嘉话	阴平	阳平	上声	去声
pa	扒巴	拔跋	把爸	坝霸
pʰa	啪	爬筢	□(不好)	怕
pɔ	(一)包ᶻ(锅)巴ᶻ	(鞋)拔ᶻ	(老)鸨ᶻ(一)把ᶻ	豹ᶻ
pʰɔ	(一)泡ᶻ	袍ᶻ	—	—

可以看出,两地使用单字韵母 a 的语词,无论在词义上还是在词类上都毫无共同点,是无法用条件限制的自由分布。而出现派生音 ar 的语词都是名词,带小称义;出现 ɔ 的语词则都是名词与量词;属于语法上有条件限制

的分布。凡派生音都可以用单字音加简单的规则推出，而单字音则没法用规则推出，只能在字典中逐个注明。如，对于北京儿化韵 ar，可以有{a、an、ai}＋{er}→ar[ɐr]的规则。也就是说，只要知道了一个字的单字韵母和这条规则，就可以预测其儿化韵的音值。而对于单字韵母 a 的出现环境，就只能以 a /{把八吧爸拔罢跋巴芭……}的方式——列举单字，因为它的分布是不可预测的。总之，汉语中存在着两类性质很不相同的语音形式，一类的分布有语法语义语音的条件，是可预测的；另一类的分布没有语法语义语音的条件，是不可预测的。可预测的音可以从不可预测的音利用一定的规则推出来。由此可见，不可预测的音是本源性的，可预测的音是派生性的。在汉语中，本源性的不可预测的音一般出现在单字音中(有例外)，派生性的可预测的音一般出现在连字音、两字合音或分音中。联系生成派与自立音位学的论争可以看出，这种区分是有普遍意义的。自立音位学处理得好的都是那些形式不直接与语法语义内容挂钩的第一类，而处理不好的语调、重音、Pa'd 等语流中的合音都含有直接与语法语义内容挂钩的第二类形式。可见生成派区分这两类形式是很必要的。

如果本源性的、分布不可预测的单字音与派生性的、分布可预测的派生音仅仅是在与语法语义的关联这一点上不同，在语音系统中的行为并无二致；那么，像自立音位学那样，在语音层把它们混在一起处理也无可非议，然而实际情况是这两类单位在语音上的表现也很不相同，下面从共时、历时两方面说明。

2.2.3　单字音与派生音形成不同的共时音系格局

从单个方言的共时系统看，若不考虑派生音与边际音，单字音的聚合形成大致平行对称的格局。从这个格局出发，可以很简明地说明派生音音形的规律、语流音变的规律、音节组合的规律等。如，普通话的单字韵母的系统相当严整，从韵母表的排列就可以看出它是一个横成行竖成列的平行对称的系统，每一行、每一列都形成一个具有多个成员的聚合群：

ɿ	a	o/ɤ	ai	ei	au	ou	an	ən	aŋ	əŋ
i	ia	iɛ	—	—	iau	iou	ian	iən	iaŋ	iəŋ
u	ua	uo	uai	uei	—	—	uan	uən	uaŋ	uəŋ
y	—	yɛ	—	—	—	—	yan	yən	—	yəŋ

可以看出，① 韵母分为韵头、韵腹、韵尾三个组合位置；② 韵头只出

第二章　什么是音系的基本单位

现高元音 i、u、y,形成开齐合撮四呼相配的格局;③ 韵尾只出现 i、u、n、ŋ,形成开尾(零韵尾)/元音韵尾/鼻韵尾三分的格局;④ 元音韵尾和鼻音韵尾分别有前(-i、-n)、后(-u、-ŋ)两套;⑤ 开尾之前的韵腹有高/中/低三级对立(如 ï/ɤ/a、i/iɛ/ia、u/uo/ua、y/yɛ/一);⑥ 其他韵尾前的韵腹有非低/低两级对立(如 ei、ou、ən、əŋ/ai、au、an、aŋ、iou、iən、iəŋ/iau、ian、iaŋ、uei、uən、uəŋ/uai、uan、uaŋ……);⑦ 韵头和韵尾不能相同。这些特点中⑤是北京官话的特点,其余是大北方话共同的特点。

单字音韵母的系统不仅整齐对称,而且语音系统的其他行为,如,与声母的配合,语流中的音变,儿化韵的音值等等,莫不以这个系统横行或竖列的分组作为条件。如,声母的 k 组、tʂ 组、ts 组只配开合两呼(上表的第一、三两行);轻声音变中复韵母的单化首先涉及低元音韵腹的元音韵尾韵(ai、uai、au、iau;即上表的第四、六两列);偏前的韵尾(i 尾、n 尾)在儿化韵中一律失落,而偏后的韵尾(u 尾、ŋ 尾)在儿化韵中保留主要的语音特征等等。

而加上派生音儿化韵、m 尾韵和边际音,系统就乱了。比如,m 尾韵只有 am、əm、uom、im 四个,很不配套。am、əm 属开口韵,但只能分别与 tʰ、ts 声母相配,m 尾韵也没有相应的儿化形式。边际音也是如此,ê 没有相配的齐合撮三呼,开口呼中也只能与零声母相配等等。儿化韵则在 -r 前多出好几套对立:鼓儿 kur≠滚儿 kuər≠果儿 kuor≠(拉)呱儿 kuɐr≠(小)广儿 kuãr≠拱儿 kŭr≠稿儿 kaur≠狗儿 kour。一方面主元音的对立肯定增多,另一方面音节结构的组合位置方面也出现了麻烦:后四个词如果把鼻化成分和 -u(后滑倾向)处理为韵尾,则系统出现了双韵尾(-ŋr, -ur),韵母的结构将增加一个位置;而如果韵母的结构增加一个韵尾,则由于 -r 不能与 i、n 配合,配合的空格将大大增多,从而减少系统的整齐性。反之,如果不把鼻化和后滑倾向处理为韵尾(如,把"稿儿"处理为 kər),则主元音将有 8 套对立。

普通话派生音的情况还比较简单,与单字音的系统差别还比较小。如果综合考虑方言中性质类似的派生音,更容易看出两者共时系统格局的差别,更容易看出它们不处于同一个相互制约的共时系统。

如获嘉方言。获嘉有 47 个单字音韵母。此外,还有一套儿化韵母,一套 Z 变韵母,一套 D 变韵母,几个合音韵母。Z 变韵以变化名词词干末字韵母的方式,表达相当于北京话"-子"的意义。如"家"做单字或做复合词前字("家庭")时用 tɕia 音,做"(一)家子"的意义时用 tɕiɐ 音。(注:为排版的方便,凡讨论只涉及字音的声韵问题时,一般不标声调。如必须涉及声调,在声韵之后右上角加阿拉伯数字表示。数字表示的是调类还是调值,将根据情况再作说明,下同。)ia 韵变 iɔ,就相当于增加了"-子"的意义。D 变韵则是以变韵的方式表示地点或表示动词、形容词的某些体态范畴。如"(姓)裴"pʰei/"裴(庄儿)"pʰɛ。可以看出,Z 变韵、D 变韵与儿化韵一样,只分布在特定语法意义中,其语音形式可以用单字音加规则推出,是非本源性的派生音。若把单字韵母和只有特定语法意义的派生韵母放在一起,获嘉共有 108 个韵母。下面先讨论获嘉方言单字音韵母表,再讨论把其他韵母也混在一起的混合韵母表。

获嘉方言单字音韵母表(贺,1989):

ɿ   l̩   a   ɤ   ai   ei   au   ou   an   ən   aŋ   əŋ   aʔ   ɐʔ   əʔ
i   ia   —   iɛ   —   —   iau   iou   ian   in   iaŋ   iŋ   —   iɐʔ   ieʔ
u   ua   uɤ   uai   uei   uan   un   uaŋ   uŋ   uaʔ   uɐʔ   ueʔ
y   —   yɤ   yɛ   —   —   yan   yn   —   yŋ   yaʔ   yɐʔ   yəʔ

获嘉话的单字音韵母系统与北京话大致相同,不同主要有两点:① 韵尾多一个-ʔ,② 开尾韵的中元音有前后的对立:yɤ(学)≠ yɛ(穴)。获嘉方言与北京话相同的特点正是北方方言的普遍的特点,与北京话不同的①是晋方言的特点,②是中原地区方言的特点。获嘉正好位于这两个次方言的交界处。

和北京单字音韵母系统一样,获嘉方言的单字音韵母系统是一个相互制约的平行对称的系统。每一横行与声母的配合行为相同,如 i、u 介音的齐撮呼不与舌根声母 k 组相配。每一竖列在押韵、派生儿化等变韵、语流音变的弱化等方面表现相同;如 ɤ 韵轻读后音长变短,带轻微喉塞,主元音变为 a(如,[缠]·磨 mɤ²→·maʔ),那么与之同一竖行的 uɤ 的弱化方式也是一样(如,[去]·过 kuɤ⁴→·kuaʔ)。而放入派生韵母的韵母表则是另一番景象了。

获嘉方言混合韵母表(共108韵):

l̩   a   ɐ   ɔ   ɤ   o   ɜ   ai   ei   au   ou
i   ia   iɔ   iɤ   io   iɛ   iau   iou
u   ua   uɔ   uɤ   uo   əu   uai   uei
y   yu   yɤ   yo   yɛ
ï   ïɤ   ïou   i:ou

ã	õ	ẽ	an	ən	aŋ	əŋ	aʔ	ɐʔ	əʔ
iã	iõ	iẽ	ian	in	iaŋ	iŋ	iaʔ		iəʔ
uã	uõ	uẽ	uan	un	uaŋ	uŋ	uaʔ	uɐʔ	uəʔ
yã	yõ	yẽ	yan	yn		yŋ	yaʔ	yɐʔ	yəʔ
						iː ŋ			
						yː ŋ			
ïr	ar	ɔr	ɐr	ɤr		ər	or	ār	ər
ir	iar	iɔr	iɐr	iɤr		iər	ior	iār	iər
ur	uar		uɐr	uɤr		uər		uār	uər
yr			yɐr	yɤr	yɛr	yər			yər

可以看出，这是一个非常复杂、杂乱的系统。特别是出现了不成套的 ï 介音和 iː、yː 介音，和与北京儿化韵相同的鼻化加 r 化的双韵尾，使得音节的结构格局大大复杂化。如果以这样的音节结构作为音节结构的框架，系统就会出现大量的空格。另外，韵腹位置的元音对立也增加了许多：零韵尾前就有 a/ɐ/ə/ɛ/ɤ/o/ɔ/i/u/y 九项对立，这还没有算上鼻化韵。与零韵尾前的元音对立异常丰富形成不和谐的对比的是，i 尾、u 尾、n 尾、ŋ 尾前的主元音仍然是只有低/非低两项对立。再有，声韵配合关系也出现了问题：单字音中舌根音 k 组不与齐撮呼相配，Z 变音则有 kio、kʰio、xio、kyo、kʰyo、kiːŋ、kyːŋ 音节，即 io、yo、iːŋ、yːŋ 四个齐撮呼韵母可以与舌根音相拼。

凡此种种，如果把单字音与派生音分开处理，则不但单字音的系统呈现出平行对称的格局，而且从这个格局出发可以控制整个系统（包括派生音）的行为，派生音也由此可以呈现出与本音的规则对应。也就是说，派生音也有自己的格局与规律，但这个格局只有先独立出单字音的系统才能显现。若是一上来就不考虑语法的因素，不区分单字音与派生音，两个系统搅在一起，什么格局、规律就全都淹没了。分析语音系统的单位应该考虑语法语义的因素，获嘉方言提供了强有力的证据。

2.2.4　单字音与派生音各自成系统演变

从历史演变看，单字音与派生音也是各自成系统，各自按照自己的规律演变。

单字音的演变，除了语法层面的类推外，只受单字音系统的制约。包括因组合条件不同而激发的同化或异化演变和因聚合系统的简化或格局调整的需要而激发的演变。前者如尖团音在齐撮呼前的合流（ts、tsʰ、s→tɕ、tɕʰ、ɕ /____ i，y [焦、千、洗]，k、kʰ、x→tɕ、tɕʰ、ɕ /____ i，y [娇、欠、喜]），假摄三等 ia→ie（斜、姐、且、谢、爷、夜）等都可以从组合方面的同化得到解释。后者如全浊声母的清化，入声韵尾的脱落等，可以从聚合格局的调整得到解释。这些演变只涉及单字音系统的格局（除非派生音已经与单字音同模），演变的特点是时间经历较长，涉及的单位限于某一个聚合群，因而只涉及系统的局部。

派生音的演变则另有规律。汉语的派生音大多来自两音节的合音，如前面提到的儿化韵、Z 变韵。这一类型的语音演变大致可归纳为如下几个阶段（详细的讨论请参看本书的第九章）：

① 两音节阶段，也即合音尚未开始的阶段。在这个阶段中，词根末字和后缀都是独立的、有正常声调的音节。

② 一个半音节阶段，又可细分为前后两期。合音发生在"词根＋词缀"的语法派生词中。由于词缀（后字）的出现频率高，负载信息量小，就容易弱化。弱化的前期是后字轻声化，失去正常声调且韵母变短。弱化的后期则后字的阻塞音声母脱落或通音声母后的韵母无声化。总之，后字成为一个音质较单一的、没有阻塞成分的弱音节。后字的阻塞成分失落是进一步合音的关键。

③ 长音节阶段。当后字声母失去阻塞，就会出现后字与前字"急言为一，慢声为二"的情况。所谓"慢声为二"就是阶段②的后期，全词是一个前重后轻、前长后短的两音节扬抑格音步。所谓"急言为一"，则两音节进一步连接成为一个圆滑的音峰，前字的塞尾脱落，鼻尾漂移到最末，形成一个比普通音节长大约一个音位的长音节，从而出现大量的新韵母。如陕西延川方言（张崇，1990），每个单字韵母都对应不同的儿化韵母。也就是说，出现了数目等多的新韵母。由于新韵母较单字韵母长，因而在新韵母中，原前字音形与后字音形都可以大致保持原来的形状，并不交织在一起。

陕西延川方言与单字音一一对应的儿化韵：

ʅər(←ʅ)

ɿər(←ɿ)

ɥeɹ(←ɥ)

ɥeɹ(←ɥ)   ieɹ(←i)   ueɹ(←u)

ɐɹ(←ᴀ)   iəɹ(←iᴀ)   uəɹ(←uᴀ)   yɐɹ(←yᴀ)

第二章 什么是音系的基本单位

ɣr(←ɣ)	iɛr(→iɛ)	uɣr(←uɣ)	yɛr(←yɛ)
ər(←əi)		uər(←uəi)	
ɔr(←ɔ)	iɑr(←iɑ)		
ɛər(←ai)		uɛər(←uai)	
ɣur(←ɣu)	iɣur(←iɣu)		
ær̃(←æ̃)		uær̃(←uæ̃)	
ɯɛ̃r(←ɯɛ̃)	iɯɛ̃r(←iɯɛ̃)	uɯɛ̃r(←uɯɛ̃)	yɯɛ̃r(←yɯɛ̃)
aɣr(←aɣ)	iaɣr(←iaɣ)	uaɣr(←uaɣ)	
əɣr(←əɣ)	iəɣr(←iəɣ)	uəɣr(←uəɣ)	yəɣr(←uəɣ)
ɜr(←ɜʔ)	iɜr(←iɜʔ)	uɜr(←uɜʔ)	yɜr(←yɜʔ)

④ 长音节趋短,派生韵母不断归并的阶段。在这一阶段,由于音节的长度变得与单字韵母相同,原前字音形与后字音形无法再和平共处,就必然逐渐化合。在这一阶段的前期,化合涉及韵尾位置,会使上一阶段的韵尾不同的合音韵母发生归并。如辽宁长海方言 i 尾韵和 n 尾韵的儿化韵相同,但韵腹音值不同的单字韵的儿化韵仍都保持对立。如:长海方言中"歌儿≠根儿,把儿≠板儿",这样儿化韵母虽然减少,但元音的对立反而增多。河南获嘉方言的 Z 变韵也增加了许多元音对立。但合音的继续紧密会使元音的对立再逐渐减少,因为韵腹位置也逐渐受到合音的影响,如北京新派的"把儿=板儿"。词根韵腹原来的音色也不再保持。派生韵母的归并还可分为若干更小的阶段,详细情况请参看第九章。

⑤ 与单字音系统同模的阶段。这是合音演变的终结。合音或者变得与某个单字音相同,如绍兴的"大伯儿=大浜 paŋ",或者与单字音的系统模式相同,如山西长治的儿化韵只有两套 8 个(ər iər uər yər / ar iar uar yar),与其他韵尾的格局相同,都是韵腹为非低/低两套对立(əŋ iəŋ uəŋ yəŋ / aŋ iaŋ uaŋ, əʔ iəʔ uəʔ yəʔ / ʌʔ iʌʔ uʌʔ yʌʔ)。四川大多数的儿化韵只有一套四个(ər iər uər yər),与单字音的 r 尾配足一套。合音词以后的演变就将不再发生合音式的变化,只在语法层面被其他词替换;或是与单字音一起发生音值的变化了。

"-儿"后缀与前字的合音,在北方大多与卷舌特征有关,在南方则大多与鼻音特征有关,这是"-儿"在南方、北方语音形式不同造成的。但不管是与卷舌有关,还是与鼻音有关,上面的几个基本阶段是相同的。只是方言中单字音一般都有配套的鼻尾韵,却没有配套的 r 尾韵;因此南方儿化比较

37

快就可以与单字音同模,而北方方言比较慢。除此之外,上面所总结的儿化韵合音演变规律是普遍适用的。

可以看出,合音式派生音与单字音的演变过程完全不同,合音音变中音节结构的调整贯穿始终:在一个时期内突然出现大量的长音节,接着音节的长度恢复正常但韵腹的对立大量增多,最后韵腹不断归并而达到与单字韵母同模。单字音的演变则未出现过这样的现象。

在各自的演变过程中,单字音的演变完全不受派生音演变的影响,不管系统中当时是否有与单字音不同的派生音音节,单字音都照自己的规律演变。而派生音的演变则总是受单字音的制约:在急言为一、慢言为二的阶段,派生音是根据单字音当时的音值加符合普遍音理的合音规则而临时合成,所以单字音的音值及音类合流情况直接影响临时合音的音值。在稳定合音的长音节阶段和韵腹不同的阶段,单字音音值及音类合流的演变将不直接影响已固定成型的合音,如河南长垣话(王青锋,2007)中单字音"苔"t^hae="坛"t^hae,但两字带有"-子"意义的 Z 变音却没有合流,"(蒜)苔"$^z t^hiə{:}o$≠"(酒)坛"$^z t^ha{:}e$。但是,如前所述,派生韵母将在长度和韵腹对立多少方面会很快向单字音靠拢。派生音比单字音系统多出来的对立很不稳定,很容易归并。派生音与单字音同模后,音值将随着单字音一起演变。如宁波(徐通锵 1985)的"鸭儿"今音 ε,该音的来历可分为几个阶段。先是入声与"-儿"合音:"鸭"$aʔ$+"儿"$ŋ$→ *$æŋ$,然后是合音向系统内的某个单字音音值靠拢,*$æŋ$ → $æn$,根据 1876 年传教士的记音,当时宁波的"鸭儿"与咸山摄舒声开口二等洪音字(如"咸")的韵母都是 $æn$。再之后派生音"鸭儿"又和咸山摄的单字音一起经历了鼻尾弱化、脱落及韵腹高化的音值漂移,$æn$ → $ɛn$ → $\tilde{\varepsilon}$ → ε。总之,派生音的整个演变过程中始终贯穿着单字音的制约。

另外,单字音演变的速度也与派生音无关。一个地区的单字音系统处于大变动的不稳定时期时,该地的派生音不一定也在大变;反之,单字音系统稳定之时,派生音并不见得稳定。总体来看,派生音的变化速度快于单字音。这种时间上演变速度的差异可以从社团内或地理空间上差异的大小看出。一个方言点内部,单字音的分歧往往大大小于儿化韵的分歧,如北京话。不同方言间则单字音相同的方言点往往地理跨度较大,连成一大片分布;而儿化韵相同的方言往往是地理跨度较小,分布不成片。如晋南地区在地理上连片,单字音也有许多相同的特点(如无入声、有 pf、pf^h 声母等),因此可归为一个次方言。晋南又下辖地理上成片的三个小片——平阳、绛州、解州，三小片的单字音又有更多的相同特点。而晋南"-儿"缀词的情况却分歧很大，有多种类型且地理上不连片。如：① 儿尾（新绛），② 儿化，但儿化韵与本韵一一对应（运城、万荣），③ -i、-n 尾儿化后合流，且前元音儿化后趋央（洪洞、永济），④ 不圆唇的后元音儿化后也合流（临汾）。地理上同偏南的运城、永济分在②③两型，同偏北的洪洞、临汾分在③④两型。由于单字音较为稳定，因此相同特点的地理跨度较大，所以方言分区应主要根据单字音系统，派生音的情况只能做参考。

总之，从历时演变中是否相互制约考虑，从历时演变的规律是否相同考虑，从演变速度快慢考虑，专用派生音（从合音的长音节到与单字音相同前）都必须与单字音分立系统。只有分开两个系统才能说明各自的演变条件和规则，只有独立出单字音系统才能说明派生音类归并的方向及音值调整的目标。单字音的演变在各个阶段都与派生音的情况无关，而派生音的演变则在各个阶段都受单字音的控制，这充分说明了单字音的本源性和派生音的衍生性。不以单字音为基础，就无法把握各自的演变规律。

2.2.5　汉语音位和声韵调分析的原则

什么叫一个系统？一个系统的各个成员相互制约，一个成员的变动会引起有关成员的相应的变动。上面我们从共时、历时两个方面证明，汉语音系中单字音单位彼此制约，它们自成一个分系统，派生音、边际音不在其列。边际音是零散的，它们不制约单字音也不受单字音的制约。派生音则无论在共时还是历时方面都受制于单字音，但不制约单字音。派生音形成由单字音控制的分系统。因此，汉语中只有单字音才是音系的基本单位，不把单字音独立出来就不可能抓住汉语音系的格局和变化模式。这样，分析汉语音系就必须先分析单字音，必须利用语法语义的信息来剔除那些单音节的两字合音（派生音）和只做象声词、叹词的边际音。结构主义自立音位学的原则在汉语中不适用。

生成派关于结构主义的音位原则不适合分析英语的语调重音和 Pa'd 等语流音变现象的论述，和我们前面的分析可以在更高的层面上统一起来。这就是，表层语流中出现的语音要素可以分析为两大类性质不同的成分：一是只区别意义、必须与其他要素结合起来才与意义挂钩的成分，如英语单纯词中的音段和汉语单字音中的音段和声调；二是本身就与意义挂钩的成分，如语调、句子重音、叹词、英语的-s 尾和-d 尾、汉语的儿化和小称变调、英语的单纯词词形、汉语的单字音音形等等。前一类是不可预测的形式,后一类是可预测的形式。结构主义的音位原则只适于分析第一类成分,不适合分析第二类成分。而区分第一和第二类成分则必须在分析中考虑语法语义的要素,所以结构主义的音位原则不可行。

明确了汉语的音系分析必须先分析单字音,关于普通话韵母和中元音音位的多少也就容易有比较一致的方案了。由于儿化韵、m尾韵只出现在特定的语法语义环境中,所以它们属于派生音的性质,不应收入韵母表。同理,由于在单字音范围内中元音没有对立([ɛ]只出现在齐齿呼单韵母字中,[ɤ]只出现在开口呼单韵母非唇音声母字中,[o]只出现在u或唇音声母之后的单韵母中及u之前,[e]只出现在i之前,[ʌ]只出现在ŋ之前,[ə]只出现n之前),所以,中元音应该只设一个音位。

Halle通过对俄语清浊阻塞音的音位处理,证明了结构主义"发现"音位的原则——完全不利用语法语义的信息——只能带来繁复而混乱的结果。我们则通过语音单位在共时和历时中是否相互制约,证明结构主义的音位发现原则在汉语中也是行不通的。李荣(1988)曾指出:"先讲音韵,后讲语法,音韵讲完之后才能讲语法,否则就叫自乱步伐,理论上有问题。这只是美国某一派语言学家一时的主张,并非颠扑不破的理论。……从1958年左右开始,那一派语言学家的主张在美国就失势了,再也不是主流派了。由此可见,迷信一种流行的语言学理论是要上当的。研究语言的人千万别忘了,实践是检验真理的标准,语言比语言学丰富,语言学的理论必须建立在语言事实的基础上。"李先生所提到的"美国某一派语言学家一时的主张"就是指结构主义自立音位学。本章的介绍和讨论,也许可以帮助读者更好地理解李先生话中的深刻蕴义。

由于种种历史原因,生成派对结构主义音位分析批判的时期,正是我国学术界的对外交流基本停止的时期,这使得自立音位学的主张在我国至今仍有相当大的影响。针对这一具体情况,我们运用非线性音系学对汉语音系的研究,选择了先从确定音系基本单位的原则这一根本问题入手。

第三章 区别特征、自然类和音系的格局

3.1 音系的格局

上一章我们曾提到生成派与自立音位学的一个明显差别是生成派把区别特征当作音系的最小单位,而自立音位学则把音位当作音系的最小单位。生成派认为,只有把区别特征作为音系的最小单位,才能更加简明地描写音系的格局(Halle,1962)。因此,要想深刻地了解生成派与自立音位学的这一分歧,必须首先了解生成派关于音系格局的观念。

生成派认为,每种语言的音系都是一个特殊的系统,其语音单位总是在一定的语音格局(sound pattern)中活动。所谓音系的格局,实际上包括:① 一套音系的基本单位;② 单位的活动模式。单位的活动模式可以表示为一套规则,它包括:a. 语音单位的组合规则;b. 语素音形的交替规则。一个语言的具体音形多种多样,但万变不离其宗,音系的单位只能在一定的规则制约下活动。规则和制约也就是语音活动于其中的框架和模式。值得注意的是,音系单位在一定的框架中的活动总是成组行动的,不是杂乱无章的。单位组合和交替的模式限制,模式中单位活动的成组性,就形成了语言音系的格局。

比如,每种语言的音节都不是音位的任意组合,而是有限制的组合。说话人对于本族语中哪些音位的组合是合格的音节,哪些不是,有很好的直觉。甚至对还没有担负意义的音位组合也能区分合格与不合格两类。以英语为例。下面列出的词形都不是英语中实际已有的词。但如果让英语者从中选择出可以做英语词的词形来给一些新产品命名,所有的人都会作出如下的选择(前加 * 者为不合格):

flib slin *vlim smid *fnit *vrig
plit trit brid blim stig *bnin

可以看出,合格与不合格是有一定模式的。上面例子合格与否的主要

区别在于元音前的复辅音丛的构成:"塞音+滑音(如 pl、br)"和"s+{清塞音、滑音、鼻音}"的为合格的音丛;"塞音+鼻音"(如 *bn-)和"除 s 外的擦音+{滑音、鼻音}"(如 *vl-、*fn-、*vr-)的是不合格的音丛。模式中"塞音"、"滑音"(指 r、l、j、w)、"鼻音"都代表了一组音位。

汉语中合格的"字音形"(单音节语素的音形)的规则更简单,格局更严整。如下面的音形虽然都是普通话中没有的,但不加 * 的是可以接受的,加 * 的是不能接受的(音标右上角的数字表示声调调类):

  ka^4 p^{h}en^4 ts^{h}ei^3 *blik *ki *lint *mik

不但音位组合成音节时只能在一定的框架中活动,而且同一语素的音形交替也只能在一定的框架中活动。如英语,sleep～slept,wide～width,在动词或名词的构形或构词变化中,单音节的、韵母为"长元音+辅音"的词根,后加单辅音的词缀(如-ed、-th 等)后,词根的长元音一定要变短。在英语的派生构词中常常发生长元音变短及重音位置的移动,其中明显是有规则的。如 nation～national～nationality,nature～natural～naturalistic;长元音 ei 总是与短元音 æ 交替出现。今天的英语几乎每天都有新的派生词在书面上出现,这些派生词常常要发生语音的交替,而英语者从来没有因为是第一次见到它而不会读。这就是因为构词的语音交替是有严格的规律的,只在一定的框架中活动。汉语也不例外。北京话有些音节从来不做名词用,但一旦这些音节在书面上出现了儿尾,北京人也绝不会因为以前没说过就不会发音。比如"有个人叫小安儿,他弟弟叫小昂儿"。

音系单位在词形交替时的活动方式、活动框架也与音系单位的分组密切相关。如在前述英语的词形交替中,有长元音的组和短元音的组,两组中长元音 ee[i:]总与短元音 e[e]交替,长 a[ei]总与短 a[æ]交替。汉语单字音与儿化音的交替中,n 尾韵与 i 尾韵一组(都失落韵尾),ŋ 尾韵另一组(保留韵尾的鼻音特征)等等。

一个语言具体的音形多种多样,但在具体音形之下隐藏着音系的整齐格局,即音系单位的分组格局及组合、交替格局。生成派认为,音系描写的任务不应该只描写具体的音形,而应该把注意力放到具体音形之下的音系格局上,这样才能以简驭繁。

因此,在生成派的理论体系中,规则的地位大大提高了。能否最简明地描写音系格局(单位的分组规则、组合规则、交替规则),被看做鉴别音系理论优劣的标准。这样,音系单位的确定、音系单位的分组,都要考虑是否

第三章 区别特征、自然类和音系的格局

能够最简明地反映单位的活动框架和模式,它们共同形成了音系的格局。

生成派把区别特征作为音系的最小单位,就是因为,从区别特征的层次出发,才可以最简明地说明音系单位分组活动的模式。或者说,音系的格局在区别特征的层次上才得以最清楚地显现。

3.2 语音特征

给单位分组,找出它本质性的最小组成成素是非常重要的。找到本质性的最小组成成素,就可以控制较大单位的活动方式。如,化学元素(原子)的化合能力,直到揭示了原子下级成分的组成,才得到最简明的说明。

从人类听觉感知的角度着眼,音素是最小的线性单位。它是人能够听出的最短的音。在生成音系学的标准理论中,一个音素称为一个"音段"(segment)。

然而,从生理发音的角度考虑,音段并不是不可分析的最小的要素。如,[t]是由舌尖前、不送气、塞、清等更小的发音要素组成,无论替换其中的哪一个要素,都会得到另一个音段。如,如果只把[t]的舌尖前换为舌面后,就得到[k];只把不送气换为送气,就得到[tʰ];只把塞换为擦,就得到[s],只把清换为浊,就得到[d]。

传统语言学和结构主义也都讲语音特征;其中,作为生成音系学源头之一的布拉格学派对特征尤为重视。他们提出了从特征出发可以发现一个音系音位的聚合系统具有平行对称性,还提出了所有人类语言的语音都可以用12对声学的语音特征描述。生成派继承了布拉格学派重视语音特征的传统,并有新的发展。由于对于语音特征的认识在后来的非线性音系学中又有很大的发展,本书将在后面的第八章专门介绍,所以本章将不详细讨论一共有哪些语音特征及每个语音特征的具体表现,只是尽可能先用传统常用的语音特征的术语,重点讨论语音特征与音系格局的关系问题。

从发音上看,每个音段都可以分析为若干个语音特征,所以,每个音段也就可以用一束语音特征的集合来表达。比如普通话的"门"的语音形式的语音特征如下:

43

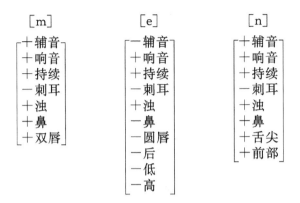

(注:[+/－辅音]是指气流在声门以上是/否受阻,[+/－响音]是指发音时声道内没有/有空气压力,因而响度有大/小之分。这两对特征把所有的音素分为四类:[－辅音][+响音]:所有元音;[+辅音][+响音]:鼻辅音 m、n、ŋ,流音 l、r,半元音 j、w 等;[+辅音][－响音]:所有口腔阻塞辅音,包括塞音、塞擦音、擦音;[－辅音][－响音]:声门阻塞音 h、ʔ 等。)

3.3 语音特征、自然类与音系的规则和格局

音段除了可以从生理发音的角度分析为更小的要素外,还可以从其他角度分析为更小的要素。比如,可以从物理声学的角度分析。从物理声学的角度把音段分析为更小的声学特征(如元音 o、a、e 和辅音 k、g、ŋ、ʃ、ʒ 在频谱图上都具有一个位于中央的共振峰占优势的特点,可分析为带有[+聚集]的特征,而元音 i、u、ə 和辅音 p、b、m、t、d、s、z、θ、ð 则具有一个或一个以上非中央共振峰的特点,带有[+分散]的特征)。

音段的物理声学特征的分析在 20 世纪 50 年代很流行,但后来生成派发现,根据物理声学特征对上级单位的分组,无法很好地说明它们在音系中的活动模式。如,同具[+分散]特征的元音 i、u、ə 和辅音 p、b、m、t、d、s、z、θ、ð,从来没有在任何的组合或交替中一起行动过。在音系研究中,单位的确定和单位的分组必须能够最简明地说明音系格局的原则,而声学特征明显不能满足这一要求,所以声学特征在音系学中渐渐失去了地位(当然这并不妨碍它在声学研究中的作用)。

而从生理发音角度分析的语音特征的命运就很不相同了。生成派发现根据语音特征,可以定义比语音特征大的音系单位(包括音段、韵、韵

第三章 区别特征、自然类和音系的格局

母、声母等等),而根据语音特征得到的音系单位的分组,可以最简明地说明音系的格局。

具有某一个相同的语音特征的音系单位的分组,叫做一个"自然类"。这个术语最早是萨丕尔提出的。之所以叫"自然类",是由于它们具有一个共同的语音特征,在生理发音上必然有相同的要素,也就必然有自然属性上的联系。

一个音段可能具有不止一个区别特征,因而也就归属不止一个自然类。一个韵或韵母,由两个或三个组合位置组成,可以根据每个组合位置上的音段所具有的每个区别特征进行分类。因而一个韵或一个韵母所归属的自然类的数目就更多。

根据语音特征对音系单位进行分类所得到的自然类,首先使得音系的聚合格局——一个平行对称的分组聚合系统得以显示。以普通话的辅音声母为例。如果以发音部位加上发音方法中的塞/塞擦作为分类的横向轴,以其他发音方法作为分类的纵向轴,就将得到普通话声母表所列的系统:

	不送气	送气	鼻	擦	流
唇(塞)	p	p^h	m	f	
舌尖前(塞)	t	t^h	n		l
舌面后(塞)	k	k^h		x	
舌面前(塞擦)	tɕ	$tɕ^h$		ɕ	
舌尖后(塞擦)	tʂ	$tʂ^h$		ʂ	r
舌尖前(塞擦)	ts	ts^h		s	

从上表可以看出,以两类区别特征为纵横两向对辅音声母分类,我们得到一个大致平行对称的系统,各横行成员的数目差不多,各竖行的成员的数目也差不多(响音类的成员较少)。如果不受书面两维空间的限制,还可以有塞音的自然类(p、p^h、t、t^h、k、k^h),塞擦音的自然类(tɕ、$tɕ^h$、ts、ts^h、tʂ、$tʂ^h$),响音的自然类(m、n、ŋ、l、r)等等。

这种分类的格局不仅使得系统成员更好记忆,更重要的是每个组的成员在各种音系规则中的行为相似,即在构成音节或构词时每个自然类的组合能力相似。因而,用自然类来表达规则可以使规则的描写大大简化。如,p可以与韵母u相配,但不能跟除u之外的合口呼相配。与p同处唇音自然类的 p^h、m、f也同样是可以与韵母u相配,不能与除u之外的合口呼

45

相配。这样,如果用音位来表达这条规则的输入,需要列举 4 个音位(p、pʰ、m、f),而在区别特征层次上只需一个特征就可以表示,因为这 4 个音位是因一个唇音区别特征而聚合的自然类:*唇音 / ♯__uV。(这是表示过滤不合格形式的公式。*表不合格,/前为一个自然类,/后为该自然类不能出现的环境。V 表元音,♯表音节界线。)有了这个公式,这种配合限制就更容易从音理上解释。p、pʰ、m、f 是以唇为主要发音部位的辅音,u 也是使用唇这个发音部位的,两者的配合很和谐。u 在做主要元音时音长较长,做介音时音长很短。这样,当唇音声母与短的 u 介音配合时,u 就被唇音声母遮蔽了。而较长的主元音 u 则不可能被同部位的声母遮蔽。普通话的声韵配合关系实际主要是声母的发音部位与介音的前后圆展的配合限制。这些限制大多是由于发音和谐的要求。也就是要求声母与邻近的介音在发音部位的自然类上接近或一致。

声母的自然类还有助于描写和解释语流音变现象。语流音变中后字的辅音弱化规律,在特征的层次上就可以简单地描述为:

① 清 → 浊 / $\begin{bmatrix} -响音 \\ -送气 \end{bmatrix}$ (后字时)　② [-响音] → [+响音] / $\begin{bmatrix} +辅音 \\ +持续 \end{bmatrix}$ (轻声时)

规则①涵盖了连读中多字组后字声母 p→b、t→d、k→g、tɕ→dʑ、ts→dz、f→v、s→z、ʂ→ʐ、x→ɣ 的变化。规则②涵盖了 f→ʋ→ʋ(如"豆腐"),ʂ/s→ʐ/z→r(老师→老ᵣ),p→m(晚半晌儿→晚么晌儿,夜蝙蝠→夜么虎,肚不脐儿→肚么脐儿,脚不丫儿→脚么丫儿)的变化。

总之,语音特征对于音系是至关重要的。根据语音特征才能找出自然类,找出自然类,从习得上看使得人们的掌握更加容易,因为每一类不但在发音生理上有共同点,而且每一类成员的数目也相差不多,学会一个就可以类推学会一类。从理论上说,使得音系的聚合格局得到显示,各语言的特点一目了然。另外,有了这个格局,语音的组合及其在构词中与语流中的语音变化才显示出规则。各种音不是乱配乱变的,而是一类一类有规则地配合和变化。如果以转写规则的方式(A→B / X __ Y)表示这些有规则的配合或变化,就可以看到,规则的输入 A、输出 B、条件 X 和条件 Y 往往都是一个自然类。在语音特征的层次上,音系的格局得到了最好的体现。

第三章 区别特征、自然类和音系的格局

3.4 语音特征、区别特征与羡余特征

上一节中我们说,根据语音特征可以得到音段等较大的语音单位的自然类,从而显示音系的格局。其实这只是一种不太严格的说法。更确切的说法是把"语音特征"换为"区别特征"。下面我们介绍一下区别特征这一概念。

如果忽略音值上的小的差异,仅从区分词形(或语素音形)的作用出发,全世界各种语言的语音都可以用数量有限的语音特征(大约20多个)描写。这些有区别词形作用的语音特征,被叫做"普遍的区别特征"。而就某一个具体语言而言,系统用来区分词形(或语素音形)的特征就更少了。根据在具体语言系统中的作用,普遍的区别特征又可以再分为区别特征和羡余特征两类。

具体语言中有区别词形(或语素音形)功能的特征叫该语言的区别特征。从单位的大小看,区别特征是音系的最小单位。从单位的性质看,区别特征是音系的基本单位。也就是说,根据上一章所介绍的原则,区别特征的确定,要考虑语音的分布,也要考虑语法语义方面的分布。区别特征的分布应该具有在语音、语法-词汇条件下都不可预测的特点。就汉语来说,汉语的区别特征应该是在单字音中分布不可预测的特征。

比如,[+/-清浊]在英语中是区别特征,而在汉语中不是区别特征。[+/-送气]则相反,在英语中不是区别特征,在汉语中是区别特征。这从这两对特征在两种语言词形和单字音形中的不同分布可以看出:

英

词首位置		词中位置		词末位置	
[pʰ]in	[b]in	ra[p]id	ra[b]id	la[p]	la[b]
[tʰ]ot	[d]ot	a[t]om	a[d]am	ma[t]	ma[d]
[kʰ]ap	[g]ap	ra[k]et	mag[g]ot	pic[k]	pi[g]

汉

单字字首		多字组的中间 (特别是轻声音节中)	单字末或多字组末
八[p]	趴[pʰ]	嘴巴[p~b]	气派[pʰ] —

47

| 搭[t] | 他[tʰ] | 蹦达[t~d] | 气他[tʰ] | — |
| 个[k] | 克[kʰ] | 几个[k~g] | 夹克[kʰ] | — |

在英语中,清浊的不同出现于所有可能出现的位置:词首、词中、词末;而送气与不送气的不同只出现在词首。也就是说,凡有送气与否之不同的地方都有清浊的不同,而有清浊不同的地方不一定有送气与否的不同。清浊的分布比送气与否的分布更广泛。这样,以清浊对立加上词首的位置就可以预测出送气与否的特征(下式中的♯表示词界,下同):

$$[-浊] \rightarrow [+送气] / ♯ \begin{bmatrix} +辅音 \\ -响音 \end{bmatrix}$$

而清浊的分布却不可能从送气与否的分布预测,因为词中和词末位置既有清音,也有浊音,而它们都只是不送气音。确定了不送气和词中或词末的位置,还是不能预测它是清音还是浊音。

凡能够用其他条件推出来的特征是被决定性的,不是区别特征,因而送气/不送气不是英语的区别性特征。不能用其他条件推出的特征是决定性特征、区别特征,英语的清浊符合这一条件。

汉语普通话中,阻塞辅音可以出现于字首和字组的中间。凡阻塞辅音可以出现的位置都出现了送气与否的不同,而清浊的不同则只在多字组的中间位置,特别是轻声音节中出现,不在多字组首位置或单字音中出现。与英语的情况相反,汉语是凡出现有清浊不同的地方都有送气与否的区别,而出现送气与否的地方却不一定有清浊的不同。在汉语中是送气与否的分布更广泛。这样,与英语例子的道理相同,汉语的浊阻塞辅音的分布可以由不送气音加"多字组的中间"这一特殊位置而推出,是可预测的分布,因而是非区别性特征,送气与否不能用别的条件推出,是区别性特征。

一个语言的非区别性特征又叫羡余特征。羡余,就是说它仍是存在的,发音时还是用到的,只是对于系统描写来说不是必须的,是被决定的。由于是被决定的,所以可以由规则加区别特征来生成,在音系的描写中可以不逐一注明,而是通过规则来确定。也就是说,找出一个语言的区别特征之后,描写一种语言的语音单位就可以只用区别特征,羡余特征则统一由规则引入添加,从而使得描写简化。

观察每种语言的特征在音段层次上的相互关系,可以发现,从音段的整个聚合系统考虑,在某些音段中又有不少区别特征的分布取决于另外的

第三章 区别特征、自然类和音系的格局

特征,因而对于这些音段而言,这些特征又是可预测的、羡余的,可以由规则引入的。如,对于英语或汉语音系来说,[＋/－持续][＋/－鼻音]对辅音音段的区分是必不可少的。比如汉语 k 和 x 的区别只在于 k 是[－持续]音而 x 是[＋持续]音,因此[±持续]是汉语的区别特征。但它对于元音音段的区分就没有价值了,因为这两种语言的元音都是[＋持续][－鼻音]的,只要确定了一个音段是元音,它的[＋持续]和[－鼻音]也就随之而确定了。也就是说,对两种语言的元音音段而言,[＋持续]和[－鼻音]是羡余特征,可以用下面的规则引入(下式中的[x]表示任一特征):

$$[\text{x}] \rightarrow \begin{bmatrix} ＋持续 \\ －鼻 \end{bmatrix} / \begin{bmatrix} \underline{\quad} \\ －辅音 \\ ＋响音 \end{bmatrix}$$

到了更大的语音单位,比如到了音节或词音形的层级,由于不同语言的音节结构或词音形都有特定的音段配列,在特定的组合位置上只能出现某些音段,不能出现另一些音段,因而对于这些特定的组合位置而言,又有一些特征的分布成为可预测的,可以由规则引进的。如,英语如果在词首位置出现三辅音丛,则第一个辅音只能是 s。这样,对于 spring 等词首三辅音丛中 s 的特征标写,就可以只标出[＋辅音][－响音]两个特征,其他所有特征,只需要增加下面的音系规则就可以自动加注:

$$\text{x} \rightarrow \begin{bmatrix} ＋持续 \\ －刺耳 \\ －浊 \\ ＋舌尖 \\ ＋前部 \end{bmatrix} / \# \begin{bmatrix} \underline{\quad} \\ ＋辅音 \\ －响音 \end{bmatrix} [＋辅音][＋辅音]$$

上一小节所描写的普通话的"门"的语音形式,根据可否预测的道理,也只需描写为如下的区别特征:

$$[\text{m}] \quad [\text{e}] \quad [\text{n}]$$
$$\begin{bmatrix} ＋鼻 \\ ＋双唇 \end{bmatrix} \quad \begin{bmatrix} －辅音 \\ ＋响音 \\ －低 \end{bmatrix} \quad \begin{bmatrix} ＋鼻 \\ ＋舌尖 \\ ＋前部 \end{bmatrix}$$

在音段的层次上,普通话的鼻音都是[＋辅音][＋响音],响音都是

49

[＋持续][－刺耳][＋浊]音。因而[＋持续][－刺耳][＋浊]对于 m、n 来说是羡余的,可以由下面的规则①②引入。在音节的层次上,如果一个元音处于韵腹的位置且后面有韵尾,则该元音只有[±低]的对立;如果韵腹为非低的元音,韵尾是舌前音,则该元音一定是[－高]、[－后]、[－圆唇]的(指韵母 ai uai an ian uan yan 的韵腹)。这些被决定特征可以由下面的规则③引入。下面是普通话的这三条羡余特征规则:

① [鼻音] → $\begin{bmatrix} ＋辅音 \\ ＋响音 \end{bmatrix}$ ② [＋响音] → $\begin{bmatrix} ＋持续 \\ －刺耳 \\ ＋浊 \end{bmatrix}$

③ x → $\begin{bmatrix} －高 \\ －后 \\ －圆唇 \end{bmatrix}$ / $\begin{bmatrix} －辅音 \\ ＋响音 \\ －低 \end{bmatrix}$ [＋前部]#

总之,只有不能从其他特征加规则推出的特征才是音系描写中必须标写的区别特征,可以从其他特征加规则推出的特征是羡余特征。区分区别特征与羡余特征可以大大简化音系中较大语音单位的特征描写,这是一目了然的。更为重要的是,上一节所说的自然类和音系格局,其实只取决于区别特征,与羡余特征无关。也就是说,在音系中真正起作用的只是区别特征。下面我们通过分析普通话的韵母系统来说明这一点。

3.5 普通话韵母系统的格局和韵母的分类

3.5.1 普通话的韵母及其具体音值(音段层次)

除去只出现在叹词、拟声词中的边际音 ê(欸)ô(喔),并因考虑到声韵配合关系的不同而将 ɿ、ʅ 单立出 ï 韵母,则普通话单字音的韵母有如下 35 个:

ï	a	ə	ai	ei	au	əu	an	ən	aŋ	əŋ	ɚ
i	ia	iə			iau	iəu	ian	iən	iaŋ	iəŋ	
u	ua	uə	uai	uei			uan	uən	uaŋ	uəŋ	
y		yə					yan	yən		yəŋ	

这 35 个韵母形成一个颇为平行对称的相互制约的格局。上表中的标音单位是有区别性的、本原性的音段。各个音段因前后组合成分的不同而

有不同的音值。在音段配列的层次上，韵母是决定各个音段取值不同的最重要的条件，个别情况下还要考虑声母的条件。如：

ə → [ɣ] / { *p、*pʰ、*m、*f} __ # ；
　　[o] / { p、pʰ、m、f} __ # ；u __ # ；
　　[e] / __ i；u __ i；
　　[ɛ] / i __ # ；y __ # ；
　　[ʌ] / __ ŋ；{∅}u __ ŋ；
　　[ʊ] / { *∅}u __ ŋ；y __ ŋ；
　　[i] / i __ n；
　　[ə] / 其他(__ u；i __ u； __ n；u __ n；y __ n；i __ ŋ； __ r)

说明：

① →前为有区别性的音段，→后为该音段在某些特定语音条件下的具体音值，/后为该具体音值所出现的语音条件。

② 语音条件中，__表示→后音值所出现的位置。__前的{ }中为声母条件，声母前的 * 表示不能出现的声母，没有 * 的是可以出现的声母；__前的 i 表示齐齿呼，u 表示合口呼，y 表示撮口呼，没有 i、u、y 的表示开口呼。

③ 上面的规则没有表示一些特别细微的音值区别，主要有以下两点。一是[ə]在 i __ u、u __ i、y __ n 的情况下弱而短，是个过渡音。在上声、去声的情况下这个过渡音较强，在阴平、阳平的情况下这个过渡音非常弱。二是没有韵尾的和 r 尾的 ə([ɣ]、[o]、[ɛ]、[ɚ])可能带有动程，在上声、去声中动程比较明显，在阴平、阳平中动程不明显。如，"歌"[kɣ⁵⁵]/"格"[kɣ³⁵]/"葛"[kɣʌ²¹⁴]/"个"[kɣʌ⁵¹]；"儿"[ɚ³⁵]/"耳"[ɵɚ²¹⁴]。

④ ə 在 i __ n 的条件下音值为 i，也就是说，我们认为一般学者认为的 in 韵，其实际音值是在介音、韵腹位置上都是[i]（详见5.7），但从区别性的音段考虑，韵腹的[i]是中元音 ə 在前后都是高、前、不圆唇成分夹击下产生的变体。该变体使得中元音音段 ə 的取值范围与高元音 i 有了交叉，但从系统中行为看，该韵母是与中元音韵腹 ən 配套的齐齿呼。这与 ian 韵母韵腹的音值高到中元音[ɛ]，但系统中的行为是与低韵腹的 an 配套的齐齿呼，是平行的。根据系统中的行为和韵腹前后的语音环境，实际音值为[iɛn]的韵母应该确定为 ian；同理，实际音值为[in]的韵母也应该确定为 iən。

在儿化等特定语法环境中，上述韵母发生音值的有规律的变化，详见第八章第4节的讨论。

3.5.2 普通话的韵母及其系统格局(区别特征层次)

如上节韵母表所反映的,普通话单字音中有区别性的元音音段有ï、i、u、y、ə、a 等 6 个。这 6 个音段以[－辅音][＋响音]的特征而聚合为一个自然类。在该自然类中各个音段又以若干区别特征彼此对立,如下所示:

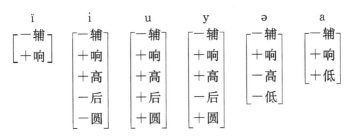

该系统中只有一个舌尖元音 ï,它以舌尖部位与其他元音音段的舌面部位相区别。正由于只有这一个音段不是舌面音,所以它的舌尖特征也可以不标,由元音([－辅音][＋响音])但未出现舌面元音的高低特征的特定环境来引入。中元音、低元音分别只有一个,所以它们只有高度特征是区别性的,前后、圆唇与否是由[±后]特征决定的羡余特征。高的舌面元音有 i、u、y 三个,它们靠前后与圆唇与否而彼此区别。这是从单个音段的角度来看特征是区别性的还是羡余性的。

音段组合成韵母有很严格的配列限制,这使得在韵母的层次上又有一些特征成为羡余:韵腹位置上只出现上述 6 个响音性的元音音段,不能出现辅音性音段,因而[－辅音][＋响音]的特征在韵腹位置不必再标;介音位置只能出现三个高元音,不能出现辅音及中低元音,因而[－辅音][＋响音][＋高]在介音位置也无需逐一标明;韵尾位置只能出现 i、u、n、ŋ、r,r 是唯一的卷舌音,i/u 和 n、ŋ 靠[±鼻音]区别,i/u 靠[±后]区别、n/ŋ 靠[±前部]区别(注:[±后]指发舌面元音时舌头的最高点在舌面后还是舌面前,[±前部]是指发舌尖音时舌尖与上腭的接触点在齿龈桥前还是在齿龈桥后。下表中[±前部]简写为[±前])。其他特征可由规则引入。韵腹位置在无韵尾的情况下 6 个元音音段都可能出现,因而高低、前后、圆与不圆的特征都要保留。而在有 i、u、n、ŋ 韵尾的情况下只出现 ə 和 a,因此只需保留[±低]这一对特征就足以区分它们,在-r 尾前更是只有 ə 一种选择,因而可以不标任何特征(这意味着高低、前后、圆与不圆在这个位置上都中和了)。

这样,在特征的层次上,普通话各个韵母必须标出的特征如下所示:

第三章 区别特征、自然类和音系的格局

ĭ　　　　　i $\begin{bmatrix}+高\\-后\\-圆\end{bmatrix}$　　　　u $\begin{bmatrix}+高\\+后\\+圆\end{bmatrix}$　　　　y $\begin{bmatrix}+高\\-后\\+圆\end{bmatrix}$

a $[+低]$　　ia $\begin{bmatrix}-后\\-圆\end{bmatrix}[+低]$　　ua $\begin{bmatrix}+低\\+圆\end{bmatrix}[+低]$

ə $\begin{bmatrix}-低\\-高\end{bmatrix}$　　iə $\begin{bmatrix}-后\\-圆\end{bmatrix}\begin{bmatrix}-低\\-高\end{bmatrix}$　　uə $\begin{bmatrix}-后\\+圆\end{bmatrix}\begin{bmatrix}-低\\-圆\end{bmatrix}$　　yə $\begin{bmatrix}-后\\+圆\end{bmatrix}\begin{bmatrix}-低\\-高\end{bmatrix}$

ai $[+低]\begin{bmatrix}-鼻\\-后\end{bmatrix}$　　　　　　　　uai $\begin{bmatrix}+后\\+圆\end{bmatrix}\begin{bmatrix}-鼻\\-后\end{bmatrix}$

əi $[-低]\begin{bmatrix}-鼻\\-后\end{bmatrix}$　　　　　　　　uəi $\begin{bmatrix}-后\\+圆\end{bmatrix}\begin{bmatrix}-鼻\\-后\end{bmatrix}$

au $[+低]\begin{bmatrix}-鼻\\+后\end{bmatrix}$　　iau $\begin{bmatrix}-后\\-圆\end{bmatrix}[+低]\begin{bmatrix}-鼻\\+后\end{bmatrix}$

əu $[-低]\begin{bmatrix}-鼻\\+后\end{bmatrix}$　　iəu $\begin{bmatrix}-后\\-圆\end{bmatrix}[-低]\begin{bmatrix}-鼻\\+后\end{bmatrix}$

an $[+低]\begin{bmatrix}+鼻\\+前\end{bmatrix}$　　ian $\begin{bmatrix}-后\\-圆\end{bmatrix}[+低]\begin{bmatrix}+鼻\\+前\end{bmatrix}$　　uan $\begin{bmatrix}+后\\+圆\end{bmatrix}\begin{bmatrix}+鼻\\+前\end{bmatrix}$　　yan $\begin{bmatrix}-后\\+圆\end{bmatrix}[+低]\begin{bmatrix}+鼻\\+前\end{bmatrix}$

ən $[-低]\begin{bmatrix}+鼻\\+前\end{bmatrix}$　　iən $\begin{bmatrix}-后\\-圆\end{bmatrix}\begin{bmatrix}+鼻\\+前\end{bmatrix}$　　uən $\begin{bmatrix}+后\\+圆\end{bmatrix}\begin{bmatrix}+鼻\\+前\end{bmatrix}$　　yən $\begin{bmatrix}-后\\+圆\end{bmatrix}[-低]\begin{bmatrix}+鼻\\+前\end{bmatrix}$

aŋ $[+低]\begin{bmatrix}+鼻\\-前\end{bmatrix}$　　iaŋ $\begin{bmatrix}-后\\+圆\end{bmatrix}[+低]\begin{bmatrix}+鼻\\-前\end{bmatrix}$　　uaŋ $\begin{bmatrix}+后\\+圆\end{bmatrix}\begin{bmatrix}+鼻\\-前\end{bmatrix}$

əŋ $[-低]\begin{bmatrix}+鼻\\-前\end{bmatrix}$　　iəŋ $\begin{bmatrix}-后\\+圆\end{bmatrix}[-低]\begin{bmatrix}+鼻\\-前\end{bmatrix}$　　uəŋ $\begin{bmatrix}+后\\+圆\end{bmatrix}\begin{bmatrix}+鼻\\-前\end{bmatrix}$　　yəŋ $\begin{bmatrix}-后\\+圆\end{bmatrix}[-低]\begin{bmatrix}+鼻\\-前\end{bmatrix}$

ər $[——][+卷舌]$

可以看出,加上韵母组合位置(介音、韵腹、韵尾)的条件,不能预测的区别特征在每个位置上一般只需一到两个,需要标三个特征的只有 i、u、y 韵,需要标三个以上特征的韵一个也没有。而普通话的所有韵母也正因这

些为数不多的区别特征而彼此联系形成整齐的格局。韵母与声母的组合、韵母的具体音值、儿化后的音值、语流音变的音值等等都受这个格局的制约。下面分别就介音、韵腹、韵尾三个位置说明因区别特征而聚合的各个自然类在音系中的作用。

在介音位置上,韵母因介音位置上的[±后][±圆]这两对特征而聚合为四个小类,这就是现代汉语大多数方言中都很重要的开齐合撮四呼。此外,在与声母的搭配和决定韵腹的音值等方面,常常可以观察到齐撮为一类,开合为另一类的现象,如 tɕ 组声母只配齐撮,k、ts、tʂ 组只配开合等;这说明因[±后]这一个特征而聚合成的较四呼更大的自然类(齐撮类、开合类)在音系中也有重要作用。韵母系统中 *iai、*yai、*iei、*yei、*uau、*yau、*uou、*you 的空格则是受到介音和韵尾位置上不允许同时出现在[±后]、[±圆]特征上相同的元音。这说明因[＋圆]而聚合的较大的自然类(u、y 类)同样有系统价值。

韵腹位置上,在有 i、u、n、ŋ 韵尾的情况下[±低]的对立十分重要。尽管单字韵母中韵腹的具体音值有跨类的现象(如 ian 的 a 的音值为中元音,iən 的 ə 的音值为高元音),但在儿化中韵腹的音值都复原到原来的类(如 an、ian、uan、yan 的儿化韵韵腹均为 ɐ、ən、iən、uən、yən 的儿化韵韵腹均为 ə)。而在 i、u、n、ŋ 韵尾之前,[±高]不是区别特征,所以 uei、uəi、iən、yən、iəŋ 等韵中韵腹的具体音值是高的 i 还是中的 e 或 ə,它们的长度、强度如何都不太重要。在没有韵尾的情况下,[±高]是至关重要的,单字韵母 i 及 i 的儿化绝对不能混同于单字韵母 iə [iɛ] 和 iə 的儿化[iɛr]。在单字有 r 韵尾的情况下则不仅[±高]无关紧要,[±低]也无关紧要,因为 -r 前单字音的韵腹只有一种选择的可能,没有其他的对立项。所以,单字音中的 ər 在不同声调中的具体值可能是中元音,也可能是低元音(阴平、阳平中为[ər],上声、去声中为[ɐr])。李思敬(1986)最早指出了音值上的这一差异,功不可没;但没有对单字音中 -r 前没有[±低]的对立给予足够的重视,将这种音值差异处理为了音位性的对立,又不能不说是理论上的失误。事实上北京地区的许多新北京人并没有这种音值上的差异,四个声调中的 ər 或都为[ər],或都为[ɐr],也丝毫不影响理解。

韵尾位置上,有无韵尾是决定韵腹有无[±后][±圆]对立的条件,[±鼻]韵尾是决定轻声弱化音变的条件之一(如元音韵尾的 ai、au 韵的弱化首先是复元音单化,如"脑袋"的"袋"ai→ɛ;而鼻音韵尾 an、aŋ 的弱化首先是主元音趋央,如"打扮"的"扮"an→ən)。[±后]韵尾([＋前]也同时具有

第三章 区别特征、自然类和音系的格局

[一后]特征,详见第八章)是决定儿化音变中韵尾是否脱落的条件,也是决定韵腹音值的重要条件之一。

总之,进入到了具体的韵母的组合结构的位置,不可预测的区别性特征就更少了。而正是这少数必不可少的区别特征,构成了语音相互制约、成组活动的模式,构成了成组活动的语音的活动范围。所以说,语音的系统,在区别特征的层次上才能得到最充分的体现。

3.5.3 普通话韵母的分类

和其他事物一样,韵母的分类也可以有多种角度、多种标准。但对于音系描写来说,最重要的无疑是反映音系格局的分类。也就是可以反映语音分组活动的分类和可以反映语音分组活动范围之框架的分类。根据这个标准,我们可以评判现有的两种分类方案的高下。

现行的高校现代汉语教材对普通话韵母的分类都基本一致。以北京大学中文系现代汉语教研室编的《现代汉语》(1993)一书为例(本小节中凡不在[ ]中的音标一律为汉语拼音,[ ]中的为国际音标,):普通话韵母首先分成单韵母(a,o,e,i,u,ü,-i [ɿ],-i [ʅ],er)、复韵母(ai,ei,ao①,ou;ia,ie,ua,uo,üe;iao,iou,uai,uei)、鼻韵母(an,ian,uan,üan;en,in,uen,ün;ang,iang,uang;eng,ing,ueng,ong,iong)三大类。这第一层的分类,从语音学的角度来看,的确是有其理据的。大类之下,复韵母又分为前响(ai,ei,ao,ou)、后响(ia,ie,ua,uo,üe)、中响(iao,iou,uai,uei)三小类;鼻韵母又分为舌尖鼻音韵母(an,ian,uan,üan;en,in,uen,ün)、舌根鼻音韵母(ang,iang,uang;eng,ing,ueng,ong,iong)两小类。除去卷舌韵母 er,这一分类体系可表示为下表:

高校方案 A

韵母类		单韵母	复韵母				鼻音韵母			
			前响				舌尖鼻音		舌根鼻音韵	
介音分类	开	ɣ	o/e	a	ai	ei	ao	ou	an	en	ang	eng
	齐	i	ie	ia		iao	iou	ian	in	iang	ing
	合	u	uo	ua	uai	ui		uan	un	uang	ueng/ong
	撮	ü	üe					üan	ün		iong
			后响	中响							

① ao 韵的音值其实更接近 au,拼音方案设计为 ao 是为了避免手写时 u 与 n 的易混。

55

在现代汉语教学中影响不大,但在方言学界常用的是另一种韵母分类方案,可以以《语音常识》(董少文,1959)为代表。该方案首先把普通话的韵母分为开尾韵母(ï[ꞏ,ꞏ],i,u,ü,a,ia,ua,o/e,uo,ie,üe)、元音尾韵母(ai,uai,ei,uei,ao,iao,ou,iou)、鼻尾韵母(an,ian,uan,üan,en,in,uen,ün,ang,iang,uang,eng,ing,ueng,ong,iong)、卷舌韵母(er)四大类(注:为便于与北大方案对比,我们改动了该方案的个别标音符号)。大类之下,元音尾韵再分为 i 尾韵(ai、uai、ei、uei)和 u 尾韵(ao、iao、ou、iou),鼻尾韵母再分为 n 尾韵(an、ian、uan、üan、en、in、uen、ün)和 ng 尾韵(ang、iang、uang、eng、ing、ueng、ong、iong),各两个小类。此外,还可以按主元音的高低和韵尾的前后再分小类。不考虑单个的卷舌韵母 er,这一分类体系可表示为下表:

方言界方案 B

		开尾韵			有尾韵			
				元音尾韵		鼻尾韵		
				i 尾(前)	u 尾(后)	n 尾(前)	ng 尾(后)	
介音分类	开	ï o/e a		ai ei	ao ou	an en	ang eng	
	齐	i ie ia			iao iu	ian in	iang ing	
	合	u uo ua		uai ui		uan un	uang ueng/ong	
	撮	ü üe				üan ün	iong	
主元音		高 中 低		低 非低	低 非低	低 非低	低 非低	

下面具体比较这两种方案的优劣。为称说方便,我们把前一种方案称为 A 方案,后一种方案称为 B 方案。具体比较之前,我们先在什么是理想的分类这个问题上再花些笔墨。

如前所述,分类的目的一是使同级的单位显示出内在的组织条理,便于记忆。打个比方就是库里材料的存放要有条理,布局要均匀。这样,有哪些材料,没有哪些材料,每种材料的存放位置才能一目了然。分类的目的之二是使组合规则的描写简明。依据所分的类,语音单位的配合与变化不再是一个一个单位的个别性的配合或变化,而是一类一类单位的有规则的简单的配合或变化。也就是说,库里材料的分类存放,要能表明材料在装配(组合)时的不同用途,从而为材料的组装服务。

分类的结果则应该符合下面的要求:① 同类成员至少在一个有系统价值的自然属性上相同。这样的分类才便于记忆。② 同类的单位在组成更大的单位时的行为有共同之处。这样的分类才有实用价值。①与②是一

第三章　区别特征、自然类和音系的格局

致的而不是冲突的。具有某一个相同的、有系统价值的自然属性的同级单位，在组成更大的单位时必然会有相同的行为。比如普通话的声母表。表中每一横行的声母发音部位相同，每一竖列的声母发音方法相同；无论是横向还是竖向，同行或同列声母的发音感觉总是很和谐，也就很好记。同时，每一横行的声母在组成音节时的行为相同。如 g、k、h 都不与齐齿、撮口呼相配，j、q、x 都不与开口、合口呼相配等。每一竖列的声母在语流音变中有相同的行为：b、d、g、j、zh、z 在词中位置出现时常常浊音化，f、s、sh 可能自身浊音化也可能使后面的韵母无声化，m、n 则可能因后面的韵母脱落而自成音节等。这样的分类很实用，也是系统成员具有相互制约、相互联系作用的具体体现。

用上述标准衡量，高校教学普遍采用的 A 方案，无论在科学性还是在实用性方面，都明显不如方言学界采用的 B 方案。下面我们分别讨论两种方案的分类依据、系统价值和实用价值。由于 B 方案实用的方面较多，我们先从 B 方案谈起。

B 方案其实是根据韵母的组成成分，它的下级单位——介音和韵尾的异同来分类的。根据介音位置可能的四种情况，韵母分为了开齐合撮四呼。而韵尾的情况则正是 B 方案所主张的四大类：收音过程没有高向滑动的开韵尾，有高向滑动但没有辅音性成分出现的元音韵尾，有高向滑动且出现鼻音成分的鼻韵尾，和向卷舌方向移动的卷舌韵尾。

B 方案的分类有自然属性的依据：它抓住韵尾的特点从而反映了韵母除介音外的部分（韵）发音时的舌位走向和气流通道，从而形成了韵腹以后的部分在发音上大致接近的类。念起来上口，便于记忆。

B 方案的分类更有很好的系统价值：韵和介音正是韵母的直接组成成分。开齐合撮反映了韵母起始部分是否相同，开尾/元音尾/鼻尾/卷舌尾反映了剩余部分在发音上是否有相同的趋向。二者相配，形成了说明韵母大类特点的理想的纵横两轴。所以，普通话的韵母表正是按这纵横两轴设计的。安排在这样两轴中的韵母显现出纵横系列颇为平行对称、空格很少的格局，便于掌握和记忆。

B 方案的分类对于音系规则的描写也很有价值。首先，它可以和音节结构规则和谐相配，因为它正是根据音节结构的韵尾组合位置上可出现的成员来分类的。记住了音节韵尾位置可出现成员的限制，也就记住了 B 方案四大类韵母的区分。其次，它反映了音节之上的语流音变的许多规律。比如，弱化音变中常有 ao、iao→[ɒ]、[cɪ]，ai、uai→[ɛ]、[əu]的变化。如何概

57

括这种变化呢？"复元音单化"或"复韵母单化"的说法都不确切，因为 ia、ua 等都是复元音或复韵母，却都不单化。实际的规律是，元音尾韵要单化，特别是韵腹为低元音的小类。再比如，语气词"啊"在什么情况下异化为 ia 呢？规律是在韵腹为中或低元音的开尾韵母（a、ia、ua、e/o、uo、ie、üe）之后才异化。总之，由于韵尾是音节的末尾部分，依据韵尾的分类必然对音节以上的语流音变的描写很有价值。第三，该方案反映了构词音变的许多规律。如，凡主元音相同、韵尾也相同的韵母在儿化音变中变化相同。比如 a、ia、ua 变为[ɐr、iɐr、uɐr]，是配套的变化。按 B 方案，只要在开尾韵/元音尾韵/鼻尾韵/卷舌尾韵四大类之下再按主元音的高低和韵尾的前后再分一些小类，就可以很简单地说明这些变化。

　　该分类之上或之下还可以有大类或小类的区分。如元音尾韵可以与开尾韵合称元音韵（又称"阴声韵"），与鼻尾韵（又称"阳声韵"）相对。元音尾韵也可以与鼻尾韵合称有尾韵，与开尾韵相对。按主元音的高低，开尾韵可分为高/中/低三小类(ï、i、u、ü／e、o、uo、ie、üe／a、ia、ua)，有尾韵可分为非低/低两小类(ei、uei、ou、iou、en、in、uen、ün、eng、ing、ueng、ong、iong／ai、uai、ao、iao、an、ian、uan、üan、ang、iang、uang。请注意有尾韵的主元音没有高/中的对立)。按韵尾发音部位的前后，元音尾韵还可以分为前元音尾韵(i 尾)和后元音尾韵(u 尾)，鼻尾韵还可以分为前鼻尾韵(n 尾)和后鼻尾韵(ng 尾)。i 尾韵和 n 尾韵可合为前尾韵，u 尾和 ng 尾可合为后尾韵等等。可以看出，围绕着开尾韵/元音尾韵/鼻尾韵/卷舌尾韵四大分类的大大小小的分类，正是我们上一节所分析的根据韵母各个组合位置上区别特征而得到的自然类，因此它很便于多维向地说明韵母的系统格局，也便于组合规则的描写。

　　在其他应用方面，B 方案也很方便。比如，诗歌的押韵根据的正是韵母除介音之外的部分，也就是开尾韵/元音尾韵/鼻尾韵/卷舌尾韵再根据主元音高低及韵尾前后分出的下级分类。再比如，现代汉语课程经常要帮助学生掌握方言与普通话的对应规律。这种对应规律也是按 B 方案的纵横两轴显示的。方言的差别有的是四呼的区别，有的则是韵的区别。如吴方言、山西方言的普遍特点是将北京话的有尾韵读为开尾韵：ai→[ɛ]、uai→[uɛ]、an→[ɛ̃]、ian→[iɛ̃]、ei→[e]或[ɛ]、uei→[ue]或[uɛ]等等。这些差异都是与韵头无关的韵的差异：主元音及韵尾相同的一套开齐合撮相配的韵母（如 a、ia、ua）的对应往往相同，主元音不同但韵尾走向相同的大类也往往有相同的大趋向。

第三章 区别特征、自然类和音系的格局

再来看看 A 方案。

A 方案也有自然属性的依据：单韵母为单元音或单元音的卷舌元音，复韵母为复合元音，鼻韵母为元音加鼻辅音。但就是从自然属性看，A 方案也有明显的缺陷。首先是类的命名与自然属性不完全和谐：单韵母中的卷舌韵母既不是单一音质的元音且发音有动程，为什么叫单韵母呢？鼻韵母为什么就不是复韵母呢？从构成成分看，鼻韵母不也明明包含着两个以上的构成成分吗？再有是小类的分类标准不一：复韵母之下又分为前响、中响、后响三小类，那么，鼻韵母为什么不也按响度分为前响与中响两类呢？反过来，鼻尾韵按收音的发音部位分为前后两类，复韵母为什么不能按同样的标准分类呢？

从系统价值看，A 方案的不足就更明显了。该方案的分类结果无法与四呼的分类相配成纵成列横成行的整齐的格局(参看前面<u>高校方案 A</u> 的韵母表)，因为四呼其实是从韵母的介音位置上可能出现的成员来分类的，而单韵母/复韵母/鼻韵母的分类却是脱离了音节结构的位置来考虑音段的的某些音值属性的。这样不平行对称的分类结果明显地增加了记忆的负担。

A 方案对于音系其他规则的描写也没什么用处：① 掌握了这样的韵母的分类对了解普通话的音节和韵母的结构限制(如有多少个组合位置，每个组合位置上可以出现哪些音位等)不会有多大的帮助。反过来，了解了普通话音节和韵母的结构限制对掌握 A 方案的韵母分类也没太大的帮助。② 描写音节之上的语流音变从来用不到单韵母/复韵母的分类。如上所述，语流音变中总是韵腹韵尾相同的韵一起变化，如所谓复韵母的 ia、ua 常常与单韵母的 a 一起变化，从来不与下列复韵母 ai、uai、ei、uei、ao、iao、ou、iou 一起变化，连大致相同的变化趋向也找不到。③ 同样，在描写儿化等构词音变时也用不到单韵母/复韵母的分类。儿化等构词音变也首先是按 B 方案的分类进行的：除介音外，ia、ua 与单韵母 a 的儿化韵相同，不与复韵母的儿化韵相同。

在诗歌押韵和方言比较等应用方面，我们在谈 B 方案的优点时其实已经说明了，单韵母与复韵母的区分是很少有用的。许多《现代汉语》教材上都说"四呼的分类也能反映汉语诗歌押韵的特点"，但紧接着又说"诗歌押韵一般只考虑韵腹和韵尾是否和谐，不管韵头(四呼)的区别"。这两句话是矛盾的。显然，只有后一句才是对的。诗歌押韵从来不会依据四呼的分类，只依据韵的分类，也就是 B 方案开尾韵/元音尾韵/鼻尾韵/卷舌尾韵四

59

大类的下级分类。A方案由于在韵母的第一级分类上就走了歧路，所以才不能说明押韵的根据。

总之，A方案没有抓住韵母的横向组合位置（介音、韵腹、韵尾），也就无法抓住各个位置上的区别特征及其因区别特征而聚合的自然类，因此对韵母表的记忆、音节结构的构成限制、音节以上语流音变规则的描写、构词音变规则的描写、诗歌押韵、方言比较等方面都不会有所帮助，成了一种为分类而分类的分类。

所以我们说，B方案才是普通话韵母分类的理想方案。从两种方案的比较中我们可以清楚地看出，只有充分考虑音系单位在组合和交替时的行为，考虑单位在规则中的表现，才能得到反映音系格局的聚合系统。

我们建议，高校现代汉语教材的这一部分应做较大的改动，改用B方案的韵母分类法。

第四章 语素的深层形式与音系规则
——连接方言音系与历史音系的桥梁

4.1 深层形式与音系规则(共时)

4.1.1 语素的深层形式

对于一个音系,首先要确定有哪些区别特征,有哪些区别性的音段。如前章所述,区别特征和区别性音段主要是根据它们在单个词根(汉语中就是"一音节一义"的单字)的组合方向的分布是否可预测来确定的。由此我们可以得到一个语言的区别特征表、区别性音段表和区别性声母表、韵母表等等。此外,生成音系学还要求为每一个语素确定一个深层形式,就好比词典中的每个语素都需要有一个标音,它应该能解释和涵盖该语素在所有构词环境中的变化,与结构主义的语素音位类似。也就是说,深层形式还需考虑词形交替中的关联。

生成派认为,确定一个语素的深层形式,需比较该语素在所有构词环境中的语音形式,看从哪个形式出发用规则说明其他形式更简明、更具系统性。前面强调汉语的单字音是基本形式,其实,这并不完全符合生成派的观点。在生成理论中,一个语素的深层形式是一个更高级的抽象形式。它可能与单词根词中出现的形式同形,也可能与在合成词中出现的形式同形,还可能与所有的构词环境中出现的语言形式都不相同,只是一个虚构的形式。但不管是哪种情况,从语素的深层形式出发应该可以最简明地说明该语素在所有构词环境中的语音交替形式。语素的深层形式主要是为了找出语音在组词中的交替模式而设立的(如汉语单字音与儿化音、Z 变音的交替,英语 nation/ national/ nationality 的交替)。

普通话中有区别性的 a 音段可以和哪些音段配合构成一个音节是语音的组合问题,a 音段在单字音中的具体发音如何,在儿化音中的发音又如何,则是语音的交替问题。一个音系的格局不仅表现在组合有一定的模式,而且表现在交替也有一定的模式。生成派和结构主义都重视语音的组合规则,而生成派与结构主义不同的是,生成派对语音的交替规则也同样重视,要求找出由深层形式联系的语音交替模式。而语音交替是受语法词汇条件制约的语音现象,具有跨音系-语法两层面的性质。

本小节的下面部分,将先举一个简单的例子说明设立深层形式的必要性,再分别举出语素的深层形式与单词根中音形相同的例子、与某个派生词中音形相同例子和与任何构词环境中的词形都不相同的例子,以说明语素的深层形式是一种解释、概括所有交替形式的更高级的抽象形式的道理;最后讨论音系规则的不同类别。

4.1.2 语素的深层形式反映两音系本质上的相似度

描写有两种根本不同的、有着本质区别的方法。一种是美国描写派结构主义的直接描写具体语音形式的方法,另一种是生成派的描写语素的深层形式和音系规则的方法。描写语素的深层形式和规则的方法更能反映两个音系在本质上的联系。下面让我们看看 Morris Halle(1962)所举的 Pig Latin 语的例子。

Pig Latin 是美国学校中学生普遍使用的一种密语。它可以用上面所说的两种不同的方法描写。如果我们像结构主义那样只比较 Pig Latin 与普通美国英语的具体的语素形式,我们将看到,这两种话语存在着巨大的差异:

普通美语	Pig Latin	词义
/ˈstrit/	/ˈitstreː/	街(单数)
/ˈstrits/	/ˈitstreː/	街(复数)
/ˈkæt/	/ˈætkeː/	猫(单数)
/ˈkæts/	/ˈætskeː/	猫(复数)
/ˈroːz/	/ˈoːzreː/	玫瑰(单数)
/ˈroːziz/	/ˈoːzizreː/	玫瑰(复数)

我们看到,在语音层面上,Pig Latin 与普通美语的音段组合限制完全不同。前者所有的语词都以元音起头,都以元音 /eː/ 结尾,经常有多个词中辅音丛;后者则完全没有这些特点。在语法构词法方面,Pig Latin 的中缀大大多于前缀和后缀,而美语则相反。因此,根据结构主义描写法,上列两种话语的现象相当于两种毫无关系的语言。也就是说,直接根据具体的音

第四章 语素的深层形式与音系规则

形,只能得出 Pig Latin 与普通美语是毫无关系的语言,至多是关系很远的语言的结论。那些完全没有创造精神的美语者完全不懂 Pig Latin,大约就是这样接收和理解的。

但大多数美国中学生并不需要专门的学习,就可以用 Pig Latin 自由交际,这又是怎么回事呢?

如果我们不限于这些词表面的音形,而是从生成的观点追究深层语音和规则,显示的图景将完全不同。生成的观点要追究一种形式是否可预测,能不能从另一种形式加规则推出来,能用其他形式加规则推出来的形式不是深层形式。这样,从生成的观点看,Pig Latin 语素的深层语音形式和美语完全一样,两种语言的区别仅仅在于,Pig Latin 有一条美语所没有的构词语音规则:

(1)词首位置的辅音丛移到词末并增加 /e:/。

由于规则(1)是 Pig Latin 与普通美语的唯一不同,所以用生成观点得出的结论是,Pig Latin 是普通美语的一种密码形式,是美语的一种特殊方言。这个结论无疑是正确的。但要得出这个结论,就必须要确立表层语音不等于深层语音的观点,并将注意力放到藏在表层语音下面的规则上。

4.1.3 语素深层形式的确定

确定语素深层形式的原则其实与确定区别特征的原则是基本相同的,这就是,凡可以预测的、可以从其他形式加规则推出来的形式不是深层形式。只有不可预测的才是深层形式。另外,从深层形式出发还要能够最简明地说明所有的构词交替形式。

有时,从单词根的形式出发就可以最简明地说明一个语素的所有变体;这种情况下,单词根的形式就可以看做语素的深层形式。汉语的单字音一般都是语素的深层形式。以普通话的单字音和儿化韵为例:

| 盘 pʰan | 牌 pʰai | 摊 tʰan | 袋 tai |
| 盘儿 pʰer | 牌儿 pʰer | 摊儿 tʰer | 袋儿 ter |

可以看出,两个单字音韵母 an、ai 对应一个儿化韵韵母 er。在这种"多"对"一"的对应中,哪一方是不可预测的,哪一方的形式就可以考虑作为深层形式。

可预测不可预测是根据对应条件来判定的。首先,让我们从单字音出发来看儿化音。我们看到,只要单字音是 an 或 ai 韵,它们的儿化韵就一定

63

是 ɐr，这是一种有条件的规则对应，可以用下面的规则表示：

$$an、ai + \{-r\} \rightarrow ɐr$$

有了单字韵，再有了这条规则，就可以生成"盘儿、牌儿、摊儿、袋儿"等许许多多儿化形式的韵母。以单字韵加规则来生成儿化韵颇为简明合算。

再从儿化音来看看单字音。一个儿化韵对应多个单字韵，却找不到任何条件。也就是说，确定了儿化韵是 ɐr，即使还知道它的声母、声调等条件，仍然无法确定其单字韵母是 an 还是 ai，必须要知道具体是哪个语素。如果用规则的形式表示，在出现条件一项中就只能——列举语素，如下所示：

ɐr ⟨ an／{盘、摊、半、蚕…}＋{-r}（＋表语素界）
　　ai／{牌、袋、盖、白…}＋{-r}

这样的规则根本不能算是规则，控制条件的数目跟所处理的实例的数目一样多，等于说"如果'盘'的单字音为 an 韵，那么它的单字音就是 an 韵"。由于从"一"（此例的儿化韵）到"多"（此例的单字韵）没有条件，所以从"一"出发也就不能控制、预测"多"。在这种情况下，不可预测的"多"（单字韵），就可以考虑作为语素的深层形式，而可以预测的儿化韵就应该作为表层形式。生成派认为，语言的系统中只需有语素的深层形式和规则，语言运用时就生成了表层形式。拼音方案对儿化韵的描写，正符合这一精神。它不是直接描写儿化音的语音形式，而是通过单字音加 r 来间接描写，如"盘儿"panr、"牌儿"pair。

单词根音并不必然是深层形式，确定深层形式的关键还是看几个语素交替形式中哪个是不可预测的。有时，派生词中的形式反而是不可预测的，这时，以派生音为深层形式，从派生音推单词根音就更为简明方便。如英语中：

dam[dæm] 坝　　　damable[dæməbl]　可筑坝的
damn[dæm] 诅咒　　damnable[dæmnəbl]　该死的

左边一栏是单词根词，右边一栏是加了 -able 词缀的派生词。我们看到，"坝"和"诅咒"在单词根词中同形，但在派生词中不同形。形成了一个单词根音形[dæm]对应两个派生词形[dæm]、[dæmn]的关系。细观它们的对应条件可以发现，一对二没有分化的语音条件，只能用具体的语素作

第四章 语素的深层形式与音系规则

为条件来控制在什么情况下派生词要加一个 n；而二对一则是有语音条件的：以两个鼻尾收音的派生词形和以一个鼻尾收音的派生词形，在单词根环境下都是一个鼻尾。两个鼻尾的失落最后一个鼻尾。可用规则表示如下：

$$x \rightarrow \emptyset / [+鼻音] \begin{bmatrix} \underline{\quad} \\ +鼻音 \end{bmatrix} \# (\# 表示词界)$$

汉语中一般是从单字音出发就可以控制派生音，但也有少数相反的情况。如宁夏中宁话的声调（李倩，1998）。中宁话的单字调只有如下三类：

调类	调值	例字
阴平	44	高抽三
阳平	53	穷徐人 古草手女
去声	13	盖菜送 共树帽 近厚 百缺月食

其中的阳平包括中古的浊平、清上、次浊上来源字。去声则除了中古去声和全浊上来源字外，还包括绝大部分中古入声字。在"-子"派生词中，后缀前的词根要变调。在"-子"变调中，单字调同为阳平的语素分成了两类，它们的连调形式不同。请看实例：

调类	单字调	X－子	X－X－子
阳平 1	瓶^{53}	瓶^{53}·子^2	瓶^{53}·瓶$^{53}_2$·子^2
	坛^{53}	坛^{53}·子^2	坛^{53}·坛$^{53}_2$·子^2
阳平 2	口^{53}	口$^{53}_{11}$·子^{43}	口$^{53}_{11}$·口^{53}·子^2
	桶^{53}	桶$^{53}_{11}$·子^{43}	桶$^{53}_{11}$·桶^{53}·子^2

可以看出，单字调的一类（阳平）对应"-子"变调的两类：

调类	单字调	X－子	X－X－子
阳平 1	53	53－2	53－2－2
阳平 2	53	11－43	11－53－2

中宁的一个单字调与两个连调式的对应，从共时语音系统看找不到任何条件，只能通过语素的一一列举来说明哪些阳平字的连调式用 1 式，哪些阳平字的连调式用 2 式（阳平 2 的字都是中古上声来源字，但"中古上声"不是共时系统的控制条件）。而两个连调式对应一个单字调是有条件的，53－2 的前字单字调是 53，11－43 中的前字单字调也是 53。总之，知道了连调，单字调就是可预测的；而知道了单字调则不一定能预测出连调（必须

65

知道是哪个语素,中古调类是什么)。因此,按生成派的做法,应该以连调作为深层形式。即中宁话有四个深层调:阴平 44、阳平 53、上声 11、去声 13。还有一条简单的规则:

$$11 \rightarrow 53 / \# \underline{\quad} \#（前后都有♯表示单念语素）$$

以上的例子有的是以单词根词中的语素形式为深层形式描写更简明,有的是以派生词中的语素形式为深层形式更简明,其实这还没有概括所有的可能。还有这样的情况,必须假设一个在单词根词和派生词中都不曾出现的纯虚构的深层形式,才能最简明地说明各种交替形式。如英语有 sing [siŋ] ～ singer [siŋɡə],即"唱"这个语素有[siŋ]～[siŋɡ]两个音形。按照前面所说的原则,语素"唱"的深层形式似乎应该是 siŋ,只是在单用时失落最末的 ɡ。但这样处理之后又会发现,英语中原来只在词末对立的 n 和 ŋ(如 sin≠siŋ)由此而变得互补了:ŋ 只在后接舌面后辅音的条件下出现,n 不在后接舌体面辅音的条件下出现。这样又可以把"唱"的深层形式设为 sing,从深层到表层则按次序运用以下两条规则分别生成派生词形 siŋɡ 和单词根词形 siŋ(♯表示词界):

① n→ŋ / ___ $\begin{bmatrix} +辅音 \\ 舌体后 \end{bmatrix}$ ♯   ② ɡ → ∅ / [＋鼻音]___ ♯

其中,规则①还适用于 think 等其他语素,规则②只能在规则①运用之后运用,否则会生成出错误的词形 *sin。

4.1.4 深层形式与共时音系格局

经过分析而得出的深层形式,比表层形式更能反映音系的格局,能够更简明地描写词形的交替。下面是美国加州的一种印第安语——Yawelmani 语的情况。

Yawelmani 语(Kenstowicz,1994)有一套短元音和一套长元音。从语素的表层形式看,短元音和长元音系统很不平行对称,有 5 个短元音和 3 个长元音。如下:

短元音	前	后	长元音	前	后
高	i	u	高		
中	e	o	中	e:	o:
低		a	低		a:

第四章 语素的深层形式与音系规则

其中 u、o、o: 为圆唇元音，其余不圆唇。

但这个表面看去很不平行对称的系统，在构词交替中却显示出它的真正的系统是这样的：

短元音	不圆唇	圆唇	长元音	不圆唇	圆唇
高	i	u	高	i:	u:
一高	a	o	一高	a:	o:

这个真正控制系统格局的聚合系统是根据依据不可预测的分布来确定深层形式的原则找出的。这一聚合系统，可以控制词形组合和交替：在语音组合和交替的种种规则中，有价值的区别特征只是圆唇与否和高与非高，前后与中低的差别是不重要的。请看下面的具体分析。

首先，短元音 e 是长元音 e: 在一定条件下的变体，如"咽"的将来时和命令式分别为 me:k-en～mek-ka，后接的词尾是元音起头时词根为长 e:，词尾是辅音起头时词根为短 e。长元音 e: 还出现在其他环境，短元音 e 则只出现在上述环境，所以可以肯定短 e 不是深层形式。

其次，Yawelmani 语的语素在构词中有三条重要的词形交替原则，这就是：

（1）元音和谐律（词尾语素的元音与词根语素的元音和谐）

	动词-非将来	动词-动名	动词-怀疑	动词-同行
吃	xat-hin	xat-mi	xat-al	xat-xa
找到	bok-hin	bok-mi	(koʔ-ol)	bok-xo
纠缠	xil-hin	xil-mi	xil-al	(giy-xa)
牵	dub-hun	dub-mu	dub-al	dub-xa

除了"找到"和"纠缠"分别不能与其中一个词尾相配，而换用了其他主元音相同、音节结构也相同的词根外，横行的动词词根相同，竖列的词尾相同。

请对比词尾在四行中的表现。可以发现，每个词尾都有一例是元音发生了变化的。请考虑起变化的成分、变化的结果和变化的条件。

可以看出，起变化的是词尾中的不圆唇元音（i、a），变化的结果是不圆唇变为圆唇（i→u, a→o）。[±圆唇]的区别是有系统价值的。而相互交替的 i、u 同是高元音，a、o 同是非高元音，[±高]的特征也是有系统价值的。而低元音 a 与中元音 o 配成一套，说明舌位中与低的区别（[±低]）没有系

67

统价值。另外,只有在[±高]特征相同的情况下,才引发词尾元音圆唇特征的和谐,否则不必和谐。该规则在音段层面上可表示为(大写的 C 表辅音,V 表元音,下同):

$$① \quad i \rightarrow u / \ u C_0 \underline{\quad}, \quad a \rightarrow o / o C_0 \underline{\quad}$$

在区别特征的层面则表示为:

① **元音和谐律**:$\begin{bmatrix} +V \\ \alpha 高 \end{bmatrix} \rightarrow [+圆唇] / \begin{bmatrix} +V \\ \alpha 高 \\ +圆唇 \end{bmatrix} C_0 \underline{\quad}$

(V 表元音,C_0 表示最少零个、最多数目不限的辅音,α 表或正或负但前后 α 的正负值一致)

(2) 词根长元音缩短律

前面我们已经提过一下"咽"中的长元音缩短情况,下面是更多的例子:

	动词-将来	动词-怀疑	动词-命令	动词-非将来
藏	woːn-en	woːn-ol	won-ko	won-hin
报告	doːs-en	doːn-ol	dos-ko	dos-hin
听见	laːn-en	laːn-al	lan-ka	lan-hin
咽	meːn-en	meːk-al	mek-ka	mek-hin

依然是横行词根相同,竖列词尾相同。可以看出,这次起变化的是词根的主元音,所起的变化是长元音变短,变化的条件是词根以辅音结尾,而词尾又以辅音起头。可以用规则表示如下:

② **元音缩短律**:$[V:] \rightarrow [V] / \underline{\quad} CC$

许多语言都有类似的双辅音前的元音缩短律,如英语的 deep～depth。

(3) 元音增音律

当词根是以两个辅音收尾的、主元音为短元音结构,那么,如果后接词尾以元音起头,词根就保持原貌,如果后接词尾以辅音起头,词根的两个辅音韵尾之间要增加一个元音。例如:

	动词-将来	动词-怀疑	动词-动名	动词-非将来
战斗	paʔt-en	paʔt-al	paʔit-mi	paʔit-hin
跑	lihm-en	lihm-al	lihim-mi	lihim-him

第四章 语素的深层形式与音系规则

| 研磨 | logw-en | logw-ol | logiw-mi | logiw-him |
| 喝 | ʔugn-on | ʔugn-al | ʔugun-mu | ʔugun-hun |

左边两列的词根没有增音，右边两列的词根在两个辅音韵尾间增加了 i 或 u。这一规律可以用规则表示为：

③ **元音增音律**：∅ → i ／C ___ CC（u 是 i 再经规则①变来的）

（注：动词词根在 Yawelmani 语中其实并不能单用。把词根的单音节形式看成深层形式，而把双音节形式看成增音的理由是，凡表层双音节的词根都有一个共同点：第二音节是主元音只能是 i、u，且与第一音节和谐，而在另一些构词环境中它们又都不出现；这些特殊的限制说明它们是派生性的。而且，除去这些有特殊限制的双音节，该语言的词根都是单音节的。）

以上三条规则的运用要遵循下面的次序：增音最先，和谐其次，缩短最后。以下的词例可以证明：

	动词-怀疑式	动词-动名式	动词-非将来	动词深层式
背	soːnl-ol	soːnil-mi		soːnl
帮助	ʔaml-al		ʔaːmil-hin	ʔaːml
疲乏	moyn-ol	moːyin-mi		moːyn
醒	salk-al		saːlik-hin	saːlk

只有设立这样的深层形式，并按上述次序运用前面的三条规则才能得到正确的表层形式。

下面以"背"为例说明派生过程。

深层形式	增音(/C ___ CC)	和谐	缩短(/ ___ CC)
soːnl-al	—	soːnl-ol	sonl-ol
soːnl-mi	soːnil-mi	—	—

关于规则的次序问题，我们将在下一节详细讨论。从上面的例子，我们又看到了上一节所讨论的原则：语素的深层形式可以不等于该语素的任何一个形式（"背"的两个具体形式是 sonl、soːnil，而为了简明合理地解释这些形式必须假设深层形式是 soːnl）。

从以上材料可以看出，在短元音系中，虽然从表层特征看短元音 e、o 的部位平行，但从构词交替中的表现看，e 和 o 没有任何关系。e 只是长元音 eː 在某些构词环境中的变体，从不出现在根词的深层形式中；o 则是与 a 配对的短元音，与 i、u、a 一样可以出现在根词的深层形式中。词形中总是 i~u 交替，o~a 交替，[±圆唇]和[±高]总是重要的，[±后]和[±低]总是不重要的。因此,按照区别性特征,四个短元音形成一个四方的整齐的格局:高且不圆的 i、高且圆的 u、非高且不圆的 a 和非高且圆的 o。

找出短元音的系统后再来看长元音。表层的长元音只有三个:e:、o:、a:。以上三条规则中,元音和谐律对长短元音都起作用,增音律只对短元音起作用,缩短律则只对长元音起作用。一般来说,同一部位的长短元音在和谐中应该相互平行,在缩短中应该互相交替。即,① 和谐中词根的短 o 使词尾的 a 变 o,而对词尾的 i、u、o 没有影响,那么词根的长 o: 也应能使词尾的 a 变 o,而不影响词尾的 i、u、o;② 缩短中词根的主元音应该 a:→a、e:→e、o:→o。但实际情况是,长 a: 的确与短 a 平行或交替,但长 o: 在规则中的行为却分为两类,一类与短 o 相应,一类与短 u 相应。请看下面的例子:

A. 与短 o 相应的 o: | B. 与短 u 相应的 o:
  怀疑式   非将来式 | 怀疑式   非将来式
报告 do:s-ol(←al) dos-hin | 毁灭 co:m-al com-hun(←hin)
背 so:nl-ol(←al) so:nil-hin | 睡着 wo:ʔy-al wo:ʔuy-hun(←hin)

A、B 两列中 4 个词词根的主元音,虽然从表层看都有时长有时短,但从前面讨论的规则可以判定,它们的深层形式都是长元音根词:第一行的"报告"和"毁灭"的词根元音后带一个辅音韵尾(do:s 和 co:m),因此后接元音起头的词尾(-al)时保持长元音,后接辅音起头的词尾(-hin)时触发元音缩短律变为短元音。第二行的"背"和"睡着"则是词根元音后有两个辅音韵尾(so:nl 和 wo:ʔy),因此后接元音起头的词尾(-al)则元音缩短,后接辅音起头的词尾(-hin)则触发元音增音律在两辅音间增加一个高元音,而词根的长元音保持不变。所以,这 4 个词词根表层形式中的短元音都是元音缩短律(两辅音前的长元音缩短)作用的结果,长元音才是深层形式。

从表层看,这 4 个词根中的长元音都是 o:,但这些长 o: 对和谐律的反映分为两类:A 列的 o: 致使 al→ol,但对 hin 没有影响;B 列的 o: 则相反,对 al 没有影响,但致使 hin 变为了 hun。换句话说就是,A 列 o: 对词尾和谐的影响相当于短 o,而 B 类 o: 对词尾和谐的影响却相当于短 u。根据它们这些不同的行为,生成派把长 o: 的深层形式分为两类,A 列"报告"和"背"的主元音是长 o:,B 列"毁灭"和"睡着"的主元音是长 u:(表层为 o:)。分析至此,长元音的系统呈如下格局,这个系统中长 e: 的地位还有些异常:

第四章 语素的深层形式与音系规则

     u:（← B 类 o:）

    e:

   a: o:

  长 o: 的深层形式分为 o:、u: 两类还有其他证据,异常的长 e: 也还不是深层形式。再请看下面的例子。该语言一般只有单音节词根,但还有一类特殊的双音节词根的动词。这种双音节动词的元音共现有严格的限制。按说该语言有 8 个元音,应该有 8×7＝56 种两元音搭配的可能,但事实上两音节的元音只能有如下的 4 种模式,请观察它们的搭配规律及其对词尾和谐的影响。

哀悼	paxa:t-al	paxat-hin	跟	yawa:l-al	yawal-hin
起床	ʔopo:t-ol	ʔopot-hin	相	yolo:w-ol	yolow-hin
移动	sudo:k-al	sudok-hun	烧焦	tuno:y-al	tunoy-hun
走	hiwe:t-al	hiwet-hin	打水	hibe:y-al	hibey-hin

  仅有的四种搭配中的前三种是:短 a 配长 a:,短 o 配 A 类 o:,短 u 配 B 类 o:。从对词尾和谐的影响看,长 a: 与短 a 同,A 类 o: 与短 o 同,B 类 o: 与短 u 同;这一方面说明这些双音节动词的两个音节的主元音只限于音质相同的长短元音的配对,另一方面也证明了我们前面的分析:从深层看,A 类 o: 确实是 o:,而 B 类 o: 则是 u:。值得注意的是,第四组是长 e: 配短 i,且长 e: 对词尾的影响与 i 相同。由此可以设想,长 e: 的深层应该是与 i 配套的长 i:。这一想法得到下面事实的支持。

  下面是该语言中的一些动词及其相应的名词形式。名词形式明显是从动词孳乳而来的,因此名词与动词的词形有明显的对应。

动词-怀疑	动词-非将来	动词深层形式	名词
bo:k-ol	bok-hin	bo:k	bok
logw-ol	logiw-hin	logw	logiw
moyn-ol	mo:yin-hin	mo:yn	moyin
woʔy-al	mo:ʔuy-hun	wu:ʔy	wuʔuy
ʔedl-al	ʔe:dil-hin	ʔi:dl	ʔidil

  可以看出,与动词相应的名词词形的规律是,① 如果动词的主元音是长元音,缩短之;② 若动词词根以两个辅音收尾,在它们之间插入 i。在这种对应中,我们又一次看到了长 o: 有两类,一类对短 o,一类对短 u。也又一次

看到了长 e: 对应短 i。因此,为合理简明地说明一个语素的所有词形变化,我们必须假设长 e: 的深层形式是 i:。这一深层形式虽然从不出现在表层,却是解释表层各种词形最合适的中介。

通过对长元音在构词中的表现,我们得出了它的与表层差异很大的深层系统。这就是前面已经提到过的与短元音完全平行对称的系统:

短元音	不圆唇	圆唇	长元音	不圆唇	圆唇
高	i	u	高	i:	u:
一高	a	o	一高	a:	o:

这一例的分析堪称深层/表层分析的经典性实例,很值得反复琢磨。

从上面的例子可以看出强调语音的交替规则,强调从语音的交替中观察音系的格局,是生成派和结构主义的一个显著的不同。

两派另一个显著的不同则在于生成派对于音系规则的强调。在生成派音系理论中音系规则占有十分重要的地位,它不仅把表层形式与深层形式联系起来,而且深层形式的确定也与规则密切相关。如上面我们看到的,只有在规则中成组行动的才是一个自然类,才有共同的深层特征。深层形式并不是仅仅根据语音特征就可以确定的,起决定性作用的是在组合或交替中的作用。

4.1.5 音系规则的次序性、循回性和可选性

音系规则是生成派理论中一个重要的概念,而规则的次序性与循回性也是生成理论的重要概念。

先说次序性。一个音系中包括若干条规则,许多时候,同一个语音形式同时适用于几条规则。如 Yawelmani 语中的"背(非将来式)"so:nl-hin 既适用于增音律(词根与词尾的主元音间出现三个辅音),又适用于元音缩短律(长元音带两个辅音韵尾)。同时适用于两条规则,就有个先用哪条规则的问题。生成派认为,在许多情况下,先用哪一条不是任意的,次序不同,生成的结果就不同。下面以"背(非将来时)"为例:

深层形式	规则次序	第一轮结果	规则次序	第二轮结果
so:nl-hin	先增音 →	so:nil-hin	后缩短 →	—
so:nl-hin	先缩短 →	sonl-hin	后增音 →	*sonil-hin
				(不合实际形式)

第四章 语素的深层形式与音系规则

如果先用增音规则,增音之后的输出就不再适用于缩短律。因为,n 和 l 之间插入了 i,词根元音和词尾元音之间不再有三个连续的辅音了。而如果先用缩短律,则输出的形式仍然适用于增音律(词根元音与词尾元音之间仍然有三个连续的辅音),所以前一种次序的最后结果是 so:nil-hin,后一种次序的结果则是 sonil-hin。根据前面的所给的实际材料可以得知,前者是实际的形式。也就是说,规则必须按先增音再缩短的次序施用。因此,生成派理论中不但要确定有哪些规则,而且要求确定规则有无次序的要求,如有,则要进一步确定孰前孰后。

再说循回性。构词结构可以是多层套合的,有的规则只限用于其中的某个层次,另一些规则则只要符合规则要求的条件,可用于所有的层次。生成派把前一类叫做"非循回规则"(uncyclic rule),后一类叫做"循回规则"(cyclic rule)。如前面介绍过的英语句子语调重音的规则,是在每个语法的直接成分组合的层次上使用一次,结果带入下一轮,属于循回规则;而像 Pig Latin 中"把词首的辅音丛移到词末并加 e:"的规则只在词形的最后一个轮次上使用一次,属于非循回性规则。

最后看看可选性。语言中总有些形式是可以这样说也可以那样说的,因此也就有些规则是可以选用也可以不选用的。这样的规则叫"可选规则"。而必须选用的规则就叫"必选规则"。

有了次序、循回/非循回、可选/必选的概念,可以更简明、灵活地处理各种不同语言中形态各异的构词音变。下面是普通话连上变调的例子。

普通话的连上变调,是指两个上声连读则第一个上声变读为阳平。如果以 H 代表变读为阳平 35,L 代表变读为半上 21 或保持单字调的 214,则该规则可表示为 L→H /＿＿＿L。

但语流中不一定只有两个上声连续出现。有意思的是,当普通话中多个非轻声的上声字连读时,实际出现的连调式可能有多种,而且,有的连上字组只有一种连调式,有的却有两种、三种甚至上十种连调式。请看下面的例子(参看沈炯,1994 和 Duanmu,1989),各竖列的字组连调式相同,竖行下方的大写英文字母表示该类字组可能出现的连调式(见下页):

两字组	三字组 A	三字组 B	四字组 A	四字组 B	四字组 C	四字组 D	四字组 C
雨伞	雨伞厂	纸雨伞	雨伞厂少	买好|雨伞	纸雨伞好	有雨伞厂	有小雨伞
老酒	雨伞好	有雨伞	跑马场好	跑马很少	想买马好	小雨伞厂	小纸雨伞
纸伞	纸伞好	想买马	脑海里有	HHHL	HHHL	HHHL	HHHL
好酒	跑马好	买|好伞	HHHL	HLHL	LHHL	LHHL	LHHL
买马	买马好	买跑马					HLHL
好马	买好|马	HHL					
把酒	HHL	LHL					
HL							

随着字组的加长,可选的连调式可能越来越多,如五字组"买小纸雨伞"有七种可能的连调式:HHHHL～LHHHL～HLHHL～LLHHL～HHLHL～LHLHL～LLLHL。但对于一定的结构来说,可选的连调式总是有定多,不是无限多。如"买小纸雨伞"只能有以上七种连调式,不能有第八种(如*HHHLL);而五字组"展览馆里挤"如果不加句法停顿只能有HHHHL一种连调式。

这样复杂的情况,只从表层描写是很繁复的。有了生成的眼光就可以发现,虽然表层连调式异常纷繁,但普通话的连上变调是有规律的:

首先,连上是否变调与字组结构的语法类型(主谓、定中、述宾等)无关,而与字组结构的组合层次有关;语法结构类型不同的"雨伞"和"买伞"的连调式相同(都是 HL),而同为定中的三字组则组合层次为 1+2 式的(如"纸雨伞")与组合层次为 2+1 式的(如"雨伞厂")连调式可能不同。

其次,连上变调的规则是 L→H /＿＿＿L,起变化的只是两个上声中的前一个,因此任何长度的连上字组的末字总是不变调(L 调)的。

再次,连调规则是循回性的,规则运用的制约条件有两种可能。

一种是按语法结构的套合次序,由内向外多轮次地施用连上变调规则。如果用括号表示组合的层次,那么首先要在最内层的括号中施用规则,之后抹去最内层的括号,下一个括号成为最内层的括号,在这一新的较大的内层括号内施用规则(如果适用的话),再抹去括号,更外层的括号又成为最内层的括号,成为规则的施用域,如此反复,直至最外层的括号。如四字组"有雨伞厂",按语法的套合次序施用连上变调规则的各个步骤为:(L((LL)L)) 最内层有两个连续 L,施用连上规则→(L((HL)L)) 抹去内层括号→(L(HLL)) 新的最内层有两个连续 L,施用连上规则→(L(HHL)) 抹去内层括号→

第四章 语素的深层形式与音系规则

(LHHL)没有适用连上规则的两个连续 L → LHHL；而"跑马很少"则是((LL)(LL))最内层的两个括号分别有两个连续L,施用连上规则→((HL)(HL))抹去内层括号→(HLHL)没有适用连上规则的两个连续L→HLHL。按语法套合层次施用的连上变调规则是必选规则。

另一种是按照语流的时间维向(也即先后次序,又称"从左到右"的次序),不管语法结构的组合层次,一律对"最左边的两个连续出现的上声"施用连上变调规则。这样,如果是三个或四个上声连续出现,则先对最左边的两个上声字施用连上变调规则。第一字变为阳平后,第二字仍是上声,它又与第三字构成"最左边的两个连续上声",可以再施用连上变调规则把第二个上声变为阳平,但根据规则第三个上声并未受到影响,又与第四个上声构成"最左边的两个连续上声",为再一次施用连上规则提供了条件。比如,如果以下划线表示"最左边的两个连续上声",按照时间维向的先后次序,四字组"雨伞厂小"、"小雨伞厂"、"有雨伞厂"、"跑马很少"施用连上规则的步骤全都是：LLLL→HLLL→HHLL→HHHL。按时间维向的先后次序施用的连上变调规则是可选规则,多出现在快速话语中。

可选性规则与必选性规则的区别是十分重要的。普通话连上变调之所以有的位置上必须变调,有的位置上可变不变,很大程度上是由于连上变调有两种不同条件,而其中一种是必选规则,另一种是可选规则。

先看以语法套合次序为条件的必选性变调规则。

首先,作为语法第一层直接成分的最内层的两个上声必须施用连上变调规则,前上一定变为阳平。

其次,语法组合的次序是右向组合的三字及更多字的结构,除最内层的两个上声外,右向组合边界处的两个上声也适用连上变调规则,前字也会变为阳平。如"(((雨伞)厂)小)",连上规则按套合层次的施用,会在每个层次上把左边的上声变为阳平,而右边的上声不变。这样下一层次上如果新加在右边的成分也是上声,就必然构成新的"连上",形成下一层次上适用连上变调规则的输入,如"(((雨伞)厂)小)"中的"伞)厂"和"厂)小"。按语法结构施用的连上变调规则是必选的,所以连续右向组合的多个连上,除末字外,全都要变调,除非遇到较大的句法停顿(这一点我们将在第六章中讨论)。这就是沈炯(1994)指出的,语法上的右向组合结构(沈称为"顺向结合")的节奏关系为紧,是必须发生连上变调的位置。

而当语法套合的次序是左向组合的,如"(小(纸(雨伞)))",则最内层语法层次上的连上变调变出的阳平(如"(雨伞)"的"雨^{35}"),正好将出现在左向组合的下一层次的边界处,如"纸(雨伞)"的"纸^{214}(雨^{35}",从而在左向组合的第二层次上不再构成"连上",也就不触发连上变调规则,而是触发半上规则生成出"纸^{21}雨^{35}伞^{214}"。而未发生变阳平的"纸^{21}"在进入再下一层次时又与新的上声构成"连上",如"(小^{214}(纸^{21}(雨伞)))",这就又要触发连上变调规则。因此,左向组合的多个连上,按照语法套合的次序触发连上变调的结果,通常是隔位变调:倒数偶数位置的上声变调,倒数奇数位置的上声不变调。

但语法左向组合边界的位置,还可以选用按时间维向,即按从左向右的次序,来施用连上变调规则。特别是在快速语流中,说话人常常不顾语法结构而采用时间维向的次序来变调。按时间维向进行的"纸雨伞"的连调变化步骤将是:"纸^{214}雨^{214}伞^{214}→纸^{35}雨^{214}伞^{214}→纸^{35}雨^{35}伞^{214}",不同于按语法套合次序变调生成的"纸^{21}雨^{35}伞^{214}"。沈炯(1994)把按时间维向次序的变调看做是与语法结构无关的高层面的节奏调整。(按时间维向次序的变调一般不会超过 3~5 音节,这其中的辖域限制,我们将在第六章中进一步讨论。)

由于按时间维向的连上变调是可选性规则,所以在语法左向组合边界的位置上,就常常两种可能:按语法套合结构的不变调和按时间次序的变调。也即语法左向组合边界的位置是可以变调也可以不变调的位置。

综上所述,普通话连上变调的表层连调式虽然繁复,但基本可以由如下的有序规则控制:

(1) 上声的深层形式为 L。
(2) 可选且循回规则:按照时间维向的次序,最左边的 L→H / ____L。
(3) 必选且循回规则:按照语法套合的次序,没有括号相隔的 L→H / ____L。

第六章中我们还要进一步讨论这两类规则最大辖域的限制及其他更细致的情况。

4.1.6 馈给规则(feeding rule)和阻断规则(bleeding rule)

音系规则可能是有次序性的,有次序性要求的 A 规则和 B 规则会形成

第四章　语素的深层形式与音系规则

两种不同的关系：馈给（feeding）和阻断（bleeding）。

馈给关系：两个规则 A 和 B，如果 A 规则的施用可以造成新的 B 规则的输入，那么 A 与 B 就存在潜在的馈给关系。如果两规则的次序的确是 A 先 B 后，也即 A 规则施用后确实使 B 规则可适用的输入增加了，则规则 A 与规则 B 确实是馈给关系。如果两规则的次序其实是 B 先 A 后，则规则 B 实际上并未因规则 A 的施用而增加新的输入，则 A 规则与 B 规则是反馈给关系。

阻断关系：两个规则 A 和 B，如果 A 规则的施用可以减少 B 规则原有的输入，那么 A 与 B 就存在潜在的阻断关系。如果两规则的次序的确是 A 先 B 后，也即 A 规则施用后确实使 B 规则可适用的输入减少了，则规则 A 与规则 B 确实是阻断关系。如果两规则的次序其实是 B 先 A 后，则规则 B 实际上并未因规则 A 的施用而减少新的输入，则 A 规则与 B 规则是反阻断关系。

上一节所举的 Yawelmani 语的例子：深层形式 soːnl-hin"背（非将来式）"本来既适用于增音律（词根与词尾的主元音间出现三个辅音），又适用于元音缩短律（长元音带两个辅音韵尾）。这两条规则有潜在的阻断关系：如果增音律在缩短律之前运用，则 soːnl-hin 将变为 soːnil-hin，原来的三辅音丛 nlh 成了 nilh，不再是连续的三辅音丛，将"阻断"了缩短律的运用。如果缩短律在增音律之前运用，则两规则将是反阻断关系，soːnl-hin 将变为 sonl-hin，仍有三辅音丛，需施用增音规则产生 sonil-hin。而该语言该词的实际形式是第一种，即 soːnil-hin，所以该语言的增音律与缩短律是阻断关系，而不是反阻断关系。

普通话两个上声的重叠式都是由两个上声字组成，后字都是轻声，但表层的连调式却分为两类："姐²¹姐⁴"和"想³⁵想³"。这可以用规则的次序及其馈给和阻断关系来控制。从深层形式看，"姐姐"和"想想"都涉及两条变调规则：① 连上变调规则，② 轻声规则，包括②a"上声＋轻声→21＋4"和②b"阳平＋轻声→35＋3"。但规则运用的次序不同，如下所示：

词例	深层调	规则次序	第一轮结果	规则次序	第二轮结果
姐姐	214－214	先轻声（适用②a）	21－4	后连上（不再适用）	－
想想	214－214	先连上	35－214	后轻声（适用②b）	35－3

可以看出，轻声规则②a 是连上规则的阻断规则，而它把本适用于连上

规则的语段"姐姐"等变为了不适用连上规则,阻断了连上规则的施用。

连上规则对轻声规则②a 也是阻断关系。"想想"等语段先施用了连上规则,则前字变成了阳平,不再适用上声后轻声规则②a 了。

连上规则对轻声规则②b 则是馈给关系,经过连上规则的施用,本不是阳平的前字变为阳平,扩大了适用阳平后轻声规则②b 的施用范围。

馈给(feeding)和阻断(bleeding)两种情况的存在,反映了规则次序性的必要性。

当然,也有一些规则不存在馈给(feeding)或阻断(bleeding)关系,这些规则对运用次序也就没有特定的要求。

4.1.7 词汇音系规则与词汇后音系规则(lexical vs. post lexical phonological rule)

词汇音系规则与词汇后音系规则是 SPE 之后的词汇音系学提出的一对重要概念,由于词汇音系学是后 SPE 诸学说中唯一仍保持单线性模式的,也由于词汇/词汇后音系规则这一对概念的提出与规则的次序性、循回性关系密切,所以我们放在这里简单地一并介绍。

SPE 对英语的词重音及英语词中的长短元音的交替规则的研究给音系学家以很大的启发。人们开始对不同语言中音系规则的控制条件做更深入的思考。SPE 把音系规则统一放在句法结构生成并转换到表层结构且填入词库成分后的音系解释规则部分(参看 4.5 的图示),这一理论框架无疑无法处理需要依照构词条件而循回性施用音系规则的现象。Kiparsky(1982)首先提出,应该在词库中增加可多轮次使用的"词汇音系规则",音系规则应该区分为词汇音系规则和词汇后音系规则两部分。词汇音系规则是由词法条件控制的规则,词汇后音系规则是由句法或纯语音条件控制的规则。词汇音系规则和词汇后音系规则有重要的性质上的不同(参看包智明等,1997)。

词汇音系规则是"词库"的一部分,运用于词的内部。由于词库中的词法是可以多层套合的(在每个的构词层次上都可以带一个后缀,一共可以带多个后缀),而词法规则一般是各异的、有例外的,所以词汇音系规则一般有如下特性:

① 不能跨词施用。

第四章 语素的深层形式与音系规则

② 可有词汇性例外,如对特设的小类条件敏感或有个别词项的例外。

③ 可能对各种词法条件敏感,如"原生/非原生"、形态/派生/复合、名/动/形、语素界/词界等。

④ 多半是循回性的。

⑤ "结构保持"。"结构保持"是指词库中的音系规则(包括输入和输出)只能取用词库中有区别意义的"库存"音段,不创造新的区别意义的音段,不区别意义的变体音值则对于词法音系规则没有意义。如英语的 take~took 等形态变化,变化前的[ei]和变化后的[u]都是语言中已有的有区别意义作用的音段,wide~width 的构词变化中,变化前的长元音 ai 和变化后的短元音 i 也都是语言中已有的有区别意义的音段。只有有区别意义的音段的交替,对于词法音系规则来说才有意义。

⑥ 词汇音系规则必须在词汇后音系规则之前施用。(注:根据生成派的模型,词汇音系规则在词库中施用,而词汇后音系规则在词汇填入已生成并转换好的句法结构后才施用。)

这几条中,①是"词汇音系规则"的施用范围限定的;②③是词法不同于句法的一般特点,并非音系规则所特有;④只是一般倾向,因为词汇音系规则也有只限某一轮次使用的(一般是最后成词的轮次),词汇后音系规则也有可多轮次使用的(详见下);而⑤⑥被认为是词汇与词汇后音系规则最主要的不同点。

词汇后规则是出了词库之后才运用的规则,运用于词与词之间。它又可以分为词汇后规则Ⅰ和词汇后规则Ⅱ两个部分(Kaisse 1985,参考包智明等 1997)。词汇后的这两类规则的共同点在于与前述的如下几条有关:

① 可以跨词使用。

② 没有特设的小类条件或词汇性例外。

③ 对各种词法条件不敏感,如"原生/非原生"、形态/派生/复合、名/动/形、语素界等一律不起作用。

⑤ 非结构保持。例如,前面提到过的美国英语中的 t 在前重后轻的两个元音之间变闪音的规则(如 bett[t]er→bett[ɾ]er),是与词汇条件无关的变化,输出出现了没有区别意义作用的新变体。母语者一般意识不到这个 ɾ 与 t 有什么不同,因为它不区别意义。

⑥ 词汇后规则在词汇规则之后施用。

词汇后规则的Ⅰ、Ⅱ两类不同点与前述词汇音系规则的特点④相关：

词汇后规则Ⅰ与大多数词汇音系规则一样是循回性的。这一类多半是属于句法的短语层次的音系规则。由于短语是可以多层次套合的，所以短语音系规则很多是循回性的。

词汇后规则Ⅱ则与大多数词汇音系规则不同，是非循回性的。这一类规则不管词法句法的条件、只管语音的条件，因此只需在词法、句法都组织好之后，最后施用一次即可。这一类规则常常产生没有区别意义作用的新的语音变体形式（即非结构保留的）。

词汇音系规则可能兼用各种特殊的词法条件为音系规则的条件。比如，原生语素与非原生语素（含形态变化成分、词缀或其他词根的词）的区分可能成为词汇音系规则的施用条件。著名的典型实例是芬兰语塞音 t 变擦音 s 的规则只适用于非原生语素，原生语素内部则不适用。先请看下面的例子：

a) halut-a　　　要（不定式）　　halus-i　　要了（过去式）
b) tila　　　　　房间　　　　　　*sila
　　äiti　　　　 母亲　　　　　　*äisi

a) 行中"要"的过去式的词根由 halut 变为 halus，t 变 i 的变化条件是处于 i 之前。但同样处于 i 之前的、b) 行的"房间"tila 和"母亲"äiti 中的 t 却并不变为 i。词汇音系学认为，这是因为芬兰语中 t 变 i 的规则是词汇音系规则而不是词汇后的、纯粹以语音为条件的规则。该规则除有语音限制条件外还有词汇条件——不在原生语素的内部——的限制。如下所示：

$$t \rightarrow [s] / \_\_\_\_ [i]$$　（限非原生语素）

b) 行的"房间" tila 和"母亲"äiti 中的 ti 处于原生语素的内部，根据上述规则的非原生语素词法条件限制，它们不变 si。而 a 行的"要（过去式）"的深层形式为 hulit-i，t 与 i 之间有语素界，不处于原生语素的内部，所以适用该规则，ti 变为 si。

我们认为，考虑音系规则是词法相关、句法相关还是纯语音的，是很重要的。词汇音系规则还要进一步区分原生语素/非原生语素、形态/派生/复合、名/动/性等词类的不同词法条件，要区分各类不同的词法分界，这也是很重要的。这些观点对汉语音系的研究有很好的启发性。

第四章 语素的深层形式与音系规则

比如,北京话也有一些音系规则需要区分原生语素与非原生语素。北京话的[ə r]和[ɐ r]这两个音值在单字音(原生语素)和儿化音(两个原生语素合音的派生词)都有出现,但在原生语素中这两个音值以声调为条件互补分布(参看李思敬 1986),没有区分意义的功能:阴平、阳平用开口度小的[ə r](如"儿"[ə r^{35}]),上声去声用开口度大的[ɐ r](如"耳"[ɐ r^{214}]和二[ɐ r^{51}])。以声调为条件在单字音中互补分布的这两种音值即使彼此交换开口度大小,也只是听起来不自然,不会理解为另外的单字音。但在派生性的儿化音中,[ə r]和[ɐ r]却是对立分布,同为上声或去声的"本儿"[pə r^{214}]、"背儿"[pə r^{51}]绝对不能换成开口度大的[ɐ r]韵,否则就成了意思完全不同的"板儿"[pɐ r^{214}]、"伴儿"[pɐ r^{51}]了。以上例子可整理为下表:

单字/ə r/韵: 儿[ə r^{35}] = 耳[ɐ r^{214}] 二[ɐ r^{51}]
派生 /ə r/韵:铧儿[ə r^{55}] = 本儿[ə r^{214}] 背儿[ə r^{51}]
      ≠ 板儿[ɐ r^{214}] 伴儿[ɐ r^{51}]

也即北京话有一条只适用于单字音(原生语素)但不适用于派生音(非原生语素)的音位变体规则:

  ə r → [ɐ r] / ____ (上声去声,限单字音)

以上是说,词汇音系学强调有些音系规则与词法条件密切相关,要特别注意各种各样的、可能的词法条件限制,这对于汉语来说也同样是至关重要的。但词汇音系学十分强调的词汇/词汇后规则的区分,特别是"结构保持"与"词汇规则必须在词汇后规则之后施用"这两条被称为"词汇/词汇后音系规则最主要的区分",对于汉语来说却不尽适用。下面是我们的具体分析。

首先,汉语中"词"的概念十分模糊。向下,汉语"词"与语素的界限不明,比如"鸭蛋"的"鸭"是词还是语素?高校现代汉语教科书一般都说"鸭"是不成词语素,因为"鸭"不能单说。但在生物学的课本或专业文章中"鸭"可以单说,在普通文体中也多有"放鸭路上"、"养鸭技术"等说法出现,"放鸭"的"鸭"是词还是语素?向上,汉语词与词组的界限也不分明,比如"蓝天、白云、木桌、铁球、铁书架、雨伞厂、爱国……"是词还是词组?这些语段应该适用词汇音系规则还是词汇后音系规则呢?

其次,按照"结构保持"的说法,汉语的词音形应该只能在有区别意义作用的、原生性对立的音段库存中取用。有的学者举连上变调为例支持这一观念:普通话连上变出阳平,阳平是原来的四个单字调之一,未变出新的有区别意义作用的声调来(包智明等,1997)。但仔细想一下更多的例子,这一说法就不成立了:轻声不是原生性的,它的调值总是可以从前字的调值推出,但是轻声在词的层面上增加了新的对立:"帘·子≠莲子"。音段层面的例子就更多了:普通话儿化韵较之单字韵增加了许多非原生性的、可推导出的新音值,如"镜儿"的韵母 i$\tilde{\Lambda}_r$,而这些新的元音音段在词的层面上是可区分意义的,是母语者可以感知到区别的。至于闻喜、获嘉的 Z 变韵更是增加了一整套可以区分意义的、但又不是原生对立的韵母或音段。

再次,张洪明(1992)指出,汉语的短语音系规则可以在词汇音系规则之前施用,不符合词汇音系学总结的施用次序。比如平遥方言的连读变调分为定中式的成词变调规则和述宾式的短语变调规则,但三字组"迎春花"却是"迎春"先按述宾式短语变调规则变调,然后"迎春/花"再按定中式的成词变调规则变调。短语属于句法的层次,短语变调规则属于词汇后音系规则,但在平遥变调中却要在词汇音系规则之前施用。其实,在其他语言中也不乏词汇后音系规则可以在词汇音系规则之前施用的实例。如 SPE 总结的英语句重音规则,其"短语右重"的规则就可以在"复合词左重"规则之前施用,可参考 1.2.1 节中 [[black board]$_{np}$ eraser]$_n$("镶黑色木板的板擦儿")。

总之,对于汉语来说,音系规则是兼与词法句法条件相关还是仅与语音条件相关是必须区分的,"单字/单字后"也是必须区分的(因为汉语在单字音之上就进入了词法的范畴),而"词汇/词汇后"的区分却不那么重要。也即应该把兼用词法句法条件的音系规则并为一大类,与纯语音条件的区分开来,然后才是更进一步地区分词法音系规则与句法规则。

我们认为,以上意见不仅适用于汉语,也同样适用于其他语言。

4.2 深层形式与音系规则(历时)

深层形式的确定和音系规则的找出,完全是为了共时音系描写的方便,是基于共时简明性的原则来操作的。但是,任何一个系统,都是历时演

第四章 语素的深层形式与音系规则

变的积淀,是共时和历时的综合体。像结构主义那样对共时系统的表层描写往往与历时没有什么关系,而生成派着眼于深层形式的共时描写,往往能在相当程度上反映历时。

深层形式和音系规则有很强的历时含义。这就是:现在的深层形式往往是历史上某个时期的表层形式,现在的构词音变规则往往是历史上曾发生过的音变规则。现在的规则的施用次序往往是历史音变的先后次序(Halle,1962)。这种共时和历时的对应不难理解:一个语素原本是只有一个音形的,语素之所以在不同的构词或组词环境有不同的音形,往往是历时音变不平衡的结果。不同的构词或组词环境形成了不同的组合条件,因而在历时的演化中有可能发生有条件的不同变化。变了的形式往往是未变形式依据一定的组合条件变化的结果,因而沉积到后世就表现为可用未变形式加规则推出的可预测的形式,而只在一部分词形中保留的未变形式也就一般都是不可预测的深层形式。前面所举的所有例子,都可以有历时角度的含义。下面分别说明。

北京儿化韵。从共时看,单字韵母 an、ai 是深层形式,也是单字音的表层形式。它们的儿化韵母 ɐr 是只出现在"-儿"这一构词环境中的表层形式,可以由深层形式 an、ai 加规则 an、ai→ɐr / ___ + {-r} 推出。从历时的角度看,儿化韵母 ɐr 是词根末字与"-儿"合音的结果:合音音变之前,它历史上的表层形式应该就是单字韵母 an、ai 加自成音节的 ər,之后发生了 an、ai→ɐr / ___ + {-r} 的合音音变。也即现在儿化韵 ɐr 的共时的深层形式 an、ai 过去曾经是表层形式,现在儿化韵的共时生成规则是历史上曾经发生过的合音音变规则。

宁夏中宁方言的声调。中宁单字调中的一个阳平(瓶^{53}坛^{53}口^{53}桶^{53})在"-子"尾连调中不可预测地分为 1、2 两小类(瓶^{53}坛^{53}/口$^{53}_{11}$桶$^{53}_{11}$)。从共时的角度看,"-子"连调中的 1、2 两小类应该是深层形式(瓶^{53}坛^{53}/口^{11}桶^{11}),而单字调的形式可以用第 2 小类的深层形式加规则(11→53 / # ___ #)推出。从历时的角度看,"-子"连调的第 1 小类来源于中古浊平字,第 2 小类来源于中古上声,区分浊平与上声无疑要早于浊平与上声合流。也就是说,现在区分这两小类的深层形式反映了过去的表层形式,而现在的共时声调生成规则反映了中宁浊平上声两调曾发生过合流的历史音变,合流的条件是在单字音的条件下。

Yawelmani 语的元音。从共时看,现在的表层系统是个有 i、u、e、o、a 五个短元音和 eː、oː、aː 三个长元音的不平行对称的系统,它由一个有 i、u、o、a 四个短元音和 iː、uː、oː、aː 四个对称的长元音的平行对称的深层系统通过元音增音、元音和谐、元音缩短和 iː→eː、uː→oː 等五条规则而生成。从历史的角度看,现在的深层形式过去应该是表层形式,后来为了语流中发音的方便,陆续发生了词中三个辅音丛之间增加过渡音、词中各个音节的高度相同的元音唇形同化、词中长元音闭音节的元音缩短和舌位高的长元音平行低化的变化,演变成了现在的表层形式。Yawelmani 语没有历史文献,但上面符合音理的历史透视恐怕是唯一可能的假设。生成派基于共时简明性的分析方法,由于着眼于表层形式背后的控制系统,因而有相当的深度,有利于联系一个系统的共时态和历时态,是比较深刻的。下面再看一些有据可征的语言中的材料。

俄语的一些方言里非高元音 e、o、ɔ、a、æ 在非重读且位于软辅音后时变为 i 或 a(Halle,1962)。变 i 还是 a 取决于后一重读音节里元音的高低:如果后面的重读元音是低的(ɔ、a、æ),前面的元音为 i;如果后面的重读元音不是低的,前面的元音为 a;总之前后音节的元音的高度要有不同。这是一种常见的异化音变。但有些方言的情况表面看似乎有不同。请比较俄语不同方言中"村庄"一词的词形变化(辅音后的,表示软辅音):

	A 方言读音	B 方言读音	深层形式
村庄(主格、单数)	sʲaˈlɔ	sʲaˈlɔ	sʲɔˈlo
村庄(工具格、单数)	sʲiˈlɔm	sʲiˈlɔm	sʲɔˈlɔm

从共时角度的表层看,A 方言符合上述弱化音变的规律,B 方言不完全符合:B 方言"村庄(主、单)"一词的后一音节的元音是低的 ɔ,却没有使前一音节软辅音后的弱化元音异化为 i;但同样后一音节为 ɔ 的"村庄(工具、单)"却使前一音节中弱化的元音异化为 i。从深层看,由于 B 方言这两个表层同形的 ɔ 引起了前一音节的不同反映:第一词的 ɔ 使前面音节的元音变 a,第二词的 ɔ 使前面音节的元音变 i,因此这两个 ɔ 的深层形式应该不同。由于根据其他词的情况可以确定这里是异化规则在起作用,因此第一词中使前面音节元音变为低 a 的应该不是低元音 ɔ,而应该是非低元音 o。也就是说 A、B 两方言的深层形式相同,只是 B 方言多一条 o→ɔ 的转换规则。从历时角度看,这一深层形式应该就是 B 方言历史上的表层形式,后

第四章 语素的深层形式与音系规则

来在 B 方言中又发生了 o→ɔ 合流的历史音变。这一历史透视得到了 A 方言材料的支持，A 方言中正是第一词的第二个元音是 o，第二词的第二个元音是 ɔ。

  Halle 的一个最令人钦佩的成果是对英语长元音系统的处理。Halle 指出，英语的许多形态变化和构词音变中都有长短元音的交替：

(1) sleep meet write read mean shoot
   slept met written read meant shot
(2) deep wide (3) nation serene devine
   depth width   national serenity devinity

  长短元音的交替从音理上是很好解释的。词中的不同位置可能对音节结构有不同的要求，如英语中词的最末音节的韵尾允许有两个、三个甚至四个辅音，但词中的倒数第二音节则不允许有那么多的辅音韵尾（详见第五章）。合成词与单纯词对音节结构的要求也可能不同，如英语中单纯词的词末音节可以是长元音加两个韵尾（如 find），但合成词的词末音节如果是长元音，则最多只能再有一个辅音。以上两种制约在重音型语言中十分常见。生成理论对这种现象也很容易做共时处理，只需规定，在词中位置或合成词末位置上，如果后面有两个辅音，则元音长→短即可。然而英语的元音交替却不仅是普遍性的长短元音交替。在长短交替的同时还有有规律的高低变化。其对应是：aj～i、i:～e、ei～æ、aw～u、u:～o、ou～ɔ。如果把 ei、ou 看成是长元音 e:、o: 的复化，则上述对应可以用一句话概括：短元音跟高度比自己高一级的长元音对应。最高的短元音则跟复元音对应。Halle 指出，由于在英语共时音系的种种构词变化中，长短元音总是这样配套地行动，所以，依据生成派的原则，这些配套的长短元音组在深层结构中应该更加接近，应该同属一个自然类，具备相同的区别特征。这才是真正英语语音格局。根据简明原则，英语的长元音的深层音位系统应该是（括号前的形式为深层形式，括号内的形式为表层形式）：i:(→[aj])、e:(→[i:])、a:(→[ei])、u:(→[aw])、o:(→[u:])、ɔ:(→[ou])。这样的长元音系统才能与短元音系统相配成组地行动。有了这样的深层形式，英语的构词规则就可以很简明地表达。然后再用一条元音高化的规则就可以将深层形式实现到表层。以上完全是根据共时简明性原则确定的深层形式和规则。从历时的角度看，这样确定的英语长元音的深层形式正是英语 15 世纪时的表层形式,从深层到表层的转换规则正是17世纪左右英语实际发生的音变,这就是著名的"英语元音大转移"。该语音变化可图示如下:

```
15世纪英语    iː    eː    æː    aː    ɔː    oː    uː
              |     \     /     |     |     |
17世纪英语    aj          iː    eː    oː    uː    aw
                               ↓           ↓
                               ei          ou
```

例词：　　bite　meet meat　mate　　stone foot mouse (muːs)

15世纪的英语语音在英文的拼写中得到较好的保留,现在的语音已经起了很大的变化。通过上面的分析可以看出,英文的拼写法之所以能够长期保留,不仅仅是因为文字的存古性质,还由于它现在仍能够较好地联系语素的不同的构词变化形式,大致符合标写深层语音的要求。Halle(1962)对英语长元音深层音段的分析揭示了英语构词交替的规则,揭示了英语现在与历史、实际语音与文字之间的实质联系,在美国引起震动。

由上面诸多的例子可以看出,深层形式不仅可以更好地反映音系的共时格局,控制共时的各种语音变化和交替,而且还可以更好地联系一个音系的现状和历史。

4.3　深层形式与音系规则(方言)

历史比较法的基本原则是,不同方言音系的共时差异反映一个音系历史发展的不同阶段。根据简明原则确定的共时深层形式能够在一定程度上联系一个音系的历史和现状,因而也就一定程度上能够联系由一个音系发展而来的、相当于一个音系不同发展阶段的不同方言。从生成的角度看,同源音系,特别是关系较近的方言音系,其共时的深层结构往往相同或相差不远,差别主要在于一些音系规则的有无,或音系规则运用次序的先后。因而,深层结构更能反映方言或语言间历史关系的亲疏。上面所举的所有共时深层形式的例子,既可以像上一小节那样从历时的角度观察它与该音系历史上的表层形式的联系,也可以从空间的角度观察它与共时其他方言的表层形式的联系,这就是本小节的任务。

不同方言的深层形式相同,差别只在有些方言多了一两条音系规则,

第四章 语素的深层形式与音系规则

因而表层形式不同,这样的例子很多:

美国英语和 Pig Latin 的深层相同,差别只在后者多一条规则。

中宁话表层三个单字调,从加"-子"连调看,深层应该有四个调。表层的一个阳平调深层分为两个调。而深层的这两个调在北京话和大多数北方方言中就是表层的单字调阳平和上声。也就是说,中宁和其他北方方言的深层调相同,差别只在中宁还有一条规则:

阳平
　　　→ 阳平 ／ ♯＿＿＿♯（♯表单字音的界线）
上声

从共时看,两方言的深层相同,差别只在某条规则的有无。其历时含义就是,两方言原本相同,后来其中一个方言发生了某个历史音变,而另一个方言没有发生该音变。

另一种情况是方言的差别仅在于音系规则次序的先后,其历史含义就是两个方言都发生了若干种音变,但先发生哪种音变各有不同。下面是 Halle(1962) 的一个经典例证。

加拿大英语的某些方言中复合元音/aj/、/aw/分别有两个变体:在同音节内的清辅音前为[ɐj]、[ɐw],在其他环境(如浊辅音前,或音节末尾)仍为[aj]、[aw]。如,white、knife、shout、house 的元音为[ɐj]、[ɐw],而 high、find、knives、how、found、houses 中的元音为[aj]、[aw]。这一现象可用规则表示为:

(1) /a/ →[ɐ] /＿＿＿{j,w} $\begin{bmatrix} +辅音 \\ -浊 \end{bmatrix}$

同时,加拿大还有在词中两个元音间的舌尖清塞音浊化为浊塞音或闪音的规则,如 later 和 better 的词中间的 t 的实际发音为 d 或 r。可用公式表达为:

(2) [－浊] → [＋浊] / V ＿＿＿ V

规则(1)和(2)可能在同一个词中都要用到,这就有个先用哪一个规则的问题。规则施用的次序不同,实际的读音就可能不同。如 typewriter(打字机)一词:

　方言　深层形式　　第 1 轮所用规则及输出　　第 2 轮所用规则及输出
　　A　 taipraitɚ　→　规则(1) tɐipraitɚ　→　规则(2) tɐipraidɚ
　　B　 taipraitɚ　→　规则(2) taipraidɚ　→　规则(1) tɐipraidɚ

可以看出,B组发音的不同是由于它先运用了清辅音浊化律将接在第二个 ai 后的 t 变成了浊的 d,从而使第二个 ai 不再符合高化规则的条件——后接清辅音。加拿大英语的确存在 A、B 两种发音,规则次序的观念可以使这种分歧得到合理的解释。反之,如果没有规则次序的观念,就很难说明为什么有的词所有的人都是/aj/变[ɐj],有的词则只有一部分人变。只有一部分人变的就得作为一种例外来一一列举。

总之,用生成的模式描写音系就可以发现,共时同一种语言的方言,不管其表层形式如何分歧,其深层形式总比较接近或完全相同,差别只在一些音系规则的有无或运用的先后次序。而从历时的角度看就是同源的方言有一个共同的祖语,后来一些方言发生了某些音变(添加了某些规则),另一些方言没有发生这些音变或者发生这些音变的先后次序不同。生成模式可以在一定程度上包容一个音系的历史长度,因而也就在一定程度上可以包容一个音系的空间分歧。尽管生成派的本意并不在此。

4.4　音系规则的添加与深层结构的重新分析

上面的分析可能会带来这样的疑问:既然一个语言现在的共时深层单位是古时候的表层单位,现在的不同方言有共同的深层;那么难道说现在与过去、A 方言与 B 方言的不同只是有没有某条音系规则或音系规则运用次序不同的差别吗? 现代汉语普通话可以用《诗经》的音系单位做深层单位吗? 普通话与广东话、闽南话也有相同的深层结构吗?

回答是否定的。可以肯定,《诗经》、广东、闽南音系与现代普通话音系的差别要小于英语与普通话的差别,但它们的深层结构也已经有了较大的差异。这是由于,在历史的发展中,音系不仅有添加规则的变化,而且当规则增加到一定的地步,表层结构与深层结构的差距越来越大,原来音系的深层结构加规则就必然不再是最简明的描写,这时就应该调整音系的深层结构,减少音系的规则。

比如,对于现在的中宁话来说,由于"-子"变调和其他连读变调中,中古的阳平字和清上、次浊上字还整齐地分为两类,所以尽管这些字的单字调已经没有区别,但在深层处理为阳平、上声两类,并添加一条规则"上声→阳平/♯＿＿＿♯",无疑是经济、简明的。但假如中宁话又发生了新的音变,在"-子"和其他变调中这两类声调也没有区别了,情况会怎样呢? 如果硬要保持原来的深层结构(区分阳平、上声),就必须在音系中再增加一条

第四章 语素的深层形式与音系规则

新的规则"上声→阳平/非♯＿＿♯"。这样,和原来的规则共同作用,得到的结果是深层形式阳平和上声在所有的环境中都没有区分。在深层结构中无端地多分出一类,经过许多规则的转换,得到合为一类的表层,这样的深层结构和规则无疑是很不简明的。

所以,基于共时简明目的的深层形式不能无限远地追溯历史形式。生成学说把深层形式与表层形式完全相同的形式叫"透明"的形式,需要运用一些规则才能达到表层的深层形式叫"不透明"的形式。透明度越高,系统的负担越轻。因此,历史形式只有在还系统地保留在相当多的构词环境中的情况下,才有资格做深层形式。如果在所有的构词环境中都发生了音变,或是只有不规则的残存,历史形式就不宜于再做共时的深层形式,这时的音系就需要重新分析(参看 Halle,1962)。比如,如果中宁话的阳平和上声在所有的环境中都没有区分了,那么在深层就应该合为一个调。深层合为一个调,也就不再需要"上声→阳平/♯＿＿♯"和"上声→阳平/非♯＿＿♯"的规则了。整个音系的深层音类减少,规则减少,深层和表层更加一致("透明度"提高),与过去的深层结构发生了变化,这就叫音系结构的重新分析。

总之,保持原来的深层格局、增加某些规则是音系的渐变变化,深层结构重新分析从而卸下诸多规则的负担,是音系的飞跃变化;渐变和飞跃交替出现,构成了语音系统稳定而缓慢的发展。深层比表层变得慢,但不是一成不变。

4.5 深层形式与单字音

生成派的方法是通过设立深层形式和音系规则来联系各级语音单位的聚合、组合和词形交替,来揭示共时音系的格局的。如上所述,该方法不仅有共时的价值,而且在一定程度上兼顾了历史和方言。与结构主义相比,生成理论的突出特点是在音系层面就强调词形交替(对于汉语来说是语素音形,或叫单字音形,的交替),因而语音单位的确定、聚合格局的确定都与词形交替密切相关,也就是说,在音系层面的分析中就加入了语法层面的要素。生成派的理论有相当的解释力,这说明音系和语法层面的确不是一刀两断的,而是通过一些枢纽关联着。在第十一章中我们将说明,多音节重音型语言中的**词**和单音节语言中的**字**(一音节一义的结合体)就是这样的枢纽。

汉语方言研究中普遍运用的音系分析法与生成派不完全相同。这种分析法以单字音为基础:首先确定单字音的声韵调系统及其在音节结构中的配合限制,然后确定单字音在各种连字环境中的变化。各种连字环境有

89

纯语音性的(如上声连上声)、语法构词性的(如后接"-儿"、象声四字格)等。在大多数情况下,从单字音出发就可以很好地控制在连字中的变化条件,可以列出从单字到连字变化的规则;少数情况下找不出单字音的控制条件,就只能用列举单字的方法说明连字变化的条件,如前述中宁话阳平调的单字在连字调中分为两类。这种分析法也有联系历史和方言的能力。如像中宁话那样连字音的音类多于单字音,又找不出共时单字音条件的,一定是连字音反映了历史上的单字音分类,后来单字音发生了合流。折合到空间就更简单,A方言连字音中多出来的分类(如中宁话的阳平1和阳平2)一般就直接对应于另一些方言的单字音分类(如北京话的阳平和上声)。这种分析法可以叫做"基于单字音的音系分析法"。

基于深层形式的生成理论和基于单字音的汉语通行分析法,其共同点在于,①都强调音系层面和语法层面的关联,因此都强调词音形或字音形的交替;②都主张每个词或字有一个基本音形,由基本音形联系派生音形,即属于IP模式;③都在一定程度上可以联系历史和方言。其不同点则在于,生成派强调要能够以深层形式加规则说明各种词形,基于单字音的方法则强调单说形式与非单说形式的对应,对应的条件可以是有规则的,也可以是无规则的(须一一列举单字)。或许可以说,生成理论要发现的是词形间抽象的、非外显的语音联系及条件,发现起来比较难,人为性较大,但确立后运作比较简捷;而基于单字音的分析法要发现的是词形间具体的、直接外显的语音联系及条件,发现起来比较容易,人为性较小,但运作起来可能没有前一种方法快。我个人认为,基于单字音的分析方法,既不同于结构主义,也不同于生成派,倒更像西方传统的"词与词形变化表"的模式。这一传统模式的效力和深刻内涵,正在现代的西方引起越来越多的重视。我们的基于单字音的分析法,也很值得进一步深挖其方法论上的理论价值。

4.6 SPE的单线性音系学与后SPE的非线性音系学

前面几章介绍的是生成音系学标准理论时期的基本思想,由于该期的代表作是SPE,所以又称SPE音系学、经典生成音系学或生成音系学标准理论。如前所述,这一时期的研究取得了很大的成就。从实践来看,它第一次揭示了英语词重音与音段的关联规律、句子重音与语法单位组合层次的关联规律,第一次揭示了英语中音质单位在构词交替时的模式仍然与英文字母的分类一致。这些都是传统语音学和描写主义语音学没有揭示的

第四章 语素的深层形式与音系规则

规律。对于一种有很长文化传统语言的研究来说，取得这样的成就是很不简单的。从理论上说，该时期的理论说明了，语音单位的发现，不应只观察它们在表层词形中的组合配列，还应该观察它们在同一语法单位中的交替（如同一语素的交替形式）。根据语音单位在组合与交替规则中是否成组行动可以确定语音单位的自然类和深层区别特征，由此可以确定音系的深层单位和音系格局。强调交替，强调规则，强调音系层面与语法层面的关联；区分表层形式与深层形式，并认为规则有次序性和循回性，认为共时的描写可以有历时的或方言的含义，是标准生成理论的基本思想。这些基本思想为SPE后的美国音系学所继承。

但是以SPE为代表的标准理论也有严重的不足，在个别方面甚至比传统语言学与描写语言学有所后退。这些不足在SPE取得最大成就的词重音方面表现得更为突出，主要有以下两个大的方面，它们分别直接激发了一些新理论的产生：

（1）关于音系规则的性质及其在语言系统中的位置。SPE的语言模型中有个词库，词库里存放着语素的深层语音形式，音系规则都放在一个叫做"语音解释规则"的单元里。语言模型的基础是句法的生成系统和词库，句法生成系统通过转写规则生成各种句法结构，再填入词库中的语素深层形式而生成句子深层结构的终端语符串。终端语符串经句法转换规则转换为表层语符串，再经语音解释规则达到语音形式。可以看出，该模型中，音系规则都放在位于句子的语音表现之前、句法表层结构之后的"语音解释规则"这一个单元中，也就是说，语素的深层形式经过若干句法转换后，经过语音解释规则这一个单元的运算就达到表层形式。如下所示（方框中的是"语法"的组成部分）：

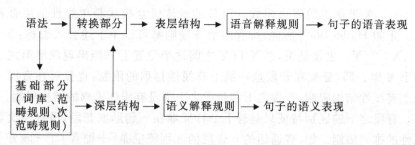

然而SPE发现的词重音规则却很难纳入上面的语言模型。音系规则并不都是一种性质。有的规则可以纳入上面的模式，它们以纯语音为条件，如s后的清塞音不送气，这样的条件与语素、词、词组、句子等语法层级或语法性质无关，因此在句子表层的语符串确定后，只需用一次规则就可以把各个符合条件的清塞音都变为不送气的。用 SPE 的术语来说,这一类规则都是非循回的(uncyclic)。另一些音系规则很难纳入上面的语音模型。它们要考虑语法构词的条件,如词重音的确定要考虑是名词还是动词,是单纯词还是派生词;在派生词中甚至还要考虑词汇性的条件,如-ly、-ing、-able、-ize、-ism 等后缀对词重音不起作用,加上这些后缀不改变单纯词重音原有的位置,也不引起元音的长短交替。如 native/natively。-al、-ion、-ic、-ity 等后缀则对词重音、词中元音的长短有影响,如 nature/natural/naturalistic。因此,带有第一类后缀的派生词要在不加后缀时就根据重音规则来派定重音位置,而带有第二类后缀的派生词要加上后缀后再根据重音规则来派定重音位置。而后缀是可以多轮次地附加的,因此是否使用重音规则也要根据后缀的情况多轮次地确定。SPE 发现了两类后缀的不同,但只是用硬性规定的方法来处理。SPE 发表以后,人们开始思考:两类后缀的不同对于语言模型的普遍意义。这些与词汇、语法条件有关的语音规则,特别是那些在不同的构词层次上都要重复使用的循回性(cyclic)规则,在语言系统中的位置不应该位于只能一次性使用的"语音解释规则"部分。后来对更多语言构词音变规则的研究也发现,不仅后缀可能对构词有两类或三类不同的反应,语素的界线、词的界线等也可能成为激发不同规则的条件。

讨论 SPE 在这方面的缺点,提出对音系规则更好的分类,为音系规则在整个语言系统中设计更合理的位置,形成了后 SPE 音系学的一个重要方面,叫做词汇音系学,其代表性著作是 Kiparsky(1982)的《从循回音系学到词汇音系学》(From Cyclic Phonology to Lexical Phonology)和 Mohanan (1982)的《词汇音系学》(Lexical Phonology)。

(2) 关于音流的组合模式。SPE 的音流组合模式是单线性的组合模式。正如 Halle(1962)所说,所有的语音规则都可以用下述公式表达:A→B / X ___ Y。也就是说,在 X 和 Y 之间这个位置上只能出现深层形式 A 的 B 变体。即,音流在音段这一级上有线性排列的限制,也仅只在音段一级上有线性结构限制,音段之下和音段之上都没有线性排列的结构限制。

音段之下的区别特征只是若干个特征堆在一起形成音段,没有层次和线性的排列限制。如,普通话的 p 音段的区别特征是[+辅音]、[−响音]、[+唇]、[−送气],这些特征是没有先后次序的"一束"。连超音质成分,如英语的重音,在 SPE 中也处理为与音段排列为一条线的附加特征。

音段之上的组合则只有语素、词等语法单位的层次和界线,分别用 +和 ♯ 表示。也就是说,在 SPE 中,音段直接组成语素或词的音形,形成一条

第四章 语素的深层形式与音系规则

线的线性结构；没有音节，更没有声母、韵母等音节内部的多层结构和音步、重音群等超音质的大的语音单位。

前面我们讲解英语词重音规则时用了音节的概念，那其实是 SPE 以后的表述方式。在 SPE 中是这样表述的：英语的词重音与词的某个位置上的音丛有关。音丛可分为强音丛-VVC、-VCC 和弱音丛-VC 两类，在动、形单纯词中，如果词末为强音丛，则重音在末元音上（如 erase/elect），如果词末为弱音丛，则重音在倒数第二个元音上（如 edit）。若是名性单纯词或加第二类后缀的派生词，则去掉最后一个元音及其后续成分，剩下的部分的末尾部分若是强音丛则重音在该元音上（aroma 和 agenda），若是弱音丛则重音在前一元音上（analysis）。可以看出，强弱音丛是一种与音节无关的概念，它是可以跨音节计算的（如 analysis 中的 ys 和 agenda 中的 end）。SPE 揭示的规律处理英语的确有用，但生成派是普遍语法的拥护者，他们不满足只对英语有用的规则。SPE 后他们又在思考，两类音丛的不同作用有没有更普遍的意义？

SPE 揭示了重音等超音质成分与音质成分的结构有某种关联，从这一设想出发研究更多的重音型语言，也同样发现了超音质与音质单位的关系。但具体规律积累得多了人们发现，① 要想概括重音的规律，必须恢复音节这一级单位。② 重音也有自己的强弱交替结构，与音质成分的结构形成并行的两条线性结构，就好像歌词与歌谱。两条结构有一定的联系，但决不能用一条线性结构来代替。还有的学者考察了特征在音系规则中的种种作用，发现特征也是有自己的结构的。这些研究成果都是针对 SPE 的音流单线性结构模式的，被统称为非线性音系学（non-linear phonology）。其实，更确切的称呼应是多线性音系学（mutipl-linear phonology）。

总之，SPE 揭示了英语的许多隐藏很深的具体规律，因此引起很大的反响。但 SPE 的模式并不足以容纳它所发现的规律，因而就在它取得最大成功的词重音问题上，引出了音系规则的分类及其在整个音系中的位置和音流的组合结构模式等重大理论问题，SPE 的单线性音流模式开始受到冲击并逐渐被抛弃。比较起来，后 SPE 时期的各种新的音系理论中，词汇音系学与 SPE 最为接近，仍属于单线性音系学，而其他的新理论都属于非线性音系学。本书后面的章节将着重介绍非线性音系学的主要成果。

第五章　音节结构

5.1　音节的定义和内部层次

5.1.1　音节在音系理论中的地位

音节是非线性音系学中的一个重要概念。这在汉语学者看来似乎是理所当然的，其实不然。在西方的音系理论史中，音节的地位经历了很大的起伏。

在我国传统的音韵学中，音节一直占有十分重要的地位（只是在大多情况下都被称作"字音"或"单字音"），字音的声韵调分析一直是汉语音韵学的基本内容。而在西方的音系理论中，音节的地位一直很含糊。尽管诗律学、正字法中一直有音节、开音节、闭音节、轻音节、重音节等概念，但作为语言学一部分的音系学似乎一直是以词、词首音丛、词尾音丛、元音、辅音等概念为基础的。从结构主义描写派开始到生成派的标准理论，更是正式抛弃了音节的概念而直接以音位或音段构成词音形。可参考布龙菲尔德《语言论》（152—156页）和霍凯特《现代语言学教程》（98—100页）对英语音位组合的说明。他们的共同特点是只讲音位组成词首辅音丛、词中元音、词末辅音丛的序列限制，不讲音位组成音节的限制。生成派的SPE也是如此。这在我们中国学者看来有些不好理解，其实这种处理也是有它的理由的。

音节概念一度被抛弃的原因主要是：

① 音节很难找到自然属性上的依据，无论从声学还是从发音生理都很难精确定义。常常提到的响度说、肌肉紧张说都很难作为原则一以贯之。首先，对于可以单念的、公认为一个音节的语段，这些假说常有不能解释的例外。如响度说提出音节中心的响度最大，向两端逐渐趋弱；但英语sticks一词公认是一个音节，但两端的s比靠中间的t、k的响度大，不符合响度原则。其次，即使忽略单念时少数的例外，对于连续语流来说，无论是响度说

还是肌肉紧张说实际都只能确定音节的高峰处或紧张处是音节的中心,音节低谷处该从哪里切开作为前后音节的界线就很难确定了。汉语中这个问题不突出,是因为汉语的每个音节都有一个声调,因而都可以断开来单念,重音型语言完全不同了。如 national 一词,词中位置的 n 归在前面的音节或后面的音节都同样合乎响度说和肌肉紧张说。所以霍凯特在《现代语言学教程》中说,词中位置上的音节界线无法确定,能够确定的只是音节的中心;但词首与词末位置分别确定为音段配列的起点和终点却没有什么问题,因为英语中可以单说,词首和词末位置可以有较大的停顿。这是西方语言学通常只讲词的首、中、末,不讲音节首、中、末的原因之一。

② 英语也有单音节词(如 sticks),但根据单音节词的首末位置的情况而总结出来的结构限制,对描写多音节词音形的限制没有什么帮助。如,英语的单音节词的词首辅音丛最多可出现三个辅音(如 stray),词末辅音丛最多可出现四个辅音(如 glimpsed),词中最多可出现一个长元音或两个短元音。如果把这些情况综合起来,英语最大单音节词的音段配列是♯CCCVCCCC♯。而如果认为这就是单音节的配列限制,则它对于说明一个音节以上的多音节词形毫无用处:英语的双音节词从未有♯CCCVCCCC·CCCVCCCC♯的词形,最多是♯CCCVCC·CCVCCCC♯。三音节词也绝不曾有♯CCCVCCCC·CCCVCCCC·CC CVVCCCC♯的词形,顶多是♯CCCVCC·CCVCC·CCVCCCC♯。不像我们汉语,单音节字的最大结构是♯CVVC/V♯("天"或"怀"),双音节词的最大结构就是两个最大单音节结构排在一起,如♯CVVC·CVVC♯("青天"),三音节词的最大结构就是三个最大的单音节排在一起,如♯CVVC·CVVC·CVVC♯("青天剑")。汉语是只要讲清了单音节结构,多音节词的结构也就控制住了。而英语的情况不同,最大的多音节词形不等于最大单音节的排列。所以霍凯特对音位组合序列的大致限制是这样说明的:词首最多可有三个辅音,词中或词末最多可有四个辅音。也就是说,英语的最大词形是CCCVCCCCVVCCCC...VVCCCC,词中最多出现四个辅音的辅音丛,而不是最大单音节的四辅音尾音丛加最大单音节的三辅音首音丛(共七辅音丛)。这一描写是符合英语实际的。美国描写主义和生成派采取了抛弃音节的概念只讲词音形的音位组合限制的方法是有根据的。

5.1.2 音节概念的恢复和音节的定义

非线性音系学的一个重要特点就是恢复音节的概念,但这决不是传统语法简单的回复。它是在 SPE 所激发的、要求探究音质单位与超音质单位普遍关联的背景下,通过对多种语言音系规则和节律结构的大量研究而建立起来的。

非线性音系学对音节的看法是:

① 音节不是实体性的声音单位,以音渡、肌肉松紧、响度高低等原则都不足以解释各种不同语言中的音节概念。但不否认音节有相当一致的自然基础。

② 音节是音系单位层级中的一级,它在单位的组合中起制约作用,表现在:a.有的语音现象涉及的音系规则必须用音节界线的概念才能说清楚。b.许多音系规则若引进音节的概念会使表达更简明。c.有了音节的概念,就可以看出,许多构词音变都是因为词缀的添加造成超出音节结构的限制而激发的。从另一个角度看就是,有了音节的概念,不少构词音变规则的使用条件和变化结果就变得简明而有理据。下面分别举例说明。

(1) 英语词中辅音丛里的清塞音,有的送气有的不送气。如下面的几个例子:

$$At[t]lantic \quad at[t^h]rocious \quad at[t]mosphere$$

从音位序列来说,这三个 t 都处于 VCCV 序列中第一个 C 的位置;从语法、语义来说,三个 t 都与语素或词的分界无关,也和词类性质无关。只有设立音节的概念,这一送气与否的差异才能得到合理的解释:凡不送气的 t 都属于前一音节的尾音,凡送气的 t 都属于后一音节的首音。以前英语音系学总是说,英语词末的清塞音都是不送气的,词首的清塞音都是送气的。可以看出,这种说法不足以说明词中清辅音既有送气又有不送气的事实。而有了音节的概念,词两端与词中的情况都可以概括为:清塞→送气/音节的第一个首音,清塞→不送气/其他。

不送气的清塞音属音节的尾音,送气的清塞音属音节的首音还有其他证据:上述不送气清塞音若划到后一音节做首音,则形成的首音丛从来不见于英语其他词的词首位置,如上例 Atlantic 中的 tl-和 atmosphere 中的 tm-,它们不是英语合格的首音丛,因此其中的 t 不可能属于下一音节。而上述送气的清辅音若划到后一音节做首音,则形成的首音丛在英语不少词的词首位置都可以见到,如 atrocious 中的 tr-,无疑是合格的首音丛。

(2) 英语多音节词有的有次重音,有的没有。如下面的例子:

第五章 音节结构

a. A'merica   b. ˌMan'tana
   Ne'braska   ˌar'cade
   a'trocious   ˌAt'lantic
   a'stronomy   ˌar'thritic

a 栏的第一音节的元音都失去了原来的音值,变为 ə,b 栏的第一音节则保持原来的音值,未变 ə。这说明 b 栏的第一音节有次重音,而 a 栏的第一音节没有。这一现象很难单纯从音段配列上找条件：第一个元音都是短元音,短元音后除了 America 是一个辅音(-m-)外,两栏的其他词都有两辅音丛、三辅音丛。但如果再考虑这些辅音丛能否做词首音丛,两栏的差异就出来了。a 栏第一个元音后的 m、br、tr、str 均能做词首音丛,可以划归第二音节做首音。b 栏第一个元音后的辅音丛 nt、rc[rk]、tl、rthr[rθr]均不能做词首音丛,必须把第一个辅音划归前面的音节才行。这样,如果有音节的概念,a 栏的第一音节都以短元音收尾,属 V 型轻音节,b 栏的第一音节都以辅音收尾,属 VC 型重音节。如前所述,重音节吸引重音,轻音节不吸引重音是语言的普遍规律；英语的例子说明,该规则不仅对主重音适用,对次重音亦适用。而这些规律没有音节的概念,说明起来就烦琐多了。

生成音系学在对 SPE 强弱两类音丛决定重音的规则进行了进一步的思考并又联系了其他语言的同类现象之后终于发现,对于英语等重音型语言,音节的概念也并不是可有可无的,音节是人类语言普遍具有的一级单位,不是只对单音节、有声调的汉语适用。虽然转了一圈又回到了传统的观念,但非线性音系学对音节的认识无疑又深化了一步。

5.1.3 音节的结构层次

从上面的分析可以看出,即使对于重音型语言,音节中各个音段的组合关系也不是松紧一致的,它们还有直接成分的层次结构：一个音节里元音前的位置上,无论出现多少个辅音,对重音都没有影响；而元音后的位置上出现几个辅音,则对重音有直接影响。这至少说明,元音和元音后的辅音形成了一个对重音有影响的关系更密切的单元,元音前的辅音与它们的关系则稍远一层。原来西方传统的做法是以平铺的元辅音序列 CCVC 之类来描写音节,这是由于他们忽略了音质成分与重音等超音质成分的关系。后 SPE 非线性音系学的研究表明有这种关系存在,因而提出了新的音节结构模式：

```
    σ                  σ = syllable    音节
   / \                 O = onset       首音 或 声母
  O   R                R = rhyme       韵
     / \               N = nucleus     核音 或 韵腹
    N   C              C = coda        尾音 或 韵尾
```

上图中的英文术语不少有两个汉语译名,这是因为,"首音、核音、尾音"分别是英语 onset、nucleus、coda 的中文译名,它们与汉语传统音韵学术语"声母、韵腹、韵尾"的所指基本相同,但是"声母、韵腹、韵尾"也早就有了英语通行的译名 initial、nucleus、ending。为方便说明汉语,下面我们有时也用"声母、韵腹、韵尾"来对译 onset、nucleus、coda。

可以看出,非线性音系学的新的音节结构模型与我国传统音韵学的音节模型十分相似。不同的只是,一方面,该模型明确地把最响亮的核音(韵腹)之前的成分都归入首音,不归入韵,而中国传统音韵学对于韵腹前的介音属声、属韵、还是声韵双属,并不是太明确(有不同意见);另一方面,中国的传统音韵学虽然提出了字音(音节)声韵双分的思想,但并没有提出这是人类语言的普遍特点,相反还常常宣布这是汉语独有的特点。这样,从理论的涵盖力来说,与非线性音系学的音节理论就不是同一层次上的了。可以说,由于对其他语言的了解和研究得不够,由于缺乏从特殊透视一般的意识,汉语语言学失去了普通语言学意义上音节内部结构模型的发明权。

音节中韵腹是必不可少的成分,声母与韵尾往往可以没有。韵大多有自成音节的能力,声母则很少有自成音节的能力。据此,又有人仿照生成语法的表示法把音节结构写作:

```
      N″             N″ = syllable   音节
     / \             N′ = rhyme      韵
    N′              N = nucleus     核音 或 韵腹
   / \
  N
```

这一模型一方面为了更强调音节是层层二分的结构,另一方面为了说明两个直接成分间哪个更重要,是领导成分(用 N 表示的成分更重要,如韵

第五章 音节结构

N′比声母重要,韵腹 N 比韵尾重要)。因而该模型也有它的特殊作用,下面我们将根据需要从这两个模型中选用。

5.2 音节的响度顺序原则(SSP,sonority sequencing principle)

人类语言的音节结构虽然各不相同,但又好像明显有共同的规律。找出这些共同规律一直是语言学家的希望。早在一百多年前,西方语言学家就提出了音节的响度顺序原则,即一个音节的响度以韵腹为中心,韵腹的响度最大,向两端则渐减。

响度是个听觉范畴。尽管它的声学根据还有待进一步的研究,但从听觉而言,人们都同意音素的响度大致可以分为如下的等级(由上而下响度渐减):

	元音	低	a ɑ c æ	10
		中	e o ɤ	9
		高	i u y	8
	半元音		j w	7
	流音		r l	6
	鼻音		m n ŋ	5
阻塞音	擦 浊		v z ӡ ɣ	4
	清		f s ʃ h	3
	塞 浊		b d g	2
	清		p t k	1

然而,如前所述,这一原则在不少语言都遇到了少数例外,如英语的 sticks 的两端都不合该原则,该词各个音段的响度比是(>表大于,<表小于):s>t<i>ck<s。如果这些现象得不到应有的限制,找不出例外出现的条件,所谓规则也就不能成立。所以,该原则慢慢被冷落了,直至 20 世纪 80 年代,非线性音系学发现了响度原则例外的限制条件,该原则才重新显示出它的价值。响度原则的例外与以下两小节介绍的事实有关。

99

5.3 核心音节(core syllable)与边际音节(marginal syllable)

尽管一些语言中有不合响度原则的音节或音丛,但它们与符合响度原则的音节和音丛在音系中的地位很不相同:从内部构成看,符合响度原则的音丛的各个组合位置上可替换的成分很多,而不符合响度原则的音丛则成分的可替换性很少。如英语的双辅音首音系若以组成的两个辅音分别作为为纵横两轴列表,可得到如下的格局:

	[p-]	[t-]	[k-]	[b-]	[d-]	[g-]	[f-]	[θ-]	[s-]
滑音									
[-w-]	—	twin	quit	—	dwell	Gwen	—	thwart	sweet
[-j-]	puke	tune	cute	beauty	dune	ambiguity	fume	enthuse	suit
[-r-]	prist	tripe	crawl	brick	drip	grip	free	three	—
[-l-]	plate	—	clean	black	—	glad	flow	—	slip
鼻音									
[-m-]	—	—	—	—	—	—	—	—	smell
[-n-]	—	—	—	—	—	—	—	—	snow
擦音									
[-f-]	—	—	—	—	—	—	—	—	sphere
[-v-]	—	—	—	—	—	—	—	—	svelte
[θ-]	—	—	—	—	—	—	—	—	sthenic
清塞音									
[-p-]	—	—	—	—	—	—	—	—	spa
[-t-]	—	—	—	—	—	—	—	—	stem
[-k-]	—	—	—	—	—	—	—	—	skip

上表中前四行基本上形成横成行、竖成列的平行对称的矩阵,少数的几个空格由很简单的规则制约:(1)如果第一个辅音为唇音,则第二个辅音不能再是唇音。即,*pw、*bw、*fw。(2)如果第一个辅音为舌尖塞音,则第二个辅音不能是舌尖边音。即,*tl、*dl。这两条规则在许多语言中都适用,是有发音生理方面根据的较为普遍的规则。上表的后八行则有许多空格,成了只有单向聚合的一列。也就是说,从聚合系统中的地位来看,前四行所出现的双辅音音丛是系统的核心音丛,而后八行的双辅音音丛则是边际音丛。这种系统地位的差别如果使用音节的响度顺序原则,可以得到很简明的描写和解释。

第五章 音节结构

首先,所有的核心音丛都是符合响度原则的。不仅英语如此,其他语言也是如此,据查,这一规律在目前所知的所有语言中还没有发现例外。

其次,具体语言的核心音节还可以有更严格的响度限制要求。如英语的双辅音首音的核心音丛不仅需要符合响度原则,而且两个成分的响度差还必须差两大级以上,不能只差一级。具体说来就是,首音的两辅音序列不能是"阻塞音+鼻音"(如 *pn、*tn、*fn、*gm 等),只能是"阻塞音+滑音"。这条规则不是所有语言通用的:波兰语的"阻塞音+鼻音"就是成系统的核心首音丛(详见下),响度差要求比英语小;汉语音节的第一和第二个成分则必须是"辅音+高元音"序列,响度差比英语更大。这说明各语言的核心音丛有普遍性规则的限制——必须符合响度原则,也有自己的特殊规则限制——对响度差的要求不同。

再有,边际音丛不受普遍响度规则的限制,当然就更不受将具体语言中更严格的核心音丛的响度规则的限制:英语的 s-虽然也是阻塞音,但可以配响度只差一级的鼻音,也可以配比自己响度小的清塞音。但只有一个 s-可以这样不合规则,因而必然是不成系统的边际性的分布。边际性分布可以用较具体的规则表示,如英语的"s+辅音"。

普遍响度原则说明了语言的共性,核心音丛的特殊响度级差限制和边际音丛的构成限制则说明了语言的特性。只有区分这三种不同性质的规则才能简明地说明一个语言的音节结构限制。

英语音节的首音丛最多可出现三个辅音。三辅音丛的限制正是前述两条规则的复合:"s+辅音+滑音"。若以 C 表辅音,G 表滑音,则英语的首音丛,无论是单辅音、双辅音、三辅音,都可以概括为"⟨s⟩+C+G"。⟨ ⟩表示该音是边际成分。

英语的尾音丛也可以从同样的角度得到说明,有兴趣的读者不妨仿照前面词首音丛的矩阵表列出词末辅音丛矩阵表。列出表就不难发现,英语的尾音丛最多可有四个辅音。但(1)从词中元音向后数的第一和第二个辅音均符合响度原则;(2) 第三和第四个辅音可能不符合响度原则。如:exe>m>p=t<s, exti>n>c=t<s, gli>m>p<s>ed, te>m>p=t<s;第二个辅音是塞音,而第三个辅音是塞音或擦音,响度与第二辅音相等或略大;第四个辅音也是塞音或擦音,响度有可能等于或大于第三辅音。(3) 合乎响度原则的第一和第二辅音可替换的成员很多,形成系统的核心分布。如元音后如果只有一个辅音,则它可能是英语中的任何一个辅音。如果是两个辅音,则可以是"流音+除流音外的辅音"(-lm、-lf、-ls、-lth、-lp、-lt、-lk、-ld、-rm、-rn、-rp、-rt、-rk、-rb、-rd...),可以是"鼻音+阻塞音"(-ms、

-mth、-ns、-nth、-mp、-nt、-nk)等。它们都是成系列的、替换可能极多的组合。(4)不合乎响度原则的第三和第四辅音在语音和语法上的分布很受限制:① 语音上只限于舌前音,即 θ、ð、s、z、t、d 这三对音(其中 θ、ð 只出现于第三辅音);② 语法上大多是复数、第三人称单数、过去式等常用词尾,第四辅音则必定是词尾;③ 只出现于词末位置。可以看出,这是一种边际性分布。综上所述,英语的尾音丛可表示为"C+C+〈C〉[舌前]+〈C〉[舌前]"。

英语音节中的元音可能是长元音、复合元音,也可能是短元音。但如果元音为长或复合元音,它的后面就最多只能有三个辅音(一个符合响度原则,两个不合响度原则);如果元音为短元音,后面才可能有四个辅音。

综上所述,英语的边际音节结构和核心音节的音节结构如下:

边际音节　　　　　　　　核心音节
〈s〉C G V C C〈C〉〈C〉　　C G V C C
　　　V　　　　　　　　　　V

5.4　词中音节(medial syllable)与词缘音节(marginal syllable)

与响度原则有关的核心音节与边际音节的区分,不仅像上节所说明的那样与聚合方向的成分的替换是否自由有关,而且还与在词音形中的组合方向的分布是否自由有关。

核心音节在词音形中分布自由,既可以出现在词缘(词首或词末),也可以出现在词中。而边际音节则只能出现在词缘,不出现在词中。这就是为什么英语最大的音节结构是sCGVVCCC,但双音节词从未有sCGVVCC　　　　　　　　　　　　　　　　　　　　　　　　　　　　　　C
sCGVVCCC,三音节词也不曾有sCGVVCCC sCGVVCC sCGVVCCC的词
C　　　　　　　　　　　　　　　C　　　　　C　　　　　C
形。实际上英语的最大词形是sCGVVCCG VVCCCG... VVC〈C〉〈C〉,词
　　　　　　　　　　　　　　　　　　　C　　　C　　　　C
中不会出现四个以上的辅音丛。这是因为词中只允许核心音节的两个首辅音和两个尾辅音出现,边际性的三辅音丛首音则只能出现在词首,四辅音丛尾音只能出现在词末。根据在词音形不同位置上分布的自由与否,可把音节结构分为词中音节(可以出现在词中、也可以出现在词缘的音节)和词缘音节(只能出现在词首或词末的音节)两类。可以看出,核心音节、边际音节与词中音节、词缘音节的所指相同,只是前者从音节构成成分的聚合系统是否整

第五章 音节结构

齐着眼而命名,后者则从音节组合成词时的组合位置着眼而命名。

这种现象从另一个角度看就是,核心音丛比边际音丛的响度限制更加严格,而组合分布更广泛。多音节词的词中音丛响度限制较严,必定符合响度原则,而词缘音丛可能符合响度原则也可能超出响度原则,这是普遍原则。具体语言则一方面对词中音节可能有更严格的响度要求(如英语词中首音丛的各个辅音的响度差必须在两大级以上),另一方面对允许超出响度原则的词缘音节也会有特定的限制(如英语的词首音丛超出响度原则的辅音只能是 s)。下面再看看波兰语的情况。

波兰语根词的辅音丛极多,有许多是不合响度原则的。如下面这些不合响度原则的辅音序列:

塞音+擦音+塞音(+擦音):pstry[pstr-]"杂色斑斓的"
　　　　　　　　　　　przęstempstw[pšestempstf]"罪行[复数所有格]"
鼻音+鼻音:mnożyć[mn-]"乘"　　hymn[-mn]"赞美诗"
♯流音+鼻音-:lnu[ln-]"亚麻[单数所有格]"
-鼻音+流音♯:kreml[-ml]"克林姆林"
♯响音+阻塞音-:rtęć[rt-]"水银"　　lwy[lv-]"狮子"
-阻塞音+响音♯:myśl[-śl]"观念"　　rytm[-tm]"韵"
　　　　　　　　teatr[-tr]"剧院"

可以看出,这些不合响度原则的音丛的分布特点是,只出现在词缘,不出现在词中。词中的音丛都符合响度原则。

根词在构词中还可以后加或中插词缀,所插中缀有时就是一个单辅音。按说插入一个辅音可能会造成词中不符合响度原则的音丛,但实际却没有,因为语言用构词语音规则进行了调整。如波兰语的形容词都以-y[ɨ]结尾,形容词的比较级则是在-y 前插入中缀-sz-[š],词中多插入一个辅音会产生什么结果呢?请观察下面 A、B 两栏形容词比较级的实际语音变化:

	A			B	
	根词	比较级		根词	比较级
胖	gruby	grub-sz-y	自私	podły	podł-ejsz-y
年轻	młody	młod-sz-y	仁慈	szczodry	szczodr-ejsz-y
年老	stary	star-sz-y	黑	czarny	czarn-ejsz-y
简单	prosty	prost-sz-y	可爱	fajny	faj[ń]-ejsz-y

103

A栏都是在-y前简单地插入-sz-,而B栏在-y前不但插入了-sz-,而且还多加了元音ej。这是为什么？这就是因为插入-sz-后形成的词中音节不一样：

A栏的前三个词插入-sz-[š]后都形成词中的两辅音丛,两个辅音一个做前一音节的尾音,一个做后一音节的首音,两个音节都是符合响度原则的核心音节,因此无须进一步的调整。第四个词插入[š]后形成stš的三辅音丛,可按st归前一音节做尾音(擦音＋塞音),š归后一音节做首音来分配；也都符合响度原则。

而B栏的词若只插入[š]会出现如下情况：词中出现三辅音丛,而且第一、第二词的词中三辅音丛不管怎么分配都不合响度原则,如第一词将出现dłš,无论是dł归前一音节做尾音还是łš归后一音节做首音都不合响度原则。后两个词则出现词中的"滑音＋鼻音＋擦音"的序列,由于波兰语不允许"滑音＋鼻音"做核心音节的尾音(虽然它符合响度原则),"鼻音＋擦音"做首音又不合响度原则,所以这些三辅音丛的中间的那个辅音像前两个词一样无法分配,成为"无家可归者"。"无家可归者(stray)"是非线性音系学的一个重要概念,它是指构词的某个组合层次上出现的无法进入音节组构的辅音。音系必须有规则使这些无家可归者有所归宿：或者增加一个元音,为它提供一个家；或者删除它,使它不再需要家。增生ej就是为无家可归的辅音提供落脚处的调节,它使得词中的音节都符合响度原则,各个辅音都各得其所(参看下一小节的图示)。

词中音节的响度限制比词缘音节严格,是多音节语需要许多构词音变规则来调节词音形的原因。

综上所述,多音节语言中音节结构对词音形的制约要比汉语等单音节语言隐蔽,只有区分核心音节(也即词中音节)结构、边际音节(也即词缘音节)结构两个层次,才能发现音节在多音节语言语音系统和构词语音交替中扮演的重要角色。结构主义和早期生成音系学之所以抛弃音节的概念,就是因为未能发现这两类音节的不同。非线性音系学发现了核心音节和边际音节的区分,才完全恢复了符合说话人语感的音节在普遍音系理论中应有的地位：音节是限制音段组合、音段交替及与超音质韵律有直接关联的重要的音系结构单位。

词中音节与词缘音节的区分,还恢复了响度顺序原则作为普遍原则的效力。它说明,音流中音节的相连的确是响度的"弱—强—弱—强……"的波形接续,只是在词界的停顿处可能有小小的翘尾。

第五章 音节结构

5.5 构词中音节界线的变动与增音、省音

多音节语的音节还有一个特点就是语素未成词时无所谓音节的界线,语素组词时因前后接续成分的不同(元音还是辅音,一个辅音还是多个辅音)而音节界线不同,有时还要增生元音或失落辅音。这都是由于具体语言对核心音节和边际音节结构的特殊要求而造成的。在构词的每个组合层次上,音节的界线都可能有变动。音节界线在构词中的变动可以用音段与音节标记 σ 的连接线来表示。以上节所举的波兰语的形容词原级和比较级为例。

gruby → grubšy   prosty → prostšy

podły → podřšy → pod łejšy

以上是波兰语中音节划分的实际情况。从中可以看出如下规律:词中的辅音属前还是属后,首先要符合该语言的音节结构规则,包括核心音节规则和边际音节规则。如,prosty 词中 st 若都属于后一音节,podły 词中的 dł 若都属于前一音节,就会造成以 st-起头或以-dł 结尾的不合响度原则的音节,这样的音节在波兰语中若处于词缘是合格的,但在词中却不允许。其次,词中的辅音丛要优先满足后一音节首音的需求,然后再满足前一音节尾音的需求。这就叫做"首音优先原则"。如,prosty 词中的 st 如果都归前一音节也是符合响度原则的,但该词绝不说成 prost♯y,就是首音优先原则在起作用。最后,多语素组词可能会造成词中"无家可归"的辅音,它或者被删除,或者用增生元音的方法来挽救。

其他多音节语的音节划分也都是用同样的策略,首先是音节的中心由元音决定,然后是辅音按照先首音后尾音的原则确定。用图形表示法就是,(1) 首先将元音连接到 σ 的 N(韵腹)上,(2) 再将符合音节结构规则的尽可能多的辅音连到 O(首音,或叫声母)上,(3) 剩下的辅音凡符合音节规则的都连到 C(尾音,或叫韵尾)上。(4) 如果还有连不上的辅音用构词音变规则处理(删除该辅音或增加元音)。

语素在未成词时无所谓音节的界线,同一个语素因组词环境不同而音

节界线划分不同,是多音节语的共同特点。这一特点从生成的角度看就是组词时的"音节重组(syllabification)",本书在第七章还要详细讨论。在学习多音节语言时一定要注意语素组合时词中辅音音节归属的变化和增音、省音的变化,了解一个语言核心音节与边际音节的结构限制有利于以简驭繁地掌握这些变化。

5.6　核心音节的判定与历史演变

核心音节和边际音节的不同有普遍响度顺序原则的制约,这就是核心音节(词中音节)都符合响度顺序原则,边际音节可以超出响度原则。但各个语言还有具体语言更细致的特殊要求,如核心音节在符合响度原则的前提下可能对响度差有更多的要求,边际音节超出响度原则的程度也是具体语言各不相同的。那么,如何找出这些更细致的要求呢?

多音节语对于核心音节和边际音节结构的特殊限制,如前所述,体现在音节中音段配列的聚合表的格局上,体现在词形位置对音段配列的不同要求上。而词的多种形态变化和构词交替,使得某个语素的音段配列可能因形态或构词的环境不同而出现在词的不同位置,因而为我们提供了词形位置对音段配列是否有不同要求的直接证据。一个语言词形变化中的增音或省音变化往往是词形位置对音段配列有不同的要求的体现,可以由此入手来揭示该语言核心音节和边际音节的结构限制。请看古典希腊语和梵语的例子。

古典希腊语(又称阿提卡希腊语,通行于公元前400年):

(1) 动词词根和完成式。古典希腊语用动词词根的部分重叠来表示完成式,重叠因词根词形的不同而有不同的变化,可分为如下四小类:

	动词词根	完成式	词义		动词词根	完成式	词义
A.	luː	le-luka	解开	B.	angel	aːngelka	宣布
	sęːman	se-sęːmęːna	标志出		$\mathrm{op^h el}$	ǫːpʰeːleka	欠
C.	klepʰ	ke-klopʰa	偷	D.	spar	e-sparmai	种
	tlaː	te-tlamen	忍耐		zdeug	e-zdeugmai	给牛上轭
	knai	ke-knęːsmai	擦去		kten	e-ktona	杀死
	pneu	pe-pneuka	呼吸		psau	e-psauka	摸
	grapʰ	ge-grapʰa	写		smukʰ	e-smugai	熏烧

第五章 音节结构

完成式与词根相比,有附加部分重叠的前缀、变化主要元音、后加某些音段的变化。后两种变化较复杂,也与前面讨论的问题关系不大,下面只观察附加前缀的情况。

A 组词根以单辅音起首,完成式前缀为重叠词根的首辅音并加 e。B 组词根以短元音起首,完成式前缀变为长元音起首。A、B 两组可统一起来,都看做是重叠词根的首辅音且加 e。B 组词根起首无辅音,所以重叠后仍是无辅音;所加的短元音 e 则因为后面又紧跟着一个短元音而合流为长元音。

问题在 C、D 两组。C、D 两组都以双辅音起首,但 C 组的完成式前缀是重叠词根的第一个辅音再加 e,而 D 组则是只加 e 未重叠词根辅音。有了前面介绍的知识不难看出这两组词根起首辅音丛的区别:C 组的双辅音首音均符合响度原则,且是"塞+鼻/流"这两种响度差较大的序列。D 组前三个词的双辅音首音不合响度原则,后两个词的首音是响度差较小的"塞+擦"和"擦+鼻"序列。可以看出,响度差限制较大的 C 组与 A、B 两组的前缀构造规律是一样的:重叠词根的辅音且加 e。

A、B、C 三组的前缀构造规律相同,D 组不相同。前缀构造的不同原因在词根音形的音节结构:前三组词根的词首辅音丛是该语言中允许在词中音节的首音中出现的、分布自由的核心首音丛,而 D 组词根的词首音丛是该语言中只出现在词首的、不符合响度原则或响度差较小的边际首音丛。

由此 A、B、C、D 四组前缀的构成可以抽象为更一致的规律:前缀最多可以有 CV 两个位置,V 是必有的,C 是可有的。V 位置上是个短元音 e,C 位置上是与词根词首位置的辅音(如果它是辅音且是核心音节的话)同形的辅音,如果词根首音位置无辅音或有超出核心音节的边际音段,则前缀的该位置空缺。可图示如下:

前缀-词根　　　前缀-词根　　　前缀-词根　　　前缀-词根
C_1 V - $C_1\cdots$V$\cdots$　C_1 V - $C_1\cdots$V$\cdots$　C_1 V - $C_1\cdots$V$\cdots$　C_1 V - $C_1\cdots$V$\cdots$
l　e - l　u:$\cdots$　　e -　　angel$\cdots$　　t　e - t　l a:$\cdots$　　e -⟨s⟩p ar$\cdots$

⟨ ⟩中的辅音是边际音丛,希腊语不允许投射到前缀上。而零声母词根的第一个元音还要与前缀 e 合音为长元音。以重叠构造前缀时,只允许核心音节的参与,这一限制在许多其他语言中也很常见(可参看 7.3)。

希腊语的双辅音丛中,响度差较大的"塞+流/鼻"序列是分布自由的核心首音丛,不合响度原则的"擦/塞+塞"和响度差较小的"塞+擦"(如

psau)、"擦＋鼻"(如 smuk^h)是只出现在词首的边际首音丛,在其他许多词形变化中也起制约作用。如,希腊语构词中常有 s 省略的现象,细观这些现象不难发现,它们都是由于语素的组合造成了词中的三辅音丛,s 位于三辅音丛的中间,s 后面的辅音是塞音或鼻音:ge-grap^h-st^{h}ai→ge-grap^h-t^{h}ai(已经写成,被动式),ploksmos→plokmos(锁),pep^{h}an-st^{h}e→pep^{h}ant^{h}e(你已经被揭露了)。可以看出,s 的失落是因为词中音节不允许 st^h、sm 等做首音丛,尽管这些音丛在词首位置是可以出现的。核心音丛和边际音丛的不同要求引发了这些语素音形的交替。

（2）古典梵语（公元前 5 世纪至后 10 世纪）。梵语和希腊语是亲属语言,它们都是原始印欧语的后代。梵语也用动词的部分重叠表示形态变化（不定过去式）,重叠也因词根词形的不同而不同,可分为如下六小类:

	动词词根	不定过去式	词义		动词词根	不定过去式	词义
A.	tud	tu-tud	推	B.	jña:	ja-jña:	知道
	rud^h	ru-rud^h	挡住		dru	du-druv	跑
C.	smi	si-smi	笑	D.	ksam	ca-ksam	保证
	śrat^h	śa-śrat^h	放松		psa:	pa-psa:	狼吞虎咽
E.	stu	tu-stu	赞扬	F.	ksnu	cu-ksnu	磨快
	ścut	cu-ścat	滴				

让我们来看看梵语的前缀。前缀也由 CV 组成,值得注意的是在上面的 6 小类中,只有 E 组是重叠词根的第二个辅音,其他五组都重叠词根的第一个辅音。有了前面的经验不难发现,这仍然与词根首音丛的响度构成有关:A 组是单辅音,B 组是"塞＋流",C 组是"s＋鼻/流",D 组是"塞＋擦",F 组是"塞＋擦＋鼻"。这五组的共同特点是都符合响度原则,最少可以只差一级。而 E 组则是不合响度原则的"擦(s)＋塞"。也就是说,梵语中前缀重叠词根第一辅音的都是词根首音符合响度原则的,重叠第二辅音的是词根首音不符合响度原则的。这其实又反映了核心音节与边际音节的不同:边际音段不被投射到前缀上。

对比希腊与和梵语可以看出,它们使用部分重叠法构造前缀的方法十分相似,区别在于:① 梵语的核心首音丛对响度要求较小,只要求差一级;而希腊语的核心首音丛的响度差要求较大(两级)。因此,"s＋鼻"(sm、sn 等)和"塞＋擦"(ps、ks 等)在梵语中是核心首音丛,在希腊语中是边际音丛。② 两种语言词根首音丛向前缀投射的规则不尽相同:梵语中如果词根的第一个辅音是非核心音节的边际音段,则把它后面的核心音节的第一个

第五章 音节结构

辅音投射到前缀的第一位置;而希腊语如遇同样情况,则是让前缀的第一位置空缺,边际音段不允许投射到前缀上,后面核心音节的第一个辅音也不投射到前缀上。

梵语和希腊语是亲属语言,前面的分析表明,至少在公元前5世纪时,它们对核心音节首音丛的要求不同,希腊语较严,梵语较松。那么,哪种语言的情况更能反映它们的共同祖先——原始印欧语的情况呢?19世纪末考古新发现的公元前1000至2000年的迈锡尼希腊语的楔形文字材料为解答这个问题提供了线索。

迈锡尼希腊文经语言学家多年研究才破译。它是辅音-音节文字,特点是 ① 实际发音中每个音节的尾音不标,文字符号只表示音节的首音和主要元音。② 文字符号的每个字母单念时都对应一个由一个辅音和一个元音组成的简单音节。实际语言中的复杂音节用相当于几个简单音节的字母表示,方法是:靠元音最近的辅音首音与元音一起用一个字母表示,元音和辅音都发音,元音不同则字母不同(如,re 和 ra 用不同的字母)。不靠元音的辅音首音(音节复辅音首音的前几个辅音)一律用相当于辅音加 a 的字母表示,实际只有辅音发音,a 不发音。请看下面的例子:

词义	实际发音	迈锡尼文拉丁字母转写(-表字母界线)
人名	Aleksandra	a-re-ka-sa-da-ra(第三音节 san 的 n 未标)
人名	Knap^{h}eus	ka-na-pe-u(末音节的 s 未标)
礼物	dosmiya	do-si-mi-ja
权力	deksiwos	de-ki-si-wo(末音节的 s 未标)
外国人	ksenwos	ke-se-na-4wo(末音节的 s 未标)
剑	p^{h}asgana	pa-ka-na(首音节末的 s 未标)
警卫者	p^{h}ulakp^{h}i	pu-ra-pi(第二音节 lak 的 k 未标)
刀	aiksma	a-ka-sa-ma(首音节 ai 的 i 未标)

由于迈锡尼文独特的标音规律,使得我们可以从中得知词中音节的分界,即得知词中的一串辅音中哪些是前一音节的尾音,哪些是后一音节的首音;文字中有字母对应的辅音是音节的首音,没有字母对应的是音节的尾音。如上面各词实际发音的音节分界为:

A-lek-san-dra   Kna-p^{h}eus   do-smi-ya   kse-nwos
de-ksi-wos   p^{h}as-ga-na   p^{h}u-lak-p^{h}i   ai-ksma

109

从词中音节的分界,我们又可以得知哪些辅音丛是可以出现在词中位置的核心首音丛,哪些是不合格的首音丛或只能出现在词首的边际首音丛。可以发现,响度差较小的两辅音丛"塞+擦"(ks-)、"擦+鼻"(sm-)和三辅音丛"塞+擦+鼻"(ksm-)在迈锡尼希腊语中仍是核心首音丛。这与梵语相同,与古典希腊语不同。由于迈锡尼希腊语与古典希腊语是同一种语言的方言,迈锡尼语又比古典希腊语早上千年,所以可以肯定迈锡尼语代表希腊语较早的发展阶段,从而还可以判断梵语核心音丛的情况比古典希腊语更接近原始印欧语。即原始印欧语的核心音节首音丛限制较少、响度差较小,后来向着核心音节限制更严格的方向发展。

这一例证给我们的另一启示是,语言的音节结构比较稳固,但不是一成不变。在音节结构的演变中,某些音节结构可能不是一下子退出,而是先由核心音丛转为边际音丛。也就是说,后期的边际音丛可能是早期的核心音丛,边际音丛为语言音节结构的发展提供了可伸缩的弹力。

汉语是单音节语言,核心音节和边际音节与词中位置和词缘位置没有关联,但核心音节和边际音节的概念在汉语中也是有用的:只出现在某些语法环境中的特殊的派生音,如儿化、Z变等音节是汉语中常见的边际音节,单字音则是分布自由的核心音节。汉语的这些边际音节中也可能保留单字音现在不允许的,但历史上允许的音节结构中。如 kr- 等复辅音音节。这些我们将在第九章中详细讨论。

5.7 汉语音节结构的特点

通常认为汉语的音节有如下特点:音节结构简单,最多只有四个音质成分的组合位置,其中只有韵腹是必不可少的;音节首先分为声母和韵母两部分;声母只占一个位置,没有复辅音;辅音韵尾少;每个音节都有一个声调;音节界线分明等。

如果我们了解的语言多一些,并吸取非线性音系学的研究成果,就会发现上述说法有些是正确的,有些则需要重新考虑。

下面着重讨论 3 个问题:(1)汉语音节最多有几个组合位置,介音是否占一个位置;(2)这几个组合位置中哪几个是必有的,哪几个是可有的;主要讨论①声母是可有还是必有,②无尾韵占几个组合位置;(3)介音在音节直接成分的层次上是属于声母,还是属于韵母。

第五章 音节结构

（1）我们认为，一般来说，汉语的音节最多有四个组合位置，介音也占一个组合位置，而不是像国外一些学者（如端木，1990）主张的那样，介音只是声母辅音的发音特征（[±圆]、[±腭化]）。这是因为，①在绝大多数方言的大多数音节中，介音都确实占有时间长度，不占时间长度的是少数。对于大多数方言来说，介音极短的音节很少，如北京话中的"虽"的 u 介音几乎不占什么时间长度，但"腿、归、水"等大多数字的 u 介音较长。由于短介音的分布条件很有限，与长介音并无对立，所以出于系统的考虑，应该统一处理为占一个时间格。另有少数方言，有介音的音节很少且其中的介音都很短（如广州方言），这些方言的介音是否要处理为独占一个时间格是两可的，要看研究的目的。如果是着眼于单个方言的描写，介音可以处理为声母的特征，不占时间格；如果着眼于历史的演变或方言的比较研究，介音处理为独占一个时间格更有利。②从汉语中的一些构词法看，如嵌 l 词、切脚词等，介音不应该只是声母的一个特征，而应该是独立的时间格。比如太原话，"吊"tiau 的嵌 l 词为 təʔ liau，如果介音 i 只是声母 t 的一个特征，它应该与声母一起投射到嵌 l 词的前字，实际却没有。③根据沈家煊（1992）对汉语口语中口误的研究，口误中说错的部分，可以是声母加介音（介音与声母一起行动），也可以是韵加介音（介音与韵一起行动），因此，汉语的介音是声韵之间的独立成分，而不是仅隶属于声母的发音特征。

（2）汉语音节的四个组合位置中，对韵腹的必不可少似乎没有不同意见，需要讨论的是第一位置（声母）和第四位置的情况。① 端木三（1990）论证了汉语的声母也是必不可少的，我们同意他的意见。端木指出，汉语的零声母绝大多数是确实占据声母位置的声母，与印欧语的无声母音节的首音位置有性质的不同。这从零声母的实际音值和在语流音变中的反映可以看出。首先，零声母字的音节开始其实都有明显的辅音性成分——开口呼前有喉塞，齐齿、合口、撮口呼前有较强的摩擦；其次，语流音变中，汉语的零声母字位于多音节词的后字位置时仍然保持零声母，而其他语言的无声母音节则从前一音节的尾音临时接受一个辅音做首音。如英语的零声母起首的 apple，在前接鼻韵尾的冠词时发生 an apple → [a♯napl]的音节重组，而汉语的零声母字"袄"在前接鼻韵尾的其他字时仍然是零声母：mian ao → *[mia♯nao]。n 为什么不后移呢？因为有喉塞成分的阻挡，因为零声母字的首音位置并不是虚位以待的空位。也就是说，零声母并不是无声母，零声母也是有声母。因而，汉语音节不仅韵腹是必有成分，声母也是必有成分。当然,有个别例外的边际现象。如语气词"啊"就是一个真正的无声母字。所以"啊"在语流中常常以前接音节的尾音做临时性的声母。② 端木还提出汉语音节的第四位置也是必不可少的。有尾韵的第四位置由韵尾占据,这不会有什么不同意见,关键在于对无尾韵的看法。国内的传统看法是无尾韵的第四个位置是空位,而端木认为汉语的所谓无尾韵(单韵母)其实都是长元音韵,韵腹不仅占据第三位置,而且占据第四位置。所以汉语的无尾韵从听感上说与有尾韵的长度没什么不同(可对比"八"[paa],与"掰"[pai]),这点在实验方面也有大量的数据支持。汉语的无尾韵标音时一般不写作长音,不过是因为汉语没有长短元音的对立(单元音韵中的元音都是长的,非单元音韵中的元音都是短的),所以没有必要标明罢了。我们认为端木的意见有相当充足的证据,这样的处理对轻声中声调和音值单化现象也可以提出更合理的解释。还需要指出的是,③ 单韵母i、u、y的介音位置也不是空缺的,而是分别由i、u、y介音占据,这可以从这三个单韵母在音系中的行为分别与i、u、y介音的其他韵母相同得到证明。只是由于介音与韵腹同形,所以不必标出罢了。因此,在我们的体系中,音韵学的传统术语"齐齿呼、合口呼、撮口呼"分别完全对应于i介音韵、u介音韵和y介音韵,而不必像其他汉语语音学的著作那样,说"齐齿呼包括单韵母i和i介音韵……"。

(3) 介音属声还是属韵,一直是汉语音韵学中有争议的问题。生成音系学为解答这个问题提供了新的观察角度:可以从介音在音系中的行为与哪一方更经常在一起来考虑。从这个角度考虑,介音无疑是与声母的关系更加密切:汉语音段在音节中配列的主要限制是声母与介音的配合限制(如 tɕ 组只配齐撮,k 组、ts 组、tʂ 组只配开合等等),韵腹与介音的配合则没有什么限制。有配合限制说明它们要求在发音特征上有更多的一致要求,因而结合更紧密。另外,从韵律上考虑,诗歌用韵的限制也表明,韵腹之后的韵是与韵律直接相关的部分,韵腹之前的声母与介音与韵律关系不大。这也是人类语言的普遍特征。从这点出发,也是把介音首先归到声母的一边为好。这也是我们为什么一直不用"韵头"只用"介音"来指称汉语音节的第二位置的原因。

综上所述,吸取了非线性音系学的研究成果后,我们对汉语音节结构的看法与以前稍有不同。上述对汉语音节结构的看法可以整理为下面的模型:

第五章 音节结构

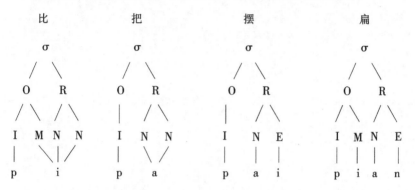

下面给出普通话中几个单字音的音节结构的图示作为例子：

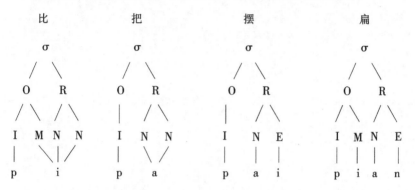

本书后面几章对汉语的分析将使用这一模型。

还有另外一些值得重新考虑的问题。如，音节分为声韵两个直接成分是人类语言的普遍特点而不是汉语独有的特点。只是汉语的这一特点体现在音节成分的聚合系统和构词音变或历时音变的单位上，而多音节语则主要体现在对重音位置的制约和词内音节的划分的限制上。再如，一个音节四个组合位置的确是汉语音节的重要规则，但这种音节结构说不上简单。日语和非洲的绝大多数语言的音节结构都比汉语简单。其音节大多是 CV 结构，CVV 或 CGV 较少，CGVV 或 CGVC 的更少或根本没有。这些语言音节内也大多没有复辅音，不少语言连辅音韵尾也很少。这些语言大多是乐调重音型（生成音系学中也叫做声调）语言。其实，就是英语等印欧语，其核心音节也并不比汉语复杂，一般是 CGVV/C 结构。因而如果只考虑核心音节的话，一个音节四个位置就算不上特点。从新的角度观察，汉语的特点不是音节结构简单，而是词中音节和词缘音节没有结构的不同，均符合响度原则。这一点非常重要。所谓的汉语的音节结构简单，主要是比一些语言的词缘音节复杂，词中音节相差不大。另外，汉语音节第一和第二位置的响度差要求较大，滑音不能出现在第二位置，所以没有复辅音声母。汉语的声母位置有一个必有的辅音成分，该特点与每个音节都有一个声调的特点及词缘音节没有特殊要求的特点结合在一起使得汉语的语素在组词中一般不发生音节界线的变动。汉语音节界线分明是表面现象，上面的特点则是其根本的结构上的原因。

第六章　节律结构

除了音节结构,非线性音系学的另一大成绩是揭示了音节之上还有音步、音系词、音系短语、语调短语等不同于语法单位(如语素、词、词组、句子)的韵律单位,这些韵律单位各有自己结构上的线性限制。在这些韵律单位中,音节之上的最小韵律单元是音步,它由超音质韵律成分(轻重,或长短、松紧)倾向于等距离重现的、周期性的最小交替构成。音步决定了一个语言的节奏(rhythm,又称节律 metre)。换句话说,节奏或节律是一个语言超音质韵律方面的小的周期性脉动。

音系学中专门研究节奏的分支叫做"节律音系学"(metrical phonology),非线性音系学这一分支的研究很有成绩。下面先简单回顾 20 世纪 70 年代中期提出非线性节律音系学的有关背景,再详细介绍非线性节律音系学的主要观点,特别是节律栅(metrical grid)模型的工作方法,最后介绍有关汉语节律的一些研究。

6.1　自主的节律结构

西方语言最常见的节奏由轻重音的交替组成。节律学(metrics)一直是西方传统诗学研究的重点,也是生成音系学的渊源之一——布拉格学派很有成绩的领域。Jakobson 和 Halle 在诗歌节律的研究方面都卓有成就。

诗歌节律的研究早就提出了音步(feet)、抑扬格(iambic)、扬抑格(trochaic)等节律专用概念。然而,诗歌的节律毕竟是人为制造出来的格式化范式,自然语言中节律是否也有独立的规则限制,有什么样的限制呢?这方面传统语言学几乎是空白。

结构主义只重视重音在区别意义方面的作用。把有区别意义作用的重音处理为超音质音位,并分出了若干级不同的重音。不同级的重音被处理为附在音质音位之后的又一个线性成分。如英语 autobiography 一

词的重音可表示为 $au^2 to^0 bi^3 o^1 gra^3 phy^0$。至于重音本身有什么规律，英语中什么样的轻重音搭配是可能的，什么样的轻重音搭配是不可能的，英语有没有独特的重音节奏，结构主义则完全不管。如为什么英语虽然有四级重音的对立，但单音节词只出现1级重音，双音节词则只有1－3（指第一音节为1级重音，第三音节为3级重音）、3－1两种轻重搭配的可能，却没有重音为2－3、1－2、2－4等模式的？结构主义完全没有解释。

SPE划时代的贡献之一就是发现了英语重音的规律：当语法层面的信息（词的界限、词的词类等）和音质成分确定了，词的重音就可以根据词的某个位置上是VC，还是VVC或VCC音丛来确定；英语表层的多级重音其实是深层两级重音在多个层面上反复运用的结果。这是英语重音自身的规律第一次得以揭示。它用规则表达了英语的多音节词中哪些级的轻重音搭配是可能的，哪些搭配是不可能的。这比结构主义要前进了一大步。然而，SPE的重音规则还是以单线性的模式来表述的，我们在第一章中所介绍的英语词重音规则其实用的是后SPE非线性音系学的多线性音流模式，而不是SPE的音流模式。SPE所用的单线性模式把重音看做附在元音上的一个区别特征，如下面的动词单纯词的重音规则：

$$V \rightarrow [1\ stress] / \underline{\quad} C_0 \begin{bmatrix} -tense \\ V \end{bmatrix} C_0^1$$
$$\begin{bmatrix} - \\ +tense \end{bmatrix} C_0$$
$$\underline{\quad} C_2$$

这个规则的意思是说，动词单纯词的最后一个音节如果是以短元音加一个以下的辅音结尾，则重音在倒数第二个音节的元音上；如果是以长元音或是短元音加两个以上的辅音结尾，则重音在倒数第一个音节的元音上。这种表述法的特点是，重音位置亦纳入了 $A \rightarrow B/X \underline{\quad} Y$ 的单线性配列规则，重音被处理为元音的一种特征（音高特征）。SPE的规则虽然揭示了重音和音质成分的关联，但重音却成了没有自己独立结构的附加性成分。

SPE以后的20世纪70年代，在师承Jakobson且于传统诗歌节律方面有很深造诣的生成音系学的创始人之一 Halle任教的MIT，提出了两种非线性的节律描写模式。

这两种模式都主张，节律有独立于音质成分的自己的结构。节律与音

第六章 节律结构

质音段的关系就好比歌的曲调与歌词,歌词有音节数目、押韵等结构要求,曲调也有自己的旋律、调式、节奏等结构要求。曲调的确是只能附在歌词上发出,但曲调的结构决不等于歌词的结构。

节律有自主的结构,也就必然有独立于大大小小音质单位的节律单位。后 SPE 非线性节律音系学提出的与节律有关系的韵律单位有:音系词(PW,即 phonological word)、音步(F,即 foot)、音节、重音承负成分(SBE,即 stress bearing element)。音系词指由一个主重音联结在一起的、有若干次轻重交替的一段音流,音步指由一个重音联系在一起的、有一次轻重交替的一段音流,重音承负成分则指一个语言中可以承负重音的单位(它们可能实际承负主重音,也可能承负次重音甚或未承负重音)。音节中,首音与轻重音无关,决定轻重音的只是韵的构成成分或某些特殊的语素。这是所有语言共同的规律。而韵中的哪些成分与重音直接有关,各个具体语言的轻重音按什么模式交替(如,是轻重、轻重地交替,还是轻重轻、轻重轻地交替),则各个语言可能有不同。轻重音交替的具体模式构成了一种语言的特殊"节律结构"。

传统诗律学、结构主义音系学和 SPE 都未能给出形式化描写节律结构的合适的方法,后 SPE 的非线性音系学则在这方面有了令人瞩目的进展。下面介绍 1975 年左右 MIT 提出的两种描写节律结构的模式。

6.2 节律树模型

节律树(metrical tree)模式由 Mark Liberman 在 1975 年提出。该模式借用表达句法结构的树形图来表示节律结构:节点与分支是上下级关系,隶属同一节点的各个分支是同级关系。符号 S 表示重音,W 表示非重音。* 表示承负重音成分。语言中的轻重音可能是多层级的。如英语语词 originality 的节律结构可用节律树表示如下:

117

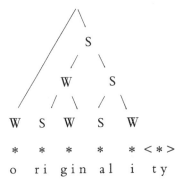

<x>表示节律外成分,即必须不考虑它,节律结构才能显示。树形图中由上而下 S 最多的为一级重音,一个 S 也没有的为轻音,其他则为次重音。

节律树模式揭示了独立于音质成分外的节律结构——多层次的轻重对比。但树形图中节奏单元的界线、主重音的位置等都不够直观,用以表达节律结构并不太理想。

6.3 节律栅模型

目前使用较多的是 1977 年 Liberman 和 Prince 提出的"节律栅"(metrical grid)模式。该模式以圆括号()表示节奏单元的界线,以 * 表重音,·表轻音。不同层次的轻重对比则用上下不同的行来表示。仍以英语的 originality 为例,该词的节律可用节律栅表示如下:

```
              *              2 行
   (.   * .   *   .)         1 行
   (*)(* *)(* *)〈*〉         0 行
    o  ri gin al i  ty
```

节律栅模式以 0 行的 * 表示可承负重音成分 SBE,1 行的 * 表示 SBE 中的重者,通常是音步的重音、词的次重音,2 行的 * 表示 1 行诸重音中的最重者,通常是词的主重音。不同行的圆括号表示不同层次上节奏单元的界线,尖括号表示节律外成分。这样的表达法可以一目了然地看出音步的界线、重音的位置和等级,而且还可以很好地与某些参数配合,表达不同语言中各种复杂的节律结构。

所谓节律的"参数",是指在各种语言的节律结构中都起作用,而不同语言又可能有不同取值的一些要素。节律的参数主要有如下 6 种:

第六章 节律结构

(1) 重音的承负单位，记作 SBE（stress bearing element）。有韵（rime）、元音、mora（汉译"摩拉"或"短音"、"韵素"，指音节的韵这一部分的一个音段。如 pan 中的 a 和 n。长元音算两个 mora，如 pa: 的 a:）及特殊重音节或特殊语素等取值。也就是说，不同语言的重音承负成分可能有不同：有的语言的轻重交替是以韵为单位的，如英语；有的语言是以 mora 为单位的，如日语；还有的语言是以主元音为单位的，有的语言则重音节一律有重音、轻音节一律无重音等等。

(2) 音步的有界/无界，记作[±BND]。有两种取值：有界音步（[＋BND]）、无界音步（[－BND]）。有界音步的节律特点是多音节词除了主重音外还有若干次重音，每个重音（包括主重音和次重音）和轻音一起构成了两音节或三音节为一个小节的一次轻重音的回旋，称做一个音步。有界的音步界线与语法的词或语素的界线不一定一致，但每音步中 SBE 的数目总是一定的：两个或三个，分别称做两拍步和三拍步。如英语不管一个词有多少个音节，基本上是一重一轻的两音节（一音步）地反复地交替，因此是[＋BND]的语言。无界音步的特点则是音步中 SBE 的数目不定。其音步界线或者是与语法词的界线一致，也即一个词不管是多少音节都只有一个重音，构成一个音步；或者是重音节或特定语素不管在词的什么位置都承负重音，构成大小无规律的音步。如法语的词，不管是几音节的，都只有一个主重音，没有次重音，形成与语法词分界相同的音步，属于[－BND]的语言。

(3) 是否两拍步。如果音步是有界的，那么，一个音步中的 SBE 是否是两个。两拍步是有界音步中最常见的类型，记作 binary。

(4) 音步端重/非端重，记作[±HT]。音步端重指重音位置在音步中最右边的或最左边的 SBE 上，非端重则指重音的位置不在音步的两端。各种音步中，有界音步的两拍步必然是端重（[＋HT]）的，三拍步必然是非端重（[－HT]）的，即中间第二音节为重音。无界音步则既可能端重，也可能非端重。

(5) 端重的音步是左重还是右重，记作 LH/RH。音步中最左端的 SBE 为重音的称为左重（LH，即传统所说扬抑格），最右端的 SBE 为重音的称为右重（RH，即传统所说的抑扬格）。

(6) 有界音步的音步界线是从词首开始从左向右划界还是从词末开始从右向左划界的区分，分别记作 L→R 和 R→L。

另外，如前所述，重音可能分为不同的层级：对于词中的 SBE 而言，有孰轻孰重的问题,从而形成一个个音步;对于一个词的多个音步而言,又有个哪个音步的重音最重的问题,从而有了次重音和主重音的区别。因此,上述(2)(3)(4)(5)四个参数,在不同的重音层次上可能选择不同的值。如从上面英语 originality 的节律栅可以看出,英语的 SBE 形成从右向左划界的两音节的有界音步,音步内部都是左端的 SBE 为重音(见 0 行和 1 行)。即英语第一层的节律是[＋BND],LH,R→L。而第二层重音的结构就完全不同。不管有几个音步,都是主重音在最右端,因此第二层是无界音步,是右重音步(见 1 行和 2 行),即第二层的节律是[－BND],RH。

以上是各种语言都经常使用的 6 个重要参数,不同语言使用这些参数时取不同的值,因此形成多种多样的特殊节律。此外,有些语言还有一些特殊的情况。下面我们结合一些语言重音的实际情况介绍一下上述重要参数如何和节律栅配合使用,从而简明而形象地说明一个语言的节律结构。

法语:所有的词重音都固定在词的倒数第一音节。

节律栅: 参数:
                    *   1 行   SBE ＝ RIME(重音担负单位＝韵)
 (* * * * *]0 行   0 行:[－BND],RH(无界,右重)
 o r i g i n a l i t e 音段行

拉脱维亚语:所有的词重音都固定在词的第一音节。

节律栅: 参数:
      *   1 行   SBE ＝ RIME
 [*   * *)   0 行   0 行:[－BND],LH
 L a t v i j a   音段行

Maranungku(一种澳洲土著语):从词首数所有的奇数音节都有重音,首音节最重。

节律栅: 参数:
 *   2 行   SBE＝RIME
 (* . * . * . * .) 1 行   0 行:[＋BND],两拍步,
 (* *)(* *)(* *)(* *)   0 行(偶数音节词)   L→R,LH
                                       1 行:[－BND],LH
 *   2 行
 (* . * . * . * . *) 1 行
 (* *)(* *)(* *)(* *)(*) 0 行(奇数音节词)

Weri 语:从词末数所有的奇数音节都有重音,倒数第一音节最重。

第六章 节律结构

节律栅：
```
                      *           2行
(. * . * . * . *)                 1行
(* *)(* *)(* *)(* *)              0行
```

```
                    *             2行
(* .   * .   * .   * .  *)        1行
(* )(* *)(* *)(* *)(* *)          0行
```

参数：
SBE = RIME
0行：[+BND]，两拍步，
　　　R→L, RH
1行：[−BND], RH

（如果是奇数音节词，Maranungku 语和 Weri 语的重音位置其实都是在词的第一、三、五等奇数音节上，但如果是偶数音节，两种语言的重音位置就截然不同：前者在第一、三、五等奇数音节，后者在第二、四、六等偶数音节。这说明两种语言的节律结构不同。必须注意，有的语言的重音规律要从词首向词末数才能显现规律，有的语言则是从词末向词首数才能显现规律。上面两种语言正好可以代表这两种情况。）

南 Paiute 语（一种印第安语）：重音落在从词首计数所有的偶数 mora 上，主重音在正数第二个 mora 上。但有如下例外：重音从不落在倒数第一音节上，但总落在倒数第二个音节上，不管从词首计数它们是奇数还是偶数。（为说明 mora 重音与 rime 重音的不同，下面的例子标明音节的元辅音结构。）

节律栅：
```
      *                 2行   *
(. *   . *   . *)       1行 (. *)
(* *)(* *)(* *)⟨*⟩      0行 (* *)⟨*⟩
CV V CVCVCVCV CV        音段行 CVCVCV
```

```
        *               2行
(. *   . *   *)         1行
(* *)(* *)(*)⟨*⟩        0行
CV V CV CV V CV         音段行
```

参数：
SBE = mora
节律外：末音节
0行：[+BND]，两拍步，
　　　L→R, RH.
1行：[−BND], LH.

（南 Paiute 语如果不把最后一个音节去掉不予考虑，词重音的规律就将异常复杂。由此可以看出"节律外成分"的重要性：把它去掉，才显现了上述规律。节律外成分只出现在词的两端，词末最为常见。倒数第二音节不论奇数、偶数都有重音，是两拍步重音结构中一种很普遍的现象：两拍一步划分到最后，往往会剩下一个音节，形成一音节的一个节拍，这种两拍步划剩下的一拍步叫做"孤儿音步"。孤儿音步无所谓"左重"或"右重"，在大多数语言中都担负重音。因此，节律栅模式规定，凡孤儿音步担负重音的，不增加任何规则或说明；孤儿音步不担负重音的则必须增加专门的规则说明。)

Winnebago 语:重音落在从词首计数所有的奇数 mora 上,但从不出现在第一个 mora 上。如果词的 mora 总数为偶数,最后一个 mora 没有重音。主重音在正数第三音节。

节律栅:
```
              *                    2 行
       (. *  . *  . *)             1 行
      〈*〉(* *)(* *)(* *)           0 行

              *                    2 行
       (. *  .  *  .  *  *) 1 行
      〈*〉(* *)(* *)(* *)(*)        0 行
```

参数:
SBE = mora
节律外:首音节
0 行:[+BND],两拍步,
　　　L→R, RH
1 行:[−BND], LH

(如果连续两个音节都出现重音,删去后面的一个。该语言出现了孤儿音步不担负重音的特殊情况,因此增加这条规则。)

Koya 语:重音落在所有的重音节(韵母含两个以上时间格的音节)以及词首第一个音节。主重音在第一音节。

节律栅:
```
         *              2 行
   (*   *  . .  *) 1 行
   (*)(*  *  *)(*) 0 行
   CVCVVCVCVCVC   音段行
```

参数:
SBE = RIME
重音节和词首音节为 1 行重音。
0 行:[−BND](以 1 行重音为界)
　　　L→R, LH
1 行:[−BND], LH

(该语言是又一种很常见的重音类型。重音位置不仅与 SBE 在词中的顺序有关,而且与音节结构自身的构成有关:每个重音节都是音步新的起点,并向右延伸至下一个重音节前结束。因而每个音步的音节数目不定,属无界音步。)

Aklan 语:闭音节、某些特定的语素必然担负重音。除此之外,剩下的开音节音串如果在词末,则从右向左的每个奇数音节有重音,若不在词末,则从右向左的每个偶数音节有重音。如果倒数第二个音节是必然担负重音的闭音节或某些特定语素,则主重音在该音节上,否则,主重音在倒数第一音节上。

节律栅:
```
             ← *
       (. *  . *  *)
       (* *)(* *)(*)
       CVCVVCV CVC CV
```

参数:
SBE = RIME
闭音节与某些语素有 1 行重音
0 行:[+BND](有 1 行重音的另起新界),
　　　两拍步,R→L, RH.

第六章 节律结构

```
                    *           1行:[-BND],RH.
( *    . *  .  *  )             如果倒数第二音节有次重音,将主
(*)( * )( * )                   重音由倒数第一音节移至该音节。
CV CVVCV CVVCV
```

(该语言的重音用文字叙述看去复杂,用节律栅表示则很简单。它是一种两拍步右重式的重音结构,只是某些音节结构或语素一定要有重音。)

以上几种语言的重音情况是较简单的。由于汉语不是一种重音型语言,我们不打算介绍更复杂的情况。从上面的介绍也足可以看出,节律栅和节律参数的配合使用,不仅能够描述一个语言各个词的实际重音情况,而且可以揭示表层各种重音之下隐藏的统一的节律结构及其节律与音段成分的连接关系:只用一个或两个节律栅配合统一的参数及其取值就可以控制一个语言所有词的词重音情况。节律栅直观地显示出了节律独立于音质成分的自主的结构(轻重按一定模式回旋的线性配列)及其与音质成分的关联。

节律栅模式的另一大贡献是开创了以参数描写语言的方法,完全摆脱了单线性的 A→B / X ___ Y 的规则框架。参数的描写方式在后 SPE 音系学中得到越来越广泛的运用。

6.4 汉语普通话的节律

20 世纪 80 年代以后,汉语(普通话)的节律问题在美国音系学界开始得到重视。90 年代中期以后,随着信息科学和计算机硬件技术飞速发展,音像、文字结合的多媒体信息彼此交互的社会需求大量增加,如文字自动转换为语音(text to speech,简称 TTS)、语音自动服务、动画图像各种角色的自动配音等,都需要学界提供节奏自然的成段的合成语音。社会的需求大大促进了普通话节律的研究,无论是音系学界、语音学界,还是信息处理学界,无论在美国还是在中国,普通话节律研究都成为这一时期的热点。

下面我们分 4 小节介绍近 20 年来汉语节律研究的一些成果和笔者个人的看法。要说明的是,节律问题成为学界热点后相关的文献很多,涉及的不同领域也很多(如音系学、语音学、信息处理、声学、心理学、病理学、播音学等等),我们的介绍不免挂一失万,只希望能够提供一些最基本的

线索。

另外，下面的讨论只包括音节向上组织音步的这一层级，所涉及的词、词组等语法条件，也只限于与音节组织音步相关的。音步之上的更大的韵律单元，其韵律表现和与语法语用的关联；普通话各级韵律单元的整体模型，将在第十一、十二章中专门讨论。

6.4.1 普通话的基本节奏单元——音步

本章伊始，我们就简单地提到过，西方文献中一般认为，节奏就是重轻的交替，音步就是最小的重与轻的一次交替，但我们理解的节奏更广泛。

刘现强（2003/2007）曾引过郭沫若先生的这样一段话："宇宙间的事物没有一样是没有节奏的：譬如寒往则暑来，暑往则寒来，寒暑相推，四时代序，这便是时令上的节奏；又譬如高而为山陵，低而为溪谷，陵谷相间，岭脉蜿蜒，这便是地壳上的节奏。宇宙内的东西没有一样是死的，就因为都有一种节奏（可以说就是生命）在里面流贯着的。"（郭沫若，1926，论节奏，《创造月刊》1卷1期，1926，3），这大概是对节奏最广泛的理解了，刘现强将之总结为：节奏是事物本身所具有的某种对比性特征或因素成周期地交替出现的现象。

具体到语言中的语音，我们把"语音的节奏"定义为"音流中倾向于等距离重现的、有区别性的超音段要素的交替"，也即，除了重轻（音强），其他超音质要素，如音高、音长或者是综合超音质三要素中两者或三者的、倾向等距离重现的交替，也可以构成节奏。

如前所述，语言中的节奏主要有两大类型。一种是前面所说的"无界音步"型。这种节奏类型一方面在词界处有特别的韵律凸显（重音、高音或长音），从而形成不等距的节奏边界；另一方面每个音节或每个摩拉的轻重高低长短基本相等。因此，传统上把这种节奏类型称做"音节（或摩拉）节奏型"。另一种是前面所说的"有界音步"型。这种节律类型的语言在语流中每隔两个或三个音节就有一次小的轻重或高低、长短的交替，形成语流中等距离出现的小的节奏单元，传统上也称做"音步节奏"型。

汉语母语者和汉语研究者几乎都同意，普通话是属于后一类型的，也即普通话在音节之上还有一级两音节三音节的节奏小单元。比如，即使是完全没有语言学或语音学知识的汉语者，只要说话时尽可能地放慢速度，都会一致地在一些两音节、三音节的分界处放置较大的停延。信息学界在制作大规模语音语料库时也发现，对于招聘来的从未接触过语言学和语音

第六章 节律结构

学的标记员,只需做很简单的说明,要求他们在听到的最小停延边界处标上 1 级停顿(音步界),并举几个典型的例子,"(中华)(人民)(共和国)"、"(很想)(明天)(种大蒜)"之类的,他们就能很好地完成任务,标注结果的彼此差异也很小。种种迹象都说明,两音节三音节的节奏小单元,在普通话母语者的心理上,的确是根据的。

但是,尽管对普通话节奏小单元的存在没有不同意见,但对这些小单元的名称和性质,学者们的意见却十分分歧。

陈渊泉、石基琳(Shih,1986)也许是最早研究普通话节奏的,当时他们把普通话中两音节的节奏单元称做"音步",三音节的称做"超音步"。

冯胜利(1997)把普通话节奏单元中含两个正常声调的音节的称做"标准音步",三音节的称做"超音步",一正常音节一轻声音节的称做"残音步",一正常音节加延音的称做"蜕化音步"。这一命名系统在汉语学界很有影响。

值得注意的是,最早使用"音步"一词来讨论普通话节奏的陈渊泉先生,在他的新著(Chen,2000/2001)中讨论普通话节奏的部分却弃"音步"之称而改称"(普通话的)最小节奏单元"。这是为什么呢?我们想,这很可能是因为,西方"音步"的定义是"重轻的一次交替",而普通话这些两三音节的节奏小单元,是否由重轻交替构成(如果是,是前重还是后重),迄今为止,学界的意见十分分歧。陈先生多半是不同意普通话的节奏是重轻交替,因而弃用了"音步"这一术语。

我们也主张汉语的节奏不是重轻型的(详见下面的 6.4.4),但认为不必把"音步"这一术语派给重轻型节奏单元专用。既然普通话在音节之上还有两三音节的节奏单元不容置疑,就不妨按通常说法称做"音步"。毕竟,在单位的大小、超音段要素等距离出现的最小单元等意义上,普通话的最小节奏单元与英语等重轻型音步是相同的。

因此,下面的讨论仍然使用"音步"这一术语,并尽量使用冯(1997)的命名体系。

6.4.2 普通话音步与词法、句法、节律模式的关联及动态划分策略

音步分界与一个语言特有的节奏模式有关,也与该语言的词法句法相关。曹剑芬(1998/2007)指出:"从本质上说,语言的节奏体现言语产生和感知理解的时域控制和组织策略。……把语义上关系紧密的语言单元归为一个组块,而把语义上关系相对疏松的分为不同的组块

来说,这样听起来就有节奏感,就容易理解。"这里需要增加说明的是,音步的分界与语法语义上关系的紧密度并非完全一致,但的确是有相当严整的关联。

毫无疑问,母语者说话时,都会正确地放置音步的分界。但如果是教授非母语者说普通话,或是为计算机设定文本到语音自动转换的程序,我们就必须要把母语者放置音步边界的内化知识挖掘出来,把语言特有的节律模型及其与语法语用的关联揭示出来。如果满足于普通话的音步一般为两音节、也可以是三音节或一音节的说法,一个 10 音节的句子就会有多达几十种音步划界的可能,这无疑是无法满足应用需求的。

下面介绍冯胜利(1998)、石基琳(1986)、董秀芳(2003)和笔者本人(王洪君 2000、2002、2004 及最近的新思考)的研究。

6.4.2.1　冯胜利(1998):自然音步

这一研究从时间上说并不是最早,我们之所以放在第一位介绍,是因为该文所讨论的对象是没有语法结构的音译词或并列结构的多音节字组。研究这些成分的音步分界(冯称之为"自然音步"),有利于找出一个语言单纯的节奏模式,在此基础上再观察节奏与语法语用的关联,就有了更坚实的基础。

除了未收集到 6 字并列结构,该文给出了 3～7 音节音译词和并列字组的大量实例,下面不同条件各取一例:

音译词:加拿大、斯里兰卡、布尔什维克、捷克斯洛伐克、布宜诺斯艾利斯

并列字组:工农兵、东西南北、金木水火土、柴米油盐酱醋茶

冯从这些实例中总结出以下规律:

1. 单音节形式不足以构成独立的音步;
2. 汉语的自然节律中不存在 *[1♯1♯2]、*[2♯1♯1]、*[1♯2♯1];
3. 汉语的自然节律中不存在 *[1♯2♯2]、*[2♯2♯1]、*[2♯1♯2];
4. 汉语自然音步实现方向是由左向右(即"右向音步");
5. 汉语自然音步的音节"小不低于二、大不过于三";
6. 在任何一个奇数字串中,纯韵律结构至多允许一个三音节音步。

大约是照顾到读者的知识背景,上述归纳仅仅是具体现象的归总,还需要进一步提取节律模式。参照前面介绍的节律栅模型,去除不太适用于

第六章 节律结构

普通话节奏的"左重/右重"等参数,冯揭示的现象可以表达为:

普通话"自然音步"的有关参数

1. 音节计拍
2. 两拍步;
3. 音步实现方向:L→R(由左向右);
4. 孤儿音节并入邻近音步,构成三音节的超音步。

由于普通话划分自然音步的方向是从左向右的,剩余的孤儿音节只可能在右向的末音节,所以三音节的超音步也只可能是右向最末一个音步。如:

```
金  木  水  火  土           布  宜  诺  斯  艾  利  斯
*   *   *   *   *            *   *   *   *   *   *   *
(*  )(* *  ) *               (*  )(* *  )(* *  ) *
(*  )(* *  *  )              (*  )(* *  )(* *  *  )
```

冯文利用无语法层次结构的例子,很好地说明了汉语不受语法制约的节奏模式,十分有价值。这是一种最为普遍的节奏模式:两音节一步在语言中最为常见;L→R是顺向的(也即顺着语流的时间维向),也是语言中音步最无标记的选择。

此外,冯关于"汉语自然音步的音节小不低于二、大不过于三"的总结也很精当。

6.4.2.2 石基琳(Shih,1986):直接成分步、双拍步、超音步

石1986年的博士论文大约是全面讨论普通话音步的最早论著了。与冯(1998)不同,石文讨论的对象主要是有语法层次结构的语段,所制订的规则既可以用于有语法层次结构的语段,也可以用于无语法层次结构的语段,这样的工作目标我们称之为"音步的动态划分"。石提出的方案包括如下3个基本概念,同时也是动态划分音步的有先后次序的三个步骤:

1. 直接成分步(IC):连接直接成分的两个音节成两拍步。
2. 双拍步(Duplex meter,DM):从左到右连接未成对音节成两拍步,**但不包括句法分支方向相反的两成分**。
3. 超音步(f'):**根据句法分支的方向**把剩下的单音节和邻近的双拍步连接形成超音步。

以上规则中,以黑体标出的限制条件是很重要的。下面是一些具体

实例:

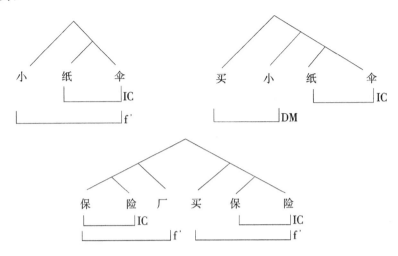

石(1986)方案的效力很强。毕竟,汉语中有语法结合层次的语段比没有语法结合层次的语段多得多。同时,尽管以上例子都是有语法层次结构的,但该方案也同样可以处理没有语法层次结构的音译词和单字并列字组。它们适用于规则 2 和规则 3:规则 2"双拍步(Duplex meter,DM)"会从左到右连接非直接成分的、未成对音节成两拍步,规则 3"超音步(f')"会把末位位置可能剩有的单音节与左邻音步合并为超音步。可以说,石(1986)解决了普通话音步动态划分中大部分的问题,她发现的规则至今仍有重要意义。

但是,由于石文主要是依赖连上变调的实例来划分音步的,而后来的研究表明,虽然不发生连上变调的地方肯定有音步边界,但是发生连上变调的地方却不一定没有音步边界,因为连上变调可以跨音步、跨停延段发生,如"(精彩)(表现)"的"彩"也变阳平。连上变调的最大辖域可以大到语调段(Chen 2000/2001,邝、王 2006;详见 6.4.3),所以完全用连上变调来测试音步界并不完全合适。另外,石(1986)的方案用于处理下列实例会得出错误的结果(结果行中的括号表示音步的分界,下同):

第六章 节律结构

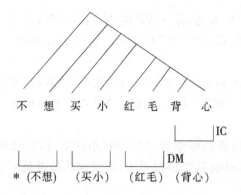

这个 8 字语段中,只有"背心"是 IC,先组两拍步。剩下的都是句法分支相同的成分,石的规则按 L→R 组两拍步。

我想,母语者一定不会这样放置音步界,正确的结果应该是"(不想买)(小红)(毛背心)"。

6.4.2.3 董秀芳(2003):L→R 组 DM 步只限于内层结构性质相同的最大 XP

董秀芳(2003)在生成语法 X-杠标理论的模型下讨论了音步界的问题。她的讨论不是针对石(Shih,1986)的,但提出的方案可以解决石方案的不足。为便于对比,下面我们将董(2003)的方案转述为可以与石方案直接对比的术语:

1. IC 步:直接成分的两个音节组两拍步。

2. DM 步:**在内层结构性质相同的最大 XP 的范围内**,从左到右连接未成对音节形成双拍音步,不可跨越结构性质不同的 XP 边界。

3. 超音步(f'):**在内层结构性质相同的最大 XP 的范围内**,根据句法分支的方向,把剩下的单音节和邻近的双拍音步连接形成超音步。

4. 介词、人称代词等功能性成分是韵律"看不见"的成分,它们可以跨越最大 XP 的边界组 DM 或 f'步。

董方案可以成功避免前面指出的石方案的错误:

```
            [不 [想 买 [小 [红 [毛 背 心]n]n]np]np]vp]vp
组 IC 步:                        |___|IC
组 DM 步:    |___|DM   |___|DM
组 f'步:     |_____|f'        |_____|f'
结果:    (不想买)(小红)(毛背心)
```

说明:

① 直接成分为单音节的语段只有"背心","背心"组成 IC 两拍步。

129

② 最大 NP 的边界在"小"的左边,最大 VP 的边界在"不"的左边。从"小"和"不"分别开始组 DM 步,得到"不想"和"小红"两个 DM 两拍步,并剩下"买"、"毛"两个单音节。

③ 剩余的单音节分别归入相同 XP 范围内的句法分支相同的邻近的两拍步,"买"并入同一 VP 的"不想","毛"并入同一 NP 中与自己同处一个 N 节点的"背心"。

可以看出,加上最大 XP 边界的限制后,"买"和"小红毛背心"之间有 VP/NP 的边界,不再能够跨界组织 DM 步和 f'步,从而成功地避免了石方案的错误。

但是,董(2003)也仍然有不能解决的问题。如:

1. 对于 [主[动宾]$_{vp}$]$_s$ 结构,S 与 VP 是算相同的 XP,还是不同的 XP? 无论怎么算,都会在某些情况下导致错误的结果。比如:

    a. [我[想[买[糖火烧]$_n$]$_{vp}$]$_{vp}$]$_s$

正确结果:(我想买)(糖火烧)

错误结果:*(我)(想买)(糖火烧)

    b. [我[很[想[买[糖火烧]$_n$]$_{vp}$]$_{vp}$]$_{vp}$]$_s$

    (我)(很想买)(糖火烧)

    *(我很)(想买)(糖火烧)

可以看出,在语法套合关系相同的情况下,a 例最左边的 N 可以跨越最大 VP 的左界"想"组织 DM 或 f'步"我想买",b 例最左边的 N 却不可以跨越最大 VP 的左界"很"组织 DM 或 f'步。所以不论句子算是与 NP 性质相同,还是算做与 VP 性质相同,还是算做与 NP、VP 都性质不同,都无法得到正确的结果。下一小节我们将说明,这是因为,代词成分是否向右跨界组步,其实是取决于节律而非语法的因素,是取决于左邻右邻成分是否"过二"(大于两音节),不过二则跨界组步,过二则不能跨界。

2. 董还没有考虑到另外一种特殊的句法结构,我们称之为"(句法性)等立结构"。句法性等立结构不管其成分是单音节的还是多音节的,成分之间一定有较大的停顿,并不按从左至右两两音组组步的规则划分音步边界,尽管各个成分的性质与整体结构的性质是相同的。比如"买了桃、杏、李、梨等时鲜水果"中的"桃"、"杏"、"李"、"梨",尽管是单音节的,尽管每个个体都是名词性的、整体也是名词性的,但依然每个音节自成音步,并不"从左至右组 DM 步",即"(桃杏)(李梨)"是错误的结果。

第六章 节律结构

还要补充说明的是,我们(王 2000、2002)所说的等立结构"桃、杏、李、梨"之类,与冯(1998)处理的"金木水火土"之类(下面称"联合结构"),一般的语法书都称为"并列结构"或"联合结构",但它们在语义、句法、韵律上都有很大的区别:①语义上,"金木水火土"等联合结构形成新的结构整体义——各个成分义的上位次级抽象范畴的(叶文曦,2004),如"金木水火土"形成"世界基本要素"的次级抽象范畴,"桌椅"形成高于"桌子"、"椅子"、低于"家具"的次级抽象范畴。而等立结构的成分仅仅是单纯的并列关系,如"桃、杏、李、梨"就指这四种水果,不形成上位次范畴。②句法上,"金木水火土"之类是凝固短语,句法性质相当于复合词,其成分的次序不能随意改动。"桃、杏、李、梨"则是自由短语,其成分的次序可以随意改动。③韵律上,"金木水火土"按自然音步规则组步,成分之间书面上不带顿号。"桃、杏、李、梨"则是每个成分自成音步,书面上一般由顿号分开。

因此,下面我们把"金木水火土"这一类的称为"联合式类词"或"联合结构",把"桃、杏、李、梨"称为"等立短语"或"等立结构"。

6.4.2.4 王洪君(2000、2002、2004)的主要思路和主要概念

通过观察大量语料和思考前述各方案的局限,我们(王洪君 2000、2002、2004)发现,决定普通话音步动态划界的既有词法句法要素,也有节律自身的要素。也即,在某些词法句法条件下,音步边界总是与词法句法的边界一致;在另一些词法句法条件下,音步边界有两种可能,具体实现哪一种可能由节律模式"二常规、一三可容、四受限"而不是由词法句法决定。

能够决定音步边界的词法句法条件有:

(1) 等立结构:如前所述,等立结构指各成分为单纯的句法并列关系、语义上不形成上位的次级语义范畴的结构,其成分之间的句法边界一定对应于音步的边界。

(2) 黏合结构:朱德熙(1982)最早提出,定中、述宾、述补结构都可以再分为黏合、组合两大类:结构中有"的/地/得"、"了/着/过"等助词成分的,带指代/数量定语的,补语中间有"不"的为组合式;反之,没有助词成分、指代/数量定语和"不"字式补语的为黏合式。从语法上看,组合式成分之间的关系松散而黏合式成分之间的关系紧密,对此朱已经有了很好的论证。

韵律上的紧松与语法上的黏合/组合基本对应,下面仅讨论与音步界有关的黏合结构:

① 不带"的/地/得"、"了/着/过"、指代/数量定语、助动词/心理动词的所有两字组,包括一般语文词典收录的"背心、跳水、立正、力争、矛盾、地

131

震",也包括一般语文词典不收录的"蓝天、木桶、种树、打死、手举、桌椅"等。它们都是有直接成分关系的两字组合,在语流中总是优先组织 IC 音步,关系最为紧密。

② 直接成分的音节数目为 2+1 式的黏合式定中和述补(不带"的/得"和指代/数量成分的),如"雨伞厂、粉碎机、回想起"等,它们语法和韵律上的紧密度都与黏合两字组类似,在语流中总是组织为一个超音步。

(3) 后附结构:语法上的后置单音成分总是黏附到前面成分的最后一个音步上形成音步、超音步甚至四音节音步,如"我的"、"……、葡萄等"、"开会时"、"展览馆里"。

(4) 最大黏合 NP:不带助词"的"和指代/数量定语的定中结构,如"小红毛背心"。最大黏合 NP 的内部成分总是紧于外部成分,所以其内部不属于直接成分的单音节也要从左至右组织两音节音步。最大黏合 NP 是一个很重要的概念,它是内部边界总是小于外部边界的黏合结构中唯一在音节数目上可以不受限制地扩展的结构。例:背心、毛背心、小红毛背心、保险、保险锁、保险锁厂、保险锁厂路、省美展、粉碎机、纸张粉碎机。

以上结构的语法结构边界或成分边界与节律边界重合。相同句法条件因音节数不同可以有两种不同的音步划界,音步界取决于节律因素的句法结构只有组合结构。

(5) 组合结构与可跨界成分:组合结构指主谓、述宾、介宾、指代/数量+名、助动/心理动+动结构、外围状语("很/不"之前的状语)+动/形,带"的/地/得"的定中/状中/述补。

这些结构的左一成分,包括动词、指代词、数量词、介词、助动词、心理动词、XP+的、X+地、V/A+得,在语流中有时与前面(左侧)的成分组步,有时与后面的成分组步。我们称之为"可跨界成分"。如下面例子中带下划线的是组合结构,其中带双下划线的是组合结构的左一成分——可跨界成分(下面的"|"或括号都表示音步界线,下划线表示所考察的结构。):买几个|烧饼、想买|六个|烧饼、真想|买个|烧饼。

"的"字结构做定语的定中比较松散,一般人想来都会接受,指代、数量定语与中心语的关系为什么也很松散呢? 这是由于,指代、数量定语表达的是语用上的"指示"、"有定/无定"等与言语交际场景直接有关的语用范畴,哲学上称之为 index 的成分,即说话场景中的说话人、说话时间、说话地点给话语中的其他成分定位的成分,比如离说话者或听话者的距离是远还是近,是不是在交谈场景中出现的具体事物等等。这些成分与言谈场景

第六章 节律结构

的关系密切,不是所谈事物的本质属性,所以在一个 NP 中它通常与中心语的关系最为松散。语义语用关系的松散,在形式上一定有体现:指代、数量定语是不带"的"定语中唯一能够放在带"的"定语之前的,如"那件昨天刚买的小红毛背心"。其他不带"的"定语都不能提到带"的"定语的前面,如:"*大红那件毛背心"(朱,1982)。指代、数量定语在音步划界方面的特殊性,也是它们与中心语关系松散的重要的形式表现。

生成派较后期的理论将原来的 NP 区分为 DP 和 NP 两大类,所谓 DP 就是"指代/数量+名"等结构,结构中的"指代/数量"被认为是整个结构的中心成分,因为它们是名词性结构的特有的标记,凡有这些标记成分的结构一定是名词性的。生成派的这一处理,是在吸收功能派多年来的研究成果的基础上的形式化,很值得称道。

总之,节奏不是主谓、述宾、述补、定中、并列等 5 种基本的语法结构类型就能够控制的,倒是结构的黏合/组合/等立的分别与节律的关系更密切。黏合/组合/等立这三类结构中,只有组合结构的音步边界与词法句法结构的边界不一致,其左一成分(可跨界成分)的音步归属有归左、归右和自成音步的多种可能。

(6) 组合结构、可跨界成分与"二常规、一三可容、四受限"的节律模式①

组合结构的可跨界成分在语流中组织音步时到底是归左、归右、还是自成音步呢? 我们的观察是,具体的选择决定于它自身和它左邻右舍成分的节律长度(以可跨界的动词"是"为例):如果左邻成分的节律长度"不过二",则可跨界成分归左,如:我是‖北大的|老师;如果左邻成分的节律长度"过二"则可跨界成分或者归右,或者自成单音节音步如:隔壁|老王‖是老师~隔壁|老王‖是—|北大|老师。

这种节律的限制可以归纳为"二常规、一三可容、四受限"的节律模式。石(Shih 1986)、冯(1998)都曾指出,普通话的音步一般"小不过二音节、大不过三音节",他们的研究也同样体现了普通话的这一节律模式:

"二常规"指两音节标准音步,前面的 IC 和 DM 规则都产生两音节音步的结果。

"三可容"指三音节超音步,它只出现在自然音步(无语法层次结构的多音节字串)的末位位置和有语法层次结构的内部句法分支方向相同、外

---

① 作者曾把普通话节律模式定义为"二常规、三可容、四受限"(王,2002),根据大规模语音语料库的统计和对规则的再思考,本书把"一"由"受限"改为"可容"。

部句法分支方向相反的三字串(F'规则),后者中只有2+1式定中、述补是稳定的超音步,1+2则只是可能的超音步,1+2述宾等组合式结构甚至多半不组成三音节超音步。

"一可容"指单音节蜕化音步,它只出现在:① 单音节成句,② 有标记主位(即句首的第一个句法成分不是主语而是时间、地点等成分),如"今儿,我就不去了。" ③ 特别的强调,如"是|雨伞儿,不是|雨伞儿"。④ 组合结构的左一成分且左邻右舍的成分都已经"过二"的情况下,如:"今天|晚上‖演一|美国|大片"。

"四受限"指四音节在普通话中一般都形成 2-2 音步,少量形成 1-3 或 3-1 音步。四音节形成一个音步的很少,基本只限于有后附轻声音节的情况("展览馆里")。这些后附的轻声音节,是节律上必须黏附在左邻成分上的节律黏附成分,也是节律上不计数("看不见")的成分。另外,节律上"二常规"的强势还常常压倒语法结构,使语法上的 1-3 或 3-1 结构也实现为与语法结合层次不相符合的 2-2 音步,如冯(1997)所用的典型例"一衣带水",语法上是"一衣带/水",节律上是"一衣/带水"。

(7) 句块:石(1986)、董(2003)用的句法模型都是以层层二分套合的直接成分为基础的,分析出的句法成分套合层次很多,而套合层次的多少与节律边界的大小并无紧密关联(王2002,初敏等2003)。这是因为语言的节奏一方面与语义表达的需要有关,另一方面也与生理上呼吸的节奏和发音动作的节奏有关。后者决定了语言节奏单元的划分,套合的层次不能太多,两至三层大小不同的节律单元比较符合发音生理的要求。

前面我们的分析表明,对于普通话节律来说,重要的是等立/黏合/组合这三种不同的语法关系和最大 NP 的边界。等立/联合/组合等与句法模型的关系并不大,而最大 NP 的边界却与句法模型的关系很大。我们认为,能够最有效地表现出最大 NP 边界的句法模型是以谓词及其论元结构为基础的句块模型(Halliday1985 称为"基于经验义表征的级阶分析法")。

按照句子的论元结构分析句子,以下成分各为一个句块:句子的中心成分述谓;述谓的直接论元成分施事(动作发出者)、受事(受动作影响者)、与事(动作的受益者)、当事(状态的承担者)等;句子的环境成分时间、地点、工具、材料、由来等。如:

我们	昨天	在课堂上	用英文	翻译了	这篇课文
动作者	时间	地点	工具	述谓	动作对象

第六章 节律结构

可以看出,句块模型很好地切分开了 VP 与 NP 的边界,而且,除述谓块外,每个句块都有一个体词性成分,很好地保证了最大 NP 都在一个块中,不同的 NP 都在不同的块中。句块模型在线性上同时切分出的直接成分较多,有效地减少了套合的层次,与节律单元的边界有更好的契合。另外,各个句块常常有语法上封闭类成员的标记,如环境块常有前置介词"在、把、用、被",或本身就是时间词、处所词;论元块常有指示/数量("这、那、一"等)成分,这使得边界的确定比较容易。其他相关的讨论见 11.4.2。

6.4.2.5 基于黏合/组合/等立结构和句块的音步动态划分方案

王(2000、2002、2004)的研究综合了音步、停延段两个层次,又涉及了与音步性质不同的韵律词/韵律类词/韵律短语等概念(可参考第十一、十二章),很难直接与石、董两家方案对比。为便于对比,下面把我们的方案从音步动态划分的角度重新表述如下,排列在前的规则的运用次序也在前:

1. 句法性等立的成分之间必有音步界。
2. IC 步:直接成分的两个音节组两拍步。
3. DM 步:**按先句块内、后整句,句块内先黏合、后组合的次序**,从左到右连接未成对音节形成两拍音步,但不包括句法分支方向相反的两成分。
4. 超音步(f'):**按先句块内、后整句,句块内先黏合、后组合的次序**,根据句法分支的方向把剩下的单音节和邻近的两拍音步归并成一个超音步。其中,1+2 字串的 1 并入 2 组成 f' 是可选的,1 也可以自成音步(如"|小-|雨伞|"),而 2+1 字串的 1 并入 2 组成 f' 是必选的(如"|雨伞厂|"),只要右 1 没有特殊的强调重音。这可能是因为,左 1 如果增加拖音则只能感知 1 与 2 之间有音步的边界,而右 1 即使增加拖音也与 f' 的边界重合,不会在 2 与 1 之间增加音步的界线。
5. 黏附成分:语法上向右黏附的方位词、结构助词("的地得")、动态助词("了着过")等单音节成分,一律并入左邻音步,不管该音步是几音节的。
6. 可跨界成分的归属:指代、数量、介词、助动词、动词**可以跨句块界组 DM 或 f' 步**。是否跨界,取决于"二常规、一三可容、四受限"的节律常规。即,视左邻右舍成分节律长度决定是否跨界:左邻右舍无论哪一方"不足二"或"不过三",以上成分都可以跨边界与之组织 DM 步或 f' 步。

我们的方案可以解决石(1986)方案遗留的问题。如"不想买小红毛背心",由于我们的方案要求先在句块内组 DM 步,中间有句块分界的"买小"不会组织为一个音步。董(2003)的问题也得到解决:有主谓边界也是句块分界,要按先句块内、后句块间、最后全句的次序组织了 DM 和 f' 步,也即

"我很想买糖火烧"一句中的组步次序为"(糖火烧)"、"(很想买)",剩下的"我"不能再并入已经是超音步的"很想买",成为受限的单音节音步。而"我买糖火烧",在优先把"糖火烧"组织为超音步后,还有两个剩余的单音节,于是"我买"也组织为一个音步。

6.4.2.6 初敏等(2003/2004)的线性模型

初敏等提出:"基本节律单元(我们称"音步",笔者注)的组织属于短时决策,主要受制于局部的语法关系,而与这个局部在整个句子中的语法地位关系不大。"因此,要全面地、大规模地统计句子中语法上的各种成分与相邻成分在韵律上的松紧,从而得出制约韵律松紧的局部的语法约束,该模型称之为"局部语法约束"。此外,节律成分的长度也是制约节律的重要因素,该模型称之为"长度约束"。下面我们主要介绍初敏方案中有关音步界动态切分的部分。

关于音步的局部语法约束,初敏等根据大规模语料的统计得出语法关系松紧度的如下由紧至松的 6 个等级:

5 级:前后缀、定中 A(除定中 B 的一般定中)、述补 A(动词+趋向/结果/数量结构补语)、动+介;

4 级:特殊状中 B(程度副词做状语的状中)、动+数/代、介+数/代、代+数/量;

3 级:特殊定中 B(数/数量/指示定+名)、动宾 A(一般动宾)、并列定语;

2 级:介宾、其他状中(状中 B)、动宾 B(能愿动词+普通动词宾语);

1 级:主谓关系、并列状语、间接状中、间接动宾;

0 级:间接主谓和其他无语法关系的最松。

这个分级体系像王洪君(2002)一样把定中、动宾分为松和紧两类,还注意到了王(2002)未能完全涵盖的一些组合,如几个介词短语做并列状语的情况。但是,对于松的一类(即王的组合类),该方案未能揭示出其左一成分是根据左邻右舍的韵律长度而左右逢源的,这样有时会推导出错误的结果。比如下面的例句(箭头下标注的是初文用的局部语法关系类别及松紧度等级,方框中成分是考察对象):

这对例句中,"数/代定"左邻右舍的语法关系类别完全相同,按初方案的预测,属于3级的"数量定＋名"应该都松于属于4级的"动＋数量",但是实际上两句中"数量定"在韵律上的左归或右归是不同的。这一不同用王(2002)的方案却可以很好地预测:当"数代定"左邻成分满足两音步时,"数量定"归右;否则归左。以上证据支持了王的方案。也即初敏等(2003/2004)方案中的2、3两级都是可跨界的组合结构,其左一成分在韵律上是否归左取决于其左邻右舍的韵律长度。

6.4.2.7 冯胜利的"左向构词、右向构语"

冯胜利(2004)提出韵律构词的基本原理是:a. 构词形式一律是左起的右向音步(→);b. 动宾短语一律是从右起的左向音步(←);c. 1＋1型的音节组合是无向音步。

这一方案主要是为了说明韵律对汉语构词形式的限制而不是为了说明语流中音步的动态划分,如果用于音步的动态划分则有如下不足:① 没有说明所谓"无向音步"的语法条件和运用次序;② 没有注意词的内部是否有语法结构的层次;③ 没有说明词之内或最大 NP 之内要先于短语组织音步。

如果以上三点都不顾及,仅仅区分词界、短语界和1＋1型音节组合,则用于语流中音步的动态划分会产生如下错误的结果:"重武器核查团""结核病医院"等冯方案中的复合词(本书称做"类词",详见第十二章),如果按从左向右来组织音步,将得到"(重武)(器核)(查团)"和"(结核)(病医)院)"。而"买小红毛背心"等述宾短语,如果不先把最大 NP"小红毛背心"的音步组织好就按照从右向左来组步,结果将是"(买小)(红毛)(背心)"。这样的结果无疑是违背冯(2004)的初衷的。

所以,冯先生的方案如果用于音步的动态划分,还必须有如下的限制:①有直接成分关系的1＋1音节必须优先组步(即冯的"无向音步",石基琳的"IC 音步"),不管是词之内还是词之外;②词和最大 NP(不含指代/数量定语)必须先于短语组步,也即动宾等短语的"右起组步"绝不能无视动宾边界把宾语也包括在内;③词内直接成分的1＋1组步后如有剩余单音节,如"重(武器)(核查)团",仍需要运用石(1986)提出的"如仍有剩余的单音节,按句法分支的方向归入邻近的单音步"的超音步规则。

总之,虽然冯(2004)提出的词界、短语界、1＋1型音节组合从音步动态划分来看也是重要参数,但这一方案如用于音步的动态划分则显得不够严密。

6.4.2.8 普通话的节奏单元增大的发展趋向

近几十年来,普通话的语速明显增快,节奏单元也有加大的趋势,由 2、3 音节为主,逐渐向 2、3、4 音节为主过渡。但 5 音节的语段一般还是要拆分为两段。比如,8 位电话号码一般 4-4 分割(8275-6619)而不是 2-2-2-2 分割(*82-75-66-19),11 位手机号码一般 4-3-4 或 3-4-4 分割,(1337-343-5089 或 133-7343-5089)而不是以 2 音节或 3 音节为单元分割(*133-73-43-50-89、*133-734-35-089 等)。连厂家或商家为产品或单位起专名都由两音节向 3~5 音节发展。这样的发展趋向,很值得密切关注。

6.4.3 普通话的音步与连调域

前面我们曾简单地提到,普通话的连调域与音步并不对等。陈(Chen 2000/2001)指出,汉语不同方言的连调域大小有不同,吴方言黏合式变调(又称"高山型")的连调域的确就是一个最小的节奏单元,而普通话连上变调的连调域大到语调段,不与最小的节奏单位重合。吴方言的黏合变调,我们将在 10.7 中介绍,这里只讨论普通话的连上变调及其与音步的关系。

我们(邝、王 2006/2007)的研究证明了陈(Chen 2000/2001)的观点,普通话的连上变调的确可以跨母语者听感上的节奏单元发生,音步、小停延段、大停延段的边界上都可以跨界发生连上变调。但是,我们的实验还证明了,不同边界上的"变阳平"在调长上有较大的区别,而所变阳平的长度与听者感知到的不同等级节奏边界是对应的。也就是说,普通话的韵律短语之下的节奏单元是以松紧确定的而不是以连上变调确定的。

我们的实验共测试了北京籍男生女生各一人,均为北京大学中文系非语言专业学生。下面是我们实验用实例、连上是否变调的实验结果和部分语图(下划线表示测试例中的连上):

① 音步内。实例:<u>雨伞</u>、<u>买米</u>、<u>打死</u>、<u>打伞</u>。

语图 1 **打伞**

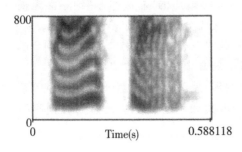

实验结果:前一上声变高调,两上声结合紧密,中间没有停延,前字上声升尾显著但时长短,后字音强不强于前字。

② 跨音步界、同一停延段内。实例：商场广告部、常委主席、精彩表现
语图 2 常**委主**席

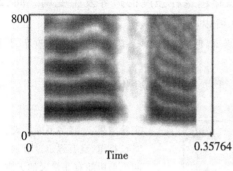

实验结果：前一上声变高调，上升幅度略低，前字调尾略长，两上声长度基本相同，之间没有明显停延，后字音强不强于前字，前字音强不衰弱。

除变调高升部分的急缓、调末回归部分的短长等区别外，(1)(2)类的不同还有强制性程度不同：(1) 是必须变调，(2) 则有不变调（即 21+21）的极个别实例(1 例)。

③ 跨停延段界、同一语调段内。实例：天边一抹火红的晚霞、用毛笔写了个大字、从上海、北京、上海来的旅客到这里集合。

语图 3 天边一**抹火**红的晚霞

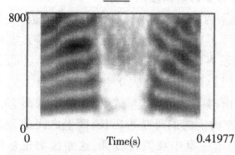

实验结果：前一上声"抹"变高调，调型上升幅度显著且韵母明显拖长。前一上声"抹"时长 0.16s，后一上声"火"只有 0.12s。

语图 5 从上**海、北**京、天津来的旅客到这里集合

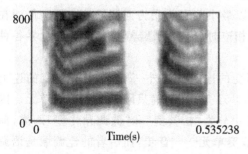

实验结果：前一上声变高调，调型上升幅度显著、韵母明显拖长且两上声间出现无声段（真停顿）："海"0.2s，"北"0.1s，中间的无声段 0.1s。

以上 2 例,无论是前一上声韵母的明显延长、声调上升后的回归、小的无声段出现,都说明两上声之间有较明显的停延,属于声断气连型 2~3 级强度的边界。可以看出,连上可以穿越这种强度的边界发生变调。同(2)一样,(3)类变调也不是必须的,是可以不变调的。

④ 跨语调段。实例:小柳惆怅地想:哪个才是真正适合我的呢?不要买雨伞,买皮球才划算

语图 6　小柳惆怅地**想:哪**个才是真正适合我的呢?

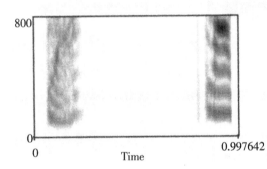

实验结果: 前字不变高调,时长很短、且音强迅速衰弱,两个上声间有非常大的无声段。同时,后一上声有很明显的音高、音强重置,这是典型的语调段边界的特征。

在我们的实验中,连上变调均不能够穿透语调段的边界。

总之,以上 4 种情况分别代表了两个上声间有 4 种大小不同的边界:① 音节界(音步内、两音节间),② 音步界(停延段内、两音步间),③ 停延段界(语调段内、两停延段间);④ 语调段界(两语调段之间)。可以看出,①②③发生了变调而④不变调;这证明了陈(Chen,2000/2001)"普通话连上变调的连调域是语调段"的观点。我们的实验还证明,首先,①必须变调而②③可变调也可不变调;其次,①②③在前上的韵母是否延长、两上之间是否有无声段等方面也有明显的区别,第十一章中我们将看到,这些区别正是母语者感知不同等级韵律单元的依据。

通过实验我们提出,连上变调的性质和动因是音高方面的"低调异化",而非节奏的"紧",因此它不以最小节奏单元为连调域的边界。低调在声调体系中是有标记调,两低调相连时,前一低调异化为高调,在世界各种声调语言中都颇为常见。

值得注意的是,除可变可不变的连上变调外,普通话中必须变的连上和其他连调变化(如 51+51→53+51 等)又的确只限于最小节奏单元。因此我们认为,普通话中的连调变化分为"松紧型"和"低调异化型"两类,前者的连调域就是普通话的最小节奏单元——音步,而后者的连调域是语调

短语。

6.4.4 普通话基本节奏单元的性质——松紧型音步

前面我们已经简单地提到过,我们不同意只有轻重的交替才能形成节奏,也不同意普通话的最小节奏单元(我们称之为"音步")是重轻的一次交替。我们认为,普通话的节奏是松紧型的,普通话的音步是内紧外松的最小单元。下面通过对比普通话和英语在①母语者的感知、②重征(accent,即各种可能感知为韵律凸显的要素)在无标记语句中的关联、③在高层强调中的表现等几个方面的不同来说明我们的观点。

6.4.4.1 母语者的感知

英语的轻重音或普通话中非轻声与轻声音节,母语者的感知完全一致。比如:英语的"沙漠"'desert是前重后轻而"抛弃"de'sert是后重前轻,普通话的"帘子"是前重后轻。问题是,普通话不含轻声的、两音节均有正常声调的音步,是前重还是后重?

2007年夏季北京大学的语言学暑期班上,我做了一个当堂测试。我给出了不同声调、不同语法类型的若干两字组,每个字组分别给出前重、后重、等重三种意见,让堂上大约100名听课人举手选择。给出的测试字组如下:

① 军马　白马　跑马　骏马　　② 颠马　骑马　买马　喂马
③ 耕牛　黄牛　水牛　肉牛　　④ 牵牛　骑牛　买牛　喂牛

结果是没有一个两字组得到全体一致的轻重判断,绝大多数两字组被认为前重或后重的人数几乎相等,认为等重的也有一定的数量。其中,定中式前字去声后字上声的"骏马"被判定为前重的人数最多。

这其实并不是新的,也不是严谨的实验。关于一般母语者的感知,学界早就有过许多实验和许多其他证据。比如,近十几年来,中科院声学所、社科院语言所、微软公司、捷通公司等许多单位都建立了大规模新闻播音语料库,其中的新闻播音语料要雇用非专业人员来做语音标注。他们都发现,标注员可以分辨三至四级大小不同的停延,但无法分辨音步的重音在前还是在后。"台湾中研院"也建立了大规模语音语料库,标注员同样是可以分辨等级不同的停延,但无法分辨音步重音在前在后。要说明的是,这里说的只是由有正常声调的两音节组成的音步的重音,至于含轻声音节的残音步的重音、强调重音、对比重音、短语重音和句子重音,标注员是可以分辨的。

关于专业的、严谨的研究,下面介绍最早的、意见却不一致的两家。

1. 林茂灿 颜景助 孙国华,北京话两字组正常重音的初步实验,《方言》1984年第1期。这一研究的测试语料是普通话所有声调的两字组合,并注意了涵盖语法上不同的类型和音质上韵腹元音大小不同的开口度,共设计了103个两字组。发音人是一男一女两个老北京人。实验包括听感测试和声学分析两部分。听感测试的听音人先是8位专业学者,后有9位语言专业的学生(包括笔者本人)。声学分析用的是基频计、强度计、语图仪等。

听感测试的结果是,普通话两字组被选择为后重的实例在90%左右,其中男发音人的为91.2%,女发音人的为88.3%。但哪些实例被选择为后重并不一致,一致的是没有一个两字组是所有听音人都认为是前重的。值得注意的是测试语料中还包括了通常认为重音位置有不同的"工事/攻势"、"公鸡/攻击"、"散步/散布"、"生气+/生气n",它们都被多数发音人认为是后重的。总之,根据这一测试的结果,两字组(也即标准音步)听感上后重的倾向是十分显著的。

声学分析的结果表明,前字的音强一般都大于后字,而后字的时长明显长于前字。至于音高,由于字调调型也由音高表达,所以很难说前字高还是后字高,但后字的调型更完整、更接近音节单说时的音高曲线,而前字调型的变化较大。总之,声学数据和听感测试结果的关联表明:感知上"重"的主要根据是时长长(能量大、声调完整)。

此外,音高高和元音开口度大也起一定的作用。那10%被认为是重的前字,一般都是阴平、去声字和/或韵腹元音的开口度为大的。

2. 王晶、王理嘉,普通话多音节词音节时长分布模式,《中国语文》1993年第2期。这一研究主要讨论普通话单音节、两音节、三音节、四音节词中各音节的时长情况,并不是专门讨论普通话两字组前重还是后重的。但是,他们对普通话两音节词时长分布的实验结果却是前字长而后字短,与前一研究的结果完全相反!请看王、王的声学测试数据:

	双音首字	双音末字	单音
S(男)	0.81	0.66	1.00
W(女)	0.77	0.68	1.00

以发音人自己发的单音词的时长为1,则男发音人双音词的前字比后

第六章 节律结构

字长 0.15,女发音人的长 0.09。如果仅比较前字和后字,则男发音人的前字比后字长约 23%([0.81－0.66]÷0.66),女发音人的前字比后字长约 13%([0.77－0.68]÷0.68),后字的确比前字短不少。

这是怎么回事呢?林等(1984)的实验已经证明,两字组前字的音强比后字强,音高也至少不比后字弱,后字之所以被感知为重,仅仅是因为它的时长长;可王、王的实验却在时长上得出了完全相反的结果!

原来,林等(1984)的数据采集用的是"读词表"的方法,王、王认为"读词表"的方法会使得每个测试的两字组都相当于一个独立的小句,至少也相当于一个短语,它们的后面会带有小句后或短语后的停延,不能反映前后字真实的时长。因此王、王采用了把测试目标两字组嵌入小句非停顿前位置的方法,即把所有测试两字组都放入"我说____这个词"的上下文中,所以得出了与林等(1984)完全不同的结果——前字长而后字短。

这样,后字既音强弱又音长短,似乎没有任何理由可以感知为"重"了。

问题是否解决了呢?没有。面对相同的实验结果,母语者和专业人士对两字组(也即"标准音步")前重还是后重的问题仍然有不同的看法。

端木(1999、2000)认为,音步在停顿前的时长包括了更大韵律单元(如韵律短语)的时长,非停顿前的时长才反映音步自身的时长,所以普通话的音步是前字长、前字重。此外,也许是更重要的是,汉语的构词中单双音节的选择也说明普通话的音步是前重的(详见第十一章)。

曹文、李晓华等(私下交流):停顿前的情况反映音步深层的时长模式,只有在时间允许的条件下,音步的深层模式才能表现出来。或者说,音步单说的形式才是它深层形式的表现。所以普通话的音步是后字长,后字重。

蒋平(2007 年北京大学的语言学暑期班的课堂讲授):音步重音可以有多种表现,从音系着眼,普通话是前字变调、后字不变调,不变调的后字应该有音系学意义上的重音。所以普通话的音步是后重。

总之,汉语母语者对两字音步的重音没有一致的语感,研究者对两字音步的重音没有一致意见,两字音步前、后字的声学特征因语句中位置的不同而不同。

对比一下英语。英语母语者对于音步的重音有完全一致的判断,研究者虽然对音步界的划分可能有不同意见,但对于语流中各个音节孰轻孰重却意见完全一致,与汉语的情况完全不同。这说明两种语言的"音步"恐怕有性质上的差别。

6.4.4.2 重征在英汉无标记语气句中的关联

先解释一下"重音"与"重征"这两个术语。

重音(stress)有广狭两义。狭义的重音只指音强强,特别是最小节奏单元中与音强弱交替的音强强。广义的重音定义同重征。

重征(accent)泛指韵律上的凸显。包括音强强,音高高、音长长、音质无弱化,这些要素的综合造成感知上的"重"。

在无标记语气句中,英汉两种语言音步中前后音节的重征各要素的关联是不同的。这很可能是两种语言母语者对音步重音的感知完全不同的主要原因。"无标记语气句",是指句中无特殊强调对比的陈述语气句。

英语音步的两个音节,在无标记语句中,重征各要素的表现为:

英语音步	音强强	音长长	音高高	音质不弱化
首音节	＋	＋	＋	＋
末音节	－	－	－	－

普通话音步的两个音节,在无标记语句中,重征各要素的表现为:

普通话音步	音强强	音长长	音域高	音质不弱化
首音节	(＋)	(±)	(＋)	＋
末音节	(－)	(±)	(－)	＋

可以看出,英语的音步在无标记语气句中,首音节综合了重征的各个要素,与末音节的"轻"形成全面的对比,无怪乎母语者对孰轻孰重的感知完全一致。而普通话的音步,无论是首音节还是末音节,在无标记语气句中,都没有综合具有重征的各个要素:停顿前位置的后字长于前字但是音强较弱、音域较低,而前字虽然音强强、音域高但是时长短。非停顿前位置上除元音不弱化外似乎前字综合了重征各要素,与末音节对立,但这只是统计意义上的,并非必须的。重征各要素不能综合于音步的某一位置,加上两音节的元音均不弱化,普通话母语者对音步重音感知的不一致,也就不奇怪了。

在这里我们还要对"普通话音步感知上的'右重'只是因为末音节处于停延前而增加了更大韵律单元的边界时长,应该把音步放到语流中非停延前的位置来测试"的说法提出疑问:为什么英语音步中"左轻"的音节不会由于放到停延前的位置上增加了一些时长,而被感知为重音呢?如 'desert ("沙漠n"),即使放到"We all know that it is very dangerous in the desert"

或"it is very dangerous in the desert,We all know that."等有不同长度的边界上,即使 desert 的后一音节稍有延长,都不会把后一音节感知为重音。同样,普通话的轻声音节也并不会因为后面有停延边界而比有调音节长。因此,我们认为,在停延边界上的音节长度的增加不应改变其音系学意义上的长度。

6.4.4.3 在高层强调中的表现

"重者更重"是英语置放高层重音的原则,也即,比音步重音层次更高的强调重音,只能放在音步重音上。比如,The com'puter is painted orange 一句中,如果要强调 computer,只能加重加高加长原来的音步重音 pu,不能加重加高加长不是音步重音的 com 或 ter。

重音型语言的非重音节是不能承负强调重音的,这是很重要的、普遍的韵律规律。

看一下普通话的情况。普通话的强调重音既可以放在音步的前字,也可以放在后字。而且是重征各要素都一致的"重"。比如,在"这是**黄**牛,不是水牛"一句中,强调对比的"黄"的音高、音强、音长都超过"牛",而在"这是黄**牛**,不是黄马"一句中,强调对比的"牛"的音高、音强、音长都超过"黄"。无论取"左重"还是取"右重"说,均不符合"重者更重"的普遍规律。

如果说上面的例子可能是由于汉语音步中的各个音节都有自己的意义,强调对比是语素义的强调而不是双音词整体的强调,我们可以再换一些例子。"这是黄牛,不是拖拉机"一句在整体强调对比"黄牛"、"拖拉机"两个事物时,加重"黄牛"的"黄"还是"牛"?"这是我们家,不是银行"一句强调对比"家"和"银行"两事物时,加重"银行"的"银"还是"行"?我曾在几个不同的课堂上做过测试,结果都很不一致,有人加重首音节,有人加重末音节,笔者本人是加重末音节。

总之,强调重音放置位置的可前可后也说明了普通话的标准音步中有正常声调的两个音节,都是相对于轻声音节的"重音节",彼此无法再分辨出孰重孰轻。

6.4.4.4 普通话节奏的本质——松紧节奏

不少学者认为凡节奏必须都是轻重交替,对此我们有不同的看法。我们认为,节奏的关键是超音段要素倾向于等距离的小间隔的回复,音强、音高、音长都可以构成小间隔的回复。比如,音乐中可以有等重的小节,等重而松紧不同,就可以形成节奏。

根据前面几小节给出的证据我们提出,普通话的标准音步(由两个有调音节组成的音步)是松紧节奏的最小单元；一段语流中某两字的内部结合得比较紧，而两字之外与其他两字三字小单元的结合较松，由此而形成松紧交替的回复。

许毅(2002)的动态连读变调计算模型也支持我们的观点。许毅的实验表明，除连上变调等属于非自然变调的连调外，每个有调音节都有自己的底层调型目标值，连读时涉及的音节，总是从停顿之后的中性音高值、或它前面音节收尾的音高值出发，向自己的目标调型进发，是否能完全实现目标调型取决于音节的时长、强度等。我们很赞同这一模型。它表明，音步内两字衔接处的声调曲线与音步之间两字衔接处的曲线会有明显的差异。比如，如果是单念三个数字"七"、"三"、"七"，则三字各成音步，结合松，每个字的55调都要有个从中等音高3起始升到55的赘头和从55回复到中等音高3的赘尾，共计三个赘头和三个赘尾；而如果是说波音飞机机型的"七三七"，则只有第一个"七"有升的赘头，末一个"七"有降的赘尾，中间的两个赘头赘尾就都没有了，55连成了一线。

总之，由于汉语声调的存在，松紧会对调型产生有规则的影响。因为其影响是有规则的，所以母语者仍可以还原回底层调型而区别字义；也因为有规则，母语者可以直接感知到松处和紧处的差异，感知到松紧的交替出现而形成节奏感。

我们关于普通话音步是松紧型而非重轻型的结论，是从音系学意义上说的。从表层韵律看，如前所述，普通话音步在停顿前位置上的前强而后长，在非停顿前位置上的前强且长、后弱且短，是普遍的倾向。在信息处理的韵律合成中，必须按这些倾向来合成，才能得到更自然的音流。

第七章　韵律词法

7.1　韵律单位与词法

20世纪70年代中后期,非线性音系学在音节结构和节律方面的研究取得了很大的成就,研究成果表明语言有不同于语法单位(语素、语法词)的音节、音步、韵律词等韵律单位,在这些成果的基础之上,80年代开始了对这些单位的结构限制、它们之间的相互关系及其他们与词法之间的关系的研究。这些研究,被称为"韵律词法(prosodic morphology)"。

与词法有关的韵律单位是那些比韵律词小的单位。这些单位按大小不同形成如下层级(按从大到小的次序排列):韵律词(Prosodic Word),音步(Foot),音节(S或σ),摩拉(Mora或μ)。如下所示:

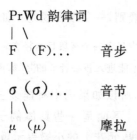

在这个层级中的各级单位都可以有多种特殊的结构限制,如一个语言的韵律词可能有"最大韵律词"和"最小韵律词"的限制,音节也可以有"最大音节"和"最小音节"的限制。这些各种不同的韵律单位的结构限制与词法－音系规则密切相关。

7.2 音节模块说

5.5中我们介绍了多音节轻重音型语言的构词中音节界线的变动现象及音节划分的"首音优先"原则和核心音节的结构对构词音变中增音、省音的制约作用。由于构词可以是多轮次的,如 nation+al→national,national+ity→nationality……,而音节界线的划定对每个构词轮次都可能是不同的;所以1984年Irshied为多音节词中音节界线的划定总结出"音节持续组构说"(continuous syllabification)。该说提出,语素在深层没有音节界线的划分,成词后才有音节的界线。语素构词可能是多轮次的,音节的划分也随之而是多轮次的,并不固定在某一构词层次上。在每个构词层次上,都要根据"首音优先原则"和特定的增音、省音规则一次或多次重新划定一次音节界线。

在有的语言中,根据音节持续组构说,音节的划定将非常复杂,需要多次使用首音优先原则和增音、省音规则。这就使一些音系学家对音节持续组构说发生了怀疑。请看下面阿拉伯语的一些例子。

1. 阿拉伯语 Bedouin 方言

该方言的语素在构词中有一条省音规则,一条增音规则。如下所示:

省音规则:i → ∅ / _____] N′(韵中只含一个音段且为轻音时)
增音规则:∅ → i / _____C′(C′为不能进入核心音节的"无家可归者")

该方言的核心音节结构为(C)V(C),所以如果词中有连续三个辅音出现,中间的一个辅音就是"无家可归者"。下面是一些具体例子。例中的"-"表示语素的界线,"."表示音节的界线,元音上的小撇表示重音:

① ðárab — alwálad → ðá.ra.bal.wá.lad　'他打那个男孩'
② íštara — ktáab → íš.ta.rak.táab　'他买一本书'
③ šírib — almáyyah → šír.bal.máy.yah　'他喝水'
④ íštarat — ktáab → íš.ta.ra.tik.táab　'她买一本书'
⑤ fíhim — ktáab → fíh.mik.táab　'他理解了一本书'
⑥ yíhrig — ktáab → yí.hir.gik.táab　'他烧一本书'

这些例子中,①②最为简单,因为这两例只要根据首音优先原则工作

第七章 韵律词法

一次,得到的结果就既没有轻音的单 i 韵,也没有词中的三辅音丛(接头的两语素有一方为元音收尾或元音起头),因此加合后就直接是合格的词形了,不需要再用省音或增音规则。③④则比较复杂。③运用首音优先原则划定音节后出现了轻音的单 i 韵(ri 后的 b 按首音优先原则属于后一音节),因此要运用省音规则把 i 省去。省 i 后 r 又失去着落,需再来一次音节划分。如下所示(S 表划分音节):

→ ší.ri.bal.máy.yah → ší.r.bal.máy.yah → šír.bal.máy.yah
S: \| \| \|/ \|/ \|/ 省音: \| ? \|/ \|/ \|/ S: \|/ \|/ \|/ \|/
  σ σ σ σ σ   σ   σ σ σ   σ σ σ σ

④ 则是按首音优先原则第一次划定音节时结合处出现三辅音丛 tkt,中间 k 是无家可归的 C′,需要运用增音规则为它增加一个 i,再进行一次音节划分,如下所示:

→ íš.ta.rat.k.táab → íš.ta.rat.ik.táab → íš.ta.ra.tik.táab
S: \|/ \| \|/ ? \|/ 增音: \|/ \| \|/ ?? \|/ S: \|/ \| \|/ \|/ \|/
  σ σ σ σ   σ σ σ σ σ   σ σ σ σ σ

⑤⑥就更复杂了,⑤需要经过音节划分、增音、第二次音节划分、省音、第三次音节划分;⑥需要音节划分、增音、音节划分、省音、音节划分、增音、第四次音节划分,才能得到正确的词形。下面将增、省音及紧随其后的音节重划并为一个步骤,表示如下:

→ fí.him.k.táab ──→ fí.hi.mik.táab ──→ fíh.mik.táab
S:\| \|/ ? \|/ 增音再 S: \| \| \|/ \|// 省音再 S: \|/ \|/ \|//
  σ σ σ σ   σ σ σ σ   σ σ σ

→ yíh.rig.k.táab ──→ yíh.ri.gik.táab ──→ yíh.r.gik.táab
S: \|/ \|/ ? \|// 增音再 S: \|/ \| \|/ \|// 省音再 S: \|/ ? \|/ \|//
  σ σ σ σ   σ σ σ σ   σ σ σ σ

  ──→ yí.hir.gik.táab
增音再 S:\| \|/ \|/ \|//
       σ σ σ σ

持续的音节重组说通过多次的音节划分、增音、省音来达到表层的词形。如上面的例子所示,其派生过程有时很繁复。不仅如此,它在有些特殊情况下,还不能得到正确的表层词形。如阿拉伯语的伊拉克方言,有与 Bedouin 方言同样的增音规则,但没有省音规则。有时候两语素组合后词中会出现四个辅音丛,中间两个都是无家可归者。那么根据规则,应该增加两个音节,但实际上只增加一个音节,就使两个无家可归者各得其所了。如下所示:

   ⟶ ka tabt - lmaktuub   ⟶ ka.tab.til.mak.tuub '我写了那封信'
  S: \| \|/? ? \|/ \|//   (*ka.ta.bi.til.mak.tuub)
    σ σ   σ σ

这说明持续的音节组构说不够合理。

Halle 学生的学生,美籍日裔女音系学家 Itô 于 1986、1989 各发表了一篇文章,用一种全新的方法来处理阿拉伯语中的上述现象,这种新的描写模式,被称做"韵律模块说"(prosodic templates)。

韵律模块说包括三个基本概念:**音节模块、韵律核准和穷尽音节化**。音节模块是说,各种语言的音节都有自己的结构限制,如最大核心音节、最小音节、边际音节等等,它们构成了一个个音节的模块,是语言的词成型时的模具。语言的语素只是一些音段的序列,没有音节的界线,是未成型的原料。语言中一般语素成词的过程,就是语素的音段序列这些原料,按一定的次序(先元音、后首音、再尾音)和方向(从左到右或从右到左)向最大音节的模块上投射而成型的过程(词缘用边际音节模块,词中用核心音节模块)。原料不一定完全适合模具,因此有时候要调整。调整过程就是根据需要增加一个模块或减少一个模块的过程。音节结构模块、投射的方向等就构成了人类语言构词中的普遍参数,而具体语言可以有自己独特的取值。韵律核准是说音节或词的某个位置上还可能有更细致的韵律要求。如前述的轻声音节的韵母不能是单个的 i,英语的音节首音不能是"唇音+唇音"(*pw-、*bw-、*fw-)等等。穷尽音节化是说表层的词形中的每个音段都必须是进入音节模块的,也就是说可以以音节结构穷尽划分的。底层的音段如果有进入不了音节模块的"无家可归者",或者增加一个音节模块使之安家,或者把它删去,不叫它在表层出现。

韵律模块说可以简单准确地得出阿拉伯语的所有表层词形。该说的策略一是表层非重读的 i 一律不看做深层的音段,二是遇到无家可归的辅音时,增加一个主元音为 i 的最大核心音节的模块 CiC,而不是只增加一个 i。这个模块可以同时使两个无家可归者都有落脚之处。先请看伊拉克方言的词中四辅音丛的情况:

第七章 韵律词法

参数：模块 CVC⋯CVVC，投射方向：R→L，音段 katabt-lmaktuub

```
           CVC CVC    CVC CVVC
           ||| |||  ??||| ||||    调整
投射 1：   k a t a b t l m a k t u u b  加一模块→
```

```
           CVC CVC CiC CVC CVVC
           ||| ||| ||| ||| ||||
投射 2：   k a t a b t l m a k t u u b
```

再看 Bedouin 方言中与增音有关的例④⑤⑥：

```
        CVC CVC CVC    CVVC
    ④  ||| ||| ||| ? |||| 调整
投射 1： í š t a   r a t k t á a b 加一模块→
```

```
        CVC CVC CVC CiC CVVC
    ②  ||| ||| ||| ||| ||||
投射 2： í š t a   r a   t k t á a b
```

```
        CVC      CVVC                     CVC CiC CVVC
    ⑤  ||| ? ? |||| 调整                  ||| ||| ||||
投射 1：f í h   m k t á a b 加一模块→ 投射 2：f í h m k t á a b
```

```
        CVC       CVVC                    CVC CiC CiC CVVC
    ⑥  ||| ? ? ? |||| 调整                ||| ||| ||| ||||
投射 1：y í h r g k t á a b 加一模块→ 投射 2：y í   h r g k t á a b
```

可以看出，用音节模块、投射辅之以参数的方法可以大大简化描写，结果也更精确。

音节模块说的另一个重要意义是，它表明了，语素组词派生词音形的过程也完全可以用参数及其取值来控制，不一定非要用单线性的规则表示。

7.3 音节模块、韵律词音形与叠音等特殊韵律词

一个具体语言不仅音节结构有严格的结构限制，音步、韵律词等高级的韵律单位也会有自己的结构限制。音步的结构限制，如允许几个重音承负成分，几个重音承负成分中哪个承负的重音最重，有两个以上 mora 的韵是不是一定要承负重音等等，我们在上章已经介绍过；本章主要介绍韵律词的结构限制。

具体语言的韵律词可能对轻重音的位置或音段配列方面有特殊的要

求(如英语的词缘音丛的特殊要求)。除此之外,具体语言还可能对某一部分韵律词有更特殊、更严格的韵律限制。特别是最小韵律词、某一词类的词(如拟声摹态词)或某种形态变化的词,都常常有更特殊的韵律要求。下面是一些例子。

对最小韵律词的限制大多体现在对 mora 或音节的数目的下限要求上。如,英语要求一个韵律词至少有两个以上的 mora,即至少由一个重音节(VV 或 VC 韵的)或是两个轻音节(短元音 V 韵的)组成。英语几十万语词中大约只有冠词 the、a 看去像是例外,但实际上它们的深层形式(重读时)也仍然是长元音或复元音,也是两个 mora 的。有的语言则要求韵律词至少有两个音节。对最小韵律词的这种韵律要求有时会造成语素成词时的一些特殊变化。

某一词类或某一词类的某种形态变化的特殊韵律要求往往表现在对韵律词不同位置上音节结构的特殊要求上。下面是书面阿拉伯语某类名词的单数词形和复数词形的例子:

	单数	复数
蝗虫	jundab	janaadib
苏丹	sultaan	salaatiin
医生	duktar	dakaatir
某种树	safarjal	safaarij
办公室	maktab	makaatib
白花	nuwwar	nawaawir
夜莺	qandoliib	qanaadil

阿拉伯语的特点是同一词族词根的辅音都相同,只是有元音、元音的长短、辅音是否重叠(从而也影响到音节的界线)的变化。可以看出,该语言名词单数的词形有一定限制,但不是太严格。限制只是:不少于两音节也不多于三音节,词中辅音不少于四个。但名词复数的词形则有严格的限制:① 一律是三音节;② 第一音节为 CV 结构,第二音节为 CVV 结构,第三音节为 CV(V)C 结构,元音长短同单数形式的第二音节;③ 如果忽略元音的长短,三个音节的主元音分别是 a、a、i;④ 词中辅音一律为四个,词形一律以辅音开头,以辅音结尾,没有复辅音丛。阿拉伯语的词类或词的某类形态变化有特殊的音节结构要求,表现得非常明显。

叠音等特殊韵律结构也常常是语言的重要的语法手段。从语法上

第七章 韵律词法

看,叠音可以有构词的(如汉语中的"妈妈、星星")和构形的(如汉语的"看看、想想"可以看做动词的尝试体)之分;从语音着眼,叠音则可分为单纯重叠和变音重叠两类,前者除了重叠的次数不同而造成音节数目的不同以外,在语音上没有更多的限制。变音重叠则在音节结构或音节响度上有特殊的结构限制。韵律模块说(包括音节模块和韵律核准)和音节的响度顺序原则为揭示这些特殊韵律词的构造方式提供了较理想的方法。下面是一些语言变音重叠的具体实例,汉语中的情况在 7.4 中专门讨论。

(1) Ilokano 语(一种菲律宾土著语)的动词进行时(例见 McCarthy & Prince 1986):

动词词根	动词进行时	词根义
basa	ag-bas-basa	读
adal	ag-ad-adal	学习
dait	ag-da-dait	缝
takder	ag-tak-takder	站
trabaho	ag-trab-trabaho	工作

可以看出,构成动词的进行时的方法是前加两个词头,第一个是 ag-,第二个则是把词根左起的某一部分重叠一下。问题是重叠的是哪一部分,规律是什么。以往单线性的音系学理论很难找出其中的规律:从音段看,有的重叠了两个音段(-ad-、-da-),有的重叠了三个音段(-bas-、-tak-),还有的重叠了四个音段(-trab-);从词根音节划分来看,有的重叠的是词根的第一个音节(-da-、-tak-),有的则除第一音节外还重叠了第二音节的一部分(-bas-、-ad-、-trab-)。表面繁复的现象之下其实有整齐的规律,用音节模块说有利于揭示其中的规律:该词头是由一个固定结构的音节模块构成的,它好像是一个模具。词根的音段序列则构成了向该模块倾倒的材料,由于材料的多少和性质的不同,造成了最后成型物的不同。具体说就是,该语言动词进行时的第二词头的韵律模块是该语言的最大核心音节(记作 σ_{max}),将词根的音段序列的完全重叠式做为原料,从左向右地向音节模块上投射(同一音节内仍按照先元音、再首音、后尾音的次序),符合模块要求的音段就投射上去,不符合要求的就被淘汰,投射上去的成分构成正确的词形。这一过程可以用一些参数和形象化的投射表示,如下所示(删节线表示被淘汰):

参数：
词头模块＝σmax（该语言中 σmax＝CGVC），复制母本＝全词根，
复制层次＝音段（不考虑长短），投射方向＝无标记（即 L→R）

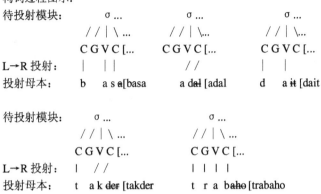

不同语言或方言的叠音构词或构形法多种多样，但从韵律模块说的角度看无非是于上述的普遍参数上选择了不同的取值。如其他语言的前缀或词头模块可能不是该语言的最大核心音节，而是最小音节；复制的母本可能不是全词根，而是词根中的核心音节（边际音丛要甩掉），复制的层次可能不仅是音段，而且还包括音长等特征；投射的方向可能不是从左向右，而是从右向左（这种情况极少）；等等。利用参数及其取值我们可以一目了然地看出不同语言和方言叠音构词法的共同之处和不同之处。下面是另外一些语言的例子：

（2）Tagalo 语（一种菲律宾土著语）的动词近体将来完成式：

动词词根	近体将来完成式	词根义
galit	ka-ga-galit	疯
ipon	ka-i-ipon	得救
trabaho	ka-ta-trabaho	工作
bloaut	ka-bo-bloaut	特殊处理

参数：
词头模块＝σcv，复制母本＝全词根，复制层次＝音段，投射方向＝无标记

第七章 韵律词法

构词过程图示：
待投射模块：　　σ...　　　　σ...　　　　　σ...
　　　　　　　／|...　　　／|...　　　　／|...
　　　　　　CV[...　　　CV[...　　　　CV[...
L→R投射：　　| |　　　　　/　　　　　　| |
投射母本：　　g a lit [galit　　i pon [ipon　　t r baho [trabaho

Tagalo 语与 Ilokano 语的区别在于词头模块的大小不同。

(3) 梵语动词的不定过去时

动词词根	不定过去时	词根义
tud	tu-tud	推
druv	du-druv	跑
psa:	pa-psa:	狼吞虎咽
stu	tu-stu	赞扬

参数：
词头模块＝σcv，复制母本＝词根的核心音节部分，复制层次＝音段，
投射方向＝无标记
构词过程图示：

待投射模块：　　σ...　　　　σ...　　　　σ...　　　　σ...
　　　　　　／|...　　　／|...　　　／|...　　　／|...
　　　　　CV[...　　　CV[...　　　CV[...　　　CV[...
L→R投射：　| |　　　　　| |　　　　　| |　　　　　| |
投射母本：　t u d [tud　　d r u v [druv　　p s a [psa:　　t u [stu

梵语与 Tagalog 语的叠音规则的区别是词根中非核心音节的边际音丛不作为复制母本，如梵语最后一个词例 stu 中的第一个辅音 s（s 不符合响度原则）。

其他语言还可能有复制层次的不同（词根元音长短是否复制到词头），词头模块与词根模块的语素界线可否穿越的不同，待投射的模块还可能是大于音节的最小音步或最小韵律词等等。种种看起来十分繁复的语音构词方式，从韵律模块的角度都能得到简单明了的说明。因为这些情况与汉语的关系不太大，这里不再一一说明。

韵律模块说完全摆脱了 SPE 的单线性规则的描写模式（A→B/X __ Y），而它的效力又明显地超出了单线性模式。它的提出给我们不少启示。

一是语言中有一些看起来十分繁复的现象,其实是由简单的规律控制的。如果对它们的描写很复杂,多半是因为描写模式有局限,不足以抓住本质的规律。换一种描写模式,也许规律就显现出来了。二是语言中的种种语音现象都不是孤立的,都是受系统制约的。因此无论描写哪种语音现象,都需要先全面地观察一下该语言整个语音系统的特点,各级韵律单位有无特殊的限制,如该语言的最大核心音节、最小音节、边际音丛的限制是什么,有无最小语素音形、最大语素音形、最小音步、最大音步、最小韵律词、最大韵律词的限制,等等。这些限制搞清楚了,许多繁复的语音交替就显示出了规律。

7.4 北京多音象声词的韵律模块

汉语是单音节语言。也就是说,汉语一般是一个音节与一个意义结合为一个语素,这些单音节的语素就是汉语的"字"(语法字)。汉语的多音词大多是由每个音节都有意义的语素按语法语义关系组织起来的复合词,这些复合词的语音形式就是成分字语音形式的顺序排列,有时加上声调的连读变化(参看第十章)。

汉语中也有一部分多音词的构成音节没有意义。这其中有一大部分是外语借词,如"巧克力、布尔什维克",它们反映的是多音节语的语音、语法单位的关联,与汉语自身的规律完全不同,本书不打算涉及这些外语借词的问题。另有一小部分是汉语的本族语成分,如先秦汉语中重言、双声、叠韵词,现代普通话的双音、四音象声词,晋方言的嵌 l 词、表音词头词,福州话的切脚词等。它们都是多音词但每个音节没有独立的意义,从整体词形来说则有独特的韵律结构,我们把这些词称做"特殊韵律词"。这些特殊韵律词在语法上大多有独特的拟声摹态义或表小义,而它们独特的违反汉语"一音节一义"基本关联的韵律结构,正可做为它们特殊语法义的标记。

韵律模块说辅之以音节响度顺序原则,为描写这些特殊韵律词的独特词形提供了很好的框架。下面仅举北京的双音、四音象声词为例说明这一点。

朱德熙(1982)第一次揭示了北京单音、双音、三音、四音节象声词之间的相互关系,我们把这些关系图示如下(以"啪"为例,图中-表示音

第七章 韵律词法

节界线,=表示音步界线。除 li 为轻声外,声调一律为阴平,下同,不再另外标注):

$p^ha \to$(重叠)$p^ha\text{-}p^ha$　　↗(向前变韵)$p^hi\text{-}p^ha \to$(再重叠)$p^hi\text{-}p^ha = p^hi\text{-}p^ha$

　　　↓　　　　　　↘(向后变声)$p^ha\text{-}la \to$(再重叠)$p^ha\text{-}la = p^ha\text{-}la$

　　　　　　　　　　　　　　　　↓(重叠后字)　　　↓(再前变韵)

（再重叠）　　　　　　　　　　$p^ha = la\text{-}la$　　　$p^hi\text{-}li = p^ha\text{-}la$

$p^ha\text{-}p^ha = p^ha\text{-}p^ha$

不少单音象声词可以照此模式类推而衍生两音节、三音节、四音节象声词。如 $p^haŋ$、$p^hiŋ$ $p^haŋ$、$p^haŋ$ $laŋ$、$p^hiŋ$ $liŋ$ $p^haŋ$ $laŋ$ 等。朱(1982)不仅揭示了这些单音、双音、三音、四音形式之间的关系,还据此提出了一个假设:汉语中凡变形重叠式都或者是向前(左向)变韵,或者是向后(右向)变声的;不可以反过来变形(即不可以向前变声、向后变韵)。这一假设,被后来所有的有关研究所证实。朱的研究揭示了前人没有观察到的规律,但由于这种描写模式还是基于单线性的规则(A→B / X__Y)的,因此也还有一些不足。这就是,①多音词形的派生必须要求有一个线性位置确定的基本形式,以它为起点或向前变化或向后变化;但汉语方言还发现了单音形式的前韵、后声都发生变化的双音词形(即 $p^hi\text{-}la$ 式)。单线性规则的方式无法确定这些双音形式的基本形式是前字还是后字,也无法确定变声规则与变韵规则哪个先运用。②对于这些特殊韵律词整体的韵律特点揭示得不够,忽略了这些词的各个音节的声调相同,忽略了前变韵和后变声其实都形成了一个前暗后亮的抑扬格的音步等等。韵律模块说可以很好地弥补这些缺陷。

从模块说的角度看,这些象声词都与重叠有关,待投射的原料都是单音词根的一次重叠(双音)或再次重叠(四音);不同的是调节的模块。单纯重叠的模块就是普通的最大音节的模块,抑扬变韵式则在前字模块的主元音上增加了[+高]特征的限制,后衍变声式在后字模块的声母位置预填了 l 等等。若以 IMNE(T)分别表示声母、介音、韵腹、韵尾和声调,以 σ 表示音节,F 表示音步,PW 表示韵律词,北京变形重叠的象声词模块可表示如下:

157

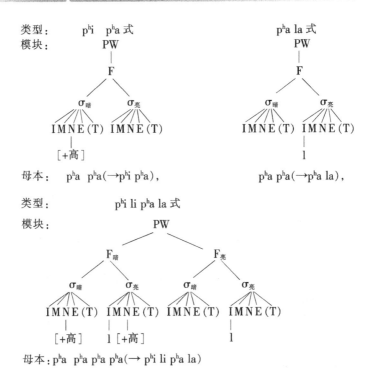

经过这些固定模块的调整，双音重叠式 pʰa pʰa 或四音重叠式 pʰa pʰa pʰa pʰa 就实现为种种不同的变形重叠。

从韵律模块出发，更可以一目了然地看出这些象声词的特殊韵律限制。汉语中语法复合词允许单音字的任意组合序列，因而多音节语法复合词的整体韵律也就没有一定的要求；而这些象声词的韵律有明显限制，具体来说可分为如下几种类型：

① pʰa-pʰa 式完全回旋型。该式的韵律为单纯回旋：第一音节与第二音节的各个要素分别完全相同，响度相同，音素、声调等也相同；该式适宜表现同一种声音、现象的重复。

② pʰi-pʰa 式抑扬变韵回旋型。该式的韵律为有强烈响度变化的变式回旋：音高(声调)完全回复；部分音素(声母)回复；韵母前音节暗后音节亮而造成响度强烈的抑扬对比。另外，声母多为阻塞音，与元音交替而形成响度峰谷跌宕分明的效果。该式适宜表现同一种声响以一明一暗的节奏，节奏分明地交替出现。

③ pʰa-la 式后衍变声回旋型。该类的韵律特点是抑扬变化不大且回

第七章 韵律词法

复中尽量减少响度峰谷的跌宕:两音节声调相同、韵母相同构成回复,这保证了韵律的回旋且抑扬不大。而第二音节的声母换为响度最大的 l,使第二响度峰与第一响度峰间的差距有所减小形成衍接。适宜表现一个声音后紧接着一个更加亮一些的拖音或回响。该类型的响度模式仍为两个独立的峰,但峰谷跌宕较小,类似一个音节。

另外还有一类象声词,大约是因为看不出与单音节象声词有明显的派生关系,所以朱(1982)没有提到,这就是:

④ p^ha-t^ha 式跌接变声回旋型。该式的韵律也是没有大的抑扬变化的变式回旋:音高(声调)完全回复,大部分音素(韵母或主元音)回复,保证了韵律回旋且没有大的抑扬。但两字声母一般都是阻塞音,阻塞音声母与元音交替出现,使得响度峰谷跌宕分明,所以称为"跌接"。同时两阻塞音必须有发音部位的变化,还可以有送气与否等变化(如"啪嗒"),但不允许前字不送气后字送气的配合(如 p^ha-t^ha、p^ha-ta、pa-ta,但 *pa-t^ha。参看石毓智1995)。由于送气音的响度大于不送气,所以这一制约也可以涵盖在前字的响度不能大于后字的总规则中,但与前几类相比,该类的响度差小得多。该式适宜表现由同一音源而产生的、连接很紧的、响度基本相同的复合声。

总之,变声与变韵、衍接与跌接的变化构成了四种不同的韵律。它们以自身不同的韵律特点直接模拟现实中各种声响不同的旋律,以自己的个性反映了人类对声响的旋律模式的处理。但从另外的角度考虑,这些象声词作为与语法复合词有明显区别的特殊拟声摹态词,又有自己的共性。它们的共同点在于:

1. 多音节象声词的构成音段一共有多少种选择可能,与单音节词接近,而不是与多音节语法复合词接近。多音节语法复合词各个音节的音位选择,没有语音上的限制,因而其词形音段配列的选择有多少种可能,大致是单音节配列的乘积。如普通话单音节理论上有 1600 种不同的音段配列(含声调不同),那么双音复合词的音段配列就大致有 1600×(1600−1)种可能。而北京象声词各个音节的三个组成成分(声韵调)中至少有两个相同,剩下的一个也有固定的限制(如必须是高元音、必须是 l 声母、必须是阻塞音声母等),这就使得它们的音段配列可能性与单音节基本相同。即,虽是双音节,但可选的音节也只比 1600 稍多。这些词形都可以用重叠母本向固定模块投射的方法获得,其原因就是实际上需要做出选择的基本上只是单音节的音段配列。

2. 两音节象声词前字的整体响度等于或小于后字,前字音节各个位置上音段的响度也分别等于或小于后字音节相应位置上的音段。这些词中的种种限制,如前字的主元音限于响度低的高元音,或者后字的声母限于响度最高的 l 声母,或者不允许前字不送气后字送气的配列等,都是响度前暗后亮这一总体制约的体现。

3. 两音节构成一音步,两音节以上的多音象声词是在该音步基础上按照同样原则构造起来的,如四音节词是前一音步暗、后一音步亮,前一音步的韵母或主元音都换为高元音等等。

综合以上三点,从整体来看,北京象声词在整体词形的构造方面有严格的限制,与单音节结构有直接的重叠派生关系和可类比性,因此我们把这种派生多音词的方法叫做"一生二"式语音构词法。

还有少数象声词似乎没有特殊的韵律限制(如"哼唧"),据石毓智(1995)的研究,这些词数量很小,多带有不愉快的色彩。

前面提到过的汉语本族语其他的单音节无意义的多音词,如先秦汉语中的重言、双声、叠韵词,晋方言的嵌 l 词、表音词头词,福州话的切脚词等,也都是用"一生二"式语音构词法构造起来的。运用韵律模块说的方法,作为变形重叠处理,既可以简明地描写这些构词法,又可以一目了然地显示它们的异同,从而在一定程度上揭示它们的历史关系,这些我们将在第九章中全面讨论。

7.5 韩语的拟声摹态词

韩语有一类拟声摹态词,其音形比汉语的象声词丰富得多,达意功能也多于汉语。韩语的拟声摹态词不仅常用来模拟各种旋律不同的声音,还用来模拟各种带有重复特点的现象,如满地打滚的样子,炊烟上升的样子,花花绿绿的景象等。下面简单介绍一下韩语拟声摹态词在语音和达意上的特点(根据牟廷烈 2001,他的研究吸收了其他韩国学者已有的研究成果)。

韩语的双音节拟声摹态词除单纯重叠的 AA 式外,还有大量的 AB 式。先看实例:

① ttok ttak

② a sak、pa sak、o tok、pa tɯk、pu lɯŋ、kkɛ kɛŋ、tʃu luk

第七章 韵律词法

③ tuŋ sil、sɯl tʃʃək

④ te kul、pə tɯm

⑤ təl kək、tʃəl kək、teŋ kəŋ、ka laŋ、kkol kkak

⑥ ə kit、su kun、a lɯm、kom、tʰɯl、han tɯl、ə sɯl

与汉语不同，韩语的这 6 类 AB 式拟声摹态词中只有第一类是从单音节拟声词派生而来的(ttak → ttak ttak → ttok ttak)，其他 6 类都没有单音节的基式，它们的前后音节都不能单说。而第一类拟声摹态词在韩语中少之又少。可以说韩语的拟声摹态词主要是以双音节拟声摹态词做为基式再进行变化的。

在双音节拟声摹态词基础上的变化主要有如下几种类型：

1. 交替主元音的阴阳

主元音阴阳的不同，表示抽象量的大小区别。先看下面的例子：

阳/阴	词例	相同的声态	量的区别（阳/阴）
a/ə	sakak/səkək	嘎吱(吃苹果声)	声音小而清脆 / 大而沉
ɛ/e	tɛkul/tekul	骨碌碌(打滚貌)	小而硬的物打滚貌 / 大而硬的物打滚貌
o/u	pokɯl/pukɯl	咕嘟咕嘟(水沸貌)	小沸 / 大沸
a/ɯ	kkatək/kkɯtək	点头貌	动作幅度小 / 动作幅度大
ɛ/i	mɛkkɯl/mikkɯl	滑溜溜貌	小而轻的物 / 大而重的物
ö/ü	kʰökʰö/kʰükʰü	臭臭的	如：鸡蛋腐烂的臭味 / 放屁味

可以看出，如果两音节主元音相同，则两音节的元音一起跨越音节地替换阴阳，形成平行的、只有主元音阴阳不同的一对拟声摹态词（如 sakak/səkək、kʰökʰö/kʰükʰü)。如果两音节主元音不同，则只有第一音节的元音替换阴阳，形成仅第一音节主元音有阴阳不同的一对（如 tɛkul/tekul)。阴阳元音的替换不改变所表达的基本声态，只改变暗亮快慢等抽象量的大小。

阴阳元音与所表达的量范畴的关联，用下图可以显示得更清楚：

中/阴表达"大、重、暗、慢、钝"等声态

阳表达"小、轻、亮、快、锐"等声态

2. 交替音节首音的喉音特征

韩语音节首的阻塞音可按喉音特征的不同分为三组：普通的、紧喉的

161

（标音用双叠辅音表示）、送气的。替换其喉音特征，其他特征一律不变，可表达所拟声态在感情色彩上的变化，韩语学界称之为"辅音加势"（这一交替只出现在音节首音的位置上，所以我们称之为"首辅音加势"）。喉音特征与感情色彩的对应如下所示：

语感	首辅音					喉音特征
普通	k	t	p	s	tʃ	l	无标记
强烈	kk	tt	pp	ss	tʃʃ	ll	紧喉
粗硬	kʰ	tʰ	pʰ	tʃʰ			送气

下面是一些具体的实例（双写辅音表示紧喉辅音）：

	普通语感	强烈语感	粗硬语感	基本义
k/kk/kʰ	kalaŋ	kkalaŋ	kʰalaŋ	呼噜呼噜（气管有痰声）
t/tt/tʰ	təltəl	ttəlttəl	tʰəltʰəl	吱吱嘎嘎（如牛车走动声）
p/pp/pʰ	piŋkɯl	ppiŋkɯl	pʰiŋkɯl	旋转貌
s/ss	səkək	ssəkək		嘎吱声（如吃苹果声）
tʃ/tʃʃ/tʃʰ	tʃalkak	tʃʃalkak	tʃʰalkak	喀哒（锁锁声）
l/ll	aloŋtaloŋ	alloŋtalloŋ		花花绿绿貌

可以看出，首音的喉音特征交替规则是，如果两音节的首音相同，就一起替换两音节的声母（如 təltəl/ttəlttəl/tʰəltʰəl），如果两音节的首音不同，就只替换第一音节的声母（如 piŋkɯl/ppiŋkɯl/pʰiŋkɯl）。

与一般的音段交替会引起的词汇意义的差异不同，拟声摹态词中交替首音的喉音特征不改变所拟的具体声态，只改变更高层的感情色彩（对一般韩语母语者来说，普通语感和粗硬语感、强烈语感之间的差异很明显，但粗硬语感和强烈语感之间的差异不甚清楚）。喉音特征与意义的这种音义结合的方式，只适用于拟声摹态词。喉音特征紧喉、送气所表达的更高层的意义，与一般音段所表达的具体声态义相结合，共同构成声态词的整体义，如：

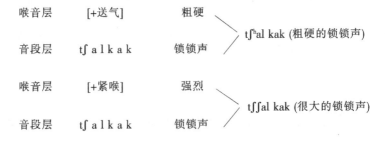

第七章 韵律词法

3. 交替收音的鼻与非鼻

这一交替的范围较前两种小。一是交替的特征只限于鼻与非鼻,二是交替的位置只限于两音节拟声摹态词(或三音节)的末位。如 pʰəl lək/pʰəl ləŋ('哗啦哗啦飘动貌'),tal ka tak/tal ka taŋ('呱嗒呱嗒')。这种-k/-ŋ 交替也不改变具体声态,只改变量或感情色彩。

综上,韩语声态词中的元音交替是阴阳元音的交替,大体上也就是舌位前后相同的元音之间的高/低特征的交替;辅音加势的交替是音节首音喉音特征的交替,此外还有词音形末位鼻与非鼻的特征交替。前两种特征层次上的交替可以跨音节实现(两音节相同的主元音或首音要换一起换),是一种超音段层次上的交替。这些超音段的特征交替起着量(阴阳)或语感分化的作用,表达了高于具体声态的高层意义范畴。

韩语声态词不是用单线性的音段序列来一一对应意义的,而是语音上分为三个线性层次:元音和谐特征层、喉音特征层、具体音段层,分别对应于不同层次的意义:宽泛的表量范畴、宽泛的普通/强烈/粗硬感情色彩范畴、具体的声态。三个语音层次和三个意义层次非线性地结合起来,使得韩语的每个具体声态都可以有一组形式上有联系、感情色彩不同的几个拟声摹态词来表达,极大地丰富了表达的手段。

4. 部分重叠或增音(音节扩展)

韩语也有不少 ABB 式拟声摹态词,但这些 ABB 式只有一部分是由 AB 式重叠后一音节而派生的,还有很大一部分 ABB 就是基式,其中的 AB 不能单用,没有意义。请看下面的例子:

　　a. AB 不能单用:tto lɯ lɯ、ua lɯ lɯ、kko lɯ lɯ、tʃo lɯ lɯ
　　b. AB 可单用:kʰuŋ tʃak tʃak、a tʃʰa tʃʰa

韩语最有特色的是大量的 ABC 式拟声摹态词,它们都是两音节 AB 基式的扩展。具体地说,它们是由前面所列的 6 类 AB 式拟声摹态词中的②至⑥小类经部分重叠或增音而生成的。也就是说,由单音节拟声摹态词变形重叠而生成的①小类 AB 式没有生成 ABC 式的能力,而直接以 AB 为基式的其他 5 小类都有生成 ABC 式的能力。让我们还用前面的小类序号先看一下各小类生成的 ABC 式:

　　② a sa sak、pa sa sak、o to tok、pa tɯ tɯk、pu lɯ lɯŋ、kkɛ kɛ kɛŋ、tʃu lu luk

③ tu tuŋ sil、su sɯl tʃʃək

④ tek te kul、pət pə tɯm

⑤ təl kə tək、pi tʃʰi tʃək、tʃəl kə tək、teŋ kɯ ləŋ、ka lɯ laŋ、kkol kka tak

⑥ ə ki tʃək、su kun tək、a lɯm tʃak

从与 AB 式的对比来看,以上 5 小类中前四小类是部分重叠(其中第 4 小类的规则比较复杂),最后一类是增音。下面每小类各取一例用规则的形式简单地显示它们从 AB 式派生的过程,规则中用⋯来指明插入部分重叠部分或增音部分的位置,用下划线来指明所重叠的部分:

② a sak → a ... <u>sak</u> → a sa sak

③ tuŋ sil → ... <u>tuŋ</u> sil → tu tuŋ sil

④ te kul → ... <u>te</u> kul → tek te kul

⑤ təl kək → təl k... ək → təl k＋ə＋t＋ək → təl kə tək

⑥ ə kit → ə kit... → ə kit ＋ tʃək →ə ki tʃək

ABC 各式表示与 AB 式基本相同的声态,但声态重复出现节奏有所不同,加强了快慢或时间间隔长短的变化。

以上 AB 或 ABC 各式,都可以再完全重叠。这样,把各种变化都综合起来,韩语中的一种基本声态可以有多达三十余种的不同变化,以锁锁的声音 tʃəlkəŋ/tʃalkak 为例:

(1) 阴(方框中为 AB 基式,下同)

```
                           音节扩展
tʃəlkəŋ tʃəlkəŋ  ←   tʃəlkəŋ    →   tʃəlkətəŋ   →   tʃəlkətəŋ tʃəlkətəŋ
        完全重叠   ↑收音交替       收音交替↑           完全重叠

tʃəlkək tʃəlkək  ←   tʃəlkək    →   tʃəlkətək   →   tʃəlkətək tʃəlkətək
        完全重叠            音节扩展                    完全重叠
                    ↓首音加势
tʃʰəlkʰək tʃʰəlkʰək ← tʃʰəlkʰək → tʃʰəlkʰətək → tʃʰəlkʰətək tʃʰəlkʰətək
        完全重叠            音节扩展                    完全重叠
                    ↓收音交替
tʃʰəlkʰəŋ tʃʰəlkʰəŋ ← tʃʰəlkʰəŋ → tʃʰəlkʰətəŋ → tʃʰəlkʰətəŋ tʃʰəlkʰətəŋ
        完全重叠            音节扩展                    完全重叠
```

第七章 韵律词法

(2) 阳

音节扩展

tʃalkaŋ tʃalkaŋ ← tʃalkaŋ → tʃalkataŋ → tʃalkataŋ tʃalkataŋ
　　完全重叠　　↑收音交替　　收音交替↑　　完全重叠

tʃalkak tʃalkak ← tʃalkak → tʃalkatak → tʃalkatak tʃalkatak
　　完全重叠　　　音节扩展　　　　　　完全重叠

↓首音加势

tʃʰalkʰak tʃʰalkʰak ← tʃʰalkʰak → tʃʰalkʰatak → tʃʰalkʰatak tʃʰalkʰatak
　　完全重叠　　　音节扩展　　　　　完全重叠

↓收音交替

tʃʰalkʰaŋ tʃʰalkʰaŋ ← tʃʰalkʰaŋ → tʃʰalkʰataŋ → tʃʰalkʰataŋ tʃʰalkʰataŋ
　　完全重叠　　　音节扩展　　　　　完全重叠

7.6 从汉语韩语拟声摹态词的异同看语言的共性和类型差异

汉语吴方言的象声词,也以音节首音喉音特征的清、浊、送气的不同和音节收尾的元音/塞音/鼻音的不同来模拟大小或重浊/清脆不同的声音。下面是绍兴方言象声词的几个例子：

	元音尾（阴）	塞尾（入）	鼻尾（阳）
清	pi li pa la	pieʔ lieʔ paʔ la	piŋ liŋ paŋ laŋ
送气	pʰi li pʰa la	pʰieʔ lieʔ pʰaʔ la	pʰiŋ liŋ pʰaŋ laŋ
浊	bi li ba la	bieʔ lieʔ baʔ la	biŋ liŋ baŋ laŋ
清	—	paʔ laʔ taʔ	paŋ laŋ taŋ
送气	—	pʰaʔ laʔ tʰaʔ	pʰaŋ laŋ tʰaŋ
浊	—	baʔ laʔ daʔ	baŋ laŋ daŋ

以上各词表示的大小、重浊/清脆程度不同的声音是不同事物相碰时发出的。比如 paʔ laʔ taʔ（发条爆断声）,pʰaʔ laʔ tʰaʔ（球拍跌下声）,baʔ laʔ daʔ（凳子倒地声）,paŋ laŋ taŋ（铜器撞击声）,pʰaŋ laŋ tʰaŋ（瓷器摔破声）,baŋ laŋ daŋ（人重重地摔倒声）等等。总之,清表清脆、浊表重浊、送气也表清脆但持续时间稍长,有塞音尾的入声表很短促的声音,鼻音尾表示持续时间长且有回响的声音。

韩语和汉语的拟声摹态词反映出不同语言的拟声摹态词有语言共性的一面,也有语言类型差异的一面。

拟声摹态词的共性表现在,不同语言都是以音段重叠或部分重叠的特殊韵律模块表达经验世界的声音或现象重复出现的节奏,以附着在模块特定位置的发音特征来量化感情范畴。拟声摹态词与所拟声态有直接的象似性联系。

拟声摹态词受到具体语言的语言类型的制约则表现在:① 汉语象声词以单音的为基式,双音象声词都是从单音节象声词派生的,而韩语的象声词大多数是以双音为基式的。这与汉语韩语的语言类型差别一致:汉语是以"一音节一义"为基点的单音节语,韩语则是音节数目与意义没有固定关联的多音节语。② 韩语拟声摹态词特有的、以阴阳元音的交替表量范畴,是元音和谐型语言特有的类型学特点。

第八章　自主音段与特征几何

8.1　自主音段

特征,包括音质特征和超音质的声调特征,在1975年至1985年间多称"自主音段"(autosegment)。要说明自主音段这个术语的含义和提出这个术语的原因,必须从音段这个术语和音流的组合模式谈起。

生成音系学中的音段大致相当于结构主义音系学的音质音位,是从时间上切分音流得到的最小的有听感的单位。生成音系学的标准理论SPE和结构主义一样把语音看做单线性结构,而音段(或音位)就是单线性音流的最小单位,甚至是唯一的线性音系单位;前面说过,在SPE模式中音段之上没有音节、音步等单位,由音段直接组成语法单位语素或词的音形,组合的限制只表现在音段组成语法单位时的单线条配列限制。本章强调的则是另一个方面,SPE模式中音段之下也没有线性结构;特征只是堆成一堆或捆成一束组成音段,没有次序,也没有配列限制。这可以从SPE表达特征的方法看出:按音段的时间长度,音流分为一个一个的特征的集合,放在由[ ]组成的特征盒中。特征的时间长度总是与音段相同,在同一时间出现的特征的摆放次序可以是任意的。如:

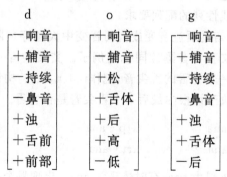

后 SPE 的非线性音系学对于音节和音步、音系词的研究成果改进了音段之上音流的模式,使之成为一个多层套合的多线性的结构:音段组成韵或声母有一层线性限制,声韵结合成音节又有一层线性限制,音段组成音步或语音词还有更高层的线性限制。音段之上的音流已不再是一条线的结构。

非线性音系学提出的自主音段概念,则是针对音段之下的层次。所谓自主音段意思是说,特征也和音段一样是语音的独立的线性结构单位,不同的特征在语音的线性流中可能有自己独立的配列和配列限制,这就意味着音流在音段之下的特征层次也不是单线性的结构。

这个问题最早提出,是因为实验语音学证明几乎每个特征都对应于一定的声学特征,而音流中特征的长度与音段的长度并不相等。如,如果以一个音质音段(音位)的时长为一个**时间格**(timing slot),则"汁儿"[tʂɚ]的卷舌特征贯穿整个音节,占三个时间格;"芒儿"[māɹ]则是鼻音贯穿整个音节,占三个时间格,卷舌只在韵母部分,占两个时间格。上面举的英语的 dog 一词的三个音段也都有[+浊]的特征。这些特征并不因跨时间格而中断,在音流中是连续的。因而硬把特征也按音段的长度来切分似有人为之嫌。这个问题语言学家早就都承认,但并没有予以重视。因为当时还没有发现这种长度的不对应有什么结构上的意义,也就没有去改变原有的音流模式。

非线性音系学对各种语言构词法的大量研究发现了特征在音流中亦有自己配列的限制,就像音节、音步一样形成独立于时间格的线性结构。如下一章(9.2.4)所举的阿拉伯语动词的例子,辅音形成自己的线性结构。在辅音的线性列上,改变三次发音部位或发音方法,就构成一个动词词根。如 ktb 的配列就表示"写"的意义,尽管它们并不在时间上接续出现,但在辅音的线性列上是连续的配列。因此,一些特征(如阿拉伯语的[+辅音])有独立于音段列的线性列的配列要求。

另外,许多语言的语流音变或构词音变中大量存在隔位的特征同化或异化现象。如梵文卷舌音隔位同化的例子。梵文中有一套不卷舌的舌尖音 t、d、n、s,还有一套卷舌的舌尖音,记作ṭ、ḍ、ṇ、ṣ、r。构词中词缀中的舌尖辅音是否卷舌取决于词根中最后一个舌尖音是否卷舌。如下所示:

(a) kṣubh - ana   kṛp - ana
(b) kṣved - ana   kṛt - aṇa

同一个后缀有时体现为 ana,有时体现为 aṇa。出现哪个变体取决于词根靠词缀最近的舌尖音是卷舌的还是不卷舌的。(a)左边一例中靠词缀最近

第八章 自主音段与特征几何

的舌尖音是s，它决定了后缀中的n为卷舌音，尽管s之后还有两个元音两个辅音。(b)左边一例中靠词缀最近的舌尖音则是d，不是卷舌音。所以词缀中的n也不是卷舌音。这样的规则用单线性的公式很难表示：?n → [卷舌] / ?。怎么表示离它最近的舌尖辅音这个条件呢？卷舌特征可以隔着元辅音传递，只要中间没有不卷舌的舌尖音。若有，则传递中断。这种现象可以这样解释：舌尖音有自己的线性结构，在这个线性列上有正负的卷舌特征交替出现。卷舌特征在词根是深层标好的，而在ana后缀中是未标定的，形成一个空泊位等待前面的特征来填充。如果把舌尖音看做一个独立的线性列，则其实也是一种邻近同化过程。因此非线性音系学提出，语音特征并不是没有结构地对放在特征盒中，它们也像音段一样形成一条条有结构价值的音列(tier)，如辅音列、元音列、舌尖音列等等。它们也有自己独立的线性结构，是自主的。在这个意义上，特征也是"自主音段"。研究特征的结构的学说也叫做"自主音段音系学"。这些研究的逐渐深入，产生了特征几何(feature geometry，又译"特征架构")学说。

8.2 特征几何

8.2.1 主动的发音要素和被动的发音要素(生理角度)

传统语音学讲发音特征，生成音系学的标准理论(SPE)讲区别特征。非线性音系学的特征几何理论与这两者都有继承关系，但又有发展。传统语音学把发音特征分为发音部位和发音方法。发音部位指气流受阻之处，即主动发音器官向被动发音器官靠拢而形成的发音通道的最狭窄处。发音方法指成阻和除阻的方式和声带是否颤动等。SPE则不区分发音部位和发音方法，都叫做特征。特征在20世纪50年代时曾用声学特征来表示，如[＋尖峭]指图上的能量集中区呈直上直下式分布。60年代又改回用生理学的术语，如[±唇]、[±舌尖]、[±塞]等。这是因为用生理学的特征分出来的类在描写音系的各种规则时更加有用，这说明语音单位在组成音流时是按发音生理学的分类活动的。但特征几何理论指出，作为一种发音生理学的分类，SPE的模式还有明显的缺点。

发音部位和方法的区分没有考虑到如下事实：(1)发音方法总是与另一种或几种发音方法互相排斥。在同一个时间中，是清就不能同时是浊，是塞就不能同时是擦或边或闪等。(2)被动的发音部位(即主动发音器官的指向)也相互排斥:在同一时间内,舌尖放在齿龈桥前就不能同时放在齿龈桥后。(3)主动的发音器官则没有排斥关系。在同一个时间中,使用了唇,还可以同时使用舌体的中段、软腭、声带等。如 ü 就是一个唇圆、舌体的后段抬高、软腭下降、声带振动等多主动发音器官的复合动作。综合三点可以看出,从同一时间能否同时选择着眼,发音要素首先应分为主动的发音器官和发音状态的特点(含被动发音器官和方法)两大类。特征几何说认为这两大类的区分是最基本的,分称为"器官"(articulator)和"特征"(feature)。

器官和特征的区分有很好的生理基础。器官受控于不同的肌肉群,是彼此独立的。器官有喉、软腭、舌根、舌体、舌前、唇,共 6 个。喉、唇、软腭受控于不同的肌肉很好理解,舌为什么要分为三个器官呢?这是因为,舌的不同部位和不同的活动方式,受不同的肌肉控制:舌的前部有一段活动能力特别强的部分,可以做翘起、下垂等动作,这就是"舌前"。舌前受舌头内部的肌肉控制,舌头内的肌肉分为上下两层,上层收缩下层伸展则舌尖翘起,上层伸展下层收缩则舌尖下垂。舌前之后是舌头的主体,它可以做前后、高低等动作。舌体的这些动作受控于舌头外的连在舌骨或下颌骨上的舌骨肌、颌骨肌。最后是舌头的根部,它可以向后紧缩而压迫咽腔或向前推而形成很大的咽腔。后缩或前推是由连在颞骨上的茎突舌骨肌和咽缩肌控制的。由于它们受控于不同的肌肉群,所以舌尖是否翘起与舌体的前后高低、舌根是否缩向咽部是彼此独立的动作。因此,上述 6 个器官可以同时主动地动作。

特征则总是某群肌肉的一种或数种状况之一,因而一个特征总是与某些特征相互排斥,如舌体的前与后排斥,高与低排斥。彼此排斥的特征形成对立的一对,这就是偶值特征的生理基础。请注意,成对的两个特征才一定彼此排斥,不同的特征对当然不一定排斥;因为成对的特征受控于同一的肌肉,不成对的特征则受控于不同的肌肉。如[±圆]都受控于唇,所以一个音段是圆唇就不可能同时又是不圆唇,而[±前]受控于舌体的颌骨肌,[±高]则受控于舌体的舌骨肌;所以圆唇音段也可以同时是前的或后的,低的或高的。

把发音要素分为器官和特征两大类是特征几何说的基础。

8.2.2 单值的发音要素和偶值的发音要素(系统角度)

器官和特征从生理上说有不相互排斥和相互排斥之分,因而特征几何

第八章 自主音段与特征几何

说提出,器官是只有正值没有负值的独立的要素,特征是正负偶值的要素。这一结论有生理的依据,但更重要的是有系统的价值。

所谓有系统价值是指这种分类的结果符合单位在系统中的活动规则。音系学的研究表明,无论是共时还是历时,音段在共时的组织成音节或构词音变或语流音变时,器官的正值是有意义的。比如唇音是一个有价值的聚合群,舌前音、舌体音也无疑都是很有价值的聚合群,但[－唇音](包括舌前音、舌体音、软腭音等)一起行动的却从未见有过报道。也就是说,在语音规则中常常要用到唇、舌前等的分类,却用不到非唇、非舌前的分类。历时音变规则也同样。p pʰ b m f v 等唇音一起变化、ts tsʰ dz s z 等舌前音一起变化的例子比比皆是,t tʰ ts tsʰ tṣ tṣʰ k kʰ非唇音在一起演变的例子却尚未发现。特征则不然,正值和负值均形成有意义的聚合。前元音/非前元音、高元音/非高元音、圆唇音/非圆唇音、元音/非元音、响音/非响音、浊音/非浊音、送气音/非送气音、腭化音/非腭化音、卷舌音/非卷舌音、鼻音/非鼻音等都是共时音系或语音演变规则常常用到的分类。

器官只有正值,特征则正负偶值是特征几何说的又一个基本思想,其着眼点在音系方面。

8.2.3 特征的层级与结构

美国音系学家 Clements 于 1985 年首先提出,语言中的语音特征不是一个简单的集合,而是一个分层级的立体结构。特征之间的关系可以用语言学中通常用的树形图来表示。根据是,实际语言的种种语音规则(包括音节规则、变体规则、构词交替规则、语流音变规则等)中,有些特征(两个一组、三个一组、四个一组……)常常在一起行动,有些特征却从来不在一起行动。如,不卷舌→卷舌的变化常常是舌前的[±前部]和[±面状]特征的共同变化,o→e 的变化是舌体的[±后]和唇的[±圆唇]的共同变化;而[－后]与[－持续]、[＋低]与[－浊]、[＋刺耳]与[－圆唇]却从来不一起变化。经过对许多不同语言共时、历时语音规则的调查,Clenments 发现特征在系统中的作用表现为像树形图那样的层级性构架的聚合系统。这一发现,称为美国近十年来音系研究的一个重要的方向。

1986 年 Sagey 发现,Clenments 根据特征的功能而得出的特征的聚合构架,与实际发音的生理结构有对应关系:经常在一起变化的特征往往隶属于同一个发音器官,或是邻近的发音器官,不在一起变化的特征则不具备这种关系。因此,声道中不同层次的发音器官可以看做树形图中不同层次的节点,特征则可看做树形图中由不同层次节点控制的终端。特征的系统功能与发音的生理结构是一致的。

后来不少音系学家又对节点(器官)与终端的多少与位置进行了许多讨论,至今虽然还没有取得完全一致的意见,但大体的想法相差并不多。下面是 Halle(1995)的方案。

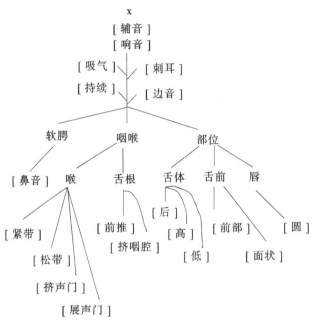

特征图表明,如果把器官和特征都看做语音要素,则所有的发音要素都直接或间接地连到一条根上,这条根对应于一个音段,在特征树中称为"音根"或时间格,记做 x。由根生出许多分支。最外层的终端都是偶分的特征,是树的终端成分,用[ ]表示。根与终端之间的分叉处称做节点,对应于发音器官。最下层的节点是具体发音器官,较上层的节点是几个邻近发音器官的总称,可称做"综合器官"。

节点器官管辖、控制特征。节点没有正负,特征有正负但在图上没有标±。这是因为特征的正与负有性质的不同:一(负值)的是无标记特征,十(正值)的是有标记特征。根据非线性音系学的研究,无标记特征是语言的默认(default,或译"缺省")特征,有标记特征是语言要特别标记的特征,两类特征在音系中的行为方式很不一样。所以,可以只标注有标记特征,不标的就默认为负值。所以上图的[ ]中就表示其中的特征实际是偶

第八章 自主音段与特征几何

值的。

　　同属一个节点的发音要素间的关系更密切,它们在音系规则、历史演变中常常一起行动。因此,节点的层次很重要,层次就反映了哪些音经常聚合在一起,哪些音不常聚合在一起。

　　立体的特征树模型还说明了特征与音段不是构成关系,而只是在同一时间内协同发音的关系(体现为特征树中的连接线)。这使得各个特征的共时关系得到更形象化的表达,也为音流组合方向的配列描写提供了多线性的模型。

8.2.4　器官与特征详介

　　发音器官按照从肺到唇的次序依次为:

　　喉(控制声带松紧,声门开合)、软腭(控制小舌升降)、舌根(控制舌根是否压向喉壁)、舌体(控制舌体前/后,高/中/低等)、舌前(控制舌尖位置在齿龈桥前/后,与硬腭接触面大/小等)、唇(控制唇形圆/不圆)。

　　发音特征又分为两类。一类不限于某一个发音器官有联系,称做"器官自由特征";另一类只与某一个发音器官有关系,称做"器官黏着特征"。

　　器官自由特征有:

　　1.［±辅音］:［＋辅音］则在声门以上的发音通道中气流受到阻碍;［－辅音］则不受阻碍。声门以上,包括软腭、舌根、舌体、舌前、唇等部位。［＋辅音］包括塞音、擦音等阻塞音(p t^h s z...)、鼻音(m n...)、边音、闪音等流音,半元音。［－辅音］包括元音和气流只在声门受阻的 h ʔ。

　　2.［±响音］:［＋响音］则发音时声道内没有空气压力,［－响音］则有压力。压力有无与通道的宽窄有关,宽则没有压力。［＋响音］包括元音、半元音和鼻音、流音。发鼻音时虽然气流在口腔受到阻碍,但气流仍可以从鼻腔出去;发边音时,气流在口腔中部受到阻碍,但在两边畅通无阻,所以气流在声道中虽然受阻,但未形成压力,因而是响音。［－响音］包括阻塞音和 h ʔ。［±辅音］和［±响音］一起定义了四个聚合群:［＋辅音］、［－响音］的阻塞音,［＋辅音］、［＋响音］的鼻音、流音、半元音,［－辅音］、［＋响音］的元音,［－辅音］、［－响音］的 h ʔ。

　　3.［±持续］:［＋持续］则发音过程中不发生气流的截断,［－持续］则发音过程中气流有完全截断、完全阻塞住的阶段。［＋持续］音包括擦音、半元音、元音,［－持续］音为塞音。鼻音、边音、闪音则兼有持续音和不持续音的性质。一般来说,这些音处于声母位置时有时体现为塞音性,处于韵尾位置则只体现为持续音性质。

4. [±刺耳]：[＋刺耳]的音发音时产生大量不规则的湍流性气流，[－刺耳]则气流平稳。湍流性气流是快速气流碰上接近90度的阻碍而形成的。如英语的[θ]。

5. [±边音]：[＋边音]则放低两侧舌边，使气流从两侧流出，[－边音]没有这一动作。（大多数语言的边音只属于舌前一个器官，但也有不少语言有舌面边音，属于舌体器官，因而作为普遍模式只能把边音处理为整个声道的特征。）

器官黏着特征有：

喉头特征

1. [±紧带]：[＋紧带]则发音时声带绷紧，[－紧带]则声带不紧。具体的语音体现有两种：[＋响音]伴随[＋紧带]则为高音调，[－响音]伴随[＋紧带]则为清辅音。

2. [±松带]：[＋松带]则发音时声带松弛，[－松带]则不松弛。具体的语音表现也有两种：[＋响音]伴随[＋松带]则为低调，[－响音]伴随[＋松带]则为浊辅音。

3. [±展开声门]：[＋展开声门]指发音时勺状软骨的前部较靠拢，而后部较开，使声带的边缘拉长。[－展开声门]则没有这种动作。具体语音表现为：[＋响音]伴随[＋展开声门]则为气化响音，[－响音]伴随[＋展开声门]则为送气辅音。

4. [±挤压声门]：[＋挤压声门]指发音时声带有个挤压动作，[－挤压声门]则没有这个动作。具体语音表现为：[＋响音]伴随[＋挤压声门]则为吱扭音（creaky voice，或译"紧喉元音"）；[－响音]伴随[＋挤压声门]则为紧喉辅音。

软腭特征

[±鼻音]：发音时软腭下降则为[＋鼻音]，软腭上升则为[－鼻音]。

舌根特征

1. [±前推舌根]（ATR，advanced tongue root）：指发音时有无舌根向前推的动作。如发英语的长元音时舌根较自然位置向前推，英语的短元音则舌根处于自然位置。请注意舌根前推不等于前元音。前元音的舌体前部紧张，较舌后部舌位高，舌根却不一定有前推动作。如英语的短元音ɪ。

2. [±挤压咽腔]：指发音时有无舌根是否比自然位置后缩的动作，具体语音表现为：有后缩动作则喉壁受到压力，如阿拉伯语的小舌音。

第八章　自主音段与特征几何

舌体(dorsal,或译"舌背")特征

1. [±高]:发音时舌体的某一位置有抬高动作的为[+高],即舌体有某一位置较自然状态紧张,且紧张点高于不发音时的自然位置。否则为[−高]。

2. [±低]:发音时舌体的某一位置有放低动作的为[+低],即舌体有某一位置较自然状态紧张,且紧张点低于不发音时的自然位置。否则为[−低]。

3. [±后]:发音时舌体的高点(也即紧张点)较正常位置为后的为[+后],即舌的紧张点在舌体后部且后部的舌位高于前部的为[+后]。否则为[−后]。

舌前(coronal,或译"舌冠")特征

1. [±齿龈桥前]:该特征的英文术语为 anterior,一般译为[±前部]。考虑到其实际所指为发音时舌尖与上腭接触点的位置在齿龈桥前或后,为明确起见,加"齿龈桥"三字。

2. [±面状](distributed,或译"散布"):指发音时舌前与上腭接触面的大或小。

3. [±舌下腔]:指发音时舌的下面是否靠着下腭,不靠着则舌下有空腔。如汉语的 tʂ、英语的 tʃ 都是[+舌下腔]的,汉语 ts 则舌下有没有腔都可以。[±舌下腔]在汉语普通话中不是区别性特征。

唇的特征

[±圆]:指发音时嘴唇有无前伸、撮圆的动作。

以上大多数术语都是音系学中常用的,不需要进一步的解释。下面只专门说明一点:关于"舌前"的定义。中国通用的发音部位术语没有"舌前",与之有关的是齿间、舌尖(包括舌尖前、中、后)、舌叶和舌面前、舌面中。西方传统术语把舌叶之前的部位叫"舌前",舌面前、中、后合称"舌体"。特征几何说最初也是这样区分的。1988 年美国的实验语音学家 Keating 提出,不仅齿间、舌尖、舌叶音是纯舌前音;而且舌面前、舌面中音(如[ɕ、ç、j、i])等也不仅有舌体参与动作,还有舌头的前部参与动作,舌头与上腭的接触面特别大,应该是兼用舌前、舌体器官的音段。根据实验得出的结果在音系行为中也有表现,舌面前、舌面中的音不能是同时是卷舌音(即舌前[−齿龈桥前]、[−面状]),而舌面后音(如[u、g])则可以。这就是因为舌面前音和舌面中音同时使用了舌前器官的[+齿龈桥前]、[+面状],而舌面后音完全没有使用舌前器官。

175

8.3 特征几何与语流音变、构词音变

8.3.1 单个音段的特征几何

上面讲的特征几何树是为表达人类语言的所有的音质性对立而设计的。每个具体语言往往只使用其中的一部分。比如舌根的是否前推,是否挤压咽腔,决定的是元音的松紧或是否是小舌音,汉语中没有这些对立,也就没有使用舌根这个器官。而具体到某个音段,就更是只需要用特征树中的某些器官、某些特征了。

一个具体音段的表示法有以下两点需要注意:

1. 一个音段使用的特征,只标出在该语言音系中有区别性的特征,无区别性的特征不必标出。这样不仅能够简化描写,而且在描写语流音变、构词音变时还有特别的便利。

2. 某些情况下可以只标有标记特征,无标记特征由默认规则后期生成。由于只标有标记特征,其正号"＋"也不必再写明。

3. 一个音段可以同时使用几个发音器官,但只有一个发音器官是主要发音器官。音段的不同可以是发音器官的选择不同、发音特征的选择不同、器官和特征都不同,也可以是器官和特征的选择都相同,只是主要发音器官的选择不同。以汉语的辅音音位为例:

a. 发音器官的选择不同:

b. 特征的选择不同:

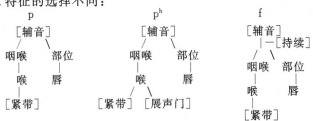

第八章 自主音段与特征几何

c. 器官和特征都不同：

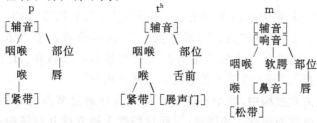

d. 主要发音器官不同（△表主要发音部位）：

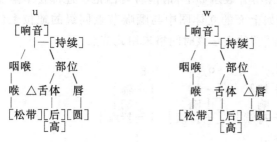

8.3.2 音流及音变的特征几何

单个的音段还要进入语流。进入语流后各个音段层次不同的器官节点就连接成层次不同的线性列，而各音段的终端特征就成为连接到不同层次线性列上配列。

仍以 dog 为例。d、o、g 三个音段连成音节后就成为下图所示的立体的的多线性架构，音段 dog 只是三个时间格（图中的 X）上若干发音器官和特征的共时协同关联的代表；特征好像分别在不同页的笔记本上，由时间格作为连接轴连在了一起。在每个特征页上，正负特征的交替形成自己的自主的音列（tier）。如下所示：

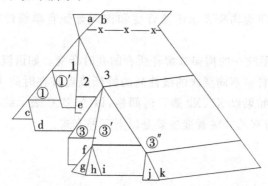

图中的各个符号分别表示：x 时间格，1. 咽喉节点，2. 软腭节点，3. 部位节点，①喉节点，①′舌根节点，③唇节点，③′舌体节点，③″舌前节点，a[±辅音]，b[±响音]，c[±紧声带]，d[±松声带]，e[±鼻音]，f[±圆]，g[±高]，h[±低]，i[±后]，j[±齿龈桥前]，k[±面状]。

在这个几何式架构中，各个特征自己的线性列通过节点与时间格（音根）相联，由于以平面表立体的困难，下面我们把上述立体几何架构中特征与节点以至音根的关系拆开表示如下，请读者自己把下述部位节点及其下属节点及特征上移到如上面的立体图中与咽喉节点同级的地位上（"。"表示该器官节点占用，无"。"的表示该时间格未用此节点）。

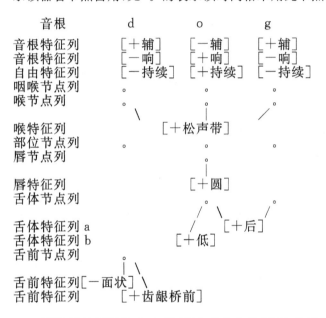

用特征几何架构来表示语流音变和构词音变有单线性模式所不具备的如下优点：

（1）可以用统一的构架来解释所有的共时音变。如语流或构词中的同化音变都可以看做不同层次的线性列的特征或器官在时间主干上的扩展、删除和改联。如果以 X1、X2 表示时间格，以 A、B、C 表示终端特征或各级节点器官，则所有的共时音变主要是以下三种方式：

第八章 自主音段与特征几何

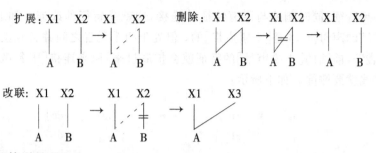

具体说就是：

① 特征的扩展。即原来只连接了一个时间格某节点的特征向前或向后扩展到其他时间格相应的节点上。如普通话的唇辅音本没有[±圆]的对立，因此使用了唇节点却没有连接具体的特征。但组成音节后，邻近的介音位置上 i 是[－圆]的，u、y 是[＋圆]的，介音的这些特征会扩展到前面声母的唇节点上，使得声母的唇形确定。

特征几何架构是立体的，很难用平面图完全表示。为简化描写，可以只标写音变所在的节点和特征，如 u 使声母圆唇化的音变可图示如下：

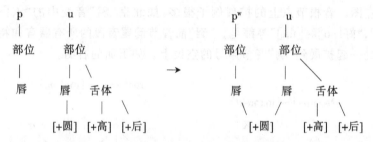

② 特征的删除。特征的删除要有特殊的原因激发，如轻声造成的元音无声化（"豆腐"的"腐"），就是删除了元音 u 的音根处的[－辅音][＋响音]特征。如下所示：

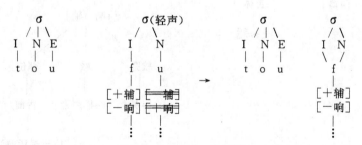

③ 特征的改连。已经连接了区别特征的节点接受邻近位置扩展过来

的相反特征,同时删除与原有特征的连接,这就是特征的改连。如北京话的"袋"的声母[t]本是[+紧声带]的,但处于两个元音之间并且轻读时(如"脑袋"),前面的[+松声带]的特征就会扩展过来,原来连接[+紧声带]的连接线就要删除。如下所示:

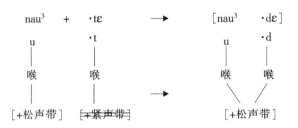

④ 特征以上的各级节点的扩展、删除和改连。低层器官层次上的扩展例如英语的否定前缀 iN－中的后一个辅音,其底层的区别特征其实只是软腭[鼻音],口腔的具体发音器官并不确定(所以用大写 N 表示);进入构词后,词根第一个辅音的口腔器官节点连同特征扩展过来填到该位置,如下面的左图。音根节点上的扩展例子很多,如北京"啊"音变中的"人[-n]啊[na]"、"好[-u]啊[ua]"等都是。"啊"前音节韵尾音段的所有器官和特征从音根处一起扩展到"啊"音节声母的空位上。如下面的右图。

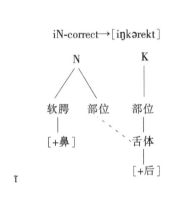
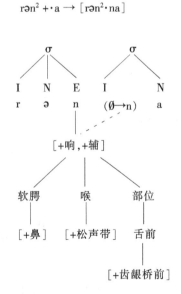

第八章 自主音段与特征几何

（注意：扩展的成分连接到落脚特征几何架构中比它高一级的、可以管辖它的节点上。）

⑤ 跨时间格的扩展和改连。传统音系学中所说的"邻位同化"和"隔位同化"，在特征几何的框架中没有分别，都是"邻位"，只是不同层次的"邻位"。传统的"邻位"时间格相邻，传统的"隔位"时间格不相邻，但在某个节点或特征的线性列上相邻。仍以前述梵语的-ana 后缀的卷舌与否为例：

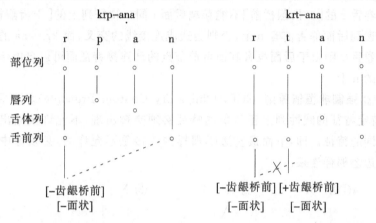

上图表明，组词前梵语-ana 后缀中的 n 已确定了舌前节点，但区别特征未定，组词后舌前线性列上左邻的区别特征扩展过来填补。扩展过来的特征跨着时间格，但在舌前音列上相邻。

以上原理同样适用于表达历史音变。此外，语流中的变化或历史音变还可能是主要发音部位与次要发音部位的改换，这种互换也往往与特征的扩展有直接的联系。如方言中广泛存在的 x、f 转换，其实都是以合口呼 u 介音前为条件的。x 本是舌体部位音，f 本是唇部位音，u 的特点则是同时使用舌体和唇两个器官（舌体为主）。因此在 u 之前的 x 获得了介音扩展过来的唇（[＋圆]）做为次要器官，u 前的 f 则获得了介音扩展过来的舌体（[＋后]）做为次要特征。再下一步的 x、f 的互换只是主要发音部位与次要发音部位的互换，是一种很普遍的变化。

特征几何说的另一好处是，一些人类语言通用的普遍制约得以显示。80 年代讨论较多的是连接线不得交叉原则、OCP 原则和普遍共变约束。下面分别说明。

① **连接线不得交叉原则**。该原则是说，特征与节点、时间格的连接线不允许交叉，无论是在深层连接还是在表层的各种音变（如扩展、改联）时。

这就决定了在任何一个特定特征列上,如果深层已经标定了[αF]特征(α表正或负,F表某特征),则[-αF]特征,不能跨越它而扩展,因为这样必然会造成连接线的交叉。如前面所举的梵语后缀与词根在卷舌特征上的和谐。由于卷舌音 ṛ ṣ ẓ ṇ 与不卷舌的 s z n 等都是舌前音,这样,在舌前所辖的复合特征[±齿龈桥前]和[±面状]就形成了两个特定的特征列。由于卷舌音是[-齿龈桥前]而不卷舌舌前音是[+齿龈桥前]的,所以 kṛt-ana 的词根中卷舌 ṛ 的[-齿龈桥前]不能穿越后面 t 同一特征列上的[+齿龈桥前]而传递到后面的舌前音 n 上,否则会造成连接线的交叉;而 kṛp-ana 的词根中的卷舌 ṛ 则由于后面没有其他舌前节点的已连接特征而可以自由传递到后面的 n 上。

② **强制非恒值原则**(OCP,Obligatory Contour Principle)。该原则是说,特定特征的线性列上正与负的特征必须交替出现,不允许接续出现正负相同的特征。即,下面最左边①那样的连接是不允许的,必须像中间②或右边③那样连接。

```
  *① X   X         ② X   X         ③ X   X
     |   |             \ /             |   |
    [αF][αF]           [αF]           [αF][-αF]
```

由于有了 OCP 原则,特征列上总是正负交替的接续配列,特征交替的时间长度不一定与单个时间格对应(如②是一个特征联两个时间格),所以特征是独立于时间格的自主的线性列就更明确了。OCP 原则不仅有上述理论意义,而且在实际处理各种语言的构词音变和语流音变时也很有意义,因为许多特征的删除、改连并不与时间格对应。如汉语许多方言的 tɕ 组声母只与 i、y 介音相配,从特征几何说的角度看,就是舌体[-后]、[+高]和舌前[+面状]的特征都在各自的特征列上形成一个特征连接两个时间格,是 OCP 连接方式。这样在嵌 l 词或儿化等构词音变中,只要介音时间格的这些特征被替换,声母时间格的这些特征也必定同时被替换(变为 ts 组或 tʂ 组)。详见第 9 章的讨论。如平定 tɕia+l → tslər 的变化可简单图示如下:

第八章 自主音段与特征几何

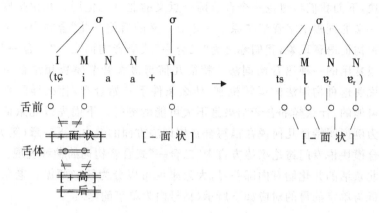

正由于一个特征（或正或负）一般是连接到多个时间格上，所以替换一个特征就可能同时造成若干个时间格的相关的变化。这在历史音变中也经常起作用。如汉语中声母的一些变化常常与介音连锁（tɕia→tʃa，tʃa→tɕia 等）。但是，经过对多种语言的各种音变现象的研究表明，OCP 只是十分常见的规则，并不是没有例外的原则。

③ **普遍的共变约束**。在共时的构词音变、语流音变和历时的语音演变中，哪些特征常常在一起发生变化或可以在一起发生变化，哪些从不在一起发生变化，这就是特征的共变约束问题。从特征几何模型出发可以简单地说明这个问题：连接的扩展、改联、删除要么在特征树的终端层次上进行（即一个特征扩展或数个特征扩展，如[－圆]扩展或[－圆]、[－后]扩展），要么在某个节点处进行（即某个器官或综合器官节点连同管辖的所有特征一起扩展，如儿化就是舌前器官连同管辖的[－齿龈桥前]、[－面状]特征一起扩展）；绝不可以在非终端层次上跨节点进行（Halle，1995）。

总之，特征几何说所主张的多线性音流模型为音系中种种音变规则提供了有理据的、简明的说明，有利于揭示人类音系规则的普遍制约和特殊制约。

8.4 北京儿化的特征几何诠释

如前所述，汉语的语音和语法单位的关联一般是一个音节一个意义，但也有例外。上一章我们说明了北京话中多音节一个意义的象声词的韵律模块,下面我们将讨论一个音节两个意义的北京儿化词。儿化是原本一音节一义的词根末字音节与原本一音节一义的后缀"-儿"合并为一个音节的一种构词语音现象,我们称之为"二合一"式语音构词法。"二合一"也是汉语很常用的一种语音构词法。特征几何与最大音节模块相结合可以很好地说明这种构词法的运转机制:什么条件下开始合音,什么样的合音结果是可能的,什么样的合音结果是不大可能的等等。下面先以北京话老儿化韵为例说明特征几何说在描写合音构词法方面的效力,下一章(第九章)再结合模块说专门讨论汉语方言中"二合一"式合音构词的种种表现。

北京话的儿化韵有内部差异,大致来说可以分为新老两派。老派的儿化韵母与单字韵母的对应如下所示(括号内为单字韵母):

ər(ï ei en)	ar(a)	ɐr(ai an)	ɤr/or(ɤ/o)
iər(i in)	iar(ia)	iɐr(ian)	iɛr(iɛ)
uər(uei un)	uar(ua)	uɐr(uai uan)	uor(uo)
yər(y yn)		yɐr(yan)	yɛr(yɛ)
ur			
aor(ao)	our(ou)	ār(aŋ)	ə̄r(əŋ)
iaor(iao)	iour(iou)	iār(iaŋ)	iə̄r(iəŋ)
		uār(uaŋ)	uə̄r(uəŋ)/ūr(uŋ)
			iūr(iuŋ)

新派与老派的主要分歧在于 ar 类儿化韵并入 ɐr 类,此外还有一些人的 iɛr 和 iər 开始并入 iɐr。

北京老派儿化韵与单字韵相比有如下主要变化:① 单字韵的-i、-n 尾脱落,-u 尾不变,-ŋ 尾变为鼻化;② 单字韵的-i、-u 尾脱落后 ai/an、ei/en 的儿化合流,但不与相应的开尾韵 a、ɤ、iɛ 等合流;③ 舌尖元音 ï、前高元音 i、y 儿化后韵腹趋央、趋中,与中元音的-i、-n 尾韵合流;后高元音 u 儿化后韵腹不变,不并入中元音的-i、-u 尾韵。

以上变化可以在特征几何说中得到很好的解释。儿化,其实就是原本自成音节的"-儿"由于弱化而失去音节身份,"-儿"原有的特征向前移动到前字音节的韵尾、韵腹的过程。"-儿"原有的特征卷舌是一组复合特征,它由舌前部位的[-面状]、[-齿龈桥前]两个特征组成。如下所示:

第八章 自主音段与特征几何

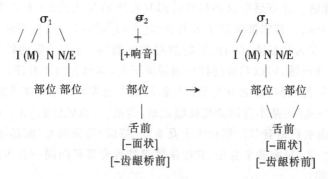

卷舌特征传到前字的韵尾和韵腹，就产生了与这两个位置上原有的特征能否共容的问题。前面说过，由于有发音生理的制约，所以在同一时间内，使用不同发音器官的特征可以共容，而使用同一发音器官的正负特征则相互排斥。① 卷舌使用的是舌前部位[－面状]、[－齿龈桥前]，同样使用舌前部位的有舌尖元音、-n尾和前高元音。舌尖元音ɿ为舌前[＋齿龈桥前]音，与卷舌的舌前[－齿龈桥前]明显不能同时发音；前高元音的特点是同时使用舌体[－后]和舌前[－齿龈桥前]，与上腭形成很大面积的[＋面状]接触(Keating，1988)，这就与卷舌的[－面状]形成矛盾；而后元音、央元音(如u、o、ɤ、ʌ、ɑ等)完全没有用到舌前，与卷舌可以共容。所以词根音节在儿化中必定发生变化的是前高元音和舌尖元音，央后元音不一定发生变化。② 由于卷舌舌尖上扬很高，除舌前外，舌体的状态也受到影响：舌体前必定下凹，舌面中也不可能太高，但舌体后不会有影响。所以舌体部位共现[＋高]和[－后]特征也与卷舌不相容，需要删去。删去韵腹、韵尾位置上的舌前[＋齿龈桥前]、[＋面状]和舌体共现的[－后]、[＋高]使得前高元音、舌尖元音央化，且并入中元音类。前中低元音æ或ɛ等舌体前部虽然紧张，但由于抬起不高，与卷舌可以勉强共容。③ 至于-ŋ变鼻化而-n却完全删除，则是因为在合音的前期，为保证后音节卷舌特征的前传，前音节韵尾的阻塞特征[－持续]必须删除。而据许多学者的研究，鼻辅音因其口腔的气流闭塞和鼻腔的气流畅通兼有塞音性([－持续])和通音性([＋持续])，n无论在声母还是在韵尾位置[－持续]的特性都是主要的，因此合音的前期阶段就被删除。而-ŋ则在声母位置主要体现为塞音性，在韵尾位置主要体现为通音性。因为韵尾位置的-ŋ其实只有软腭的下降，舌根部位并没有突然闭塞气流。另外，事实上，北京-ŋ尾韵的儿化是卷舌与鼻化及元音同时发音的，并不像线性的音位标音法所写的那样先发元音、鼻

185

化,再发卷舌。北京话中这些与卷舌同时发出的鼻化元音(上表中的ã、ə̃的实际音值是ã、ʌ̃)其实都保留了-ŋ的舌体[＋后]的特征,只是不突然阻断气流。总之,卷舌特征前移到前字的韵尾和韵腹后,与之矛盾的特征因不能共容而必须删除,可以共容的特征则保留下来,与卷舌协同发音。

依据特征几何说,北京老派儿化韵的派生过程可归结为如下规则:

(1)"-儿"的基本音形的特征组成是:舌前[－齿龈桥前]、[－面状]。

(2)删去词根音节韵尾位置上具有[－持续]特征的音(前鼻尾-n)。

(3)"-儿"失去音节身份,它原来管辖的发音要素向同一音步的词根音节逆向前移。

(4)前移的舌前[＋卷舌]落脚于词根的韵尾、韵腹。

(5)删除词根音节韵尾、韵腹位置上不能与舌前[＋卷舌]共容的的特征。这些特征是舌前的[＋齿龈桥前]、[－面状]和舌体共现的[＋高]、[－后]。

特征几何说也很容易解释北京新派儿化韵的派生过程。北京新派与老派的主要不同在于 ar 与 ɐr 的合流。这是卷舌与韵腹结合更紧密的结果:卷舌除舌前[－齿龈桥前]、[－面状]外,舌体的最自然位置是不高不低不前不后,因此卷舌进一步影响韵腹将不仅使前高元音趋央趋中,还可能提高低元音的舌位。ar 是中低元音,向高稍提就与次低的 ɐr 合流了。个别年轻人出现的 iɐr 与 iər 合流的倾向,也是卷舌与韵腹结合更紧密的表现。iər并入 iər 则另有别的原因,我们将在下一章中具体讨论。

总之,在特征几何说看来,"-儿"合音中哪些音可能变化,如何变化,都是在普遍音理的控制之下的。用特征几何的模型描写合音构词法还可以在共时描写的同时显示其历史发展的阶段,毫无疑问,后缀自成音节的阶段早于后缀并入前字音节,并入前字后,随着合音的紧密,后缀原来辖有的特征将一方面向前移动,一方面对后缀原有特征的影响越来越大。汉语诸多方言的儿化韵正处在不同的演变阶段,汉语方言中还有因其他后缀合音而形成的成套变韵(如 Z 变韵),第九章中我们将全面讨论汉语方言中种种合音构词的异同及历史关系。

第九章　汉语中常用的两种语音构词法

9.1　语音构词法

　　构词法分语法、语音两个方面。讲授现代汉语的书大都要提到合成词、单纯词、派生词、复合词等分类,这是从语法角度看构词。从语音角度看构词,需要另外的分类。比如,各成分语素的音形简单相加而成词音形的,可称做不变形加合构词,像"黑板"、"第二"等。从语音上看,该类无需另做讨论。需要讨论并已有较充分讨论的有下面两种情况:1. 各成分语素结合成词时发生有规则的组合音变,但各成分语素音形的分段界限大致清楚。如英语的复数词尾{s}、北京话的连上变调,这些可称做变形加合构词。2. 替换词根的部分语音形式以构成新词。如英语的 take～took。此类可遵从旧称,叫屈折构词。屈折,是一种非加合语音构词法。

　　汉语多用加合构词法(包括变形的、不变形的)。但前两章讨论过的北京象声词和儿化韵说明,汉语也使用非加合构词手段,只是这些非加合语音构词手段和西方语言常用的屈折构词法很不相同。

　　北京象声词和儿化韵代表了汉语中最常用的两种语音构词法。前面我们用韵律模块说描写了北京象声词,用特征几何说描写了北京话的儿化韵;虽然这只是举例性的讨论,但从中也已经可以看出,两种构词法其实都要同时用到韵律模块和特征制约:"劈啪"式象声词的特定模块有前字韵腹[+高]等限制,北京儿化韵合音中的特征传递、落脚、删除、改连则只能在一个最大音节的模块中活动。因此,本章将结合韵律模块和特征几何更全面地考察汉语方言中这两种语音构词法的种种表现,并从共时的种种表现中透视这两种构词法历时演化的轨迹。

9.2 "一生二"式语音构词法

汉语方言中普遍存在与第七章中讨论过的北京话"啪啪"、"啪啦"、"劈啪"、"啪嗒"类似的多音象声词。除此之外，汉语中还有许多"一生二"式语音构词现象，如晋方言的嵌l词、表音词头词、福州话的切脚词、先秦汉语的重言、双声、叠韵词等。下面分别讨论它们的特点及其相互的关系。

9.2.1 太原嵌l词——前冠衍接式韵律词

嵌l词是广泛流行于山西、河南等地的一种双音单纯词。下面以太原话为例，按词根开齐合撮的不同，各给出二至四个嵌l词例（引自赵，1979）例中音标右上角的数字1至8分别代表阴平、阳平、阴上、阳上、阴去、阳去、阴入、阳入8个调类。下面如无另外说明，均同此例：

拨 paʔ⁷ → pəʔ⁸ laʔ⁷　　棒 pɒ⁵ → pəʔ⁸ lɒ⁵　　撇 pʰiaʔ⁷ → pʰəʔ⁸ liaʔ⁷
吊 tiau⁵ → təʔ⁸ liau⁵　　搅 tɕiau³ → kəʔ⁸ lau³　　环 xuæ̃¹ → xuəʔ⁸ luæ̃¹
串 tsʰuæ̃⁵ → tsʰuəʔ⁸ luæ̃⁵　卷 tɕyɛ³ → kuəʔ⁸ lyɛ³　圈 tɕʰyɛ¹ → kʰuəʔ⁸ lyɛ¹。

一般认为，嵌l词有以下四个特点：①双音单纯词，②后字声母为l，③前字韵母为əʔ或uəʔ，④前字声母与后字韵母相拼所得的单音字的意义与双音的嵌l词基本相同，因此可把该单音字看做嵌l词的词根。

这些的确是嵌l词的特点，但对嵌l词形整体的韵律特点没有说明。嵌l词的整体韵律特点可用"前冠衍接式"来概括，其特点为⑤全词形成前暗后亮前轻后重的强烈响度对比，前字统一为响度很小的紧喉的混元音 ʔə（轻读入声的喉塞只是使元音紧喉化，并不占据单独的时长），后字则统一用声母中响度最大的l。由于既有前字换暗韵又有后字换亮声，所以前后的亮度对比远较北京象声词"劈啪"、"啪啦"为大。⑥全词的两音节类似一个音节。类似一个音节，一是从音量（quantity）上看的：作为前冠的前字音节总是轻读的单韵母，相当于一个mora，后字是正常音节，相当于两个mora。也就是说，前后不仅有暗亮的区别，还有轻重的区别。两者相加，形成汉藏语学者所说的"一个半音节"——单音节和双音节的中间物。二是从响度上看，前冠音节的元音的响度都极小，或者是过渡音性质的短的央元音（əʔ，有入声的方言多取该方式），或者是与声母发音部位相同的可以无

第九章 汉语中常用的两种语音构词法

声化元音(与唇辅音相接的 u,与舌面后辅音相接的 u、ɯ,与舌尖擦音相接的 ɿ、ʅ,与舌面辅音相接的 i、y 等;无入声的方言多取这种方式)。因第一响度峰又短又小,所以称之为"前冠";而后面的第二音节又以响度最高的 l 开头,使得两个音节之间几乎没有响度的跌宕,所以称之为"衍接"。整体合成一个在上升的坡上有极小跌宕的单响度峰,这种音峰与 Cl-式复辅音的单音节(如英语的 play)极其相似。

以上两个特点形成了与北京象声词的后衍变声回旋式(p^ha-la 式)类似而又独具特点的独立的韵律——前冠后衍。北京各类象声词虽有变声/变韵、跌接/衍接的不同,但也有共同特点——回旋:因为两音节中重复出现的成分多而在音段配列的选择上类似单音节。而前冠后衍的嵌 l 词在两音节中重复的成分并不多,其主要特点是在外形上直接类似单音节。回旋和前冠,在这一点上的不同也构成了汉语韵律词的两大类。

另外需要指出的是,前述④不能控制所有的嵌 l 词例,还应考虑以下更细致的情况:a. 来源于见组的 tɕ 组词根(如"卷"),其嵌 l 词前字的声母都是 k 组声母,同于词根中古时的声母,而不同于现在的声母。b. tɕ 组词根今音都是细音(有 i 或 y 介音),但嵌 l 词后字的介音分为两组:中古见系开口二等的嵌 l 词后字介音为洪音,见系三四等字的则为细音。开口二等除前面举过的"搅",还有"腔"($tɕ^hiŋ^1 \to k^hə\textipa{P}^8 lŋ^1$)、"巷"($ɕiŋ^7 \to xə\textipa{P}^8 lŋ^7$)、"角"($tɕiau^1 \to kə\textipa{P}^8 lau^1$)等;三四等除前面举过的"卷、圈",还有"翘"($tɕ^hiau^7 \to kə\textipa{P}^8 liau^7$)、"僵"($tɕiŋ^1 \to kə\textipa{P}^8 liŋ^1$)等。这些嵌 l 词形如果按前字取声后字取韵的规则合成,得到的是该种构词法活跃期的词根形式。如,$kə\textipa{P}^8 lau^3 \leftarrow *kau^3$(搅)。这说明嵌 l 词形定型的时间在尖团合流之前和见系开口二等字细音化之前。由于这些嵌 l 词所从派生的单字音形是变化前的形式,我们必须先复原原来的单字音,再按前字取声后字取韵的原则操作。即,见系细音今读 tɕ 声母的一律先折合成 k 组,见系二等字今有 i 介音的一律折合为零介音。

最后,太原嵌 l 词的介音属声还是属韵问题比较复杂。单字词根介音 i、u、y 在嵌 l 词中的表现各不相同。下面分前字、后字来观察:后字的介音总是与单字词根介音一致(如,吊 $tiau^5 \to tə\textipa{P}^8 liau^5$),所以后字取韵是连介音算在内的,这对 i、u、y 都是相同的。问题在前字。词根介音与嵌 l 词前字介音的对应关系是开口、齐齿词根都对应开口前字,合口、撮口词根都对应合口前字。从特征的层次看就是,介音所负担的特征[+高][±后][±圆]在前字的投射上行为不同,[+圆]随声母一起投射到前字,而[+高][-后]则不随声母投射到前字。这说明[+高][-后]在太原只是介音的特征,不是声母特征;[±圆]则既是介音特征,又是声母特征。因此[+圆]既随声母一起投射到前字,也随韵母一起投射到后字,而[+高][-后]则只随韵母投射到后字,不随声母投射到前字。这种区别也许是因为,[±圆]反映的是近古韵图中开合口的区别,而[±高][±后]则是韵图中四等的区别,在嵌l词定型的近古时期,开合口既是声母特点,也是韵母(介音)的特点,等的区别则已经与声母无关。也就是说,三等腭化介音与四等元音性介音的区别在那时已经消失了,都已是元音性的介音了。

由于嵌l词的前字韵母和声调有定、后字声母有定,剩下的可选择的音段也就只有前字的声母和后字的韵母、声调,加起来只相当于一个单音节,所以,嵌l词也可以看做是以单音节词根重叠作为投射母本,向一个具有前暗后亮、前弱后强、音谷跌宕很小的两音节的音步模块投射而最后成形的构词过程,嵌l词与北京象声词韵律结构的不同就体现在韵律模块的不同上,如下所示:

参数:前字模块 σ_1=IN(T),　　后字模块 σ_2=IMNE(T),
　　　前字预填 N=ə?,　　(T)=阳入,　　后字预填 I=l,
　　　投射母本:词根重叠式,　投射方向:从左到右。

构词过程图示(以"拨"、"吊"、"环"、"卷"为例):

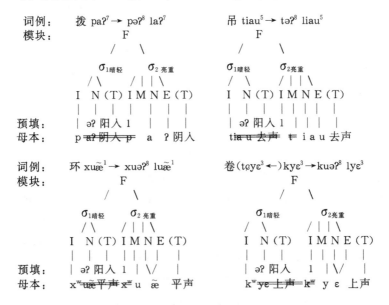

(注:加删节线的成分表示被删去,声母后的 w 表示圆唇成分。)

第九章 汉语中常用的两种语音构词法

9.2.2 福州切脚词

切脚词是福州较为常用的一种语音构词手段。下面先看一些词例（引自梁，1982）：摆 pɛ³¹ → pɛ³¹ lɛ³¹，吊 tiɛu²¹³ → tiɛ²¹ liɛu²¹³，伶 liŋ⁵² → li³¹ liŋ⁵²，辘 luʔ⁵ → lu³¹ luʔ⁵，滚 kuŋ³¹ → ku³¹ luŋ³¹，肭 nyʔ⁵ → ny³¹ lyʔ⁵。（阿拉伯数字为调值，其中的 31/21/52/5 等为紧调，213 等为松调；因松紧调的不同，韵母元音也略有差异，紧元音较相应的松元音略高、略前或单化。）

从上述词例及梁文的介绍来看，福州切脚词的构造可概括为如下参数和取值：

前字模块 σ₁=IMN(T)，后字模块 σ₂=IMNEE(T)，
前字预填 (T)=低的紧调 21/31，N=紧元音，后字预填 I=l，
投射母本：词根重叠式， 投射方向：从左到右。

这些参数值决定了福州切脚词亦具有前暗后亮、前弱后强、音谷跌宕较小的特点：前字音节结构只有三个时间格，元音限紧元音则响度偏暗，低的紧调 21 和 31 调亦偏弱、偏暗；后字取响度最大的 l 做声母，音节结构为五个时间格。下面是构词模块的图示：

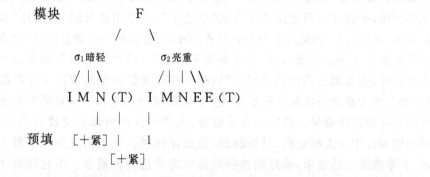

由于模块说使用统一的参数来描写相关的构词法，所以很容易看出福州切脚词与太原嵌 l 词相同之处在于：① 后字固定为 l 声母，两音节间的音谷跌宕很小；② 前字为结构简单的韵和弱而低降的调，全词不仅前暗后亮，而且前轻后弱。其中的①是"啪啦"类后衍回旋式也具备的。与嵌 l 词的不同则在于，福州切脚词的前字的韵母限于一类韵、一类调，而太原嵌 l 词前字的韵母只限于一个韵、一个调。与此相关，太原嵌 l 词词根的主元音不在前字出现（因前字统一用 əʔ 韵），而福州切脚词的主元音则在前、后字都出

191

现,这一点又与后衍回旋式类似。所以切脚词是介乎后衍回旋式("啪啦"型)和前冠衍接式(嵌 l 词)之间的一种类型,第一音节的音峰较"啪啦"型小、较嵌 l 词大,两音峰间跌宕不大。

9.2.3 表音词头词——前冠跌接式韵律词

表音词头词(参看贺巍,1989)流行的地区与嵌 l 词基本重合,在山西及其邻近地区。其特点是在词根前附加一个没有意义的短而弱的入声音节(有入声区)或轻声音节(无入声区),形成前暗后亮、前轻后重的特殊韵律。后一音节各个成分的选择没有限制,但前一音节(表音词头)的限制很大。

以获嘉方言为例。表音词头的限制有,①韵母统一为 əʔ 或 uʔ;②调值一般是短的平或低降(很容易与后字合成一个类似单字调的形状),③声母和介音的选择有自身的限制,也有后字声母和介音的制约。自身的限制有:a. 声母限于舌面后阻塞音(k、kʰ、x)和唇塞音(p、pʰ),没有舌前音(t、tʰ、n、l、ts、tsʰ、s、tʂ、tʂʰ、ʂ、ʐ、tɕ、tɕʰ、ɕ)及 f、m 和零声母。b. 只有开合两呼(əʔ,uʔ),没有齐撮呼。综合 a、b,加之唇音不配合口,其实一共只有"卜[pəʔ]、扑[pʰəʔ]、圪[kəʔ]、坷[kʰəʔ]、黑[xəʔ]、骨[kuʔ]、窟[kʰuʔ]、忽[xuʔ]"8 种选择。后字的制约有:a. 前后字的声母必须不同。b. 如果后字声母是舌面后音或唇音,表音词头只能用"圪";c. 如果后字声母是不送气阻塞音或零声母,表音词头只能用不送气的"圪骨卜",不能用送气的"坷窟扑"和擦音的"黑忽";d. 如果后字介音是开齐两呼,表音词头不能是合口的"骨窟忽";如果后字介音是撮口呼,表音词头不能是开口的"圪坷黑";如果后字是合口呼,表音词头不能是开口的"坷黑",在舌面后声母的情况下还不能是"骨"、非舌根音的情况下不能是"圪"。这些规则都是为了保证词形整体前暗后亮的韵律效果。前字没有舌前音,大约与保证声母和交替有关,舌前是诸部位中最无标记的、最活跃的,也是在词根位置上出现的几率最大的,为形成交替的效果,最好的选择是前字避免选择舌前音。不允许前字不送气而后字送气或前字擦而后字塞则是为了保证前字各个位置上的响度都至少不能大于后字。介音的和谐可看做是两音节元音和谐的保证。

综合以上特点可以看出,表音词头词兼有北京"啪嗒"式象声词和嵌 l 词的韵律特点:前后字声母必须交替、响度差不必大但要受到后字声母的响度不能暗于前字的制约,是与"啪嗒"相同的特点;前字短而暗(轻读的入声),与后字形成响度和重量两方面的对比,前字韵母(əʔ、uʔ)的舌位是最自然的或与声母部位一致的,可以无声化为几乎没有上升的响度峰,形成一

第九章　汉语中常用的两种语音构词法

个极小的前冠,整个词形类似一个首音超出响度原则的边际音节(如英语的 spy)。这些都是与嵌 1 词类似的。因此我们把这种表音词头词的旋律叫做"前冠跌接式"。

表音词头词的成词模块的响度和音量制约十分明确,前字韵母和声调的预填也较单一,但前字声母尽管有自身和后字声母的许多制约,但都还不足以产生唯一的结果。如在后字 niou 的前面既可以出现 kəʔ,也可以出现 pəʔ。这样从全词来说,除了介音,后字的声韵调都是可自由选择的,前字的声母又有一定的可选择性,需要选择的成分远远就多于一个单音节了。因此,表音词头词不适合用重叠词根向成词模块上投射的方法。表音词头词是各种韵律词中语音约束最弱的(只有对前字的约束,后字几乎没有约束),这也是其起名的根据。

上面是现代汉语中常用的几种"一生二"式语音构词法。从成词模块很容易看出,这几种构词法有两个共同点:① 可选择的音段都只大致相当于单音节而不是多音节,因而大多可以看做单音节重叠式向多音节模块的投射;② 整体词形都具有前暗后亮的特点。具体又可以分为两类,一类以"啪啪"、"劈啪"为代表,其韵律特点是两音节虽响度不同,但音量相等,音节跌宕明显,两音节复现的成分超过三分之二,是以回旋为主的韵律。另一类以嵌 1 词和表音词头词为代表,其韵律特点是,两音节不仅响度不同,而且音量不同,两音节较少或很少复现成分,但前一音节极简单且音节间跌宕不大,使得两音节类似单音节,是一拍半的旋律。"啪啦"式、切脚词等则是两类的中间类型,既有相当多的回旋,又与单音节有些整体类似。

9.2.4　先秦的重言、双声、叠韵与 CV 分层的音义关联

在看过现代汉语的各种多音韵律词后,一定会联想到上古的联绵词。上古汉语的联绵词从成词模块上看分为三类,重言、双声、叠韵,分别对应于北京象声词中的"啪啪"、"劈啪"和"啪嗒"。也就是说,从成词词形看,这些词形也都具有相同成分在相同位置上超乎寻常的复现率,有特殊的回旋韵律,由此才可以在一音节一义为主的上古汉语中作为单音节无义的特殊韵律词的标记。从成词模块看,没有更多的话可说。

值得注意是这些联绵词的音义结合关系。据许多学者的研究,上古汉语的联绵词并不是从一个单音词衍生出来的,因此从与词根的关系和派生过程看,联绵词与现代汉语的多音韵律词不同。根据郭小武(1993)的研究,联绵词可分为若干词族,同词族有共同的上级意义领域,而词族义是由

联绵词两个音节的声母承担的。某种意义居然由非连续出现的语音成分承担,好像是匪夷所思;但仔细想想,这些联绵词的拟声摹态义不也是由它们特殊的音步模块承担的吗?关于非线性的成素也可以承担意义,阿拉伯语的事实最能给我们以启示。

前面我们曾经提到过阿拉伯语名词单复数的材料,现在我们再从音义结合关系的角度观察一下它们:

	单数	复数
蝗虫	jundab	janaadib
苏丹	sultaan	salaatiin
医生	duktar	dakaatir
某种树	safarjal	safaarij
办公室	maktab	makaatib
白花	nuwwar	nawaawir
夜莺	qandoliib	qanaadil

阿拉伯语音义结合的规律是,具体的词义由词根中的四个或三个辅音表示,名词为四个辅音。如 jndb 为"蝗虫",sltn 是"苏丹";元音的选择和全词的音节框架则表示较虚的意义,如元音 a、i 表示复数,音节框架 CV(C)CV(V)C(CV(V)C)为单数,CVCVVCV(V)C 为复数。

根据阿拉伯语的事实,一些音系学家提出,音节结构有一条最重要的主干,由元辅音的交替构成,叫做 CV 主干。CV 主干形成词形的固定模块,元音、辅音各自形成自己的投射序列,向主干上投射。待投射的元音序列没有长短元音之别,没有相同元音的连续出现,辅音序列没有相同辅音的连续出现,表层出现长元音或连续两个相同的辅音,是向 CV 框架投射后的结果。如:

元音: u a (某类单数)   a i (某类复数)
CV 主干:CV(C)CV(V)C(CV(V)C)(单数) CVCVVCV(V)C(复数)
辅音: j n d b("蝗虫")   j n d b("蝗虫")

这种元音、辅音、CV 主干分别承担不同层次意义的格局在阿拉伯语的动词中体现得尤为完善。阿拉伯语以三个辅音表示动词的词汇义,以元音表示时态、体态等语法义,以 CV 框架表示动词的其他小类(使动、交互等)。请看下面的词例:

第九章 汉语中常用的两种语音构词法

"写" katab-a　他写了（过去,主动;1类动词）
　　　kutib-a　它被写了（过去,被动;1类动词）
　　　kattab-a　他使别人写了（过去,主动,使动;2类动词）
　　　kuttib-a　他被人强迫写了（过去,被动,使动;2类动词）
　　　kaatab-a　他回应写了（过去,主动,回应;3类动词）
　　　kuutib-a　他被回应写了（过去,被动,回应;3类动词）

"喝" šarab-a　他喝了（过去,主动;1类动词）
　　　šurib-a　它被喝了（过去,被动;1类动词）
　　　šarrab-a　他使别人喝了（过去,主动,使动;2类动词）
　　　šurrib-a　他被人强迫喝了（过去,被动,使动;2类动词）
　　　šaarab-a　他回应地喝了（过去,主动,回应;3类动词）
　　　šuurib-a　他被回应地喝了（过去,被动,回应;3类动词）

我们看到,阿拉伯语的一个动词完全可以分析为几个独立的意义,这些意义也各自有自己的语音体现。但与意义结合的语音体现不是在时间流的次序上顺序排列的,不能在时间流的序列上切成离散的块。按时间的单线性来切,katab 的任何一段（如 k/atab, ka/tab, kat/ab, kata/b 等）都没有意义,但按元音列、辅音列、CV 主干这种非线性的角度切分,形式与意义的关联就揭示出来了:

有了语素可以由非线性的语音要素组成的观念,再来看汉语的双声叠韵联绵词就可以有一种新的眼光了。

古汉语的联绵词跟重言词一样都有"摹态"义,属于一个小的词类——状态词。这种词类义完全可以由专门的语素来表达。而这些词在语音上都有共同的特点——由完全相同或大致相同的两个音节组成。也就是说,

195

"摹态"的语法义是由语音上的音节重叠或大部分重叠表达的；或者反过来，语音上的音节重叠或大部分重叠担负了"摹态"的语法义，它们应该看做是一个最小的音义结合体。剩下的表具体态貌义，由声韵调的具体选择承担。下面介绍两种不同的看法。

一种看法由郭小武(1993)提出。他认为古汉语的联绵词的意义除摹态义外还可以分为两层。一层由声母的序列表达，是较抽象的词族义；另一层由韵母的序列表达，是具体的词汇义。换句话说就是，若联绵词两音节的声母相同，则这些词有一种共同的较抽象的意义。如，"落漠、离靡、烂漫、连绵、浪莽、朦胧、缭妙、卤莽"都是"来·明"搭配的声母序列，都有广大、连续、模糊不明的基本内涵，形成一个词族。而"徘徊、盘桓、彷徨"则属于"并·匣"搭配的声母序列，都有回转、不进之义。"婆娑、蹁跹、蹒跚、扶疏、勃窣……"都属于"并·心"搭配的声母序列，都有飞舞、飘动之义。

也就是说，古汉语的一个联绵词也有类似阿拉伯语那样非线性的三个音义结合体，如下所示：

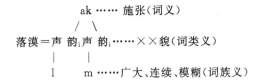

另一种看法由 Sun(孙景涛,1999)提出。他认为上古联绵词与现代汉语双音象声词类似。也即上古联绵词是以双音节的其中一个音节为基式，加以向前或向后的部分重叠式变化而形成的。基式的意义也就是联绵词的具体词汇义，基式所附加的变化表达另一种较抽象的意义。基式所附加的变化可分为3种类型，它们各自表示不同的附加意义。如下所示(孙2005)：

(1) 表示"重复"意义的逆向变韵重叠 ——以第二音节为基式，变换前一韵母的[－圆唇]/[＋圆唇]或其他无标记/有标记特征，声母不变。下面是变换韵母某个部分[±圆唇]特征的例子，变换的部分可能在介音，也可能在韵尾（星号表示李方桂和蒲立本的上古音）：

辗转　　　李 *trjanx trjuanx；蒲 *tràn? trwàn?（诗经）
磬控　　　李 *kʰiŋh kʰʷiŋh；蒲 *kʰáŋs kʰáŋʷs（诗经）
瑟缩　　　李 *srjit srjəkʷ；蒲 *srəkʲ srəkʷ（吕氏春秋）
斯须　　　李 *sjig sjug；蒲 *sàj sàɥ（孟子、礼记）

以上每一个双音形式两音节的声母都相同，主元音也相同，不同仅在或介音或韵尾的［±圆唇］不同。而在语义上，双音形式的基本词汇义或基本声音都由后字表达，而部分重叠的词形整体则表示“重复”。也即，“辗转”是“反复地转”，“磬控”是“反复的明暗交替的‘控’声”，“蹙缩”是“不断地缩”等等。

(2) 表示“小称”或“生动”意义的顺向变声重叠 —— 以第一音节为基式，第二音节的声母换为通音 *l- 或 *r-：

蜉蝣	李 *bjəg^{w} rjəg^{w}；蒲 *báw láw（诗经）
螳螂	李 *daŋ raŋ；蒲 *dáŋ ráŋ（庄子）
蒲卢	李 *bag rag；蒲 *báɣ láɣ（礼记）
复育	李 *bjək^{w} rjək^{w}；蒲 *bək^{w} lək^{w}（论衡）
蜥易	李 *sjik rjik；蒲 *sák^{j} làk^{j}（说文）

这六个双音形式前后两个音节的韵母完全相同，后字声母都是 *l-或 *r-，与现代汉语象声词的“啪啦”型类似。从语义上看，这些双音形式都有较抽象的“小称”义。除了表示“小称”之外，这种顺向重叠还可以表示“生动”义，比如：

从容	李 *ts^{h}uŋ ruŋ，蒲 *ts^{h}àŋ^{ɥ} làŋ^{ɥ}（尚书）
望洋	李 *mjaŋ rjaŋ，蒲 *màŋ làŋ（庄子）；
丰融	李 *p^{h}jəŋ^{w} ljəŋ^{w}，蒲 *p^{h}əŋ^{w}ləŋ^{w}（汉书）。

(3) 表示“特殊化”意义的裂变重叠，与现代汉语方言的嵌 l 词、切脚词有些类似。在这种重叠中，基式音节裂变为两个音节 —— 其声母保存在第一个音节里，韵母保存在第二个音节里；至于第一个音节的韵母以及第二个音节的声母则来自重叠过程中形态与语音的相互作用。从意义上看，基式表示一般性的意义，而重叠式则表示一个比较特殊的意义。下面是例子：

基式	重叠式
头 李 *dug；蒲 *dáɥ	髑髅 李 *duk lug；蒲 *dák^{ɥ} ráɥ（庄子）
镬 李 *g^{w}ak；蒲 *wák	瓠落 李 *g^{w}ag lak；蒲 *wáɣ rák（庄子）
茨 李 *dzjid；蒲 *dzə̀j	蒺藜 李 *dzjit ljid；蒲 *dzə̀ krə̀j（易经、尔雅）

以上两种看法哪一种更符合上古汉语的整体系统，我们没有能力做出

判断,但不管是哪种看法,重叠或部分重叠的音节框架担负了摹态义,整个双音形式并非单纯词,而是由非线性音形分别承负了两个或三个意义的合成词,却是可以肯定的。

9.2.5 多音韵律词的类型及其与单音节结构的关联

石毓智(1995)提出一个有趣的问题:汉语多音韵律词的构成音节最多不超过四个,普通音节的构成元素(音素)最多也不超过四个;这是偶然的巧合,还是存在着内在的同构(isomorphous)联系。

不难找到否定这种同构假说的证据:闽语不少方言允许双韵尾,其中建瓯方言的双韵尾可以与介音同现于一个音节,如"反"xuaiŋ³。也就是说,建瓯方言的一个音节可容纳五个音素,但并没有见到该方言有五音节联绵式韵律词的报道。汉藏语系其他语言的例子就更多了。古藏语的一个音节最多可以容纳六或七个音素,现代藏语也有不少方言一个音节可以容纳五个音素,但未见有藏语存在五音节以上韵律词的报道。德宏傣语一个音节最多可容纳三个音素,但有不少四音节回旋式韵律词。因此多音韵律词和普通单音节的这种同构性是不存在的。对双音或四音格式的偏爱也许是对回旋的偏爱造成的。

但是,音节结构简单的语言倾向于用较多的音节构造特殊语音词,音节结构复杂的语言倾向于用较少的音节构造特殊语音词的趋势似乎比较明显。如音节结构异常简单的日语有大量的四个短音节的拟态词(如 shi. to. shi. to,"淅沥淅沥地",yu. k. ku. li"慢慢地")和一定数量的两个长音节的象声词(如 moo. moo"哞哞"),但没有两个短音节的象声、拟态词。音节结构稍复杂些的汉语则似乎两音节、三音节、四音节的象声、拟态词都不少。音节结构更复杂的英语则没有四音节拟态、象声词,只有两音节的。这在音理上很容易解释:必须有一定数量的音段排列起来才足以构造超乎一般的复现回旋或其他特殊韵律,音节短了,就必然要增加音节的数目来达到这种效果。

石(1995)提出的另一个有趣的问题是多音韵律词与复辅音声母的关系问题,石说"假如上古汉语允许辅音丛……,首先不可能有现代汉语这种大音节结构(即本书所说的"多音韵律词")的存在,而《诗经》中已有大量的联绵词……",因此上古不可能有复辅音声母。

该假说也不难找到大量的反例:英语的单个核心音节允许两个复辅音声母,如 pr-、bl-、kw-、nj-等,边际音节则允许三个复辅音,如 spl-、str-、

第九章　汉语中常用的两种语音构词法

skw- 等。但英语中也有不少变韵回旋式拟声摹态词，如 ding-dong、tick-tack、flip-flop、zip-zap 等等。值得注意的是英语这一类词的旋律类型远不及汉语的丰富。可对比汉语多音韵律词的韵律类型：

单纯回旋

变式回旋 { 变韵回旋
变声回旋 { 衍接变声回旋　　衍接前冠
跌接变声回旋　　跌接前冠

英语中虽然有不少回旋式拟声摹态词，但只限于单纯回旋式和变韵回旋式，未见变声回旋式和前冠式。英语有不少首音为复辅音的单音节象声词。如 crack（劈啪声）、croak（呱呱声）、squeak（吱吱声）、squawk（鸭等受伤、受惊时发出的叫声）、groan（呻吟声）、grit（摩擦声）、growl（嗥叫声）、flop（拍击声）、flump（重落声）、troat（公鹿等叫春声）、plump（扑通声）、plunk（砰地一声）等等。这些音节的声母很像是汉语前冠式联绵音节的两个声母，它们也可以分为两类：一类是符合核心音节响度模式的阻塞音加响音（kr-、tr-、pl-等），一类则含有不符合响度原则的边际音丛（sk-）。它们的另一个特点却不同于汉语的前冠式：尾音也必须是辅音性的，且大多与声母中的阻塞音相同或相近，从而形成音节内的回旋。

英语之所以没有前冠式语音词有两种可以共存的解释，一是如果一个语言本身就是词内有轻重音交替的多音节语言，双音前冠式将是一种正常的普通词形（如英语的 belong、tobe 等），不可能成为特殊的韵律格式；二是如果一个语言的单音节结构可以容纳复辅音和多种阻塞音韵尾，音节内就可以容纳较为特殊的序列，从而没有必要选用前冠式做特殊韵律词。而且前冠式与复辅音声母的单音节也过于相像。

第一个假设是很强的，构不成特殊的韵律当然不可能成为特殊语音词的词形。因此，双音前冠式在基本音节音量均等（如汉语的基本音节都是两摩拉）的单音节语言中因韵律特殊而可能成为多音语音词的词形，在轻重音型的多音节语言中则不可能。前冠式与单音节语的关联使该类词具有类型学的意义。变韵回旋式不论在单音节语还是多音节语中都是一种特殊的韵律，因而不具有类型学的意义。变声回旋式在回旋这一点上与变韵式相同，而在声母的交替类型上与前冠式相同，且前冠式特有的韵母交替可以看做变声式前音节弱化的结果。变声回旋式与单音节结构的关系与变韵回旋式相同还是与前冠式相同，还有待进一步查证。

第二个假设不那么强。具有复杂的单音节结构的确就不一定非要用多音联绵形式,但不一定非要用不等于一定不能用。复辅音声母单音节与双音前冠式因过于相像也确实很可能不共存于同一语言,但可能不等于一定。这一假设需要更多材料的证明。汉藏语系不少语言有支持该假说的证据,如景颇语在复辅音消失后才出现了大量前冠式双音词(戴、杨,1994)。在其他语言中有无反例,反例的比例有多大,都有待于进一步查证。

联系到汉语史,有可能与复辅音不能共存的嵌 l 词等前冠形式是宋以后才见于文献的,与简单的单音节结构似乎有关联的三音、四音联绵词也是宋以后出现的(如"勃腾腾"、"温吞蠖托",《轩渠录》,〈宋〉吕居仁)。见于上古文献的联绵音节则只能肯定有双音回旋式,它们与复辅音或复杂单音节结构并不矛盾。表音词头虽然也有,但一是不能肯定它是轻读还是重读,二是没有后字声母只能是 l、r 的倾向。因此汉语史上有关联绵音节的记载不足以否定上古汉语有存在复辅音的可能。相反,由于三音节以上的韵律词和前冠式韵律词都大约是在宋代出现的,因此汉语复辅音的最后消失,很可能在宋代前后。

总之,汉语多音韵律词的词形限制都比多音复合词严格得多,却与单音节结构有特殊的关系:或者是由单音节词根派生而来,或者与单音节音位配列的选择可能近似(回旋式),或者与一个复杂单音节的响度峰相似(前冠式)。一个语言不管单音节结构是否复杂,都可能有变韵回旋式多音韵律词;但前冠式多音韵律词却倾向于只出现在单音节结构简单的语言中。

9.3 "二合一"式语音构词法

"二合一"式合音构词是汉语常用的另一种语音构词法,儿化、Z 变韵都属于这一类。它们和"一生二"式一起构成汉语中最有特色、最常用的两种构词法。第八章中我们分析了北京儿化韵的派生过程,可以看到,特征树与最大音节模块相结合可以很好地说明合音的运转机制,说明什么样的合音结果是可能的,什么样的合音结果是不可能的。本节我们将通过更多方言的实例说明,合音是一个历史过程,在这个过程中,一方面词形模块不断变化:两个正常音节→一个正常音节+轻声音节→一个长音节→一个正常音节;另一方面原后字音节特征的不断向前移动并引发前字音节各位置上的种种变化;两方面的变化都受到单字音结构的吸引。下面我们先以儿化

第九章 汉语中常用的两种语音构词法

韵为例,按发展阶段说明其词形模块和特征组配的特点。

9.3.1 儿化合音的各个阶段

① 两音节阶段,也即合音尚未开始的阶段。在这个阶段中,词根末字和后缀都是独立的、有正常声调的音节,和一般的双音复合词的语音结构没有差别。如忽略音节内部的结构层次,其音节结构可简单表示如下:

$$\begin{array}{cc} \sigma_1 & \sigma_2 \\ /\ /\ |\ \backslash & /\ /\ |\ \backslash \\ I\ (M)\ N\ N/E & I\ (M)\ N\ N/E \end{array}$$

上图的 I 表声母,M 表介音,N 表韵腹,E 表韵尾,( )表可有可无的成分。与一般汉语音节描写不同的是,a. 声母是必有的而不是可有的(参看 5.7);b. 第四个位置或是韵腹或是韵尾,也是一个必有位置。即汉语的单韵母的韵腹都是占两个时间格的长元音(即 NN 结构),与有尾韵的时间长度相等(参看 5.7)。当然这只适用于有完整声调的音节。

② 一个半音节阶段。合音的第一步是后字轻声弱化,可细分为前、后两期。前期后字失去正常声调(变轻声)且韵母变短。后期则后字进一步弱化为音质单一的、没有阻塞成分的弱音节;如果后字原为阻塞音声母,则弱化为通音或完全脱落(如 tə→lə→ə);如果后字原为通音,则往往韵母单元音化再进一步脱落(如 ni→n̩)。总之,后字弱化为一个单元音或 m̩、n̩、ŋ̍、l̩、z̩、r̩ 等自成音节的通音。可图示如下:

$$\begin{array}{llll} 前期: & \sigma_1 & \sigma_2 & \to 后期: & \sigma_1 & \sigma_2 \\ & /\ /\ |\ \backslash & /\ /\ | & & /\ /\ |\ \backslash & | \\ & I\ (M)\ N\ N/E & I\ (M)\ N & & I\ (M)\ N\ N/E & N \end{array}$$

[+响音,+持续]

③ 长音节阶段(延川儿化)。进一步的合音将是第二音节失去独立的音节身份,与前字连接成为一个最多为 5 个时间格的单音峰。与前一阶段的后期相比,明显的不同是前字第四位置的辅音性成分的变化:塞尾(-p、-t、-k、-ʔ 等)脱落,鼻尾一般变为鼻化并漂移到第五位置,元音韵尾的[+高]有时也漂移到最末或删除,而原来第三或第五位置 N 的一些响亮的元音性特征将补到第四位置上。这样的调整使得第四位置的响度肯定高于第五位置,使第五位置成为韵尾身份,从而形成一个长音节。可图示如下:

201

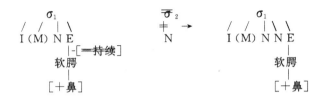

如延川有一套长元音的儿化韵（声调为 324、343、424、53:，韵母音值请参看 2.2.4 中的表），与单字韵母比较，其中的 ɤr(←iɤ)、ɛəɹ(←ai)、ɑɣr(←ɑɣ)、ɜr(←ɜʔ) 等都发生了上述调整变化（请注意韵母中的 r 应该是个卷舌动作，不是独占一位置的韵尾）。两音节并为一个长元音的结果必然是产生大量的与单字韵母不同的长韵母。如延川方言的这种独特的长元音儿化韵的数量与单字韵母的数量相同。总之，这一阶段中原来自成音节的后缀已经与前字合并为一个音节，但除了一些必要的调整外，后缀音节原来管辖的特征还有自己落脚的时间格（第五时间格），还没有与前字完全化合。

④ 长度正常的特殊单音节阶段［上］（万荣、洪洞、长海的儿化）。这一阶段的起点是上一阶段的长韵母，终点是下一阶段的与单字韵母同形，其间有许多的中介阶段。综观方言中属于这一阶段的合音韵母可以看出，各方言的合音结果可以很不相同，但其不相同只限于一定的范围内，可以找出制约可能合音与不可能合音的条件。

可能的合音有多种。其分歧当然首先取决于前字韵母体系的不同和后缀音形的不同。比如"-儿"在北方一般是卷舌音，在南方一般是鼻音，儿化合音的结果自然不同。但即使这两个条件基本相同，合音的结果亦有不同。因为合音进展的阶段可以不同，合音进展的方向也可以不同。下面以北方卷舌类儿化韵为例，用特征几何的框架说明这些可能有的分歧。

a. "-儿"的特征扩展到前字音节的末位置（第四位置）。可图示如下：

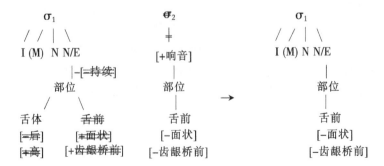

第九章 汉语中常用的两种语音构词法

该阶段的关键是后缀"-儿"失去音节身份后,原管辖的舌前部位[-面状]、[-齿龈桥前](即卷舌-r)扩展到前字音节的末位置,与该位置原有的特征发生了如下不同的关系:原第四位置为后元音(如 u、o、ɔ 等)、中元音(如 ə、ʌ)或后鼻尾 ŋ 的,由于这些音都没有用到舌前部位,所以舌前卷舌特征扩展过来后就可以附加上去,与原来的音一起发出。而原入声塞尾的[-持续]特征与卷舌的[+持续]特征矛盾,原-n 尾的舌前[+齿龈桥前]与卷舌的[-齿龈桥前]矛盾,原-i 尾和其他前高元音则是舌前[+面状]与卷舌的[-面状]矛盾。由于在同一时间里不可能既堵住气流通道又放开气流通道([±持续]),也不可能将舌前既放在齿龈桥前又在齿龈桥后,或是既把舌前整体抬起与上腭成面状接触又仅把舌尖抬起与上腭成点接触,所以这些与新扩展过来的-r 特征相矛盾的原特征要被删除。此外,如果舌前与上腭成点接触,则舌体也不可能是[-后]、[+高]的,因为前高元音的舌体前部抬起就必然舌前是面状接触的。所以,儿化音处于这一阶段的方言的特点是,如果有入声韵、-n 尾韵、-i 尾韵则失落这些韵尾,其他韵则在收音部分附加上卷舌动作。由于卷舌尚未影响到韵腹位置,所以除了有平行的 ai/an、ei/en 韵方言会发生-i、-n 尾韵的合流外,一般不发生儿化韵的韵类合并。山西运城(吕枕甲,1990)、万荣(吴建生,1984)方言的儿化韵就属于这一类型。这两个方言没有入声,-n 尾韵又已经弱化为鼻化韵或阴声韵,所以没有韵类合流发生。下面是万荣儿化韵与单字韵的对应表(括号内为单字韵,另有单字韵 ər、ya、iei 未见儿化韵):

ɿər(ɿ)				
ʅəʅ(ʅ)		ʅEr(ʅE)		
ɯr(ɯ)	ar(a)		ɣr(ɣ)	ɛr(ai)
iər(i)	iar(ia)	iEr(iE)	iɣr(iɣ)	
ur(u)	uar(ua)		uɣr(uɣ)	uɛr(uai)
yər(y)		yEr(yE)		
er(ei)	ɔr(au)	əur(əu)	ãr(ã)	ʌ̃r(ʌŋ)
	iɔr(iau)	iəur(iəu)	iãr(iã)	iʌ̃r(iʌŋ)
uer(uei)			uãr(uã)	uʌ̃r(uʌŋ)
yer(yei)			yãr(yã)	yʌ̃r(yʌŋ)

万荣与北京 an 类韵对应的字读鼻化韵 ã,可以在韵尾位置容纳-r,而不

与 ai 类儿化合流;与北京 en 类韵对应的字读阴声韵 ei,单字已与 ei("妹"等)合流,因而也不存在儿化后合流问题。

b. "-儿"的特征向前扩展到前字音节的韵腹位置。可图示如下:

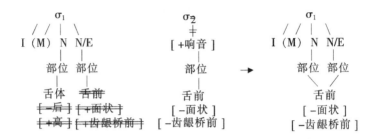

该阶段是上一阶段的继续发展,在韵腹位置上也发生了扩展过来的-r 特征附加或替换原有特征的变化。变化的机理与上一阶段相同:后、中元音因未使用舌前部位而与-r 的舌前特征共容,可以附加上去发出,如 ũ₁就同时具有软腭[+鼻]、舌体[+后][+高]和舌前[-齿龈桥前][+面状]特征。而前元音(特别是前高元音)和舌尖元音则因为使用了舌前部位与卷舌不相容的特征而要删除原来的特征。具体来说要导致以下三组主要的变化:① 前高元音(i、y)和舌尖元音(ʅ、ɿ)失去[+高]、[-后]特征变为非高非低、非前非后的卷舌央中元音 ər;② 其他前元音失去[-后]特征变为相应的央元音(如 er→ɚr, ær→ɐr);③ 高度不同的央元音进一步合流:有尾韵的主元音由于原韵尾的影响往往比相应的开尾韵的主元音高一些,如北京话的 ai,an 的主元音为[æ],而 a 的主元音为[ɑ],ei 的主元音为[e],而 ie 的主元音为[ɛ];此外,有尾韵的主元音有向收音的舌位高的方向滑动的动程而开尾韵没有。附加了舌前的卷舌([-齿龈桥前]、[-面状])特征后,舌前向上的动作将低元音偏中,同时还附加上向中向央滑动的动程,从而使高度不同的、有无动程不同的央元音进一步合流(如 a→Ar→ɐr=ai an→ɐr, iɛ→iɚr→iər=in→iər)。

以上是-r 传递到韵腹后引起韵腹的几种变化。在具体的方言中不同韵母的合音进展速度可能不一,比如山西洪洞方言已经完成了②③(前/央韵腹的儿化合流,开尾/有尾韵的儿化合流),但①尚未发生(舌尖、高与央中元音的儿化合流);而辽宁长海方言则是①②已经完成(舌尖、前高与央中元音儿化合流,前/央韵腹儿化合流),但③尚未发生(有尾/开尾韵儿化未合流)。北京方言则与辽宁长海比较接近,但新派无尾韵的儿化已开始

第九章　汉语中常用的两种语音构词法

与有尾韵合流（ar→ɐr 已基本完成，iɛr→iər 初见端倪）。下面是洪洞、长海方言儿化韵与单字韵的对应表：

洪洞方言：

ɿr(ɿ)ʅr(ʅ)

ɯr(ɯ)	ɐr(a,ai,an)	ər(e,ɛ,ei,en)	or(o)
ir(i)	iɐr(ia,iai,ian)	iər(ie,ien)	ior(io)
ur(u)	uɐr(ua,uai,uan)	uər(uei,uen)	uor(uo)
yr(y)	yɐr(yan)	yər(ye,yen)	

aor(ao)	our(ou)	õr(ɑŋ)	ə̃r(eŋ)
iao(iao)	iour(iou)	iõr(iɑŋ)	iə̃r(ieŋ)
		uõr(uɑŋ)	

（单字韵 ya、uɛ、ɚ、ueŋ、yeŋ 未见儿化韵。上表说明，洪洞儿化中单字的 i 尾、n 尾、开尾韵合流了，但舌尖元音和前高元音未与央中元音合流。）

长海方言：

	ar(a)	ɐr(ai,an)	ər(i,ei,en)		yr(ʏ)
	iar(ia)	iɐr(iai,ian)	iər(i,in)	ier(ie)	
ur(u)	uar(ua)	uɐr(uai,uan)	uər(uei,uen)		uʏr(uʏ)
		yɐr(yan)	yər(y,yn)	yer(ye)	

aur(au)	əur(əu)	ār(aŋ)	ə̄r(əŋ)	
iaur(iau)	iəur(iəu)	iār(iaŋ)	iə̄r(iəŋ)	
		uār(uaŋ)	uə̄r(uəŋ)	
			yə̄r(yəŋ)	

（单字韵 ɚ 未见儿化韵。上表说明，长海儿化中单字的前高元音、舌尖元音与央中元音合流，-i 尾、-n 尾合流，但开尾与 i/n 尾未合流。）

⑤ 长度正常的特殊单音节阶段〔下〕（平定的儿化）。"-儿"的特征在个别方言还进一步向前扩展到了前字的介音，形成阶段 c。该阶段的变化可图示如下：

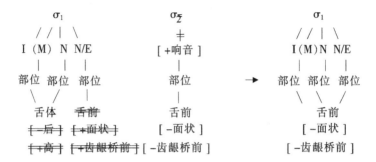

儿化进展到介音位置的方言不是很多,目前见到报道的只有山西平定(徐通锵,1981)和山东金乡、阳谷、利津、即墨等几个方言点。卷舌扩展到介音位置后与介音位置的前高元音 i、y 不相容,因此还要删除介音位置的舌体[－后]、[＋高]和舌前的[＋面状]特征,从而产生 i→r 、y→r^w 等变化。

介音 i、y 的改变又会影响到声母,特别是只配 i、y 的舌面 tɕ 组声母。为与卷舌介音自然衔接,不同方言分别发生了舌面 tɕ 组声母变 ts 组(删除舌前[＋面状],如平定),甚或在卷舌介音前插入元音 i 或 ə 的变化(如阳谷,董,1985)。

下面我们以平定儿化为例看看"-儿"进展到介音位置带来的具体结果。平定"-儿"的单字音为[ɭ],是卷舌边音。

儿化韵母与单字韵母有如下规则对应(根据王洪君(1994)的严式标音材料,并做了音位化处理):

ɭar(a,a?/ia)　　　ɭɐr(æ,æɛ/iæ)　　　ɭər(ei,ə?,e?/i)　　　ɭur(y)

ɭuar(ua)　　　ɭuɐr(uæ,uæɛ/yæ)　　　ɭuər(uei,uə?/yə?)　　　ɭur(u)

ɭɤr(ɤ)　　　ɭur(ɤu/iɤu)　　　ɭaor(ao)　　　ɭɤ̃r(ɤŋ/iɤŋ)　　　ɭār(aŋ)

ɭuɤr(uɤ)　　　　　　　　ɭũ̃r(uɤŋ)　　　ɭuār(uaŋ)

特殊:iɭɐr(iæ)/p^h,t____ ;　ɭur(uə?)

儿化声母的变化:

tɕ、tɕ^h、ɕ、∅(j-/ɥ-)→ts、ts^h、s、z

首先介绍一下平定儿化韵的具体音值特点。平定儿化韵卷舌开始得比北京儿化韵早,声母一结束就有明显的卷舌色彩,卷舌色彩一直持续到音节结束。声母后的卷舌成分发音慢时爆破出来,t 组声母后为闪音 r,其

第九章 汉语中常用的两种语音构词法

他声母后是边音 l，但 r、l 的长度极短，很快就过渡到卷舌韵母，发音快时 r、l 根本不爆破出来。

平定儿化韵母与单字韵母对应的总规则是：① 韵尾：阻塞音韵尾、i 韵尾和来源于 n 尾的鼻化成分脱落，u、ŋ 尾保留；② 韵腹：前元音央化，前高元音央化后与央中元音合流，央后元音不变；③ 介音：齐撮变开合，即不允许兼用舌前部位和舌体[－后]的介音，但允许舌体[＋后]介音。可以看出，这其中的道理与前面几个方言完全相同：卷舌的[－齿龈桥前]和[－面状]的特点与前元音（特别是前高元音）不相容，只是平定的卷舌动作已经前移到了介音位置。

声母的变化是由声母与介音的搭配规则决定的。平定的舌面前声母只能与齐撮呼相配，所以当儿化使得韵母的介音由齐撮变为开合后，舌面前声母为与之和谐，只能删去其[－齿龈桥前]、[＋面状]的特征，填入舌前部位的无标记特征[＋齿龈桥前]、[－面状]。介音齐撮变开合，声母的这种调整是符合自然音理的，是一种共时的音理制约的调整，所以只要现在是 tɕ 组声母（不管是见组来源的、还是精组来源的）儿化就变为 ts 组声母。这与太原嵌 l 词 tɕ 组变 k 组的性质不同。嵌 l 词 tɕ 变 k 是词根历史音形在共时派生词中的保留，不是受共时音理制约的调整。由此看来，太原嵌 l 词的历史层次较早，在尖团音合流之前已经定型，而平定儿化的历史层次较晚，定型在尖团合流之后。此外，平定零声母齐撮呼词根儿化后变为 z 声母，与舌面前声母的变化平行，看来，由于该方言中零声母齐撮呼(j、ɥ)的摩擦较强，其系统地位已经逐渐成为与 ɕ 配套的舌面擦浊声母。

儿化韵母中列了几个特殊对应。一是"相片儿"的"片儿"、"一点儿"的"点儿"单字音为 iæ 韵，儿化后仍保持明显的齐齿介音(iɛɚ)，没有变成开口呼。这究竟是规则性对应，还是例外，尚不能确定。因为，尽管齐撮词根的儿化变开合的例词很多（如"尖儿、钱儿、圈儿、卷儿、绢儿、芽儿、鸡儿、月儿、鱼儿、球儿、心儿、今儿、杏儿、影儿、明儿、名儿"），但除了"明儿、名儿"外都是 tɕ、tɕʰ、ɕ、ø 声母的，而"明"的单字音在当地还有开口呼的读法。所以，除舌面前声母之外，其他声母齐撮呼的儿化保持 i、y 介音是规则还是例外，仅凭我们收集到的两三个例词，还不足以下结论。另一个特殊对应是同为 uəʔ 韵，有的儿化为 luɚ（如"骨儿"），与 uei 韵的儿化同形；有的儿化为 lʊɚ（如"犊儿"），与 y 的儿化同形。由于"犊"是三等韵而"骨"是一等，所以"犊"的儿化相当于圆唇细音，是否是规则的变化，同样由于例词太少而无法确定。所以上面姑且先设了特殊一类。

平定儿化可用下面的规则描述：

（1）"-儿"的基本音形的特征组成是：[＋边音]、舌前（coronal）、[＋卷舌]。

（2）删去词根音节韵尾位置上具有[－持续]特征的音（即闭塞韵尾-ʔ）。因为闭塞音是音节的天然分界，是阻止后一音节的特征前移的屏障。

（3）"-儿"失去音节身份，它原来管辖的发音要素向同一音步的词根音节逆向前移。

（4）[＋边音]落脚（dock）于词根的介音位置，舌前[＋卷舌]落脚于词根的韵尾、韵腹、介音三个位置。

（5）删除词根音节韵尾、韵腹、介音位置上不能与舌前[＋卷舌]共容的的特征。这些特征是舌体[－后]（删除后前元音央化）及与[－后]共现的舌体[＋高]（删除后前高元音变为中元音）。

（6）删除词根声母位置上的[＋腭化]特征，因为[＋腭化]不能跟已占领介音位置的舌前[＋卷舌]自然衔接。删除后，无标记的[＋齿龈桥前]、[－面状]（即舌尖前 ts 组）默认插入（default insert）。

⑥ 正常单音节阶段（长治、四川等地的儿化）。如前所述，"-儿"进展到介音位置的在方言中不多见。多见的是在韵腹位置就向另外的方向发展。这就是，当韵腹位置的儿化韵母逐渐中和，儿化韵母聚合系统的结构格局与单字韵母逐渐接近，单字韵母的聚合模式对儿化韵母聚合模式的类化作用将逐渐加强。这种类化作用将使儿化韵腹的央/后、圆/不圆、鼻/非鼻都失去对立。如山西长治、盂县都只有中、低两套 8 个儿化韵（ar iar uar yar/ər iər uər yər），与当地的辅音韵尾整齐对应（如长治鼻尾韵有 aŋ iaŋ uaŋ yaŋ/əŋ iəŋ uəŋ yəŋ，入声韵有 aʔ iaʔ uaʔ yaʔ/əʔ iəʔ uəʔ yəʔ），而四川、云南、内蒙的许多方言中更是只剩 ər iər uər yər 一套儿化韵，连低、中的对立也失去了。央/后、圆/不圆、鼻/非鼻以至低/中的中和，与韵腹位置上原有特征与传递来的卷舌特征是否共容没有直接的关系，应该看做是单字韵母聚合模式对儿化韵聚合模式的类化作用。

以上讨论的是北方儿化的演化过程，南方"儿"的口语单字音一般是自成音节的鼻音 n 或 ŋ̍，由于鼻音做韵尾是汉语最普遍的音节模式，所以南方儿化合音也就更容易与单字音同模。南方儿化合音也是经过"儿"自成音节阶段，但"儿"轻声后很快就与前字并为一个长音节。如浙江义乌（李，1957）的"书"音 ɕy，"书"的儿化为 ɕyːn。长音节阶段后，向单字音模式靠拢有两种不同的途径，一种是长音节中"-儿"后缀的鼻音特征保留，压缩到前

第九章 汉语中常用的两种语音构词法

字的韵尾或韵腹位置,使两字合音为一个正常的鼻尾或鼻化韵音节,声调同化于前字;如宁波方言(徐,1985)的"鸭"音 aʔ,"鸭"的儿化为 ε(← *an),与当地咸山摄单字音(如"晏")同韵。另一种是长音节中"-儿"后缀的鼻尾特征失落,使两字的合音在音质上同化于前字,但合音的声调变化保留;如浙江温岭(李,1957)"刀"音 $tɔ^{33}$,"刀"的儿化音 $tɔ^{45}$。

从汉语方言中"-儿"合音词的各个阶段可以看出,合音构词尽管可能表面形式与西方语言的屈折构词法相同,表现为元音、辅音或声调的交替,但运行机制完全不同。汉语的合音词在表层的一个单音节词的背后,总能找到顺序排列的两个有意义的单音节基本形式。若后一音节的音节身份失去,其语音特征按普遍音理制约下的语音规则加到前面的音节上去,就能得到表层的合音词形。也就是说,汉语的一个合音的单音节词形总是受控于两个单音节词根,所以我们称之为"二合一"构词法。

9.3.2 儿化合音的演化与语法意义的磨损

前面对儿化合音各个阶段孰前孰后的判断,依据的是普遍的合音原理,事实上还有其他的证据可以证明这样的发展次序是合理的,这就是语法意义的磨损情况。我们在整理各方言的儿化资料时发现,各地儿化的语法意义也不尽相同,也可以整理出发展的前后阶段。"儿"的本义是"人或动物的小者",虚化为后缀后的第一阶段首先是表示"同类事物的小者",有"老虎"、"板凳",就有"老虎儿(小的老虎)"、"板凳儿(小的板凳)"。如浙江温州(郑张,1979,1980)、平阳等地自成音节的"-儿"就处于这一阶段。在这一阶段,加后缀"-儿"的构词法是能产的。随着"-儿"的推广,其语法意义也逐渐推广。第二阶段是泛化阶段。有两种发展的可能。一是衍生出随意或喜爱的感情色彩,推广用于动词或形容词(如北京话的"玩儿");二是有些本身较小的事物固定要加"-儿","-儿"词成为一类事物的通名,而不是该类事物的小者(如大猫、小猫都称"猫儿")。可以看出,随着语法意义和使用范围的扩大,表小的功能反而磨损了。这一阶段,"-儿"与名词搭配逐渐受到限制,较大事物的小者一般不再加"-儿"后缀(如"*水缸儿")。北京的儿化处于这一阶段。第三阶段"-儿"表小的功能进一步磨损,加"-儿"不再是能产的手段,它只能与某些名词或量词词根凝固搭配起一种不表小的成词作用。如内蒙武川安字号乡的方言中"-儿"只能与三四十个词根配合,所组成的词没有小称义。在这一阶段,"-儿"后缀词呈逐渐减少的趋势。

"-儿"语法意义的磨损与合音的发展阶段虽然不是绝对对应的,但也有明显的关联。当"-儿"自成音节或"-儿"词为一个半音节、长音节时,其语法意义一般都在第一阶段或第二阶段的早期,表小的意义较明显,构词能产性较高。温州、平阳的儿尾词和杭州、延川等地的"-儿"词就处于这一阶段。当"-儿"与前字词根融合为一个音节,但与单字音仍有明显区别时,"-儿"的语法意义一般在第二阶段的中后期,"-儿"构词的能产性较低,用于表随意或喜爱的衍生义和表示较小事物的通名的比例越来越大。北京的儿化就处于这一阶段。当"-儿"与前字融合为一个音节且与单字音同模(如北方方言只有两套8个或一套4个卷舌儿化韵或南方方言儿化韵与阳声韵完全同形)时,"-儿"缀词常常极少而且完全没有表小的作用。内蒙古武川、长治、四川成都和浙江宁波的儿化就都处于这一阶段。

各地也还或多或少有从其他后缀弱化来的合音词,形式上可能与儿化韵相同,如北京话的"今儿"据考证是从"今日"而来,另外"-子"的弱化也可能与"-儿"同形(tsʅ→tsə→ tə→lə→l̩/ə→ɚ)。这些形式都是在泛化阶段并入儿化形式,进一步模糊了"-儿"表小的意义。

以上讨论的都是一个方言后缀与前字合音发展内在规律。在社团人员大量变动或受到权威方言强大的外来影响的情况下,合音也可能有反向的发展。如,父母为外地人的年轻的新北京人可能比老年的北京本地人区分更多的儿化韵。这种外来社会因素造成的演变,与方言自身的演化性质不同。

9.3.3 儿化合音的重新分析与循环的变化

各方言"-儿"类词种种不同表现反映的另一有趣的现象是,当"-儿"类词发展到最后的阶段,即语音上与单字音同模、语法上小称义不明显时,各地的发音人往往意识不到这些单音节是合音,而把它们当作前字词根的又一种单字音,同时该方言一般都新生了另外的小称手段。

如,宁波方言的"鸭儿"音[ɛ],是"鸭[aʔ]"与"儿[ŋ̍]"合音后又经历了鼻尾弱化和脱落的结果。该合音与当地的咸山摄的单字音完全同音。当地人都认为它是"鸭"的又一种单字音,带有口语色彩的单字音。如果要表同类事物的小者,就前加"小"字。四川邛崃(李,1959)只有 ər、iər、uər、yər 一套四个儿化韵,儿化已完全没有表小的作用,当地又新生了重叠加"-儿子"表小的手段。如,大猫叫"猫儿[mər]",小猫叫"猫儿[mər]猫儿[mər]儿子"。看到"猫"这个单字,当地人常常首先读出[mər]的音,想不到[mər]是"猫儿"的合音。从发音人的意识看,这些合音字已经经历了重新分析,由

第九章 汉语中常用的两种语音构词法

两个音义结合体重新分析为一个音义结合体。汉语"一音节一义"的强式关联无疑是激发这种重新分析的原因。

新生的小称手段也完全可能是再加上一个自成音节的"-儿",形成后一时间层次上新生的"-儿"后缀与前一时间轮次上残存儿化共存的独特现象。如浙江的平阳既有自成音节的儿尾,也有与前字合音为长元音的儿化。自成音节的儿尾,并不如一些学者(徐,1985)所认为的那样是该方言两种"儿"形式中出现较早的,而是比该方言的儿化晚一个循环轮次的新生形式。我们的证据是,① 从语法意义看,平阳的儿尾小称义明显,构词能产性很强;儿化则不带小称义,已经相当凝固。据李荣(1957),平阳儿尾的"刀儿"[tɕœ⁴⁴ ŋ²³]是"小刀"的意思,而儿化的"刀ㄦ"[tɕœːŋ³⁴]就是指一般的刀。② 从语音形式看,平阳"儿"的单字音是31调(阳平),如果儿尾真的是早期形式,它无疑应该用单字调31,而事实上它却是23调。这个23调是哪儿来的呢?长音节的儿化词的变调提供了线索:阴平55+儿→34,阳平31+儿→23,上声54+儿→31。原来,这个儿尾[ŋ²³]实际上是个"儿ㄦ"(ŋ³¹+儿→ŋ²³),单用就是"小崽"之义。自成音节的儿尾实际上本身就是个儿化词,当然是先有儿化才能有这个自成音节的23调的儿化词了。

两个正常音节→一个半音节→一个长音节→一个模式特殊、长度正常的音节→一个正常的音节,这是合音演变的表层现象。其更深的规律是,说话省力的要求使两字的合音在一定程度上、一定范围内超出单字音模式,而系统整齐的制约又使得合音回归单字音模式。"一音节一义"的强式关联导致与单字音同模的合音重新分析为单字音,合音中原来担负的后缀义完全丧失。表达的需要促使新一轮一音节一义的后缀产生。在整个演变过程中,单字音、一音节一义的强式关联或在台前或在台后总在起作用。只有充分认识单字音和一音节一义强式关联在合音演变中的重要地位,才能正确透视共时各种语音构词现象的时间层次关系。

9.3.4 Z变韵的演化

上述合音规律从大的方面看,不仅适用于儿化韵,也适用于其他合音构词现象。下面我们看看汉语方言中另一种合音构词法——Z变韵的种种表现形式及其所反映的演化过程。

第2章曾简单介绍过,Z变韵流行于河南北部和山西南部,它是以韵母或声调的变化表示类似普通话"-子"尾意义的一种构词法。如河南获嘉话

211

"包"音 pau³³,"包子"则说 pɔ³³;山西闻喜城关"包"音 pao³¹,"包子"叫 pao:²⁴¹。这些方言也有儿化韵,儿化韵有表小的意义,Z变韵不表小。同时,这些方言儿化的时间层次明显晚于Z变韵,如闻喜话中机器造的小洋钉叫"钉儿"tiər,是"钉"的文读音 tiɑŋ 的儿化,而农村铁匠打制的盖房用的大钉叫"钉ᶻ"tiəːu,是"钉"的白读音 tiɛ 的Z变。只要是有文白两读的字,闻喜方言的儿化词都用文读做词根,而Z变词都用白读做词根。

目前发现的方言中Z变词的演变链还缺少一些环节,因此我们还不能完全确定它的本源字就是"-子"。尽管从语法意义看,它很可能是"-子":出现在名词词根之后,没有明显的小称义;从语音上看,是"-子"似也说得通,但演化链没有全接上。山西各地方言中"-子"自成轻声音节的反映形式有 tsʅ(如洪洞)、tsəʔ(山西大部分地区,如太原)、tsə(如朔县)、zəʔ(如山阴)、zə(如天镇)、təʔ(如长治)、tə(如忻州)、ləʔ(如沁县)等多种,形成声母塞擦音→塞音或擦音→流音、韵母趋央的完整的弱化链。这一系列的最后环节可追踪到原平方言的 ə,零声母且只占一个时间格。与前述儿化的情况类似,后缀弱化到这个阶段,就开始了与前字音节合为一个若即若离的长音节的现象,前字辅音性的塞尾脱落,鼻尾传到后缀的时间格上,如原平方言"刷子"音 suaː,"疯子"音 fəŋ·ŋ。但这些阶段与Z变韵还接不上。目前发现的Z变词有多种形式,但都是与后附 o、ou、u 或具有[＋后]、[＋圆]的特征有关,而前述的"-子"却都是不圆唇的前或央元音。山西运城北部方言和垣峪方言中有个语法意义似"子"、语音形式为[tou]的后缀,如果可以证明它也是"-子"的弱化形式,倒有望连接"-子"尾和Z变韵的两条演化链。我们期待着更多的材料发现。

根据目前的材料,我们只能说Z变韵很可能是"-子"的合音,但没有十分的把握。因此,下面我们只从有把握的与 o、u、ou 有关的一个半音节、长音节作为起点来讨论Z变韵的演化。

目前可以确定的Z变合音的最早期形式,相当于儿化合音长音节阶段的早期:基本上是前字音节的特征占据长音节的前四个时间格,除去声母,还有三个时间格。后缀的语音特征占据最末(第五个)时间格,两者还没有完全化合。但前字辅音性的韵尾已经起了变化:塞音尾脱落,鼻尾传到最末的时间格,这又说明这些若即若离的五个时间格已经可看做一个长音节。山西闻喜城关方言(徐、王,未刊)的Z变韵就处于这一阶段。下面是该方言Z变韵与单字韵的对应表(括号内为相应的单字音及例字,下同)。

第九章　汉语中常用的两种语音构词法

山西闻喜方言 Z 变韵表：

ɿ:əu（ɿ 狮）	i:əu（i 蹄）	u:（u 裤）	y:u（y 女）
a:o（a 耙）	ia:o（ia 茄）	ua:o（ua 娃）	—（ya）
	iɛ:u（iɛ 碟）		yɛ:u（yɛ 靴）
ə:u（ə 鸽）	iə:u（iə 疟）	uə:u（uə 骠）	
æeu（æe 筛）		uæeu（uæe 筷）	
—（ei）		ueiu（uei 柜）	
ao:（ao 包）	iao:（iao 料）		
əu:（əu 猴）	—（iəu）		
æ:ū（æ 盘）	iæ:ū（iæ 辫）	uæ:ū（uæ 罐）	yæ:ū（yæ 院）
ē:ū（ēi 盆）	iē:ū（iēi 银）	uē:ū（uēi 孙）	yē:ū（yēi 裙）
ʌ:ū（ʌŋ 疯）	iʌ:ū（iʌŋ 箱）	uʌ:ū（uʌŋ 聋）	—（yʌŋ）

（注：后缀的各种音形变体 əu、u、o、ū 均只占最末位时间格，前字韵母不管是无尾韵还是有尾韵都占满前三个时间格。因此，原来的有尾韵大多有了两个韵尾，无尾韵有了一个韵尾。上表以长音符号:表示韵腹是占两个时间格还是韵尾占两个时间格。咸山摄阳声韵字的单字音已听不出鼻音，但其 Z 变韵的鼻音色彩很明显。另：前元音 æ、ē 后的 ū 比后元音 ʌ 后的 ū 偏前。）

闻喜城关的 Z 变音除了韵母的变化还有声调的变化。下面该方言 Z 变调与单字调的对应表（圆括号内为单字调值和今调类，方括号内为中古调类）：

241（← 31 阴平［清平］）
　　（← 44 上声［清上、次浊上］）
　　（← 53 部分去声［部分清入、次浊入］）
551（← 213 阳平［浊平、全浊入］）
　　（← 53 部分去声［去声、部分清入、次浊入］）
213（← 213 阳平［全浊上、浊去］）

可以看出，闻喜城关所有的 Z 变调都是长调，而 Z 变韵则最后一个音段都可以解释为 u 的条件变体。这说明闻喜城关的 Z 变音还处于合音的较早期的阶段，处在合音韵母和声调两方面都大量突破单字音格局的阶段。

Z 变音在闻喜所在的山西晋南和邻近的晋东南、河南北部有多种不同表现。综观这些表现可以看出 Z 变音后来的发展方向也是向单字音的格局靠拢，但分为两种不同的方向。一种是韵母先向单字音靠拢，Z 变带来的后、圆唇特征失落，长调保留下来承担 Z 变义。另一种正好相反，声调先向单字调靠拢，不再保持长调，但后、圆的特征保留在韵母中承担 Z 变义。

晋南的方言多取第一种发展途径。如山西运城市的中区和东区就是保持长调而失落 Z 变的音质特征的典型。该方言的 Z 变音都是单字韵母的简单延长，如下所示。

运城中区、东区的 Z 变韵与单字韵对应表：

ɯː:(ɯ 黑)

ʅː:(ʅ 柿)

ɿː:(ɿ 尺)　　　　　iː:(i 鼻)　　　　　uː:(u 厨)　　　　　yː:(y 女)

aː:(a 瞎)　　　　　iaː:(ia 架)　　　　uaː:(ua 滑)　　　　yaː:(ya 瘸)

eː:(e 车)　　　　　ieː:(ie 蝎)

oː:(o 桌)　　　　　　　　　　　　　uoː:(uo 骡)　　　　yoː:(yo 脚)

aːi(ai 带)　　　　　　　　　　　　　uaːi(uai 筷)

eːi(ei 锛)　　　　　　　　　　　　　ueːi(uei 柜)

aːu(au 豹)　　　　　iaːu(iau 酵)

oːu(ou 芦)　　　　　ioːu(iou 瘤)

æː:(æ 鞍)　　　　　iæː:(iæ 剪)　　　uæː:(uæ 馆)　　　yæː:(yæ 院)

ẽː ĩ(ẽĩ 根)　　　　　iẽː ĩ(iẽĩ 引)　　　　　　　　　　　yẽː ĩ(yẽĩ 孙)

ãːŋ(aŋ 胖)　　　　　iãːŋ(iaŋ 箱)　　　uãːŋ(uaŋ 王)

ə̃ːŋ(əŋ 疯)　　　　　ĩːŋ(iŋ 蝇)　　　　ũːŋ(uŋ 聋)　　　　ỹːŋ(yŋ 壅)

有证据表明运城这种单纯的韵母延长是从闻喜城关那样的后加 u 的形式衰减而来的：同一个运城市的北区、东北区的方言中，韵腹、韵尾为央后的单字韵母（a 类、o 类、aŋ 类、əŋ 类和 u、ɯ）的 Z 变韵与中区、东区一样已经失落了 u 尾，只保留长调，而韵腹、韵尾为前展的单字韵母（ʅ、ɿ、i、e 类、ai 类、ei 类、æ 类、eĩ 类）的 Z 变韵则仍保留 u 尾。如 aː:(a 瞎)、oː:(o 桌)、ɯː:(ɯ 黑)、但 eːəu(e 车)、ɿːəu(ɿ 尺)、aeːə(ai 菜)、æːəu(æ 盘)、ẽːue(eĩ 身)等。这说明失落 Z 变带来的特殊音质是个逐渐演化的过程，在韵尾、韵腹带有后或圆特征的单字韵母中首先失落，在韵尾、韵腹为前、展唇的韵母中后失落。邻近小方言中保存了演变的中间环节。我们在闻喜郊区调查发现的材料更有意思。在我们调查用的词表中，闻喜城关用后加 u（或其他变体）并且长变调表示的 Z 变词共有 102 个词，在闻喜南乡的一个小山村的方言中，这 102 个词有 34 个仍是加 u 且变长调，23 个只保留长调不保留 u，41 个 u 尾和长调都失落，和单字音完全相同，显示出明显的衰败趋向。特别值得注意的是还有一个词是加 u 不加 u 均可（"狮^Z"$ʂʅːu^{241}$～$ʂʅː^{241}$），有三个词虽

第九章　汉语中常用的两种语音构词法

然既不加 u 也不是长音节,但调型不与单字调相同,而与 Z 变调的缩短相同。而闻喜的北垣乡则是这 102 个词的词形仍然带有后加 u 的只有一个词,另有 51 个词保持长调,剩下的 50 个词都与单字音完全没有区别。这些现象都生动地反映出这一系方言 Z 变合音发展的轨迹:先是后附的 u 失落,然后是长调变短,如果 Z 变调型与单字调型变化不大,缩短后就等同于单字音了。

另一系的发展是保留 Z 变后附的后圆特征,音节压到正常的四个时间格。河南北部的方言多取这一种发展途径,这也许与当地的变调现象较少有关。河南方言中反映 Z 变音较早阶段的当属长垣方言(王青峰,2007),如下所示。

河南长垣方言 Z 变韵与单字韵对应表:

əːo(ɿ 丝　ʅ 狮　ə 蛾)
iəːo(i 蹄　ie 叶　ei 痱[限唇音]　ae 带[限舌尖音])
uəːo / ɿɛːo(uə 锅　uei 腿 / ɿ 珠[限卷舌音])
yəːo(y 驹　ye 瘸　yə 虐　uei 穗)
aːo(a 疤　au 帽)　　iaːo(ia 芽　iau 瓢)　　uaːo(ua 花)
ɛːo(ɛ 虱 ae 盖)　　　uɛːo / uɜːo(uae 拐筷　uei 对 / ɿei 锤)
aːe(ae 袋盘)　　iaːe(iae 燕)　　uaːe(uae 筷碗)　　yaːe(yae 院)
aːŋ(aŋ 帮)　　　iaːŋ(iaŋ 箱)　　uaːŋ(uaŋ 框)

(注:单字韵母 u、ou、iou、əŋ、iŋ、uŋ、iuŋ、ər、ɿɛ、iei 没有 Z 变韵。后三个韵母是由于辖字较少而没有需要 Z 变的名词词根,前 7 个则是 Z 变韵与单字韵母同形。单字韵母 ei、uei、ae、uae 分别对应两到三个 Z 变韵,这是由于这些韵母原来有两到三层不同的文白形式,具体分析见下一小节。)

长垣 Z 变韵仍都是五个时间格的长音,大多数的第五个时间格保持了[+圆]、[+后]特征。但在以下几个方面合音有了新的进展:① 调型不再有变化,只是单字调型的简单延长。② 前字韵尾与 Z 变后缀音形相同或相近的 u、ou、iou、əŋ、iŋ、uŋ、iuŋ 不再有 Z 变形式。③ 后缀音形影响到前字韵腹的语音特征开始融合:韵腹位置上舌尖元音、高元音、中高元音的对立消失,造成 ɿ、ʅ、ə / i、ie、ei / uə、uei / y、ye、yə 的 Z 变韵合流。(注:ae 韵 Z 变入 iəːo 和 uei 韵 Z 变入 yəːo 则与合音紧密无关,见下一小节)。④ 第五时间格的后缀特征与第四时间格前字韵尾如果高度相同,则在前后、圆唇特征上被同化。即,ae 韵后的第五时间格不再保持后圆的 o,而与第四时间格同化为前展的 e。

获嘉方言的 Z 变音除三个韵外都不再保持长调,也就是说,Z 变带来的后、圆特征除这三个韵外都挤入了四个时间格。如下所示。
获嘉 Z 变韵与单字韵对应表:

īou(i ə?)   i:ou(i ei i?)   u(u?)   yu(y uei y?)
ou(1)
ɔ(a au)   iɔ(ia iau)   uɔ(ua)
o (ɤ a? ɐ?)   io(iɛ iɐ? ai)   uo(uɤ ua?)   yo(yɛ ya? yɐ? uai)
ā(an)   iā(ian)   uā(uan)   yā(yan)
ɔ̃(aŋ)   iɔ̃(iaŋ)   uɔ̃(uaŋ)
                  i:ŋ(in iŋ ən)   y:ŋ(yn un uŋ)

获嘉 u、ou、iou、əŋ 韵的 Z 变与单字韵母同形,yɤ、uɐ?、yŋ 等韵因字少没有需要 Z 变的名词词根形式。剩下的诸韵中只有以前高的 i、y 为韵腹的一部分韵保持了长音节的 Z 变形式。这一途径发展的趋向可以郑州方言的 Z 变韵为代表。郑州一共只剩下与单字韵母模式完全相同的两套 8 个韵母,如下所示(周庆生,1987):

ou(ɿ ʅ u [f-])   au(a ɤ ai [s- ʂ-)
iou(i ei)   iau(ia iɛ ai [*s- ʂ-])
uou(u [*f-] uei)   uau(ua uɤ)
you(y)   yau(yɤ yɛ)

综上所述,Z 变韵和儿化韵一样,会在合音的某个阶段出现大量的时间上多出一个时间格、音质上多出后缀的某些语音特征的特殊的成音节结构。随着合音的进一步紧密,在长度和音质组配两方面都向单字音节的模式靠拢。这是合音的共同规律。但由于 Z 变后附的是可以做正常音节韵尾的后圆特征,而不是特殊的卷舌成分,所以它发展的具体轨迹与儿化韵略有区别:音节缩短后以 u 结尾的单字韵母的 Z 变形式往往与单字音同形,因而不少方言只有部分单字韵母有 Z 变形式。另外,也许是为避免这种同形,取保持长音而失落 u 尾的另一条途径的方言较多。再有,后缀的后圆特征大多传递到韵尾,顶多传递到韵腹,不再前传到介音、声母等等。从 Z 变韵与儿化韵的共同特点和不同点都可以看出单字音模式对合音的强烈的制约。

9.3.5 Z 变例外词形与时间层次

如前所述,Z 变词形大多可以用前字单字韵母的特征与一个具有

第九章　汉语中常用的两种语音构词法

[＋圆]、[＋后]特征(u或o)的后缀的合音过程来解释，但也有个别Z变词形似乎不符合这一规则。比如获嘉方言的Z变韵大多可以用单字韵母与u的合音来解释，如 i:＋u→i:ou(单韵母 i 占介音、双韵腹三个时间格、后缀 u 占第四个时间格，压合到一个四个时间格的长韵母中后，连接处出现过渡音 o)，a:＋u→a:u→ɔ: 和 au＋u→au:→ɔ:(早期合音 a:u 和 au: 都占四个时间格，比正常韵母长一个格。后期压到三个时间格时，u 的后高圆特征与 a 融合为高一度的 ɔ)，an＋u→ā(在长音节的阶段，n 的鼻音和前的特征向后传递到原来后缀 u 所占的第四时间格，顶替了 u 的后圆特征，成为长韵 āɪ，后期压到三个时间格时变为 ā)，等等。总之，单字韵与Z后缀的合音，会造成音节的加长或再回复正常、单字韵腹韵尾特征的移位或失落、[＋后][＋圆]特征的添加及移位或失落等变化。(如果合音中单字韵腹韵尾的特征较前移动了位置从而与单字韵有了区别，如 an→ā，则回复正常音节时被顶替掉的也可能是Z后缀的特征。)也就是说，Z变韵是长音节或是正常音节，Z变韵各个位置的特征是单字原有的或Z变词缀带来的，这些差异都是合音进程后两阶段的正常现象。

但获嘉的以下Z变韵与单字韵的对应不合上述规则：

①io(～ai)　　　　　　　　　　⑦yo(～uai)
②io(～ɐʔ，部分字)
③i:ou(～ei)　　　⑤ui:ou(～uei 限零声母)　⑧yu(～uei 限非零声母)
④i:ŋ(～ən)　　　⑥ui:ŋ(～un 限零声母)　　⑨y:ŋ(～un 限非零声母)
　　　　　　　　　　　　　　　⑩y:ŋ(～uŋ，棕一字)

以上10条不规则交替中⑤⑥两条可以分别并入③④。因为汉语合口呼的零声母一般都带有一些摩擦成分，把它们处理为零声母合口呼还是浊擦音声母开口呼，从音值上看实际上是两可的，剩下的决定因素就是它们在各种音系规则中的表现。⑤⑥两类字在Z变中的反应与同一韵母非零声母的合口呼⑧⑨相距甚远，却与相应的开口韵③④相同。这说明，至少在Z变构词的活跃时期，这两类字在获嘉音系中的地位是开口而不是合口，即当时它们的系统音值应该分别是 *wei、*wen，w 作声母，而不是介音。因此下面我们把⑤⑥并入③④讨论。

①③④与⑦⑧⑨，在单字韵是开合相应的关系，在Z变韵是齐撮相应的关系。也就是说，它们的交替模式分别平行。因此可以①③④赅⑦⑧⑨。

不难看出，以上不规则交替都是开、合的单字韵与齐、撮的Z变韵交替。其 Z 变的结果都是在介音位置增加了[＋前][＋高]等单字韵时没有、Z 词缀也不具备的特征。

这种现象怎么解释呢？根据第四章讨论的许多具体实例可以看出,这种共时构词中的不规则现象,往往是历史上原来的词根形式发生了变化。我们可以根据现在的规则形式去反推、建立一个可以最简明地生成现在 Z 变韵的词根形式。从共时看,它们是语素的深层形式,从历时看,它们是历时上曾经存在但现已消失的形式。

根据规则反推的获嘉不规则 Z 变韵词根的深层（早期）形式和演变过程如下（今单字韵及例字用括号括住放在每条的前面,*表示在共时音系中不存在的反推拟测形式）：

① (ai,苔盖) *ɛ → *ɛːu → *iɛːu → io, 或 *iɛ → *iɛːu → io
② (ɐʔ,麦虱) *ɛʔ → *ɛːu → *iɛːu → io, 或 *iɛʔ → *iɛːu → io
③⑤ (ei,被痱苇) ei → *eːu → *ieːu → iːou, 或 *i → iːou
④⑥ (ən,盆根蚊) *en → *eːŋ → *ieːŋ → iːŋ, 或 *ien → iːŋ
⑦ (uai,筷) *uɛ → *uɛːu → *yɛːu → yo, 或 *yɛ → *yɛːu → yo
⑧ (uei,穗) uei → *ueːu → *yeːu → yu, 或 *y → *yːu → yu
⑨ (uən,棍孙) *uen → *ueːŋ → *yeːŋ → yːŋ, 或 *yn → yːŋ
⑩ (uŋ,棕) yŋ → yːŋ

前 9 条的早期单字韵形式都拟测了开/合口、齐/撮口两种可能,⑩却只拟了撮口一种可能。这是因为,从各地方言和文献材料看,前 9 条的开合口单字形式很普遍地是前中元音韵腹,而⑩的开合口单字韵(əŋ、uŋ)却很少是中前元音的韵腹。无论是一种还是两种可能,以上拟测的深层形式的共同特点是韵腹为前中/高元音。从这些形式出发,其 Z 变历程其实是很规则、很自然的,就是一个前中高韵腹的前面增生 i、y 介音的过程。前中元音韵腹是开合转齐撮的必要条件。在汉语各个方言中,不管是什么来源的韵,原来的音值如何,只要韵腹在后来演变中变成了前中元音,就极有可能由开合转齐撮。如太谷的"哥"kie、"锅"kye,阳高乡间的"狗"kieu。

从来源看,前 9 条大多属于中古开合一二等韵,原来是没有 i、y 介音的。因此,所拟的两种可能早期形式只是反映了不同阶段上的开合转齐撮：或者在 Z 变前就转入了齐撮,Z 变就在齐撮单字韵的基础上进行；或者在 Z 变长音阶段转齐撮,单字韵并未涉及。不管哪种情况,开合转齐撮的条件都是前中元音韵腹。

从历时的角度看,前面所拟的单字韵深层形式,应该是 Z 变构词活跃

第九章　汉语中常用的两种语音构词法

时的早期形式。但是,对比所拟诸条单字韵与今单字韵却不难发现,从这些早期形式出发,很难符合音理地自然演变为现在的单字音形式。如 ① *ɛiɛ → ai,② *iɛʔ →ɐʔ,④ *in → əŋ,⑧ *y →uei,⑩ *yŋ →uŋ。从邻近方言的证据看,获嘉不规则 Z 变韵的今单字韵与早期单字韵应该是覆盖与被覆盖的关系,今单字韵是后来时间层次上进入的他方言文读音,已消失的早期单字音是原来本地的白读音。如:

(1) 邻近方言的单字韵有分为两个时间层次的现象,获嘉的反推单字韵与较早的白读音更接近。如闻喜"穗"ɕy$_白$、suei$_文$,"该"kæɛ$_文$、kiɛ$_白$,陵川"块"kʰuæɛ$_文$,kʰue$_白$。而 Z 变韵都是从时间层次较早的白读音派生。如闻喜"穗^z"ɕy:u,从由白读;"穗$_儿$"suər,从由文读。

(2) 邻近方言有 Z 变韵分为两个时间层次的现象。如河南长垣方言,单字只有相当于闻喜文读层的一种读音,但相应的 Z 变韵却有的有两音:"(锅)盖^z"kɛ:o(～æe),"(鳖)盖^z"kæ:e(～æe);"穗^z"syə:o(～uei),"对^z"tuɛ:o(～uei)。可以看出,后一种形式都可以看做现在的单字韵后加-o 的合音(韵腹为前元音的还要再加一些调整规则),而前一种形式却很难看做现在单字韵与-o 的合音,倒很像是从与闻喜方言白读音类似的单字韵派生的。对比闻喜方言的材料我们认为,更合理的假设应是,长垣两个 Z 变韵对应一个单字韵是表面现象,实际上这些单字韵曾有不同层次的两个读音。由于两个读音共存时 Z 变构词仍然活跃,因此派生出两个 Z 变韵,分别用于不同的词汇。后来,较早时间层次的单字韵消失了,但从它而派生的 Z 变词由于在口语中经常使用而保留了下来。

上面反推出来的单字韵深层形式,现在仍存在于邻近的一些方言中,这就为它们在获嘉的曾经存在提供了强有力的支持,如:

① "台^z、盖^z、筛^z" io(～ai), ← *ɛ,或 ← *iɛ

该规则涉及蟹摄开口一二等字。邻近的山西方言中,晋中、吕梁的蟹开一二大多保持对立,一等元音较高,韵腹多为中元音 ɛ、e,二等元音较低,韵腹多为低元音 a、æ。其他邻近地区的蟹开一二不再对立,从音值看有的都归入低元音,与二等相同;有的都归入中元音,与一等相同。归入中元音的韵母大多单化,有的还增生了 i 介音。如"盖"晋城 kɛ,闻喜 kiɛ$_白$;"代"离石 tie$_白$。

② "麦^z"和"虱^z" io(～ɐʔ),← *ɛʔ,或 ← *iɛʔ

该规则涉及梗开二入声和臻开三庄组入声字。这些字在邻近方言中多以中前元音 ɛ 为主元音,在山西方言中还大都有 i 介音。如"麦"太原 mieʔ,运城 mia,闻喜 miɛ,郑州、开封 mɛ。臻开三入声的"虱"在邻近方言中的情况也差不多,如"虱"郑州、开封、运城 ʂɛ,闻喜 siɛ。

③ "被ᶻ、妹ᶻ、痱ᶻ" iːou(～ei),← ei,或← *i

⑤ "围ᶻ、苇ᶻ" wiːou(～wei),← *wei,或← *wi

这两条规则涉及蟹合一、止摄唇音字(③)和止合三喻母字(⑤)。该类字早期单字韵的第一种可能 ei 就是获嘉现在的单字韵,无须另外举证。另外一种形式 *i 在邻近方言的证据如"被"闻喜、运城 pʰi,"痱"开封、郑州、洛阳、闻喜、运城 fi,"维"洛阳、闻喜 vi。

④ "盆ᶻ、门ᶻ、份ᶻ、根ᶻ" iːŋ～(n),← *en,或← *ien

⑥ "蚊ᶻ" wiːŋ(～wun),← *wen,← *win

这两条规则涉及臻开一舌根音、合一唇音字(④)和臻合三微母字(⑥)。邻近方言中广泛存在该类字主元音前化的现象。如闻喜、运城、渑池、孟县该类字韵母为 eĩ,万荣、永济、洛宁、修武、焦作则为 ei。如"盆"、"蚊"在闻喜等地分别为 pʰeĩ、vĩ,在万荣等地分别为 pʰei、vei。某些声母后还有增生 i 介音的例证,如"根"闻喜 kieĩ,万荣 tɕiei。

⑦ "拐ᶻ、筷ᶻ" yo(～uai),← *uɛ,或← *yɛ

该规则涉及蟹合二舌根音字。与①平行,邻近方言也有蟹合二韵腹高化为中元音并且单化的例证。如"拐"晋城 kuɛ,"块"陵川 kʰue白,kʰuæɛ文。也有介音转入撮口的例证,如离石"拐"kye,"筷"kʰye。

⑧ "穗ᶻ" yu(～uei),← uei,或← *y

该规则涉及止蟹合三字。与③平行,该类早期单字韵的第一种可能 uei 就是获嘉现在的单字韵,无须另外举证。早期单字韵的第二种可能 *y 也例证很多。汉语许多方言,包括与获嘉邻近的山西南部方言中广泛存在 uei文/y白 的交替。如闻喜"穗"ɕy白、suei文,"嘴"tɕy白、tsuei文。

⑨ "墩ᶻ、孙ᶻ、棍ᶻ" yːŋ(～un),← *uen,或← *yn

该规则涉及臻合一字。与④平行,该类字在④中提到的方言中也都是前中元音韵腹。如"棍"闻喜 kueĩ,万荣 kuei。该类字转入撮口 yn 的例证较少,有永济、运城的"孙"分别为 yei 和 yeĩ(只限这一字)。

⑩ "粽ᶻ" yːŋ(～uŋ),← *yŋ

"粽"是通合一精组字。根据《河南方言研究》等书,河南 7 个代表方言点中的 5 个有通合三精组字保持撮口呼的现象(如"松、龙"为撮口),通合一精组则有"粽"一字派入撮口呼。如洛阳、郑州、开封、淮阳、安阳"粽"的单字韵均为 tɕyŋ。另外,相距较远的山西文水、汾西也是"粽"(tɕyəŋ)一字与若干通合三字一起派入撮口(如"龙"lyəŋ)。由此看来,通合一"粽"一字

第九章 汉语中常用的两种语音构词法

与通合三精组入摄口的地域远比现在为广,而获嘉正处于这一片地域的中部,很可能也曾属于这一系方言。获嘉的"松、龙"仍是撮口呼,更为这种假设提供了有力证据。

不规则中有规则,共时之中含历时。共时不规则的构词交替常常提供了观察历史的窗口,从中可以窥见语音发展的历史轨迹或不同时间层次音系的叠合。历史的澄清又将反过来帮助解决共时音系现象的一些疑难。

9.4 单字音与汉语语音构词法

许多语言学家都曾指出,汉语一般每个音节都有自己的意义,多音词一般都是由有意义的单音节复合而成的,但这一规律有不少例外。我们认为,这些例外明显是有规律的。例外首先是外语借词(如"沙发"、"布尔什维克"),这些外来成分常常是每个音节的声调、甚至声母、韵母都不固定,它们构成汉语词汇中特殊的一层。当声调、声韵母都固定下来,往往就已经经过了汉语单字音的重新分析,赋予了每个单音节以意义。如在现代汉语者看来"沙发"似乎有"松软"之义,"马达"有"趋动力"之义。再一些例外就是我们上面讨论的所谓"多音节一义"的特殊韵律词和一音节两个意义的合音词。从前面的讨论可以清楚地看出,这些非一音节一义的汉语本族词都受控于一音节一义的单字音。只有从单字音出发,才/就可以按一定的规则派生出非一音节一义的词形。其中,多音节特殊韵律词形的音段配列选择与单字音大致相同,正是这种特殊的约束产生出回旋或前冠等效果,而这些特殊的约束(相同成分周期性重复出现的音段配列)以非线性的音节架构表达了"拟声摹态"等抽象度较高的意义,全词并不是只有"一义"的单纯词。合音词形虽然可能在一定时间内、一定程度上超出单字音结构,但最终还要回到单字音。总之,离开了单字音,特殊韵律词的约束或合音性边际词形的超出都无法简明、系统地描写。因此可以说,单字音构成了汉语音系的基本模式,特殊韵律词和合音词则构成了基本模式有规则地缩小或扩展的次级模式。次级模式既体现了基本模式的弹力,也证明了基本模式的存在。合音词回到单字音后的音义重新分析和外语借词的音义重新分析更说明了汉语一音节一义这一基本关联的强大威力。语音层面和语法层面的关联是任何普遍的音系理论都不应忽视的。

第十章 声 调

10.1 两种不同类型的声调

说汉语的人几乎都知道汉语是有声调语言,汉语的每个音节都有一个声调。但在国外的语言学界,"声调"并没有严格的定义,国外讨论的"声调"与汉语的声调往往不是一回事。

20世纪早期的结构语言学曾把语言的超音质音位分为音强重音、音高重音、声调三类。音强重音指类似英语那样以词内音节或摩拉间的音强对比而形成的韵律差异,如英语 'present(礼物)是第一音节比第二音节重,pre'sent(表达、呈现)是第二音节比第一音节重。音高重音是指日语那样以词内摩拉间的音高对比而形成的韵律差异,如日语的 hashi(筷子)是第一摩拉高第二摩拉低,而 hashi(桥)是第二摩拉高第一摩拉低。区别在音高却称之为"重音",有些名不符实。声调指类似汉语的以音节内的音高变化模式形成的韵律差异,如汉语普通话的 ma 高平调为"妈",高升调为"麻"。可以看出,音高重音在着眼于词内音节之间的对比这一点上与音强重音类似,在着眼于音高不在于音强这一点上又与声调类似。

声调是20世纪70年代后美国非线性音系学,特别是自主音段音系学,讨论的热点问题。但它们所讨论的声调是非洲、日语式声调,即结构主义所说的音高重音。这种声调的确与汉语的声调有某些共同之处,但也有很大的差异。下面我们按照当前的国际习惯把音高重音也叫做声调,先介绍一下自主音段学说对非洲、日语声调的研究成果,再讨论这些成果哪些适用于汉语声调,哪些不适用。

第十章 声 调

10.2 自主音段声调学——基于非洲语言声调的声调学

10.2.1 自主的声调音列

20世纪70年代后期出现的自主音段音系学(J. Goldsmith 1976,G. N. Clement & J. Goldsmith 1984)其实最早是处理非洲声调与音质音段的关系的。该说提出,语流中声调的音高变化虽然是与音质(音节的韵这一部分)成分同时发出的,但有自己的、独立于音质线性列的线性结构,这就是音高的旋律结构。声调构成独立的音列(tier),可以从声调语言的一些构词音变现象看出来。如 Margi 语(Hoffman,1963)中,一些元音在组词中弱化为辅音性的半元音,不再有担负声调的能力,但原来与它们同时发出的音高特征并不由于元音的消失而消失,而是传递到后一个元音上。请注意下面(a)、(b)、(c)里名词后缀 ari 中 a 的声调变化及其前接词根的条件不同(元音连 H 表高平调,L 表低平调,LH 表升调,HL 表降调):

```
(a)    H        H H L            H        H  H L
       |        | | |             |        |  | |
       sal  →   sal-a r i 男人     kum  →  kum-a r i 肉

(b)    L        L H L             L        L H  L
       |         \|/               |        \|  /
       ti   →   ty-a r i 早晨      hu   →  hw-a r i 坟墓

(c)    H        H H                H H      H H L
       |        | |                | |      | | |
       ku   →   kw-a r i 山羊      tagu →  tagw-a r i 马
```

(a)中名词词干的元音都没有弱化,与词缀各自担负自己原来的声调,未发生变化。(b)、(c)中名词词干的最后一个元音都发生了元音弱化,不再有担负声调的能力。但(b)中 ari 的 a 为升调 LH,(c)中 ari 的 a 却为高平调 H。很明显,这一差异源自词干末音节原来的音高区别:(b)中来自词干的低调 L 加上后缀的 a 原有的高调 H,就成了升调 LH;(c)中来自词干的则是与后缀中 a 原有调相同的高调 H,所以两个高调碰在一起还是 H 调。

由此可见,音质音列上的省略、弱化并不一定直接对应于声调音列的省略、弱化。超音质的音高声调,与音强重音一样,与音质成分是一种类似曲调与歌词的关系,它们是两个独立的音列。由此,研究声调音列自身的线性结构模式及其与音质音段的连接规则的任务就提了出来。下面是自主音段音系学研究非洲语言声调时常用的一些范畴和方法。

10.2.2 声调的最小单位与结构单位——单值音高的声调(特征)与调型(旋律)

自主音段声调学认为，尽管一个元音担负的声调可以是平调，也可以是斜调(升调或降调)，但斜调实际都是两个平调的组合体，即"升＝L＋H"，"降＝H＋L"。也就是说，只有单值的平调才是声调的最小的单位，斜调需再分析为几个平调的组合。这在非洲的声调语言中是合理的，因为，非洲语言的声调有如下特点：

① 平调的分布自由、不可预测，是基本调；斜调的分布受限制、可预测，是派生性的。非洲声调语言中的音节以 CV 音节为多，CGV 或 CVC 音节大多是语素组合时合音的结果，如上小节所列 Margi 语的 tya、hwa 音节分别是"ti＋a"和"hu＋a"的合音。斜调一般只出现在派生性的合音音节或词末有较大停顿的位置上，平调则可以在单纯词、复合词、派生词、合音音节、非合音音节的任何位置上出现。可比较上小节 Margi 语词例中平调的自由性分布与斜调的限制性分布。

② 在非洲声调语言的语流变调中，与斜调有关的同化音变总是位于升调 LH 左边的调同化为 L 调，右边的调同化为 H 调；降调 HL 则是其左边的调同化为 H 调，右边的调同化为 L 调；未发现升调两侧的调被同化为升调，降调两侧的调被同化为降调的情况。如果是异化音变，则 LH 的左侧异化为 H，右侧异化为 L；HL 的左侧异化为 L，右侧异化为 H，未发现升调异化为降调，降调异化为升调的情况。这说明连接在一个元音上的斜调 LH 或 HL 并不是一个不可分割的单位，而是 H 和 L 两个成分临时连接到一个音质音段上。

③ 非洲声调语言中多音节词的音高曲线类型并不等于单音节词音高曲线类型的顺序拼合。如 Margi 语的单音节词干有 L、H、LH 三种类型，如果它们都是不可分析的独立单位，双音节词干应该有 3×3＝9 种音高曲线类型：L－L、H－H、LH－LH、L－H、L－LH、H－L、H－LH、LH－L、LH－H；但实际却只有三种：L－L，H－H，L－H，即，与单音节词干的音高曲线类型相同。日语的情况也与此类似。对日语的声调模式现有不同的处理，但按照传统的标调法，日语不管词干是几个音节，有几个摩拉，一共只有 6 种不同的音高曲线类型。如下所示：

第十章 声 调

	一拍词	二拍词	三拍词	四拍词	五拍词	调型
0调	L(H)	LH(H)	LHH(H)	LHHH(H)	LHHHH(H)	―――――。
1调	H(L)	HL(L)	HLL(L)	HLLL(L)	HLLLL(L)	￣＿＿＿＿。
2调		LH(L)	LHL(L)	LHLL(L)	LHLLL(L)	＿￣＿＿＿。
3调			LHH(L)	LHHL(L)	LHHLL(L)	＿＿￣＿＿。
4调				LHHH(L)	LHHHL(L)	＿＿＿￣＿。
5调					LHHHH(L)	＿＿＿＿￣。

表中（ ）中的音高值是词干后接助词的声调。日语后接助词的音高值决定于词干的调型。一拍、二拍的"拍"则是指摩拉。如 ten、taa 是一个音节,但是两拍。

总之,这些语言声调的突出特点是,起区别意义作用的是调型(声调旋律,tone melody),调型只有不多的几种,同一种调型既可以用于单音节(或单摩拉),也可以用于多音节(或多摩拉)。我国吴方言的北部和中部也大多是单音节词的调型与多音节词的调型数目等多且调型类似,因此五臺(1986)曾提出应设立汉语的"词调"问题。

综合以上三个特点,把单音高值的平调看做声调的最小单位,把调型看做单音高值的组合体,斜调看做是平调的组合,无疑可以最简明地说明这种声调的整个系统。单值音高的身份相当于音质方面的区别特征。从生理角度考虑,它也的确是响音性音段发音时声带松紧等喉头的特征。因此,自主音段音系学把单音高值的平调称作"**声调**(tone)"或"**声调特征**(tone feature)",把调型称做"**声调旋律**(tonal moledy)"或"**声调模式**(tonal pattern)"。考虑到汉语语言学中所说的"声调"大致相当于自主音段音系学的"声调旋律",所以下面我们把单值的音高称作"声调特征",把最小的、有区别意义作用的音高曲线称作"调型";不再把"声调"作为一级单位的名称。

这样,研究这些语言的声调就有三个基本任务:首先要确定有区别调型作用的声调特征分为几级(非洲语言有 H/L 两级和 H/M/L 三级两种情况);其次要确定有几种区别意义作用的调型(非洲语言一般有 3 至 8 种调型);最后还要确定调型中的声调特征按什么规则连接到音质音段上。

225

10.2.3 声调特征与音质音段的连接规则

在超音质音列与音质音列的连接问题上,音强重音语言首先需要确定哪些音段成分是重音承负成分(SBE,Stress Bearing Element),声调语言则要先确定声调承负单位(TBU,Tone Bearing Unit)。非洲语言声调的 TBU 是元音或摩拉。据自主音段音系学的研究,一个调型中的声调特征与 TBU 的连接方面有如下较为普遍的规律和现象:

1. 强制非恒值原则(OCP,Obligatory Contour Principle)。这条规则是对音质特征与声调特征都适用的,音质特征的情况在第八章(特征几何)中已经介绍过,这里只介绍声调特征的情况。这条原则是说,声调特征的音列上不允许有两个相同的特征接续出现。换句话说,声调音列的线性结构是由 H、M、L 等不同音高的声调特征交替出现而形成的,但每个特征可以与一个或多个 TBU 连接:如果有两个连续的高调的单元音音节,看做是两个元音连接了一个高调的 H,不看做每个元音各自连接一个高调的 H。因此在声调音列上总是不同音高值的特征交替出现,不允许同值的特征接续出现。如下图所示:

```
正确:C V C V          错误： *C V C V
      \ /                      |  |
       H                       H  H
```

OCP 在绝大多数非洲声调语言中都是适用的。如 10.2.1 提到过的 Margi 语中的 ari 后缀在前面的词干元音弱化时声调变化还有这样的例子:

```
              L   H L  L   H L   L   H L
正确的假设:   |\  | |  |≠  | |   |   | |
              lagu＋ari → lagw-ari → lagw-ari "路"
```

该例中词干是两个低调的音节。按照 OCP 原则,这两个音节只连接一个低调的 L,则当第二个音节的元音 u 弱化为 w 不再能承负声调时,还有第一个音节的元音承负这个低调 L,结果 L 就不会跑到后缀的 a 上去,a 仍是个高平调 H。而如果不按 OCP 原则,词干的两个音节分别承负一个低调 L,结果将是 a 为升调:

```
              *L L  H L   L L H L   L  L H L
错误的假设:    | |  | |   | |≠| |   |  \| |
              lagu＋ari → lagw-ari → lagw- a ri "路"
```

第十章 声 调

10.2.1(b)的例子说明,如果词干只有一个元音,元音弱化后 L 调就无处存身,只能传给后面的 a 使之变为升调。"路"词干第二音节虽然也是 L 调,元音也弱化了,但没有使后面的 a 变为升调,这说明"路"的词干是一个 L 调连接了两个元音,第二个元音弱化了还有第一个元音可以作为 L 调的安身之地。

更有利的证据是,非洲语言的连调变化中,挨在一起的几个音高相同的声调在异化音变中一起被替换,如同一个整体。下面是 Shona 语的名词词干附加了高调的前缀 ne(意为"用××")或 se(意为"像××")后的声调异化情况:

```
    H  H   H L            H  H  L  H   L
    |  |\  |  |\          |  |\ |   /|\
   ne＋hove→ne-hove,      se＋hakata→se-hakata
        "用鱼"                    "像圣骨"
```

这样的声调异化现象只能解释为一个单值的声调特征多向连接了几个元音,所以声调层的一个异化,就同时影响了几个音节的音高。

OCP 原则一般在每个构词轮次的最后施用。也有的语言学家认为,少数语言不适用 OCP 原则,如非洲的 Etung 语和亚洲的日语。这个问题我们不准备详细讨论。

2. 普遍连接规约(UAC,Universal Association Convention):声调特征与承负声调的音质单位(TBU)的连接线不能交叉。一般的连接方式是:调型的几个声调特征按从左到右的次序一对一地顺序连接到 TBU 上,如果连接的结果是声调特征有剩余,那么剩余的声调特征要么被删去(如日语),要么都联在最右边的 TBU 上使之成为斜调(如 Margi 语)。如,日语的 0 调调型是由两个声调特征组成的 LH,单摩拉的 0 调词都读低平调 L,多出的 H 调不出现。只有当它的后面再接一个没有本调的助词时,H 才落脚到助词上。Margi 语的三种调型则在双音节词表现为 L—L、H—H、L—H,在单音节词表现为 L、H、LH。单音节的 LH 调就是两个声调特征都联在了一个元音上,多出的声调特征没有删去。而如果一对一的连接结果是 TBU 有剩余,则一般是剩余的 TBU 都联到最后一个或倒数第二个声调特征上,使得词中有若干个 TBU 的音高相同。如日语的 0 调调型(LH)与五摩拉词连接后各摩拉的音高为 LHHHH。调型的第一个特征 L 连接第一个摩拉,剩下的四个摩拉都联在第二个特征 H 上。

声调特征与 TBU 的连接线不能交叉,是适用于所有语言的各个构词层面的强制性制约。它既适用于单个词干的声调特征与音质音段的连接，也适用于多个构词成分组合时的连调变化。从左向右一对一对应的连接方式则是常见的制约，对单个词干的声调特征与音质音段的连接一般是适用的，但在多个构词成分的连调变化中就很可能还有其他的、因语言而异的连接方式了。（例见下面的4.）

3. **浮游调**(floating tone)：语素或词干在深层或在派生过程中出现的未联到TBU上的声调特征，也就是按普遍连接的"一对一"连接规约连接后或元音弱化后多出来的声调特征。浮游调的特点是，当该语素或词干单独成词时，浮游调因语言不同或者被删去，不实现到表层，或者并联到最后一个TBU上，实现为表层的斜调；当该语素或词干与其他构词成分连接时，它就向后面的TBU漂去。如：

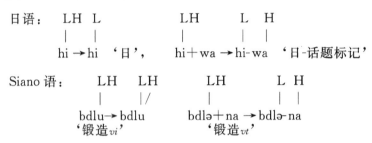

尽管日语的单音节词采用的是浮游调删去策略，Siano语用的是浮游调堆在最后一个音节的策略，但如果单音词的后面又附加了其他成分，浮游调都要漂到后面的附加成分上去。这说明浮游调的确是深层存在的、但又没有连接到音质音段上的可游动成分。

4. **声调延展规则**(tone spreading rule)：在构词过程中，与某个TBU相连的声调特征可能沿着某个方向延展，与其他的TBU连接。

声调延展规则不是一种制约性的原则和规约，而是组词时经常出现的一种声调连读规则。各个语言的声调延展规则可以有具体的差异，但常见的是右向延展规则。同样的现象在汉语（特别是吴方言）中也很常见。

右向延展规则：如果一个语素或词的右边（后面）出现了未连声调特征的TBU，该语素或词的最右边的一个声调特征就会自动向右延展到那些无调的TBU上，直至遇到一个已连声调特征的TBU。如，日语的话题助词wa是无调的，0调的单、双、三、四、五音节词右接-wa后，各个音节音高分别为：L(H)、LH(H)、LHH(H)、LHHH(H)、LHHHH(H)。如以 μ 表示词中的TBU，其TBU与声调特征的连接可图示如下：

第十章 声 调

```
L H  L       L H           L H        L H
|  |  |      |   |  |      |  |  |    |  |  \
μ → μ,    μ ＋ wa → μ-wa,      μ μ ＋ wa → μ μ-wa,

L H          L H              L H            L H
|  |  \      |  / |  \        |  /| \        |  / | \ \
μ μ μ ＋ wa → μ μ μ-wa,    μ μ μ μ ＋ wa → μ μ μ μ-wa,

L H              L H
|  / | \ \       |  /| \ \ \
μ μ μ μ ＋ wa → μ μ μ μ-wa
```

声调特征的右向延展规则在各种语言的组词连读中都是很普遍的,除此之外,有的语言还有一些较特殊的连读连接规则。如:

① 错位连接规则。如肯尼亚的Kikuyu语的连词变调用一种很特殊的错位连接规则;句首助词(单音节)的声调特征除保持与第一个元音原有的连接外,还扩展到右边的第二个元音上,第二个元音原来连接的声调特征改连到第三个元音上,第三个元音原来连接的声调特征改连到第四个元音上……,以后的连接以此类推。下面是一些具体的例子:

单语素(括号内的大写字母表示声调):
to(L)'我们[主格标记]', ma(H)'他们[主格/宾格标记]',
mo(L)'他[宾格标记]', rɔr(L)'看[词根]', irɛ(H)'时态标记'

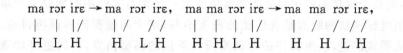

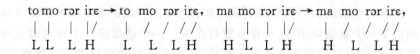

② 末位连接规则:不论一个词干单念时的声调特征与TBU如何连接,组成新的语音词时一律删去原来的连接,原声调特征改联到新词最末位(最右边)的TBU上。如非洲坦桑尼亚的Digo语,如果动词词干在语音

词的末位出现(只有前加成分、无后加成分),它的本调就体现出来;如果它的后面还有其他附加成分,则它的声调改联到后面的 TBU 上,原来的连接却删除了。下面是词干 puputa '打' 有后加成分和无后加成分的声调表现:

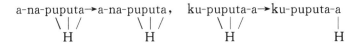

总之,语言中的连读时的声调改连方式可能是多种多样,因语言而异的。

5. **默认调**(default tone)填入规则:一个语言的所有的连接规则都施用完后,如果还有未连声调特征的 TBU,则该语言中最无标记的声调特征将被填到空缺上。这种最后填缺的声调特征就称作"默认调"。一般来说,有 H、L 两级音高对立的语言,L 一般是默认调;有 H、M、L 三级音高对立的语言,M 一般是默认调。如前面所举的 Digo 语,L 是默认调,上图中所有未连声调的 TBU 都将经默认调填入规则而实现为 L 调。

10.3 汉语的声调(一)
——声调特征与调型

区分单音高值的最小单位声调特征和有区别意义作用的组合单位调型的模式同样可以用于汉语声调的描写。事实上,描写汉语声调常用的、赵元任先生发明的五度标调法和自主音段声调学的描写法从某个角度看有异曲同工之妙:五度标调法的每个阿拉伯数字就相当于单音高值的声调特征,由几个阿拉伯数字组成的调型也就是有区别意义作用的旋律组合单位。五度标调法的缺点是音位化的程度不够,这个问题我们后面再讨论。下面先要说的是,从声调特征和调型两级单位的模型出发,可以更好地观察非洲、日语声调与汉语声调的同与不同。

两类声调的表面不同是显而易见的:①非洲声调语言中有区别意义作用的调型与语素或词相连,与音节数目无关。一个语素或一个词可以是单音节的,也可以是双音节或更多音节的,不管几个音节都只连一个调型(参见 10.2.2③)。除吴语的一些方言外,汉语其他方言有区别意义作用的调型都与单音节相连,单音节一般也就是一个语素。②非洲调只有平调是分布自由的,斜调的分布是不自由、可预测的(只出现在单念语素或词的末位

第十章 声 调

或组词时的合音音节),三种音高组成的曲折调根本不出现。汉语则平调、斜调的分布都是自由的,曲折调则只出现在语素单念时、合音或多音词的末位音节上。如北京话的四个单字调调值是55、35、214、51。其中的曲折调214在双音词的前一位置上时变为斜调21(后面是55、35、51、轻声时)或35(后面是214时),单念或多音词的末位音节时保持曲折调。平调55、斜调35、51则可以在单念和除轻声外的各种连读位置上出现。曲折调的这种有限制的、可预测的分布在汉语各个方言中都是普遍存在的。

但是这些语言的音节也比汉语的音节结构简单且长度短:这些语言的音节一般是C(G)V结构,而汉语的音节一般是C(G)VV结构(我们在5.7中曾经讨论过,汉语中所说的单元音韵,如北京话的"八"[pa],其实是与复元音韵长度相当的长元音,是两个摩拉的音节,只有轻声音节一般是单摩拉的)。因此从摩拉的层次看倒也有更高层次的普遍性:调型与摩拉的连接符合普遍连接规约,调型的几个声调特征按从左到右的次序一对一地连接到语素或词音形音质音段序列中的摩拉(TBU)上,如果有剩余,就成为浮游调。从这个角度看汉语声调的上述两个特点可以表述为:汉语的每个正常的音节(非轻声)有两个摩拉,因此可以与两个声调特征有深层连接(形成斜调),此外还可能再带一个浮游调身份的声调特征(形成曲折调)。该浮游调在单念或多音词的末位音节时实现出来,在前字位置时被删去,在后面有空位(如轻声就是因底层无调或语流中失去本来的调而造成的空位)时漂到后面的空位上。如北京话214调的种种变化可简单图示如下:

```
 "我"(单念)         "我国"(连读)              "我的(轻音、连读)"
  σ → σ,          σ → σ       σ,           σ → σ
  |\   |\          |\   |\     |\   |\       |\   |
  μ μ  μ μ         μ μ  μ μ    μ μ  μ μ      μ μ  μ μ
  | |    |         | |    |    | |    |      | |    |
  2 14   2 1 4     2 14   3 5  2 1 4  3 5    2 14   2 1 4
```

汉语中还有相当一部分连读变调现象不能用自主音段声调学已经提出的规则解释,这说明该模式还有不完善之处,这些我们将在10.4中讨论。

这里我们只想指出,上述基本思想(将韵分为摩拉,并主张摩拉与单值音高的声调特征一对一的连接,但在有较大停顿的词末位置上的摩拉可以连两个声调)有一定的心理、物理基础,从人的主观感知考虑,汉语的正常音节也的确是两摩拉的结构。(轻声的问题较复杂,我们将在10.5中专门讨论。)

听辨实验和言语合成实验证明,音段的时间长度在音质、调型的感知上起着重要的作用。复合元音,斜调都有个感知的最小时间阈值。比如,把一个时长为 300 毫秒的降调的前响复合元音不断截短,当时长短到 60 毫秒上下,尽管客观上元音的音质和音高仍然是有动程的,人们却一般都听成是单元音,是平调了(贺宁基,1985;曹剑芬,1994)。

字母文字的拼写和曲谱的标写则说明,尽管二合元音、斜调分别是音质、音高向某个方向的连续变化,但在一定的时长范围内(如 100～400 毫秒),人们的感知却把它们离散为两个而不是三个或更多顺序出现的单位。因此,摩拉这一韵律单位是有其心理、物理基础的。自主音段音系学中时间格(Timing Slot)也是基于同一基础的。

汉语中正常音节的长度一般在 200～350 毫秒的范围内,单韵母与复韵母在时长上没有显著的差别(冯隆,1985),因此汉语的正常音节不管是单韵母还是复韵母都是双摩拉的结构(吴方言可能是例外,需进一步研究)是有物理、心理依据的。汉语的平调、斜调都分布自由,曲折调则不自由,就是因为两个摩拉的音节可以正常地容纳两个不同音高的声调特征,第三个音高值就只能在某些有较大的停顿处出现了。声调的这种分布也证明了汉语正常音节是双摩拉的(即汉语的韵都是两个时间格)。少数特殊情况将在下面的 10.5 讨论。介音的有无则与声调的这一分布特点无关,这说明了汉语(至少北方方言)的介音和声母一样与韵律关系不大,不管它是元音性的还是辅音性的。

因此,汉语声调与非洲声调的区别在于声调特征的组合单位(调型)与音质音层的连接规律不同:汉语调型与一个音节(多半也是一个语素)连接,非洲的调型不一定与一个音节连接。其他方面则有共同性。如调型是有区别词形功能的最小韵律单位,一个摩拉一般承负一个声调特征,但有较大停顿的词界处可以多承负一个声调特征等等。

区分声调特征与调型两级单位,可以更好地观察两种不同声调的特点与共性。

10.4 汉语的声调(二)
—— 五度标调法与 H、M、L 标调法及阴阳调域

汉语的调型常用赵元任先生发明的五度标调法表示。即,以一个方言

第十章 声 调

中所有调型中的音高最高点为5。

H、M、L标调法是自主音段声调学使用的标调法。前面介绍过,这种标调法首先是确定一个方言中有区别调型作用的音高有几级,有三级就分别用H、M、L表示,有两级就分别用H、L表示。

可以看出,H、M、L标调法类似宽式音位标写法,它着重的是单个方言音系中的区别功能。五度标调法则不是严格的功能性的,有些类似较严式的标音,一些没有区别性功能的音高差别也表示出来了。由此,H、M、L标调法可以更简明地反映音高的系统价值,而五度标调法则利于发音的模仿。过细的、无系统意义的描写有时也会带来混乱,如同一个方言的同一个声调常常A学者描写为24,B学者描写为25。

H、M、L标调法最多只能表示三级音高对立。这就意味着,一个语言或方言中最多可以有三个对立的平调(H、M、L)和三个升调(LM、MH、LH)、三个降调(HM、ML、HL)。这对于描写非洲调和汉语北方方言的声调是足够了。但是,汉语的一些南方方言和少数民族语言据记载有四个平调,如电白雷话有55、44、33、11、31、42、5、2八个调,前四个是平调(林伦伦,1995)。广州话有个调有的学者标为21,有的学者标为11,如果标为11,则广州话有55、53、35、33、23、22、11(21)、5、2九个调,其中有四个对立的平调。总之,H、M、L三级对立似乎不足以描写汉语各个方言的所有对立。

美国汉学家Yip(1980)最早提出,汉语许多南方方言中的多种声调对立其实不是单纯音高(pitch)的不同,而是牵涉到另一个范畴——阴阳域(register)的不同。如电白雷话的几个调型可以分析为阴阳两域和H、L两个音高的组合:55(阴H)、44(阴L)、33(阳H)、11(阳L)、42(阴HL)、31(阳HL)。入声的短调与韵母的喉塞成分有关,这里不讨论。阴阳域范畴有生理、物理的依据,有听觉、感知的依据,也有系统意义的价值。下面我们称之为"调域"。调域和调高的在发音生理上的分别研究得还不是很清楚,它们都属于声门的特征,但似乎一个与声带是否被环状软骨拉长有关,一个与声带自身的肌肉是否紧张有关。从听觉上说,南方许多方言记做11的调比北京51调的1的绝对值要低得多,其声带的状况的确应有质的差别。从系统上看,阴阳和高低在连读变调时的作用是各自为政的。如绍兴方言有整齐的阴阳配套的四组八个调型(王,1959):

   阴平 51 阴上 335 阴去 33 阴入 4<u>5</u>

   阳平(2)31 阳上 113 阳去 11 阳入 1<u>2</u>

多字组的变调多取决于字组第一字的单字调,第二字及其再后面的字的单字调不起作用,特别是当第一字是上声或去声时。如:

  两字组: 335+(51/231/335/113/33/11/$\underline{45}$/$\underline{12}$) → 335-51
      113+(51/231/335/113/33/11/$\underline{45}$/$\underline{12}$) → 115-51
      33+(51/231/335/113/33/11/$\underline{45}$/$\underline{12}$) → 33－33(/55)
      11+(51/231/335/113/33/11/$\underline{45}$/$\underline{12}$) → 11-11(/55)
  三字组: 335 +(51/231/335/113/33/11/$\underline{45}$/$\underline{12}$)
       +(51/231/335/113/33/11/$\underline{45}$/$\underline{12}$) → 335-55-51
      113 +(51/231/335/113/33/11/$\underline{45}$/$\underline{12}$)
       +(51/231/335/113/33/11/$\underline{45}$/$\underline{12}$) → 115-55-51
      33 +(51/231/335/113/33/11/$\underline{45}$/$\underline{12}$)
       +(51/231/335/113/33/11/$\underline{45}$/$\underline{12}$) → 33-33-33(/55)
      11 +(51/231/335/113/33/11/$\underline{45}$/$\underline{12}$)
       +(51/231/335/113/33/11/$\underline{45}$/$\underline{12}$) → 11-11-11(/55)

(注:上表中连调式后字的调值只注出了舒声的,如后字为入声,则变为与表中调值对应的短调:51对$\underline{54}$、33对3、11对1、55对5。)

  可以看出,其两字、三字的变调中,除第一字上声的多字组的最后一个摩拉要预填一个最低的1,第一字去声的多字组的最后一个音节上可能异化(也可以不异化)为高调外,多字组的调型从调高看就是第一字调型的延展:335→335-5(5-5)…,113→115-5(5-5)…,仍是升调调型;33→33-(33-33)…,11→11-(11-11)…,仍是平调调型。从调域看,也有一条简单的规律:后字位置阳域的 H(33)一律变为阴域的 H(55),所以多字组的阳上不是 113-3(3-33),而是 115-5(5-55),阳去的最后一个音节异化后的高调不是33而是55。总之,区分调域和调高两个范畴就可以更简明地说明绍兴方言的变调规则,这说明调域和调高的区分的确有系统价值。

  调高和调域两范畴的区分是汉语不同于非洲语言的又一特点。但这一区分的最后确立还有许多工作要做:①调域的发音生理依据究竟是什么?②汉语北方方言也有阴阳域的分别吗?南方有些方言(如湘乡话)声调的最高点比北京的55高得多,类似唱歌时的"假嗓",是不是这些方言应该分阴中阳三个调域?③阴域的 M 调与阳域的 H 调的绝对调高是否可能相同(如用五度标调法描写的绍兴声调两者均为33)?朱晓农(1996)对此持肯定态度,并具体给出了如下的调域和调高关系图示。

第十章 声　调

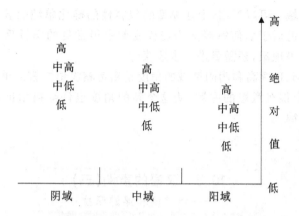

即，分阴、中、阳三个调域，每个调域各分高、中高、中低、低四档本调域内的相对音高。但从绝对音高看，阴、中、阳域最高调的音高值依次只降一档。这样的声调模型用于解释吴语的单字调是很合适的：阴调的最高点和最低点总是比阳调的最高点和最低点高。

根据一些最新的材料，朱晓农（2008）又进一步提出，阴、中、阳三域（下面改称"音域"）与声带的发音状态直接相关，因而与辅音和声调都有关。声带的发音状态共分 9 种，它们及其与音域的关系是：清送气/常态清音（即清不送气）/喉闭状态等 3 种发音状态对应中音域，浊送气/常态浊音（即浊不送气）/弛声（即 murmur 声）等 3 种发音状态对应阳音域，张声（即紧喉音）/嘎裂声/假声等 3 种发音状态对应阴音域。阴中阳三域里中域是无标记的，也即通常使用的。另外，他也接受了学界的普遍意见，把每个域的音高（pitch）级阶改为了高中低 3 级，不同域的音高交错而成 5 级。新的模型如下所示：

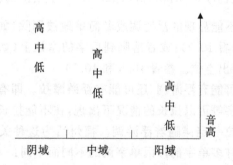

根据以上模型的假设，声调语言的各种单字调可以解释为，汉语有的方言只有一个调域，有的方言有两个调域，而其他一些有声调的民族语可

235

能有三个调域。可以看出,上述模型的包容性的确比单纯的五度标调法要更胜一筹。但对于如何解释吴语连读变调中很常见的阳调后字的调值变同相应阴调等现象,还需要进一步地探讨。

从 H、M、L 调高和阴阳调域的角度重新考察汉语方言的单字调和连调变化,是一个很有意思的课题,从这个新的角度也许会揭示出以前没有看出的一些规律。

10.5 汉语的声调(三)
—— 浮游调和浮游摩拉

单字音如果连读,声调会发生许多变化。各方言普遍存在的一种变化是,单字调中的曲折调或全升、全降调在前字位置上失落后半程而变为半升、半降的斜调。自主音段声调学关于浮游调的概念可以说明这种现象的原因(参看 Duanmu,1990):曲折调、全升或全降的斜调其实都含有三个不同的声调特征,但汉语的正常音节是两摩拉结构,所以第三个声调特征其实是与 TBU 没有固定连接的浮游调。这样,它们只有在单念或连调域的末位位置上等可以拉长的情况下才得以显现,在不能拉长的连读前字位置上不能显现。如下图所示:

前字位置上不能显现的浮游调或者简单地被删除(如果后面的字保持了自己的调型,参看 10.7);或者落脚到后字的摩拉上(如果后面的字失落了自己的调型,留出空位。参看 10.6 和 10.7)。

汉语中不仅可能有浮游调,还可能有浮游摩拉。即有些摩拉也只在单念或连调域的末字等可以拉长的情况下出现,在不能拉长的连读前字位置上失落。浮游摩拉一定伴随着浮游调。福州话为这种关系提供了最好的例证。福州话有许多单字韵母因单字调的不同而不同:

第十章 声调

```
A  i    u    y    iŋ    uŋ    yŋ    iʔ    uʔ    yʔ
   |    |    |    /\    |     /\    |     |     /\
B  ei   ou   øy   œyeiŋ ouŋ   øyŋœyŋ eiʔ   ouʔ   øyʔœyʔ
```

A 类韵出现在紧调阴平(44)、阳平(52)、上声(31)和阳入(4)中,其元音部分是单元音;B 类韵出现在松调阴去(213)、阳去(242)、阴入(23)中,其元音部分是复元音。仅从单字音看,完全可以说 A 类舒声/入声韵分别是双/单摩拉,B 类舒声/入声韵则是三/双摩拉,都是每个摩拉承负一个声调特征。在连读的前字位置上,B 类韵的调型都变成平调或斜调,韵母也变为相应的 A 类韵。这说明 B 类韵比 A 类韵多出的声调特征是浮游的,多出的摩拉也是浮游的,如下所示:

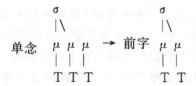

以上摩拉与声调特征一一对应式连接是汉语的一般规律,但也有一些特殊情况。如福州话的 B 类韵也有一些是可以出现在紧调中的,它们在连读前字位置上也仍然保持复元音,只是韵腹低化。如"朋"pʰeiŋ⁵²~"朋[友]"pʰaiŋ³¹。这似乎应该看做结合紧密的复元音连在了一个时间格上。一个时间格连两个音质音段,应该算一个摩拉呢,还是两个摩拉?似乎应该算一个,因为它们的长度与通常的一个摩拉类似,且多与一个声调特征相连。

时间格是研究语流的一个有用的概念。一般来说,一个时间格与一个音质音段相联,属于韵的时间格还联系一个超音质成分(如声调)。但少数情况下可有一个时间格联两个音质音段的情况,如塞擦音 tɕ,也会有一个时间格连接两个声调特征的情况(如轻声也可能是斜调)。有时间格做中介,可以更好地说明一般连接惯例和少数例外。

10.6 汉语的声调(四)
——轻声和单字调

轻声的问题颇为复杂,可以从声学特性、感知或音系特性、与词法句法的关联等多个方面考察。本书不打算讨论轻声与词法句法关联的问题,所提及的"轻声"只限于词法轻声,也即词内的末字轻声,如"帘子"的"子"。这些轻声的特点是,只要进入词的层次就保持稳定的轻声,无论是词儿单念还是进入更大的语流,无论是有意强调还是一般提及,都不会恢复阴阳上去等单字调。

下面先简单介绍学界普通话轻声声学特性的研究成果,再给出我们对普通话轻声的音系性质和调值实现规则的看法,最后讨论汉语轻声与其他语言相关现象的异同。

10.6.1 普通话轻声的声学特性

综合林茂灿等(1980)、林焘(1985)、曹剑芬(1995)的研究,轻声的声学特性可总结为以下几点:① "音长缩短"是轻声的主要特点,轻声音节的时长平均为正常音节的一半,最长可到正常音节的五分之三,最短不足正常音节的三分之一。② "音强弱"是轻声音节的普遍特点,除前字上声后的轻声的音强与正常音节大致相当外,其余三声的音强则普遍低于正常音节。①②的共同作用使得轻声音节整体上"物理能量小",平均比正常音节减弱60%左右(物理能量是振幅随时间而变化的包络线内的面积,它与振幅和时长都有关系:振幅小会使振幅包络线内的面积减少,时间短更会大幅减少振幅包络线内的面积)。③ 音色含混,表现为元音发音声学空间的减小(如复元音单化、单元音央化或无声化、鼻尾变鼻化等)和辅音发音的不到位(如送气、摩擦和爆破减弱、清不送气塞音浊化、通音化等)。④ 失去自身单字调,音高曲线取决于前字的单字调。具体来说轻声的调型可以分为两类:上声后的调值为33或34,是中平或微升调;阴平、阳平和去声后均为低降调,调值在31和21之间,其中阳平后最高(31)、阴平后次高(31~21之间)、去声后最低(21)。

总之,从声学特性看,轻声绝不仅仅是音强弱,甚至主要不是音强弱,最主要的应该是时长的缩短和单字调的失去。

10.6.2 普通话轻声的音系特性:轻声的深层形式和调值实现规则

如上所述,轻声兼有时长缩短、音强弱、音质含混、调型曲线取决于前面的音节等特点;从音系的角度看,什么是轻声的根本特点呢?

我们认为,从音系的角度看,轻声音节在音段配列上的根本特点是单摩拉(single mora)韵,而在声调上的根本特点是"无调"(toneless),从而使

第十章 声　调

得音段列上有一个空着等待声调填入的 TBU("声调承负单位")。下面具体讨论。

先说轻声音节在音段列的根本特点。5.7 中我们曾讨论过，普通话正常声调音节的韵都是两摩拉韵，单元音韵中的元音其实都是长元音，与复元音韵的长度相同，如"巴"pa^{55} 的 a 韵其实是占两个时间格的 aa，与"掰"pai^{55} 的 ai 基本等长。而轻声音节的韵则是只占一个时间格的单摩拉韵，如"哑巴"的"巴"是只占一个时间格的短元音 a。可以看出，音系学上的这一处理，与前面介绍的声学实验结果十分吻合：轻声音节中韵的长度只有正常声调音节中韵的长度的一半，而正常声调音节则无论是单元音韵还是复元音韵、鼻韵尾韵，长度都基本相同，都是轻声音节的大约两倍。

再说轻声音节声调列的根本特点——"无调"。

从字音来看，轻声音节所联系的字音几乎都有轻声、正常字调两种交替形式。如"黄瓜"的"瓜"为轻声，而"瓜农"的"瓜"为阴平调。

轻声的调值与自身的字调无关，而取决于前接字的字调。以普通话为例，凡阳平 35 调之后的轻声均为 <u>31</u> 调，如"黄瓜"的"瓜"、"别人"的"人"调值相同。

轻声的调值取决于前字的字调，也即轻声调值是可预测的、被决定性的。正常字调的调值则不能仅仅根据邻近字调或轻声调推出，是不可预测的。根据第 4 章介绍的原理，被决定性的轻声不是音系的深层形式，而不可预测正常字调是音系的深层形式。

但轻声调值并不能从自身的单字调推出，而是由前字的单字调决定，这说明它深层的单字调在进入构词时已被删除，形成非线性声调学所谓的"无调"的 TBU，也即没有连接声调的摩拉，形成待填声调的"空泊位"。根据声调的"普遍连接规约"，空泊位将由邻近音节的声调延展过来填充或以默认调的填入来填充。

普通话轻声是否符合普遍连接规约？如果符合，具体用的是浮游调漂移连接规则、声调延展规则，还是默认调填入规则？我们认为，普通话轻声调值的实现完全符合普遍连接规约。具体的声调填入规则分为如下两类（轻声听感调值根据 1993 年北大版《现代汉语》）：

239

	前字字调	前字调有无浮游调	轻声声调获得规则	轻声的音系/听感/实验值
A	阴平	无浮游调	默认调填入	2 / 3 / 31～21
	阳平	无浮游调	默认调填入	2 / 2 / 31
B	上声	有浮游调	浮游调漂移连接	4 / 4 / 3～34
	去声	有浮游调	浮游调漂移连接	1 / 1 / 21

下面先请看具体实例及图示，轻声调值按音系值标写：

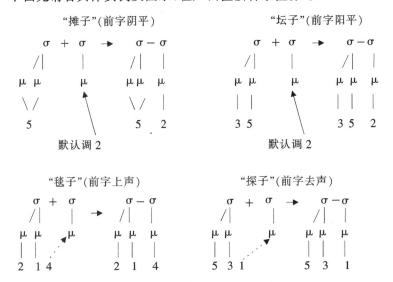

下面说明轻声的音系值、声学实验值和听感值的相互关系和彼此有差异的原因。

音系值是稳定的音系形式，不受具体语流的前接语境（如前字调）或语速快慢的影响，是具体实现的目标值。

声学实验值是语流中具体的实现值，是目标值在具体语流的的前接语境或语速快慢影响下的具体实现。

听感值是语流中具体实验值的范畴化感知结果，既与实现值有关系，又受到音系值很大的制约。

先看音系值与实现值的关系。

许毅对普通话声调的音系目标值与连读时的具体实现值进行了大量的研究，并找出了二者之间关系的数学模型（Xu 1997、1998、2001）。其基本精神可大致总结如下：（1）各个声调都有自己固定的目标调型，如阴平

第十章 声 调

55、阳平 35、上声 11(4)、去声 51；(2) 目标调型的实现在音节中延迟出现，并可能不完全实现：① 每个音节实际调型的起始调值是前接音节结束点的调值，如果没有前接音节，则从自然音高点（调值 3）起始；② 起始后音高值向目标调型的起点进发，也即目标调型要在音节起始一段时间后才开始实现；③ 只要该音节发音完毕，不论目标调型是否完全实现均以音节结束点为本音节调型实现的结束点，开始向下一音节目标调型的进发。也即，语流中各个音节的目标调型（音系调值）出现在音节起始一段时间之后，目标调型是否能够完全实现取决于语流中音节的长度，长则可以较完整地实现，短则无法完整实现。

对于轻声，许毅也做了专门的研究，结论是，阴平、阳平、去声后的轻声都有固定的目标值 2，而上声后的轻声则是前面上声音节目标值的末尾一段（214 的 4）。可以看出，许毅的轻声固定目标值相当于我们说的"默认调填入"，前字上声目标值的末尾一段相当于我们说的"浮游调漂移"。也即许毅的意见与我们的意见基本相同，不同只在去声。许毅处理为固定目标值，而我们处理为浮游调漂移。不过，两种方案得到具体调值其实是基本一样的，都是低调的 1 或 2。

再看听感值与其他两者的关系。

不少实验证明，有动程的二合元音（如 ai）或斜调（如 51），如果截短到一定的程度，感知上就会是单元音或短平调。普通话轻声音节的时长大约只是正常音节的一半，对一般人来说，这一长度勉强可以感知到二合元音和斜调的动程，特别是对审音精细的语音学专家来说。但如果是一般人，如果不细心听辨，就会当做单元音和短平调来感知。北大版《现代汉语》(1993) 对普通话轻声的调值描写可作为一般听感的代表。下面再请对比一下声学实验与一般听感的差异：

	声学实验	一般听感
阴平后轻声	31 和 21 之间	2
阳平后轻声	31	3
上声后轻声	3 或 34	4
去声后轻声	21	1

一般听感表面看与声学实验结果差距颇大，其实不然。可以看出，由于轻声音节很短，所以实验得到的调值动程在感知的范畴化中是可以忽略的，有意义的只是该动程的起点或终点的值。对比两者我们发现，由浮游

调漂移来的上声、去声后轻声,范畴化后取的是终点调值,而由默认调填入获得的阴平、阳平后轻声,范畴化后取的是起点调值。不过,《现代汉语》的调值描写能否算是范畴化的值还需要更精密的听觉测试来证明。

综上,普通话轻声调的实质是"无调",其具体调值的获得,或来自前接字调浮游部分的漂移,或来自默认调的填入。这两类规则都是声调语言中十分常见的普遍性规则。

10.6.3 普通话轻声连调、吴语黏合式连调与音高重音语言"词调"的重要区别

表面上看,普通话轻声连调、吴语黏合式连调与非洲语言或日语的"词调"颇有相似之处。

非洲语言或日语的声调是同一个调型可以连接单 TBU 的词,也可以连接多 TBU 的词。如日语的 hi"日"、ane"姐姐"、tsukue"桌子"、shinbun"新闻"、gaikokugo"外国语"都是 LH 调型的 0 调词。也即这些语言的单音词有多少个对立的调型,多音词也就有多少个对立的调型。可联系多少不同音节的调型"LH…(H)"被称做"声调包络",又称做"词调"。

普通话轻声音节与前字音节一起构成了一种特殊的双音调型,这些双音调型亦有如下特点:① 调型的多少等同于单字调,如北京话有 55、35、214、51 四个单字调,就有 55-2、35-3、21-4、53-1 四个双音调;② 调型与前字单字调调型完全相同(如果前字单字调有浮游部分)或大致相同(如果前字单字调没有浮游部分)。吴语的黏合式字组的连调也有完全相同的特点(参见 10.7 中的 3.特征延展式)。以上两个特点都与音高重音型语言的"词调"完全相同。

但需要注意的是,普通话的轻声和吴语的黏合式连调在更深的层次上与音高重音型语言的"词调"有重要的不同。首先汉语的轻声音节多是有实义的语素,它们在单念或其他许多组合位置时都有自己独立的调型,只是在某些复合词中临时脱落本来的调型。如"瓜"、"瓜皮"、"瓜瓤"、"哈密瓜"中的"瓜"都有 55 调型,只是在"黄瓜"、"西瓜"等复合词中因轻声而失去 55 调。其次,汉语的这些双音调型完全取决于前字(第一音节)的单字调,这些单字调是深层连接到前字的音段上的。而音高重音型语言多音词的第一音节大多没有意义,无所谓单字调,也就无所谓第一音节的深层调决定整个词的调型。第一音节之后的各个音节也没有自己意义,无所谓单字调,也就无所谓单字调删除。于是,汉语只需在字典中标明有意义的单

第十章 声 调

音节字的调型,给出轻声变调的规则,并标明适用于轻声变调的词条,就可以控制这一类双音调型;而日语等则必须在词典中一一标明多音词的调型。

总之,汉语的多音轻声词或特征延展式连调的调型受控于单字调,是单字调在构词层面或造语层面上的一种特殊组合变化,属于派生调型性质,而非洲语言、日语中多音词"词调"属于原生调,这是两者的本质区别。

10.7 汉语的声调(五)
——单字调与连字调

汉语的单字调进入构词或造句的组合后,除了轻声变调,还有一般的非轻声的连读变调,下面把这种现象称之为"连读变调",几字连读而形成的韵律小单元称之为"连调域",出现在连调域中的调型称之为"连字调"。观察从单字调到连字调的变化,可以更深刻地揭示汉语声调的层级结构。

除了普遍存在着与浮游调有关的连读变调外(参看9.5),不同汉语方言还有自己独特的连读变调规律。从基本类型着眼,这些变调可以分为如下三大类:

1. 邻接交替式 该类变调的特点是,某字(一般是前字)的单字调以同一连调域中邻接字(一般是后字)的单字调为条件而发生交替。也就是说,① 该字的连调变化既与自身的单字调有关,又与邻接字的单字调有关。② 变化是以调型为单位的交替式变化,而不是以声调特征为单位的传递式变化。这是汉语方言中最常见的变调类型,除闽方言、北部和中部吴方言外的所有其他方言,如果有变调,几乎都属于这一类型。而就是北部、中部吴方言也是有两种变调格式,两种格式适用于不同的语法环境(我们称之为"黏合式"和"结合式",因方言点不同,适用的具体语法条件也有不同,这里不再详细讨论),其中的"结合式"变调也属于这一类型的变调。

镇江方言的连读变调(张洪年,1985)可作为邻接交替式变调的典型。该方言有五个单字调调型:阴平42、阳平35、上声31、去声55、入声5。两字组的后字一律不变调,前字为去声、入声也不变调,只有前字阴平、阳平、上声变调。变调结果及条件如下所示:

前字阴平	前字阳平	前字上声
42＋42 → 35-42	35＋42 → 35-42	31＋42 → 35-42
42＋35 → 33-35	35＋35 → 35-35	31＋35 → 11-35
42＋31 → 35-31	35＋31 → 35-31	31＋31 → 35-31
42＋55 → 33-55	35＋55 → 22-55	31＋55 → 22-55
42＋5 → 33-5	35＋5 → 22-5	31＋5 → 2-5

以上变调可总结为如下规律：调型方面 ①降→升/____降，②降→平/____非降，③升→平/____平。调域方面 ④阳→阴/升（即，如果是升调，就只有阴域的 35 这一种可能。一方面，单字调本来就只有高升的 35 调；另一方面，按照两降相连前变升的规则①，低降 31 在另一降调之前应变为低升调，如 31＋31→13＋31，但根据规则④，低升 13 要进一步变为高升调 35。）

在这种变调中，一个音节的调型、调域分别作为整体发生交替。降调在降调前面异化为升调，升调在升调前异化为降调，高调在高调前异化为低调，低调在低调前异化为高调等等是很常见的。而这些常见的变化都无法以自主音段声调学以声调特征为单位的模式说明，它们是一种以调型、调域为单位的交替。

这说明汉语的声调是个与音质的层级结构相对应的层级结构：最小的声调单位是声调特征，它与摩拉相连。连调中为发音便利而激发的纯语音变化属于这一层面。声调特征的组合单位是调型，每个调型有自己的调域(指调型的主干部分，浮游调和调尾不算)，调型和调域与韵这一层级相连。连读中为标记某些语法因素(如词界、词性等)而激发的构词语音变化属于这一层面。也就是说，这些变化主要不是为了发音的便利。比如，温岭话的阴平调为 33，阴去调为 55，两阴平连读则 33＋33→55-33，前字阴去、后字阴平则 55＋33→33-33。很难想象这些变调是因纯语音层面的发音便利激发的：如果是 33-33 发音更便利，为什么要前字异化为高调；如果是 55-33 发音更便利，为什么又要同化为中调。因此我们认为这种交替式连调变化与前述浮游调的漂移不是同一层面上的变化，交替式变化有些类似英语 take~took 式构词音变，它们有语音方面的变化条件，但不是纯语音原因激发的。

这种交替式变调的另一个特点是，连字调通常是另一个单字调，也就是说，交替通常在几个单字调中换来换去。这有时需要通过调型、调域两方面的调整来实现。如上述镇江的 31＋31→35＋31，就既有两降相连前字异化为升，又有低升变高升的调整。而两个调整的结果是产生了 35 这个

第十章 声 调

与系统中已有单字调同形的连调。北京的连上变调也是通过前字变升和变高几层调整而变得与单字阳平同形。但也有少数的情况是连字后产生新的调型,如上述镇江的 33 和 22。这些新调通常只经过调型的调整而未经过调域的调整。

2. 自身交替式 该类变调的特点是,某字的单字调进入连调后不管邻接条件如何,都以自身调型为条件发生调型的变化。这也是一种调型层次上的交替式变化,基本只发生在前字。这种类型闽方言多用。如,厦门话有 7 个单字调:阴平 55,阳平 24,上声 51,阴去 11,阳去 33,阴入 32,阳入 5。两字组合后后字一律不变调,前字的变调则是在几个单字调中的互相交替,如下所示:

```
    24→33→11          32←→5
     ↑    ↓
    55←51
```

很明显,这种变调是更纯粹的以调型为单位的词形交替,有语音上的变化条件,但变化动因是某种构词层面的因素(如语法单位的标界等)。

3. 特征延展式 该类变调与轻声变调的规则相同:连调域中第一音节之后的音节均失去本身的调型,第一字的调型按一定的连接规则连接到连调域所有的摩拉上。它与轻声变调一样属于声调特征层次上的传递式变化,但激发的原因是纯语法方面的,与音强的轻重无关。这种变调主要分布在北部和中部吴语,用于黏合式多字组。前面 10.4 中所举绍兴话上声和去声的两字组、三字组变调就是典型的特征延展式。国外常用的例子是无锡方言的黏合式变调(Yip,1989):

搞	131	提	213
搞清	24-21	提起	12-41
搞清楚	24-44-21	提起了	12-44-41
搞弗清楚	24-4-44-21	提弗起了	12-4-44-41

第一字上声的黏合式多字组都和"搞"的变调相同,第一字阳平的黏合式多字组都和"提"的变调式相同,后字的单字调与多字组的声调旋律无关。

这种变调方式与轻声相同:都是一个连调域的后字失去自己的单字调,第一字的调型按一定规则延展到后字上。但是激发的原因不尽相同。

轻声是后字首先弱化,因弱而失去担负原调型的能力,与元音的含混化、时长的缩短共生。而吴语的这种变调中后字并不弱化,激发原因显然是构词层面的,只是变化的方式同属于声调特征的层次。

  吴语的这种连调与非洲的声调也很相似:多音词的调型种类与单音节字调的种类基本一样多。国内也曾有学者提出(五臺,1986),汉语应该设立"词调"的概念。我们认为,吴语的这种连调,虽然在属于声调特征层次上的延展这一点上与非洲调相同,但吴语的这种连调也和前两种汉语连调一样受单字调的制约,只是多音词整体的声调旋律决定于调域中第一音节的单字调。非洲多音词的第一音节无所谓单字调,整体旋律也就无法取决于第一音节。吴语多音词的这种连调的确形成了独特的声调旋律,可以称做"词调",但必须明确"词调"是单字调在构词层面的派生单位,不是声调的本原单位,"词调"的设立不仅不能替代单字调,还加强了单字调在汉语中的特殊地位。

  前述几种变调方式也可以共存于一个方言。如吴语就同时使用特征延展式和邻接交替式。前者多用于结合关系较密切的词或词组(黏合式),后者多用于结合关系较松的词组(结合式)。而绍兴、丹阳等地的黏合式变调中只有首字上声、去声是典型的特征延展式,连调只与首字的单字调有关;首字平声和入声的就不那么典型了,其两字组的连调结果还根据后字的平仄分为两类。如绍兴话:

阴平+(阴/阳平)   51+(51/231)→33+51
阴平+(阴/阳上、阴/阳去)   51+(335/113、33/11)→33+55

  可以看出,后字对连调的制约作用尚未完全消失,这说明特征延展式尚未发展完全。

  此外,交替式还经常与轻声式先后施用。如北京话上声的轻声变调分为两类,名词类一般是典型的轻声变调,"椅子"、"奶奶"都是21-4调;动词重叠式则是邻接交替与轻声先后施用,"想想"、"走走"都是35-3调(先连上变阳平,再按首字阳平的轻声变调)。济南轻声词的前字更是先发生自身的调类交替(阴平变同去声,上声变同阴平,去声变同上声),再加轻声:阴平213+轻→21-1,上声42+轻→213-4,去声21+轻→42-2。

  综合以上五小节的内容可以看出,汉语声调与非洲调相同的是,①有声调特征与调型两级声调单位;②声调特征与摩拉相连,有区别调型的作用;调型与某级语法单位(语素或词干或词)相连,有区别词形的作用;③调

第十章 声 调

型连读时可能发生声调特征的删除、延展、改连；浮游特征的漂移等变化。汉语声调的独特之点是：①调型一般与语素相联，语素一般是单音节的（称做"字"），因此调型一般与单音节字的韵相连；②调型连读时既可能有以声调特征为单位的传递式变化（删除、延展、改连、漂移等），也常常出现以调型为单位的交替式变化（同化、异化或 A 调型变 B 调型）；因此调型形成声调层级结构的一个有价值的节点；③调型的节点不仅管辖音高的声调特征，还管辖阴阳调域特征；在以调型为单位的交替式变化中，调域也常常有阴阳的交替。④汉语的单字调型（即与有意义的单音节相连的调型）是汉语声调中至关重要的中枢单位。它是不可预测的最小组合单位：单字调型由哪些声调特征组成、与什么调域结合都必须在字典中一一标明；而单字调型之上的单位，则或者是第一个单字调型的延展，如多音节的轻声词、吴语黏合式字组；或者是在几个单字调顺序排列的基础上再加以一些规则变化，如北方方言、闽方言的非轻声多音字组。无论哪种情况，单字调型之上的多音节语音单位的声调旋律（或称"词调型"）都可以从成分字的单字调型预测，无须在词典中一一标明。

第十一章 普通话的韵律层级及其与语法语义语用的关联

11.1 问题的提出

6.5中我们曾提到:"(20世纪)90年代中期以后,随着信息科学和计算机硬件技术飞速发展,音像、文字结合的多媒体信息彼此交互的社会需求大量增加,如文字自动转换为语音(text to speech,简称TTS)、语音自动服务等,都需要学界提供节奏自然的成段的合成语音。社会的需求大大促进了普通话节律的研究。"其实,不仅是节奏,不仅是音步,更大的韵律单元及其韵律表现,它们与语法语用的关联都成为了近20年来语言学界的研究热点。

韵律层级理论是这一时期提出的重要理论。简单地说,韵律层级理论主张韵律是一个由mora、音节、音步、韵律词、韵律短语、语调短语、话语等大小不同的韵律单位组成的层级体系,每个上级单位由一个或几个下级成员按一定的组合模式构成。

近20年来音系学、语音学界众多的研究文献中,"韵律词"、"韵律短语"无疑是频率极高的术语,然而它们的所指却很不相同。本章通过术语的梳理,首先区分开韵律层级与句法韵律层级两套概念,韵律层级的各级单位是以单纯的、表层的韵律表现来定义的,而句法韵律层级的各级单位是兼顾句法、韵律两方面的所有分布来定义的。区分开两套术语之后,我们把有关韵律层级各级单位的定义及其与语法语用的关联放在本章(第十一章)讨论,有关句法韵律层级各级单位的定义及韵律对词法句法的制约放在下一章(第十二章)讨论。

11.2 韵律层级与句法韵律层级

如前所述,近20年来我国音系学界和语音学界都经常使用"韵律词"、

第十一章　普通话的韵律层级及其与语法语义语用的关联

"韵律短语"这两个术语,但所指并不相同。比如,1+2述宾结构的"种大蒜",音系学界的各家都一致认为是"韵律短语";而语音学界的处理则是要看具体句子中"种大蒜"的内部是否有停延出现,有停延则为"韵律短语"(如中等语速的"今天|下午‖种一|大蒜"),没有停延则为"韵律词"(如较快语速的"今天|下午‖种大蒜|好不好")。语音学界,特别是对语音语料库的标注系统,一律都用后一种处理。

国内"韵律词"、"韵律短语"的不同定义其实各有所本,美国音系学的韵律层级理论就有多种版本。其中最著名的是 Seilkirk(1984)的韵律层级模型和 Nespor & Vogel(1986)的韵律层级模型。Stavropoulou(2002)曾将这两个模型放在一起做过很好的比较,为便于对比,他把每个上级单位可以包括多个下级成员的树型模式改成了只表示单位大小分级的直线模式(上级单位可以包括一个以上的下级单位则用文字说明),并用虚线表示两模型各单位的关系,如下所示:

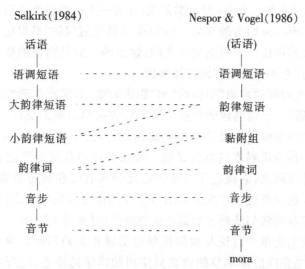

可以看出,除了是否有最大的"话语"和最小的 mora 这两级,两模型单位的不对等都集中在"韵律短语"到"韵律词"的层级中,其余的层级(语调短语、音步、音节)是一致的。

熟悉国内音系学界和语音学界的文献的同行不难发现,左边 Selkirk(1984)模型所用的术语与语音学界常用的,特别是语音语料库标注系统的术语完全一致;而右边 Nespor & Vogel(1986)模型所用的术语则与音系学界常用的术语完全一致,音系学界常把后一模型看做是前一模型的

249

修正。

我们认为,两种模型不是后出转精的关系,而是性质不完全相同、适用于不同的研究目的的独立方案。让我们先考虑一下,两种模型中韵律短语至韵律词之间的单位都有哪些不对等,为什么只有韵律短语至韵律词之间不对等呢？在我们看来,其根本的原因是,Selkirk 模型的这几级韵律单位是根据表层语流的韵律属性来定义的,是"纯韵律单位";而 Nespor & Vogel 的这几级韵律单位是兼顾了语法、韵律两方面的稳定属性,也即是考虑了语法、韵律两方面的所有分布来定义的,是"句法韵律单位"。

比如,英语 a fence("一栅栏")和 offence("过错、罪过"),在表层语流中语音形式大多是相同的,都是[əˈfəns],Selkirk 就把表层语音形式相同的[əˈfəns]都定义为韵律词,也即"由一个词重音联系起来的一个语段"。而 Nespor & Vogel 则根据语法上 a fence 是"冠词＋实词"的词组而 offence 只是一个实词、语音上 a fence 在某些强调数量的情况下冠词也可以重读为[ˈei ˈfəns],从而把 a fence 归为黏附组(含有一个一般轻读的功能词和一个实词)而把 offence 归为韵律词。Selkirk 也讨论冠词的"黏附化",但输入的一方是语法的单位——功能词＋实词,输出的一方是韵律的单位——韵律词,"黏附组"并不作为专门的韵律单位。

总之,在相同的术语"韵律词"和"韵律短语"其实指称着性质不同的两套"韵律层级"——纯韵律的单位层级和句法韵律的单位层级,这一点不可不察。纯韵律单位层级是语流中实现的单位,是语言生成的最终结果,所以很适用于语音语料库的标注系统。句法韵律单位层级则给出了句法和韵律稳定的关联点,它决定了母语者心理词典有哪些稳定的成员(对于形态标记很少的汉语这一点尤为有用),作为韵律与词法句法之间的中介,还可能对韵律和词法句法两方面都产生制约作用(参看 12.6)。

本章我们先集中讨论与纯韵律单位层级相关的问题。为避免术语的混乱,我们主张纯韵律单位的命名只使用韵律学的概念,把"韵律词"、"韵律短语"等兼用韵律和词法句法概念的命名让给句法韵律层级专用。另外,汉语不是词重音型语言,两三音节的音步之上不再另外有由词重音定义的更高一级的词重音段或韵律词,所以汉语的韵律层级也要有一定的调整,下面给出 Selkirk(1984)的术语、我们换用的纯韵律术语、普通话韵律单位层级用术语之间的对应关系：

第十一章 普通话的韵律层级及其与语法语义语用的关联

Selkirk：语调短语－大韵律短语－小韵律短语－韵律词－音步－音节－mora
纯韵律：语调段－大停延段－小停延段－词重音段－音步－音节－mora
普通话：语调段－大停延段－小停延段－音步－音节－mora

本章后面对纯韵律层级的讨论将只使用后面两套术语。

11.3 普通话韵律层级各级单位的韵律标志

11.3.1 一般性理论：层面、单位层级、单位活动模式

首先，让我们从更宽泛的普通语言学的背景来看一下，单位层级是根据什么区分出来的。Halliday(1985)的第一章曾就这一问题进行了专门的探讨。首先，由大小不同的单位构成的层级体系，要保证单位的同质性，比如都是语法性质的，或都是语音性质等。其次，各级单位一定要有自己特有的形式特点，这些形式特点是有表达意义的功能的。再次，除最小的单位外，其他各级单位都应该有自己独特的组合模式，也即有几级不同的组合模式就需区分几级单位层级。要注意的是，观察单位的所有分布才可能得出某级单位特有的、稳定的、有表达意义功能的形式标志。因为，在不同分布环境下表现出的某些形式特点可能不是属于该级单位的，而是属于上一级单位的。观察所有分布就可以把属于上一级单位的特点刨除出去。

以最简单的英语一般的书面文本中大小不同的文字单位为例。Halliday(1985)指出，英语一般的书面文本从小到大有如下几级主要的文字单位和各自的形式标志：① 字母(26×2个形体)和标点；② 词(由若干字母的从左至右的线性排列组成，且后有一个字母长度的空格)；③ 句(由若干词的从左至右的线性排列组成，且后有标点符号和两字母长度的空格)；④ 段(若干句的从左至右的线性排列，且前有 Tab，后有分行)。有的文字单位还可以再细分，如"句"可以根据标点符号的不同再分为"分号句"和"句号句"。

要注意的是各级单位的形式表现要有表达意义的功能，比如"行"也是书面文本上明显的形式特征，但它却不构成一级文字单位，因为改变"行"的分界并不影响意义的表达。

另外要注意的是，应该观察一个文字单元的所有分布来得到属于某级单位的形式标志。请先观察下面这段文字中的字母 e。我们在某些 e 上做了文本原本没有的下划线和方框：

251

"You are not attending!" said the Mouse to Alice, severely, "What are you thinking of?" "I beg you pardon," said Alice very humbly: "you had got to the fifth bend, I think?" "I had not!" cried the Mouse, sharply and very angrily.

有下划线的 e 都后带一个空格,有方框的 e 都后带一个标点符号和两个空格。能否认为 e 与空格或标点加空格合起来是同一个文字单位呢? 显然不行。大家一定都同意,字母 e 是不包括后面的空格或标点符号的。从工作程序上看是怎样达到这一正确的结果的呢? 关键是,一要看形体 e 的所有分布:e 在 ateending、severely、beg 等多处分布中没有后面的空格和标点;二要看形体与意义的关联:e 与其他字母的组合构成词的文字形式,而 e 后或其他字母后的单空格都表示词的分界;综合以上两点我们可以确定形体 e 后的空格或标点是更高层单位的形式表现,e 单独是一个下级的单位。

也即,确定书面文本的文字单位层级,要全面地观察有几级与表达意义有关联的组合模式,要全面观察一个单位的所有分布,切分出不同分布与意义关联的不同情况,找出每一级单位特有的形式标志,才能真正得出单位的层级体系。

同理,普通话的纯韵律单位分为几级,要全面地观察语流中有几级与意义有关联的不同等级的组合模式,要找到每一级单位不同于下级单位的特有形式标志,才能区分出下级单位自身特有的形式标志和属于上级单位的形式标志。在完成这个任务之前,我们必须先了解一些语音实验所揭示的、与普通话韵律单位分级有关的常用概念。

11.3.2 与普通话韵律单位分级有关的几个常用概念

1. (声调)音域、高音线、低音线 这是根据汉语声调的研究而提出的一组概念(沈炯,1985)。声调音域是指一个语言中所有调型(相对音高曲线)的聚合域。语流中各字声调的高音点(五度标调法的 5 和 4)连接成为语流的高音线,低音点连接成为语流的低音线(五度标调法的 1 和 2,普通话阳平的起点常常低于 3,也属于低音点)。

声调音域和高音线、低音线这一组概念,对于讨论汉语的韵律边界和语调十分有用。由于汉语是声调语言,单线音高的升降曲拱已被单音节声调占用,所以语调、强调重音或韵律边界的表达就只能由声调高音线、低音

第十一章　普通话的韵律层级及其与语法语义语用的关联

线的调节以及高音线低音线之间音域的放大（展）、缩小（敛）或整体的升和降来表达。以普通话为例：

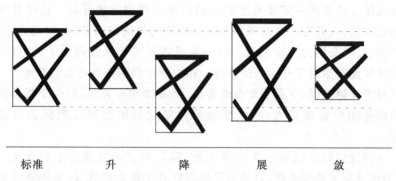

标准　　　升　　　降　　　展　　　敛

下面我们对普通话韵律单位的定义，经常要用到音域升降展敛和高音线、低音线的概念。

2. **音高下倾**（declination）　指同一韵律单元内部各个成分的音高绝对值逐次降低的现象。沈炯（1985）提出，普通话韵律单元的体现，主要是内部低音线的持续下倾，而高音线由于在强调重音时大幅度地提高，因此与韵律边界不能很好地对应。沈炯的总结是，汉语（普通话）的高音线承负表达重音的功能，而低音线承负表达节奏的功能——标志出节律单元结束时的边界。

3. **降阶**（downstep）　这是根据非洲声调研究提出的概念。它是指一个韵律单元内部高音成分的绝对调值在低音成分后逐次降低的现象。降阶与音高下倾的区别是，降阶是在低音成分之后的高音才降低音高绝对值，如果韵律单元内没有低音成分，则所有高音成分的音高都不降低。

汉语普通话陈述句的语调是音高下倾还是音高降阶，目前学界有不同的意见。许毅（Xu1999）主张汉语只有降阶而没有音高下倾，著名的例子是"猫咪摸猫咪"的后一个高平调的"咪"与前一个高平调的"咪"音高绝对值相同，而"猫咪摸马刀"的后面位置高平调的"刀"比前面高平调的"咪"的音高绝对值低许多。许毅认为这是因为第二句的"刀"出现于低音的"马"之后，是降阶作用使它音高降低，而没有低音成分出现的第一句中所有的高平55调都不降低。王安红等（2003）另外一些学者认为汉语既有降阶也有音高下倾，认为"猫咪摸猫咪"的后一个"咪"的音高不下降是由于它处于句重音的位置，句重音要求提高音高，由此抵消了音高下倾的作用。

4. **音高重置**（pitch reset）　在所有语言中，音高重置都是一个韵律单元起始边界的标志。也即,一个韵律单元内部因音高下倾或降阶的影响而导致结束处的音高低于开始处,在后面出现另一个韵律单元时,后一韵律单元起始处的音高一定要高于前一韵律单元结束时的音高。这是有生理上的原因的:人们在一个韵律单元的起始处的气流较强、喉头较用力,然后气流渐弱、喉头用力程度渐减。但一直减弱下去就无法说话了,所以在下一韵律单元开始时又开始新的强势。由此形成强弱交替的自然节奏。

对于汉语来说,音高重置在高音线、低音线都有表现,但由于高音线提高的幅度比低音线更大,所以汉语韵律单元起始处明显的标志是音域加宽。

下面我们简单图示一下音高下倾、降阶和音高重置的不同含义。注意,图示只用了单线音高,只是为了说明这几个概念的含义,并不是实验所得的真实音高。

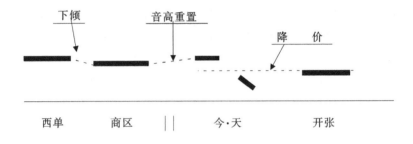

韵律单元内有降阶或音高下倾,韵律单元之间有音高重置。这是人类语言普遍的规律。

5. **停延** 停延是听感上的边界。从声学上看它包括两种情况——停顿和延宕。停顿的声学体现是出现没有声音信号的无声段,延宕则是语音的延长,即拖长最后一个音节的韵母。停延分不同的等级。感知测试表明,停顿表达的边界大于延宕;停顿一般出现在语调段或更大的韵律单元的边界上,延宕则主要出现在韵律短语的边界上。当然,停顿和延宕的内部也还可以分为大小不同的等级。

11.3.3 普通话各级韵律单位的形式标志

如前所述,层级系统中上级单位由下级单位组成,有自己的组合限制。但同时每级单位必须有自己不同于下级单位的特有的形式标志,如英语的文字词不仅是字母的线性排列,还必须有后附的空格。

第十一章 普通话的韵律层级及其与语法语义语用的关联

下面讨论普通话音步、停延段、语调段这几级韵律单位的组合框架和该级单位特有的形式标志:

1. 音步

音步的组合框架:一至三个正常音节,还可以另加一至两个轻声音节;两音节为常规。

音步的形式标志(声学表现):① 各音步趋向等长,音步内音节越多,每个音节的时长越短(王、王 1993)。② 内停延小于外停延,表现在:a. 音步内保持特定的连读变调格局(吴,1991),也即音步内各音节的声调按照许毅的动态连读变调计算模型(Xu, 2001)发生自然的连调变化。许毅指出,音步的首、末位置除音节自身的声调目标值外还分别有从不发音的自然音高位置的起始和向不发音的自然音高位置的回复,音步中间位置上则不可能有从自然音高起始或向自然音高结束的情况,甚至可能连本音节声调的末段(包括首音节的末尾)都未及实现;b. 音步首辅音较音步内辅音的辅音性强;c. 音步间低音线可有小的音高落差(高音调重置为更高,低音调重置为更低,曹 1998/2007),至少有低音线的断裂。d. 音步末可以加上小的停延而不影响意义的表达,虽然在自然的语流中这种音步末的"可能停延"有时并不实现。至于属于音高异化的连上变调,只能部分地用来证明音步分界:不发生连上变调的两个上声之间一定有音步界,但发生连上变调的两上声之间不一定没有音步界,参看 6.4.3。

2. 停延段

停延段的组合框架:一般一至三个音步,表达内容超过两音步且语法上无标记的情况下以两音步为常规。由于每个音步可以有 1~3 音节外加一个轻声音节,所以一个停延段可以有 1~9 个非轻声音节外加若干轻声音节。

停延段的形式标志(声学表现):① 同一停延段之内低音线有较明显的降阶和音高下倾,停延段与停延段之间有明显的音高重置(音域展宽)。② 段中位置上音节的长度明显缩短,段末位置上音节的长度明显延长,但没有后附的停顿,如下图(郑秋豫 2005)所示。图中纵坐标的 0 表示各停延段中所有音节的平均长度,横坐标上的 1—11 表示同一停延段中各个音节的位次。含有不同音节数目的各停延段的每个音节,都按音节的位次确定横坐标,按自身音节的长度与平均音节长度的比值确定纵坐标:比平均长度长的音节表现为正的数值,比平均长度短的音节表现为负的数值。然后,再把同一停延段的各个音节的音高点连接成线。如单音节停延段只有一个音节,表现为一个点,其纵坐标在略多于 +1.4 的地方,说明它的音节长度比平均音节长度多 1.4 倍。同理,两音节停延段中首音节的长度比平均长度多 0.3,末音节比平均长度多 0.8。可以看出,各个停延段末音节的长度最长,其次是倒数第二音节,首音节也比较长,而中间的音节严重缩短(其中有 3～5 音节的周期,可能与音步的界线有关)。郑把这样的音长模型形象地称为"勺子型"。

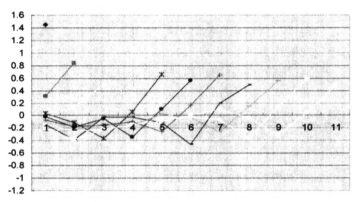

停延段内音节时长的规整系数

从以上讨论可以看出普通话的音步与停延段有共性也有不小的差异。表现在,① 音步和停延段都是内停延小于外停延,但音步的"内紧外松"主要表现为音步中间位置上音节声调末段的不完全实现和声母强度的减弱,而停延段的"内紧外松"主要表现为段内的音高降阶和段间的音高重置;② 音步和停延段在无标记情况下都以含 2～3 个下级成员为常规,但停延段由于表达内容长度的限制和语用表达的需要而造成的有标记情况增多,使得只含一个成员的情况大大增多,具体的讨论见稍后的 11.4.3～11.4.5。

以上情况都说明音步和停延段是大小不同的节奏单位,音步是最小的节奏单位,停延段是较大的节奏单位。

还有一种介乎音步与停延段之间的小单位,我们称之为"复二步"。复二步是由两个音步紧密结合而成的复合体,由 4～5 个音节组成。它在某些特点上像两个音步,在另一些特点上像一个音步,播音学界称做"跨语节"(李晓华,2007)。复二步与两音步相像的特点有:①音节的数目都是 4～5 个音节,②在 2～3 或 3～2 音节的分界处有类似音步分界的小的音高重置和强辅音的起首,也即从发音上说复二步有类似两音步的两次增强—减弱过程,因此在母语者的语感上它们还可以分为两个音步。复二步与单

第十一章 普通话的韵律层级及其与语法语义语用的关联

音步相像的特点则在于,前一音步的末音节不仅"可能停延"没有实现,而且还有较大的缩短,因此该位置上音节声调目标值的末段也不能完全实现。也即,从时长上看,复二步的两音步间没有任何可以实测到的停延。

复二步在语流中的出现频率较高,学者们的处理则不尽一致,有的把它归为"音步"或"韵律词"的一个特类(如冯胜利 1997、郑秋豫 2005),有的把它归为停延段的一个特类,叫做"小停延段"或"小韵律短语"(如曹剑芬 2001/2006)。我们采用后一种处理,因为"实测停延"只是音步的可有属性而非必然的属性。

3. 语调段

语调段的组合框架:语调段由一个或数目不限的多个停延段组成。语调段的特点是最后一个停延段必定载有语调,同时还有出现位置取决于句法的句重音(必有)和出现位置取决于语用的强调重音、对比重音。

语调段的形式标志(声学表现):① 音高重置的内部模板:如果语调段由多个停延段组成,则起首停延段段前的音高重置和段内的音高下倾都特别明显;最后一个停延段的段前音高重置和段内音高下倾较为明显;位置居中的停延段的音高重置和音高下倾都较小。如下图所示(郑秋豫 2005,她称之为"多短语句群"):

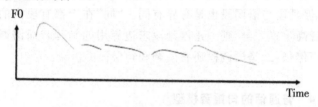

多短语韵律句群之基频终曲式模板(F0 cadence)

② 语调段结束边界处音节的时长缩短,之后出现较长的无声停顿,这是语调段边界与停延段边界十分显著的区别。比如,同样是"西单商区今天开张"这个语段,如果后面不接其他语段,则"张"的韵母缩短,后有很大的无声停顿;而如果后面还有其他语段,如"西单商区今天开张,引来很多人",则前一语段末的"张"的韵母延长,后面不出现无声段。台湾中研院语音语料库的情况也是如此,与停延段末尾的音节延长完全相反,语调段末尾音节的时长明显缩短,请看下图(郑,2005。我们的语调段郑称之为"呼吸群"):

257

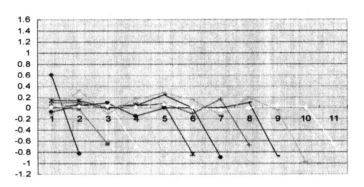

呼吸群(BG)模块的末尾短语之音节时长规整系数(M051)

图表显示,每个语调段末音节的时长都短于音节的平均时长,在坐标纵轴上为负值。

③ 语调段的最末一个停延段负载语调。关于语调,学界有不同的处理模型,我们放在下一小节专门讨论。

④ 语调段可承负句层面的常规重音、强调重音。重音的声学表现为高音线的突升,低音线也可有小幅上升但不明显,因而高低音线之间的音域明显加大。学界对重音的处理也有不同模型,我们也在下一小节专门讨论。

综上,停延段与语调段也是有异有同。"同"在于都有段内的音高下倾和段间的音高重置,"异"则一是停延段末边界用的是延宕而语调段末边界用的是无声停顿,二是语调段还有语调和句层面的重音。

11.3.4 普通话的句重音模型

语调段特有的形式标志有句层面的重音和语调两个方面。下面按先句层面重音、后语调的次序介绍我所知道的、学界曾经提出过的几种主要的模型。

句层面重音模型一:赵元任的"橡皮筋"说

> "字调的形状也只能取平均的形状,因为特别说重的字,音高的上下极很会伸长,特别轻的时候会缩小。用图画的言语说,就是比方把平均曲线画在一个半松半紧的橡皮带上,把这带子上下一拉,这曲线的竖位标底变度就加大了,把这带子一放松,这曲线就缩扁了,竖位标底变度就小了。(赵,1922)"

"橡皮筋说"用拟物的模型形象地表达了字调与句层面重音(强调重

音、常规重音)的关系。该模型主要强调了汉语句层面的重音是用声调音域的展宽来表示的。

句层面重音模型二:沈炯的高音线提高伴随音域展宽说

前面我们已经简单提到过,沈炯(1985)提出语流中声调音域的高音线、低音线功能不同:高音线反映重音变化,低音线反映节律单元的分界。具体来说就是,句层面重音(包括常规重音、强调对比重音等)的主要表现是高音线突然提高。重读的程度越大,高音线提高的幅度也越大。重读对低音线也会有影响但不显著。声调音域的高音线大幅提高,而低音线变化不明显,使得重音处的声调音域明显展宽。下面是简单的示意图(不是真实实验数据,放大的黑体例字表示有强调重音):

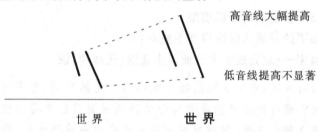

沈炯的模型很好地反映了普通话、有单音节声调的汉语方言强调重音的特点,它们不是像无声调语言那样仅仅是单线的音高提升,而是涉及声调聚合域的高音线提升和高音低音两线之间的音域展宽。沈炯的双线音高功能分工说把赵元任的"橡皮筋"说细致化、精确化了:与重音相关的声调音域的展宽主要是高音线单向向上造成的。

句重音模型三:吴宗济的移块加音高—音阶转换说

吴宗济和他社科院语言所语音组的同仁们,在 20 世纪 80 年代做出了普通话二字、三字、四字组的各种连调小单元的连调模板(林茂灿等 1980、吴 1984、吴 1988)。

吴(1993/2004)提出了普通话语调和句层面重音的又一模型。语调问题我们稍后再专门讨论。关于句层面的重音,吴先生认为,句子重音或强调重音的表现是重音所在的连调小单元(或某个音节)的向上移动,重读程度越高,上移幅度越大。至于沈(1985)指出的高音线大幅提高而低音线提高不明显的现象,吴(2004)用音高与音阶的不均衡的转换关系来说明:音高是物理范畴,取决于空气粒子的振动频率,计量单位是"赫兹(HZ)"。音阶是听感范畴,是人感知到的音高,如音乐中简谱记音中的一个音阶或半个音阶。音高并不是等距离地均衡地对应于听感上的音阶,而是音高越高则音阶之间的音高差距越大,音高越低则音阶之间的音高差距越小。如 C 调的 Do-Re 比 B 调的 Do-Re 的音高差要大得多。音高和音阶的转换有公式可依。

由于有音高音阶不均衡的转换,所以,强调重音使得连调块整体上移时,高音线必须比低音线提高得更多,才能达到相应的听感效果。

这一句重音模型得到的具体结果与沈(1985)相差不多,但是背后的机制不同,吴(1993/2004)的模型更加贴合音系学的韵律层级模型,沈的模型则是直接描写表层,也更加贴合表层。

11.3.5 普通话的语调模型

我所知道的普通话语调模型主要有:

语调模型一:赵元任的大波浪与小波浪(代数和)说

> 常有人问,中国话既然每个字都有一定的声调,句子怎么可以有语调呢?最好的答复就是把句子的语调跟音节的声调比作大波浪跟大波浪上的小波纹(固然有时波纹也许会比波浪还大)。所以是两种波纹的代数总和。假如两个正数合在一起,结果是更大的正数,若是一正一负,代数的加就变成算术的减了。例如:"你姓王,我姓陆。"因为前一句是升调,后一句是降调,所以把原来上升的阳平声"王"字升得比平常更高,而把原来下降的去声"陆"字降得比平常更低。(或者说,因为去声降到接近声音的极限,在这个例子里,下降的语调就让它起音更低一点,缩得更窄一点)但是"我姓陆,你姓王。"这句话里,"陆"字的整个声调虽然会提高一点,但还保持原来的去声轮廓,"王"字的整个声调虽然也会降低一点,但也保持阳平的轮廓,没有走调,不像外国人有时候让语调完全掩盖了声调,结果听起来就成了"我姓卢,你姓望"了。(赵元任,1968/1979)

大波浪讲的是语调,小波浪讲的是字调。赵先生(1929、1932、1933、1935)的几篇文章都分别讨论了汉语北京话的字调、中性语调、口气/表情语调。字调指单字调,中性语调主要讨论单字进入语词后的轻声与连读变调变化,口气/表情语调则讨论入句后各种各样的音高、时长、强度或嗓音变化。如平常句句尾略降;普通问话全句调高或居中、末尾略短;非疑设问句末尾升调,等等。赵的语调还包括口气/表情,如表示惊奇、发急、安慰、警告、埋怨、先误解

第十一章 普通话的韵律层级及其与语法语义语用的关联

又明白了等功能的,与陈述/疑问放在一起,有多种多样的分类。

赵方案的另一特点是将字调与语调的关系分为两类(1933):一类是"同时叠加",即在字调的基础上加上(a)↑音高水平整体提高,(b)↓音高水平整体降低,(c)↕音高范围扩大,(d)↕音高范围缩小,4 种可能影响整个语调群也可能只影响语调群的一个局部的语调变化;另一类是"连续叠加",即在句末位置上加上一小段升调或降调。赵指出,连续叠加的句末语调是可有的而不是必须的。

赵的模型从理论上区分开了字调、连读变调和语调,分出了同时叠加的语调和句末加续的语调,但由于把各种不同功能的语气、口气都放在一起,所以表达基本的陈述、疑问等语气的语调模型反而模糊了。

语调模型二:沈炯的语调结构模型(1985)

沈炯(1985)提出的语调模型只处理赵提出的同时叠加型,它是字调、连读变调等小波浪之下的大波浪。沈认为语调有表达陈述、疑问、祈使、命令等基本语气的功能,语调是有内部结构的,可分为(调冠、)调头、调核、调尾 4 部分,调冠可有,调头、调核、调尾必有。这种全句曲拱语调模型最早是英国 Palmer(1922)提出的,之后的英国派语言学家大多采用这一模型,如 Halliday(1985)。

调冠是句首可能出现的语篇专用的连接成分等,它们一定是弱读的,比如:"据说/也就是说/要说","你看/我看吧","那么/于是"等等。

调头是调冠之后、调核之前的成分,是句子表达有信息价值的语义的开始,它的音高较高、音强较强,有很平缓的降阶。

调核:有句中最激烈的音高重置,之后有明显的音高下降,形成音高断层。调核所在是句子常规焦点起始的位置,负载的是焦点信息。

调尾:调核之后至句末,这一段的音高调型承句子的语气信息。

沈炯把调尾调型再区分为与起始处(音高断层后)的高音线和整段调尾的低音线分别相关的两对区别性特征,这两对特征可以定义四种最重要的语气:

调核后	高音线骤落/渐落	低音线下延/上敛	
	+	+	陈述
	−	−	疑问
	−	−	感叹
	+	−	祈使

下面是沈炯经常使用的、区分陈述和疑问语气的典型例,句中各字均为既有典型高音点又有典型低音点的51调的去声,有利于更好地观察高音线和低音线的变化。下图只是示意图,并非真实声学测试数据。

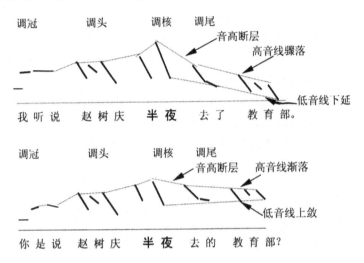

王韫佳(2007)的研究支持了沈炯的全句语调观,并进一步指出疑问语调的其他表现是,① 从调头开始的"基调高",② 调核与调核后、句末前与句末音节之间的音高落差小。

语调模型三:句末语调说

句末语调说认为,如赵元任所说,句末最后音节可另外附加一个拖长段来承负表达语气的语调。胡明扬(1987)、劲松(1992)、林茂灿(2004,2005)、南开大学石锋及其研究团队(江海燕2004),都取这一观点。林、江的研究还进一步提出,如果没有句末多加的语调尾,则句末最后一个音节的声调音域承负语气语调。如果最后一个音节为轻声,则由倒数第二音节承负。也即,如果是陈述语气,则句子的最后一个非轻声音节的音域整体下移,如果是疑问语气,则音域向上收窄,这可以用改变该音节的声调斜率来实现。

该派与沈炯的主要分歧在于有没有调头、调核、调尾的语调结构,语气是由整个调尾段承负的还是仅由末音节承负的。林(2004,2005)的实验表明,靠近句末的一段的确可观察到贯穿全段的音域变化,但除句末最后一个非轻声音节的音域变化外,其他音节的音域变化并不改变疑问/陈述语气,只是改变句子的自然度。因此他认为,从音系的层面上看,只有句末音

第十一章 普通话的韵律层级及其与语法语义语用的关联

节的音域变化是有区别语气的功能的。

看来,通过越来越多的声学和感知实验,对于语气在语句表层语调中的具体表现,各家的看法已经渐趋一致,分歧只是对于深层区别性成分的假设。

我们认为,深层区别性成分的假设和表层语调的实际表达模式,两者不在同一层次上,各有各的功用,不能相互替代。

11.3.6 总览:普通话各级韵律单位的韵律标志

上面我们比较详细地介绍了普通话各级韵律单位的声学特点,从中我们可以更清楚地看出,一个单位层级体系应该分为多少个层级,其依据是各级单位特有的组合模式和形式标志。下级单位的特点可以在上级单位中保留也可以有部分改变,但上级单位必须要有自己不同下级单位的、特有的形式标志。下面再重列一下从普通话韵律层级中从音步到语调段这几级单位的组合模式和特有的形式标志:

音步:一般 2~3 个音节,特有标志为音步整体趋向于等长(所含音节越多每个音节越短),有内紧的连调模板,内部声母的减弱,是个内紧外松的节奏单元。

停延段:一般 1~3 个音步,内部的诸音步保持自己的韵律特点,整体增加停延段特有的标志:段内的降阶或音高下倾,段首较大的音高重置,段末音节明显的延长,是内紧外松的较大的节奏单元。

语调段:对所含成员没有数量要求。内部各停延段保持降阶或音高下倾和段首的音高重置的特点,整体增加语调段特有的标志:语调段末明显的音节缩短及末音节后较长的无声段(停顿,听感上的边界大于延宕),有表达语气的语调和表达语法关系的句重音和表达语用义的焦点重音、强调重音。

可以看出,① 音步和停延段这两级单位有成员数量的要求,是内紧外松的、倾向于等距离出现的节奏单元。② 语调段虽然末尾也有更大的边界,但没有等距离出现的特点,所以不宜算作节奏单元。语调段主要是承载着非等距出现的超音段要素(语调、重音)的韵律单元。

下面我们把有超音段标记的单元都称做韵律单元。其中,与倾向于等距离重现的超音段标记的叫做"节奏单元",也即音步与停延段;也与超音段标记有关,但并不倾向于等距离出现的称做"(狭义的)韵律单元"。节律单元与韵律单元跟语法语用的关联有所不同,下面分别讨论。

263

11.4 普通话音步、停延段与语法、语用、节律模式的关联

11.4.1 普通话音步、停延段与语法单位的表层对应

如果仅看节律单位与语法单位的表层对应,则两者间呈现出一对多、多对一的复杂关系,以音步、停延段与语法单位的对应为例:

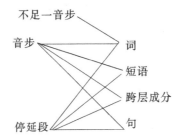

一个音步可以是一个词,也可以是一个短语、一个句子或跨层次的词串。以一个简单的对话轮次为例:

问:"‖喜欢吃|白菜‖?"答:"‖喜欢‖。‖特别是‖初冬的|白菜‖。"

从韵律单位出发,这一问答中的音步既有词("白菜"和答句的"喜欢"),也有跨层成分(问句的"喜欢吃"和答句的"特别是")、短语(答句的"初冬的")和句子(答句的"喜欢");停延段"‖喜欢吃白菜‖"、"‖喜欢‖"、"‖特别是‖"、"‖初冬的|白菜‖"也是既有词,也有跨层成分、短语和句子。反过来从语法单位出发来看,同一个词"喜欢"既可能不足一音步(问句中的"喜欢"),也可能不仅足一音步还同时是停延段和语调段(答句中的"喜欢")。

表层上节律单位与语法单位的对应十分复杂,但从生成的角度看,语句中的节律单位受到语法、语用和节律自身三者的共同制约,语句的节律组织除了自身的节律模式外还与语法、语用有规律性的联系,下面我们先确定一个适合韵律生成的句法模型,再讨论普通话音步、停延段与语法的关联,之后讨论节律自身的制约,最后讨论语用因素对节律的影响。

6.4.2中已经介绍了我们和另外四家动态切分普通话音步的模型,其中我们的方案已经吸取了其他各家的一些观点并对我们以前的方案(王

第十一章 普通话的韵律层级及其与语法语义语用的关联

2000、2002、2004)有所修正。因此,再加上其他几家方案都只涉及音步的划分,而我们认为音步和停延段的动态划分基本依据同样的条件,所以下面只介绍我们的、将音步和停延段边界的动态划分统一处理的方案。

11.4.2 适合节律生成的句法模型——基于谓词、论元结构的句块模型

6.4.2.4 我们已经简单地介绍了句块模型,这里我们再对句块模型及为什么我们认为句块模型更适合做节律生成的模型做更详细的说明。

两两二分的直接成分分析法不适合做节律生成的句法模型,因为语法上二分套合层次的多少与节律边界的强弱没有对应关系。如下面的例子中的竖直线表示语法套合层次的多少:

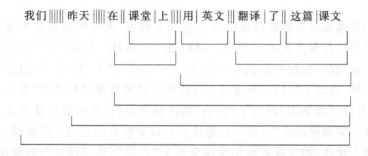

按套合层次的多少,这个句子各个成分之后的韵律边界强度应该是,我们＞昨天＞在课堂上＞用英文＞翻译,但事实并不如此。事实上,这个句子各成分的韵律边界强度一般是:‖我们|昨天‖在课堂上‖用^英文|翻译了|这篇|课文‖。(^表示前面的音节是轻读的"衬头"。"衬头"是指语法上属后、停延上也属后的轻读音节。衬头的韵律特点是:轻、短而急收,后带似有似无的小停顿。)个别停延位置因表达需要的不同可能会有不同的选择,稍后再做专门的讨论。

而基于经验义论元结构的"句块分析法"是把句子平列地切分为述谓成分、施事、受事、与事、当事、环境成分(时间、地点、工具、由来等)等多个句子成分。配价语法、格语法、系统功能语法(限经验义的结构)等多种语言理论对句子的分析都属于这一类析句法。

对论元成分和环境成分的分类和命名学界有许多分歧,但我们完全可以不管这些分歧。我们关注的是,这些句块除动词块外都含有一个体词性成分(名词、时间词、处所词等),也即句块模型可以有效地把每个最大 NP 切分开来。句块之下还要继续分析结构,但一般只需要一层平列的直接成

分。请看下面的一些例子(例中用♯表句块与句块的分界,+表示块内述宾、介宾等有支配关系的成分之间的分界,＝表块内有修饰关系的成分之间的分界):

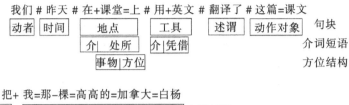

句块模型与直接成分模型相比有如下特点:无论内部如何扩展,对语句的分析经过很少的中间层次(一般只经过"句块-词组"一个层次)就达到词。如"我＝那棵＝高高的＝加拿大＝白杨":"我"限定了"白杨"的领属,"那棵"限定了"白杨"与说话人的距离关系和数量,"高高的"限定了"白杨"的外貌,"加拿大"限定了"白杨"的次级类别(产地来源),从语义上看,它们从不同角度限定"白杨",是地位平列而非套合的定语。有的情况需多加一两个层次,如含介词的句块需分析为"介词+名词词组",但整体看来它的层级远较二分模式为少。句块内的多个定语、多个状语大都被视为同层级上平列的修饰语,是句块模型组合层次少的关键。它使得增加定语或状语的各种扩展,都不增加套合的层次,只增加平列成分的数目。这与直接成分分析法每增加一个定语或状语就要增加一个套合层次,随着句子成分的扩展而句子的层次无限增多,有根本的不同。

让我们考虑一下节律单位层级的情况:语调段之下、音节之上的节律单位如果仅作粗略区分,可以只区分停延段、音步这两级,细致些的还可以再分出强停延和弱停延的不同,但除了音步的停延,一般只能再区分出两级。也就是说,随着句子增长,节律上主要是平列的音步或停延段的数目增加,而不是强弱等级差的增加。初敏等(2003/2004)讲得更为清楚:"语法层级(指二分的结构,笔者注)倾向于纵向生长。一个句子中每增加一个修饰成分,得到的语法树就会增加一个套合层次,句子越长、结构越复杂,得到的语法树的深度就越大;而节律的层级却是有限的(语句下面通常分三到四层),句子长度和复杂度的增加只能导致各层级上并列的节律单元数目的增加,而非深度的增加,即节律层级倾向于横向生长。"

第十一章 普通话的韵律层级及其与语法语义语用的关联

用句块模型处理节律,还需要把句块内部的成分,如句块内可能有的嵌套句、的字结构、中心语与修饰语等,在保持块层级结构的前提下投射到单线性上。也即首先要区分句块的界线,然后是在句块内成分的层级平列的基础上再进一步区分块内的成分和黏合/组合/等立这三级不同的松紧度。如:

我们	昨天	在	课堂	上	用	英文	翻译	了	这篇	课文
施者	时间	介	地点	位	介	工具	述谓	助	指量	事物

把	我	那棵	高高的	加拿大	白杨
介	领	指量	描状属性	类别	事物

我	很	喜欢	爸爸	昨天	刚	买	的	自行车
主	状	述谓	主	时间	状	述谓	助	事物

生成派的 X-杠标模型也有适合节律生成的一面。虽然它的基本模式是层层二分的,但由于区分了 NP、VP 等不同性质 XP 的嵌套,所以可以把多层结构投射到单线性上并找出相同 XP(如最大 NP)的最大投射的分界,这也就与句块基本相当了。但由于 X-杠标理论比较复杂,有许多成分和成分位置是深层而不是表层的,如轻动词、体标记等,所以还是基于表层的句块分析法更加适合于节律的生成。

11.4.3 普通话音步、停延段与语法等立/黏合/组合的关联

6.4.2.4 曾经讨论了制约普通话音步边界生成的词法句法因素——等立/黏合/组合。我们认为,普通话停延段边界的语法制约要素与音步边界的是相同的,都跟句块、最大 NP、等立、黏合、组合这几个句法范畴密切相关。下面我们将音步与停延段放在一起、从句块模型出发看它们与等立/黏合/组合的关系。

等立结构包括不形成上位次范畴的如下成分:①顺序出现的若干等立语词(如"桃、‖李子、‖梨");②顺序出现的若干个"的"字定语或"地"字状语(如"我妈妈的‖昨天刚买的‖锃新的‖……"、"我爸爸的‖爸爸的‖……"、"轻轻地‖幸福地‖……");③顺序出现的若干个介词短语(如"在课堂上‖用英语‖把作业‖……")。①我们在讨论音步界时已提到过,②

267

③则成分的长度没有音节的限制，大多超出一音步因而与停延段边界有关，因此在这里才提到。以上这些等立的成分之间至少有小停延的边界。（注意：等立结构各成分之间是等立关系，但两端的成分与左邻右舍成分之间不一定是等立关系。如数个介词结构中最左边的介词短语，与左邻的主语是组合关系，如果主语是单音节，则介词可以跨界与主语组步：我在|课堂上‖用英语‖把作业‖做完了。）

语法上，等立结构各内部成分独立且地位平等，各成分都具有语法短语的地位。节律上各内部成分之间都有大于音步的停延。也即，音步、小停延段的边界不能跨越等立结构内部各成分的边界（两端则不受此限）。

黏合结构包括：① 不带"的"的普通定中（如"木桌"、"小红毛背心"、"中华人民共和国"、"多功能负氧离子加湿器"），② 不带"得"的动结/动趋式述补（如"看清"、"洗干净"、"走来"、"走出来"，大多为 2～3 音节），③ 不带"地"的最内层的情状状中（如"手举、认真学习"，2 或 4 音节），④ 两字述宾（如"骑马"、"聘岗"），⑤ 两字联合和少数的多单字联合（形成上位次级范畴，如"桌椅"、"香脆"、""金木水火土""管卡压"），⑥ 两字主谓（限"名＋不及物动"，多并用，如"水美鱼肥"）。如前所述，只有黏合定中的音节数目是不受限制的。此外，黏合述补可有 3 音节、黏合状中可有 4 音节、黏合并列可有少数多音节例，其他的黏合结构都限于两音节的。两三音节的黏合结构我们在 6.2.4 中已经讨论过，下面重点关注音节数目没有限制的黏合定中。

语法上，黏合结构有很强的内聚性，句法上相当于一个词。它不含结构助词等有短语标记的成分，也不含根据说话场景定位的指示、时体、情态、语气等与语用层面关系更密切的成分。韵律上黏合结构的内停延总是小于外停延，无论左邻右舍成分是单音节、单音步还是双音步，黏合结构内部总是比外部更凝聚，不会从中间拆分开与外部成分组织停延段。如下面的例子中划横线的，都是多音节黏合定中。它们如果不超过三音步，则组成一个停延段，即使左邻成分只有一个音步，它们的内部成分也不会从中间分出去与左邻成分组织停延段，如：他也有‖中文|画报，访问了‖中华|人民|共和国。如果黏合定中超过了三音步，其内部也会出现小的停延界，但整体定中与左邻右舍成分的边界一定大于内部边界，比如：买‖‖多功能‖负氧|离子|加湿器‖‖三台，也即黏合定中的内部总是紧于外部。

组合结构包括：① 指示/数量定语的定中；② 介词短语和 3 音节以上的述宾结构；③ 助动词/心理动词＋动词；④ 外围状语＋中心语；⑤ 3 音节以上的主谓结构；⑥ "的"字定语与中心语；⑦ 带"得"的述补结构。

第十一章 普通话的韵律层级及其与语法语义语用的关联

　　语法上组合结构的内部较松散,含结构助词等短语级标记成分或根据说话场景定位的指示、时体、情态、语气等成分。节律上组合结构的内停延可以大于也可以小于外停延,它们的左一成分(指示/数量定语、介词、助动词、心理动词、一般动词、外围状语、主语、中心语前的"的"字结构、得字结构)是节律上可左右逢源的"可跨界成分",可跨界成分根据自身及左邻右舍的节律长度或入左邻、或入右邻的节律单元、或独立为一节律单元。下面例子中划横线的部分为组合结构,请注意其中可跨界成分的节律归属有两种可能。

① 不跨界:那辆|飞鸽|女车‖很漂亮　　　一位|科学院|院士‖走了|出来
　　跨界:我把|那辆‖飞鸽|女车‖给一|卖了　　走出来|一位‖科学院|院士

② 不跨界:大熊猫‖一直|都想‖吃苹果　　小王|把^包‖放一|桌上了
　　跨界:大熊猫　‖ 爱吃竹子　　她把‖阿迪|达斯|包‖放一|桌上了

　　总之,等立结构内部松散,各成分之间有较大的节律边界;黏合结构内紧而外松,内部的节律边界总是小于外部的;这两种结构的节律边界都与语法边界有很好的对应,唯一不对应的是组合结构。组合结构内部的节律边界可松可紧,是松是紧取决于左邻右舍的节律长度,其原因主要是组合结构的左一成分是韵律上"轻"的成分,所以节律上可以左右逢源。

11.4.4　普通话音步、停延段边界的动态划分规则

　　6.4.2.5 中我们给出了音步划分的如下步骤,它们也同样适用于停延段边界的动态划分:

　　1. 句法性等立成分之间必有音步或小停延界。

　　2. IC 音步和停延段:直接成分的两个音节组成一个音步,直接成分的两个音步组成一个停延段(单音节的语法右黏附成分,如方位词、结构助词"的地得"、动态助词"了着过"等,是韵律外成分,不计在组步的音节限制内)。

　　3. 句块内按"二常规、三可容"右向组织音步和停延段:

　　① 两音节音步和两音步停延段:句块内、句法分支相同方向的多音节或多音步,**按先黏合、后组合的次序**,从左到右连接未成对音节形成一音步,再连接两音步为一停延段,但不包括句法分支方向相反的两成分。

　　② 三音节超音步(f')或三音步的停延段:**按先黏合、后组合的次序**,根

269

据句法分支的方向把剩下的单音节与邻近的双拍音步归并为超音步,或把剩下的单停延段与邻近的两音步停延段归并为一个三音步的停延段,如"中华|人民|共和国"、"联合国|重武器|核查团"。

4. 块间组步和停延段:块与块之间不存在黏合结构,等立的句块间必须有音步和停延边界,所以块间的主要任务是处理组合关系的句块边界上的单音节或单音步。这些单音节或单音步,根据左邻右舍的节律长度决定归左、归右还是自立节奏单元。节律长度的规律是"二常规、一三可容、四受限"。

以上规则也意味着,组合结构是唯一与节律边界不对应的句法结构。只有组合结构的左一成分(外围副词、指代词、数量词、介词、助动词、动词等)既可以跨句块组织音步或停延段,也可以不跨界组织音步或停延段。

在多个组合边界或多个黏合结构边界连续出现的情况下,按如下松紧关系决定"组二"或"容三"的方向(>表示松于):主-谓>谓-宾(如"大熊猫‖爱吃|竹子"),句法分支方向相反处>句法分支方向相同处(如"秦岭的|大熊猫‖爱吃|竹子"),直接同节点的>非直接同节点的(如"多功能‖负氧|离子|加湿器",直接成分的"负氧|离子"优先组合后,两侧的单音步哪一个与"负氧|离子"并为超重的三音步停延段呢? 只能优选直接同节点的"加湿器")。这些线性松紧度的不同加上普通话节律"二常规、一三可容、四受限"的限制,就基本可以正确地生成节律单元。

下面是两个例子(方框表示语法上的句块边界,句块内的 | 表示下级成分界,例句中的 | 表示音步界,‖ 表示停延段边界):

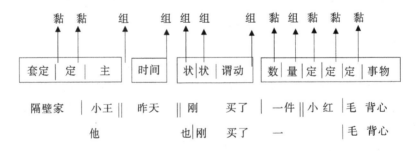

先看音步的组织。两句均首先是直接成分的两个单音节,"隔壁"、"小王"、"昨天"、"背心"(以上是双音词)和"一件"、"刚买"首先组织为两拍音步。

块内的黏合结构从左至右组两拍步,组成"小红",单音节并入相邻音

第十一章 普通话的韵律层级及其与语法语义语用的关联

步成超音步("隔壁家"、"毛背心"),黏附成分"了"附到左邻音步("刚买了")。

句块边界处的可跨界成分根据左邻右舍的韵律长度决定归属:外围状语"也"并入左边的单音节的"他",数量"一"(轻声)并入左边有两个较轻成分的"刚买了"(如果右边是只有两音节的"背心",则"一"归右:"他也|刚买了|一背心")。

再看停延段的组织。第一句中"小红毛背心"和"隔壁家老王"属于黏合结构,它们优先组织为停延段。剩下的"昨天""刚买了""一件"这三个成分之间以及它们与左邻右舍的成分之间都是组合关系。由于左邻右舍都已满足两音步,因此这三个成分的节律有两种可能:一是组成一个三音步的停延段(隔壁家|小王‖昨天|刚买了|一件‖小红|毛背心),二是这三个成分中句法右分支的"刚买了一件"优先组合为两音步的停延段,而左分支的"昨天"单立停延段(隔壁家|小王‖昨天‖刚买了|一件‖小红|毛背心)。无论是形成 1+1+1 的三音步停延段,还是形成 1+(1+1)的两个停延段,都是符合节律模式的。如果"刚"上有强调重音,则只能取后一种分界结果,稍后我们会提到"重前设界"这一由语用因素制约的节律规则。

区分了句块和等立/黏合/组合结构,语句的音步组织就成了一个根据语法标记和"二常规、一三可容、四受限"的节律模式多头并行组步过程:黏合结构的双音直接成分在任何语流中都在一个音步中,适于直接收入韵律词典;等立结构之间都放置边界;这些都是预先组织好的,临时处理的只有组合结构,组合结构需要根据左右成分的韵律长度左右逢源。我们把这种方案叫做"预处理加临时处理的多头并进方案",它似乎比石(1986)的方案更加符合说话人节律生成的心理实际。

11.4.5 普通话音步、停延段与"二常规、一三可容、四受限"节律模式和语用限制的关联

上一小节我们对音步界、停延界动态划分的讨论说明,我们认为这两个层次上节律单元的生成规则是相同的:①都是句块模型比直接成分句法模型更为适合;②都是黏合结构内紧外松;③都是等立结构内松;④都是只有组合结构的语法结构边界与节律边界不一致;⑤组合型边界上的可跨界成分是否跨界都取决于"二常规、一三可容、四受限"节律模式;⑥多个接续出现的组合或黏合的相对松紧都是:主-谓>谓-宾,句法分支方向相反处>句法分支方向相同处,直接同节点的>非直接同节点的。

下面讨论另一个问题。初敏(2003/2004)对大数据库音步和停延段(该文称做"基本节奏单元")节律长度的统计结果是：

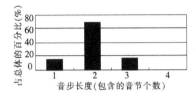
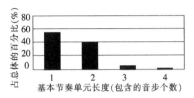

因此她们提出,只有音步的节律长度是"二常规、一三可容、四受限"[①],停延段的节律长度则应该是"一二常规、三可容、四受限"。

其实,我们提出的"二常规、一三可容、四受限"并不是针对生成结果的,而是针对可跨界成分是否跨界的节律模式限制的：①如果左邻右舍的成分已经是三个标准节律单元或是两个节律单元但含有超重型单元,则可跨界成分肯定不能跨界组织节律单元;②线性上接续出现4个节律单元一定通常按2-2(常规),也可以按3-1、1-3、1-2-1、1-1-2、2-1-1(以上均可容)组织为两个或三个更大的节律单元;也即除了轻声成分,不存在节律长度为"四"及"四"以上的节律单元。这样就保证了节律单元的大致等距。应该说,初敏(2003/2004)的统计结果并未超出我们所提的节律模式。

那么为什么单音步的停延段那么多呢？我们觉得这是由于停延段与语用和句义框架有更直接密切的关系,主要有如下几点：

① **强调重音前有停延**。句子的强调重音之前往往增加停延边界,从而形成单音步停延段,如：(我把)‖(那辆)(飞鸽车)‖(放一)(车棚了)。如果不强调重读"那辆",句中单音步的"我把"本不会自成停延段的：(我把)|(那辆)|(飞鸽车)‖(放一)(车棚了)

② **有标记话题之后有停延**。主语出现在句首为无标记话题,时间、处所、连接成分等出现在句首为有标记话题。有标记话题后需要有停延来标记其特殊性。如：今天,‖我们去|颐和园‖种树了。而如果是主语做无标记话题,"今天"一般不会自成停延段：我们|今天‖去颐和园|种树了。

③ **等立的多个介词结构之间有停延**。如"在课堂上‖用英语‖把课文……",多个并列的介词短语,不管停延段内的音步是否"足二",都需要自立停延段且介词也不跨界组步,这使得单音步停延段大大增多。

---

① 注意：前面已经说明,我们已经把"二常规、三可容、一四受限"改为了"二常规、一三可容、四受限"。

第十一章　普通话的韵律层级及其与语法语义语用的关联

④ **句法分支方向相反处有停延**。句法分支方向相反处即使某一侧只有单音步，也一律成单音节停延段。如"‖中华｜人民｜共和国‖人事部‖"。

上面的第一、二两条是语用限制，第三条涉及句法语义的框架（多个环境成分之间为等立关系），它们一般都只影响停延段的划分。

总之，单音步停延段较多是停延段层面与句子的语义框架和语用的关系更加直接造成的，停延段"容一"的条件增加较多，但音步、停延段边界生成的基本限制（句块边界、等立/组合/黏合关系、最大 NP）是相同的，只有组合结构的语法边界与节律边界不一致也是相同的。从对组合结构可跨界成分左右逢源的节律制约来看，音步和停延段两个层次上的节律常规还是应该统一为"二常规、一三可容、四受限"。两层面的不同在于，音步层次上是节律更多地压倒句义和语用，而停延段层次上是句义和语用更多地压倒节律。再高一个层级，语调段就与句义、语用的关系更为直接，与节律几乎没有直接的关联了。

11.5　语调段诸韵律标记与语法语义语用的关联

语调段与节律关系不大。它并不倾向于等距离出现，可以只由 1 个音节构成，也可以由多个音步构成。作为一级纯韵律的单元，如前面 11.3.3 所述，语调段的韵律标记在于句层面重音和语调。由于笔者在这方面没有做过研究，下面只简单介绍一下所了解的基本情况。

11.5.1　语句重音

"语句重音"不是个专门术语，我们用它来通指比"词重音（包括复合词重音）"等级更高的重音。包括：与句法相关的句法常规重音（短语重音、句重音），与语义相关的语义重音，与语用相关的焦点重音（信息焦点重音、强调对比重音）。

句层面重音在普通话中的韵律表现是声调音域突然的展宽，具体说就是阴平整体、阳平的终点、去声的起点的音高大幅提高并伴随整个音节的加长，上声折点的音高降低伴随整个音节加长且后接第二个非轻声音节的音高大幅提高（凌锋，2003/2005）。在沈炯双线音高的语调模型中表现为"高音线的陡然突起"（沈，1985）。

273

句法常规重音 也称"无标记的短语重音和句重音"。这里的"无标记"是指说话人选择的句子话题与主语一致,不有意强调句子的某个成分也没有预设听话人已经预知所说的某些信息。换言之,就是相当于回答"发生了什么事"这种问题的一般性的句子。

短语重音或句重音都决定于短语的套合结构,而不是线性的现象。它们遵从如下的规律:① **短语重音与"辅重原则"** 辅重原则(Duanmu,1990)是指在各个句法层次的辅助成分重于中心成分。比如(">"表"重于"),定语(指代/数量除外)>名性中心语,状语>述谓性中心语,宾语>述谓语。也即,"高高的/白杨树"中"高高的"重,"认真地学习"中"认真地"重,"种/大蒜"中"大蒜"重。另外,根据 X-杠模型,结构虚词由于能够决定整体结构的性质,所以应该是结构的中心成分。比如介词词组的介词、"的"字结构的"的","指代/数量+N"结构中的"指代/数量"定语。句法上的这一改进,也完全符合它们的韵律表现:这些较虚的成分都不是韵律上的重音。辅重原则是可多层反复施用的循环性规则,比如"[认真地[种[大批量[紫皮的[大蒜]n]np]np]vp]vp"这个短语中,运用辅重原则的结果是"认真地>大批量>紫皮的>大蒜>种"。其中,"认真地"感觉上好像不一定重于"大批量",还需要声学分析来验证,其他的轻重预测符合语感。辅重原则的根据,Duanmu(1990)指出,是信息论上的预知度的大小:可选择可能多的成分负载更多的信息量,韵律上则更重。② **句重音与"深重原则"** 深重原则[2](Cinque,1993)是指句法上内嵌最深的成分最重。但所谓"句法上内嵌最深"并不简单地对应套合的层次最多,而且还要有"其节点在 X-杠的轴线上"和"其节点在递归的方向上"两个限制,因此实际上在 XP→YP+X', X'→X^0+ZP 的 X-杠模型中,重音只能落在述补语 ZP 上。折合到"主-谓-宾"序列,深重原则就是指重音只能落在宾语的范围内,所以又称"宾重原则"。这一原则的根据,我认为是句子的无标记的新信息落在句子的宾语上,而新信息要承担重音。

语义重音 Selkirk(1984)发现,仅用句法层次与中心成分不能完全控制复合词的重音,有的语义关系也决定重音的位置。比如,同为定中关系,'school teacher 是修饰语 school 重,ginger 'ale 是中心语 ale 重;steel warehouse 做"储存钢材的仓库"义时是修饰语 steel 重,而做"用钢建造的仓库"义时是中心语 warehouse 重。通过整理材料 Selkirk 得出其中的规

---

[2] 有关深重原则的介绍参考了周韧(2006)。

第十一章 普通话的韵律层级及其与语法语义语用的关联

律,两种不同的重音位置由语义关系控制:与中心语有论元关系的修饰语承负重音,而与中心语只是材料、属性等附加语关系的修饰语不承负重音。语义关系与重音有关,在汉语语音语料库的建设中也有发现。据王韫佳等(2006),一般定中结构是定语重,但专有名词担任中心语的定中结构则是中心语重。比如,"北京选手许滨"的中心语"许滨"比定语"北京选手"重。

焦点重音 焦点是与语用相关的范畴,它是指话语中说话人认为听话人尚不了解、希望听话人重点关注的信息,又称"新信息"(Halliday 1970)。也即,焦点与说话人的主观意图有关,与说话人对听话人"已知/未知"的预设和希望对方给以关注相关。焦点又可细分为常规焦点和非常规焦点。一般来说,焦点通常落在句子的末尾,也即宾语上[③],这样的焦点也称"**常规焦点**"。比如(加黑表示焦点重音)"我们今天去了**颐和园**,颐和园很**漂亮**。"有时说话人为了特殊的修辞或达意效果,也可以把新信息放到动词前的某个地方。放在非宾语位置的新信息,说话人希望听话人特别关注的要求更强,重音也更强。比如"(知道吗),**颐和园**,我们今天去了!"或"我们今天**上午**去颐和园了"。所以前置新信息承负的重音也叫做"**强调重音**"。另外,在对比句式对比位置上的成分,也是说话人希望听话人特别关注的。虽然这些成分不一定前面没有提到过,但说话人显然认为听话人已有的认识不对,希望有所纠正,所以用对比来凸显。比如"我们今天**上午**去的颐和园,不是**下午**"(言外之意是"你认为我去颐和园是今天下午,这是不对的")。对比位置上的成分一定有重音,叫做"**对比重音**"或"**强调对比重音**"。

总起来看,常规句法重音、常规焦点重音、强调重音、对比重音等韵律特征所表达的,都可以看做是说话人主观上认为对于听话人而言的"新信息",是说话人希望听话人重点关注的部分。也即,语句重音主要是与语用有关联。

11.5.2 语调

成系统的语调,也即句子的主要动词之后的那一段的音高变化模式,主要与说话人的语气有关。无声调语言上升的语调和汉语的双线上敛收

[③] 更准确的说,常规焦点还有宽窄之分。从信息新旧来看,最宽的焦点是整个句子,它是用来回答诸如"发生了什么"之类的问题的,一个语篇最开始的句子常常是宽焦点的。次宽的焦点是整个谓语,它是用来回答诸如"NP做了什么"之类的问题的。更窄的焦点是连同定语的宾语,最窄的焦点是宾语的某个定语或中心语。

窄式语调表"不确定的"、"希望对方补充的"语气,无声调语言下降的语调和汉语的双线渐落式语调表"确定的"、"希望给予的"语气。

"语气"是与说话人的主观性及听说双方的交互主观性有关的范畴(参看 Halliday 1985):说话人选择一定的语气为自己的话语做言语交际事件的定位:说这句话是为了向说话人提供自己确定的信息,还是为了向说话人索取自己不确定的信息;前者为陈述语气,后者为疑问语气。语气可以用特定句式(如汉语的 V 不 V)、特定疑问词(如汉语的"什么、谁、哪里、什么时候")、语气词(如汉语的"吗")表达,也可以用语调来表达。

语调与语气有关联看来不是任意偶然的,许多语言都用高升调表示"说话人不确定"而用降调表示"说话人确定",这应该是人类对音高变化的感知与语法语义范畴的感知在认知上有平行性的反映。

11.6 小 结

语言系统中有大大小小的韵律单位。每级单位都有自己独特的韵律特点及组合模式。普通话韵律单位层级的特点是,"音节-音步-停延段"这三级有较严格的成员组成限制:音节一般是 2 mora,音步一般是 2 音节,停延段一般是 2 音步,由此构成了"二常规、一三可容、四受限"的、倾向于等长距离出现的多层松紧单元。而在多层松紧单元之上,还有不等距分布的语句重音和语调。

汉语(普通话)音步、停延这两级松紧单元的分界,主要跟语法的黏合/组合/等立结构的区分有关:等立结构各成分之间必有停延界,黏合结构的内边界必然紧于外边界,组合结构则内边界可以松于也可以紧于外边界。或者说,与句法边界不一致的只可能出现在组合结构,组合结构的左一成分可以跨句法边界组织节律单元,是否跨界取决于"二常规、一三可容、四受限"的节律常规。

语调段的语句重音、语调则取决于语用因素。语句重音主要取决于语用焦点,也即说话人把自己所认为听话人所不知道或有错误认识的那部分信息,用语句重音标记出来提请听话人特别关注。语调则表达了说话人对于主观上是否确知及对交际角色的选择。

第十二章 普通话的句法韵律层级和韵律模块对词法的制约

12.1 句法韵律层级的性质

上一章(11.2)中我们介绍了 Selkirk(1984)和 Nespor & Vogel(1986)两种韵律层次模型。并指出,在我们看来,两者不是后出转精的关系而是性质有不同:Selkirk 的"话语—语调短语—大韵律短语—小韵律短语—韵律词—音步—音节"的单位层级是根据表层语流的韵律属性来定义的,是"纯韵律单位";而 Nespor & Vogel 的"话语—语调短语—韵律短语—黏附组—韵律词—音步—音节—mora"的单位层级是兼顾了语法、韵律两方面的稳定属性,也即是考虑了语法、韵律两方面的分布潜能来定义的,是"句法韵律单位"。

以结构助词"的"为例可以看出两种模型的不同:"老王的"在 Selkirk 模型中将处理为一个韵律词,而在 Nespor & Vogel 模型中将被处理为一个黏附组,它包含一个韵律词"老王"和一个黏附成分"的"。

这是因为,Selkirk 模型关心的是韵律生成的最后结果是否相同,所以既然"老王的"的表层韵律表现与"老头子"相同,那么"老王的"和"老头子"就都是韵律词;而 Nespor & Vogel 模型关心的是韵律生成过程及其与语法的关联,就要考虑"老王的"深层形式,考虑它及其构成成分在韵律和语法上的所有分布。从这方面考虑,"老王"韵律上在其他环境中也总在一个音步中,语法上也总与单音节姓氏黏合在一起不分开;而"的"在语法上是虚词,与词或短语都可以搭配,在韵律上一律并入已组织好的左邻音步,该左邻音步可以是语法上与之有直接成分关系的,也可以是没有直接成分关系的,如"(中华)(人民)(共和国的)"中与"的"并为一个音步的"共和国"。根据这些表现,Nespor & Vogel 把语法上总是与直接成分黏合在一起的、韵律上总是稳定单音步的"小王"定义为韵律词,而把语法上可以与短语配合、韵律上可以并入语法跨层成分的"的"定义为韵律黏附成分。从生成的角度看,黏附成分是在其他成分的音步组织好之后再并入左邻音步的。

根据以上区别,上一章中我们把 Selkirk 模型定义为"纯韵律模型",并把模型中各级韵律单位的名称改为纯韵律术语:"语调段—大停延段—小停延段—词重音段—音步—音节";而把 Nespor & Vogel 模型定义为"句法韵律模型",把中心语为语法术语的"韵律词"、"韵律短语"的名称留给这一类模型专用。

关于两种模型的不同,这里再补充一点:Selkirk 模型中的同级单位,在实际语流中都是线性接续式排列的:一个语调段接着一个语调段、一个停延段接着一个停延段、一个音步接着一个音步,同级的前一单位的结束接着后一单位的开始。而在 Nespor & Vogel 模型中,至少"韵律短语"这一级单位,在实际语流中不是线性排列的,而是套合的。比如语段"也种大蒜"中"种/大蒜"是第一层的韵律短语,"也/种大蒜"是第二层的韵律短语。

12.2 普通话的句法韵律层级:
韵律字、韵律词、韵律类词、韵律短语

12.2.1 从与语法单位的关联看英语句法韵律层级的各级单位

了解了句法韵律模型的性质,我们就可以进一步地讨论 Nespor & Vogel 模型的层级单位是否适用于所有人类语言,汉语普通话的句法韵律层级应该有几级单位了。

Nespor & Vogel 模型的"话语—语调短语—韵律短语—黏附组—韵律词—音步—音节—mora"的诸单位层级是兼顾了英语语法、韵律两方面的表现而得出的。比如,为什么这一体系中只有"韵律词""韵律短语"而没有"韵律语素"呢?

因为英语的语素没有固定的韵律标志:英语的语素可以是一个音节(如 cat),可以是多个音节(nation['neiʃən]),也可以不足一个音节(如 national['næʃənə]中的-al [-ə]),甚至跨音节(如 nationality[ˌnæʃə'næliti]中的-al ['æl])。英语的语素在组词之前没有底层的音节分界,所以-al 在有的词中属于一个音节,在另一些词中属于两个音节。英语的语素在组词

第十二章　普通话的句法韵律层级和韵律模块对词法的制约

前没有底层的重音,如-al 在 national 一词中没有词重音而在 nationality 中有词重音。总之,英语最小的语法单位语素在底层只有音段的配列却没有音节分界、音步分界、词重音等作为韵律单位的标记,所以英语的语素只是一级语法单位但不是一级韵律单位。

英语有固定韵律单位标记的最小语法单位是"词"。英语到了词这一级单位才有固定的音节分界、音步分界和词重音。英语词的音节界、音步分界、词重音是在词音段元音辅音序列的基础上按英语的音节模块、"首音优先"等规则和特定的节律栅参数生成的(参看第五、六两章)。也即,"词"是施用这些韵律规则的辖域。

英语中"韵律词"之下的韵律单元均只有韵律标志,如音步、音节各有自己的韵律上的组配限制,但与语法层面的单位却没有关联关系。所以,韵律词在英语韵律层级中处于一个枢纽的位置:韵律词之上的各级单元与语法甚至语用有关联,而韵律词之下的音步、音节、mora 只是单纯的韵律单位。

12.2.2　普通话的句法韵律层级应该有几级单位

从韵律的生成考虑,从韵律的稳定属性考虑,普通话的句法韵律层级应该有几级单位呢？或者说,普通话哪些单位是韵律规则运用的不同辖域呢？

我们认为,从句法韵律的角度考虑,普通话有如下韵律层级单位:

话语—语调短语—│韵律短语—(韵律类词)—黏附组—韵律词—合音字—韵律字│—韵—mora

韵律字、合音字都是单音节的,但韵律字只含有一个"一音节一义"的语素,如"花",而合音字是由历史上两个"一音节一义"的语素合音为一个单音节双语素的,如"花儿"。

为什么为韵律字、合音字设立两级韵律单位而不像英语韵律单位层级那样只立"音节"一级呢？因为普通话的"音节"已经有了与语法单位语素的强势关联,或者反过来说,普通话的语素几乎都有底层的音节界线、声调等韵律标记。而且,"音节—语素"这一级单位已经是韵律规则施用的辖域了:韵母儿化的规则就是在这一级单位上激发的。

韵律字与合音字的关系,很像韵律词与黏附组的关系,它们都是一实一虚的两个语法单位,根据一定的韵律规则,合并为韵律标记与实的语法单位相同的单位。如韵律字"花"和合音字"花儿"都是一个音节,韵律词"老王"与黏附组"老王的"都是一个音步,英语的韵律词 fence 和黏附组 a fence 则都是只有一个词重音的语段。

韵律类词指"中华人民共和国""多功能负氧离子加湿器"等 4 音节以上的多音步黏合结构。普通话的韵律类词由韵律词复合而成,国外一般称"复合词",考虑到国内一直把"白菜"等两音节、两语素的词也称做"复合词",为避免术语的混淆,我们把由数个两三音节韵律词组成的黏合式多音节语段改称"类词"。它们是居于韵律词和韵律短语之间的过渡性单位,其韵律标记和所适用的韵律规则与韵律词和韵律短语都有所不同①。下面我们先简单说明我们对韵律词和韵律短语的界说并就它们的主要次类分别举例,后面的两节再分别单音步语段、多音步语段两种情况进一步讨论普通话韵律词、韵律类词、韵律短语的区别。以下的讨论大多依据王洪君(2000),但有一些修改。

我们对这三级韵律单位的定义是:

韵律词:语法上黏合的、节律上内紧外松的稳定单音步。

韵律类词:语法上黏合的、节律上内紧外松的、左重的可能多音步。

韵律短语:语法上等立或组合的,节律上内部较松散的、等重或右重的可能多音步。

可以看出,其定义的标准可以分为语法、语音两方面。语法的标准与音步、停延段界动态划分的语法限制相同,是黏合(韵律词、韵律类词)与组合/等立结构(韵律短语)的对立,体现出句法节律接面的特点。节律上的几个标准则可以总结为下面的表:

韵 律 标 准	韵律词	韵律类词	韵律短语
1. 稳定的单音步,更大组合中音步不再分裂	＋	－	－
2. 更大组合中内部停延小于外部停延	＋	＋	－
3. 直接成分的音步音域展敛遵循"左重"	不适用	＋	－

"稳定的单音步"是指它们不论处于什么样的上下文语境,都不改变单

---

① 其实英语的复合词适用的词重音规则也与韵律词、韵律短语都不同:复合词是"左重",韵律短语是"右重",韵律词则决定于词末最后一个韵律内音节的 mora 数目,详见 1.2。但英语没有为复合词单立一级韵律单位。

第十二章 普通话的句法韵律层级和韵律模块对词法的制约

音步节奏模式;而"可能的多音步"是指或者总是多音步,或者虽然在一定的上下文语境中可以是单音步,但另外的上下文语境中却可以是多音步。内停延是否小于外停延取决于两个标准:①按照与说话语流相同的次序从左至右发生变调的"顺向变调",如"(雨伞)厂",紧于按照与说话语流相反的次序从右至左地发生变调的"逆向变调",如"小(雨伞)"。②时长短的两 mora 调紧于时长长的三 mora 调,详见稍后的说明。"左重"或"右重"则主要是指声调音域(高音线和低音线之间的距离,参见 11.3.2)的展宽而不是单纯的音强强或音高高。

总之,我们认为,单音步是普通话基本节奏单元决定性的韵律标记,也是韵律词决定性的韵律标记,而韵律类词和韵律短语是在韵律词、单音步的基础上的再组合,两者分别增加了规则不同的高层停延和音步音域的展敛变化。

下面先看韵律词、韵律类词、韵律短语的具体实例,然后再对以上标准做进一步的解释。

韵律词、韵律类词、韵律短语都有一些主要的次类。某些次类形成两级单位间的过渡。下面是各主要次类的实例列举,次类的韵律特点放在括号里注在类名的后面,命名除参考了笔者的研究(王,1996)外,还参考了冯胜利(1997)。例中的 | 表示音步界, ‖ 表示停延界。

韵律词(单音步,"标单"是"标准单音步"的简称)

  叠变式(标单):啪啪、劈啪、啪啦、啪嗒、啪啦啦
  复合式(标单):工厂、雨伞、活鸡、理发、买米、笔直、威镇、抓紧、打死、地震、爸妈(不包括"指代/数量+名"、"助动/心理动+动"、"连接/否定/时体/范围/频次+动"等两字组)
  后轻式(残单):黄瓜、帘子、活络、气派、看见、抓住、妈妈、姥姥
  后加式(超单):雨伞厂、保险锁、保险锁厂(限 2+1、2+1+1 式定中)

  韵律类词(内停延总是小于外停延的可能多音步)
暗亮叠变式(前残后标):劈里|啪啦、稀里|糊涂、哆哆|嗦嗦、絮絮|叨叨、漂漂|亮亮
  暗亮复合式(前残后标):乱七|八糟
  等亮叠变式(双整):劈啪|劈啪、啪啦|啪啦、干干|净净
  等亮复合式(双整):取长|补短、眉开|眼笑、远走|高飞、一衣|带水
  偏正无停延式:大(|)房间、铬镍|合金、常务|委员会、易拉罐|饮料、新天地|广告部

人民|代表|大会、中华|人民|共和国

纸张|粉碎机、苹果|削皮刀、饮料|灌装线

全程|旁听、认真|学习、勤奋|工作

偏正有停延式：日本产‖钻石牌‖铬镍|合金‖不锈钢(‖)苹果|削皮刀

易拉罐|饮料‖灌装|生产线

中华|人民|共和国‖人民|代表|大会‖常务|委员会‖委员长

新天地|广告部(‖)总经理(‖)王大民|先生

韵律短语（内停延可以大于或等于外停延的可能多音步）

等立式：又唱‖又跳、纯净水‖太空水‖矿泉水‖汽水‖易拉罐|饮料

19|平米|大的‖向阳的‖大房间

组合式：俩(|)饼、我(|)工厂、这(|)书架、俩(‖)雨伞、那间(|)靠|左边的|(|)大房间

整整|齐齐的‖房间、眉开|眼笑地‖走进来

削|苹果皮的|(|)刀、织|毛衣的|(|)机器

想(|)买、敢(|)买、种(|)大蒜、削(|)铅笔、种(|)紫皮蒜

想(|)买马、想(|)99年就(|)建立‖易拉罐|饮料‖灌装|生产线

也(|)去、不(|)干、曾(|)想、都(|)说、刚(|)走、早(|)想买、

早就想(|)建立‖易拉罐|饮料‖灌装|生产线

天气|晴朗、心情|愉快、他们|早就想(|)建立(|)易拉罐|饮料‖灌装|生产线

注："|(|)"表示有音步界或停延界，两可。下同。

12.2.3 单音步语段中普通话韵律词、韵律类词、韵律短语的区别

从上节的分类列举中可以看出，单说时通常是单音步的三字组，"雨伞厂"、"小雨伞"、"买雨伞"，在我们的体系中分为性质不同的三类："雨伞厂"是韵律词，"小雨伞"或"纸雨伞"是韵律类词，"买雨伞"是韵律短语。这样的分类有什么根据呢？

我们把单说时的单音步分为三类，除了语法方面凝固和自由的考虑外，节律上的理由是，虽然这些三字组单说时通常都是单音步，但连调式和在更大的组合中的音步、停延界线的移动方面有重要区别。

韵律词不同于类词和短语的特点是①稳定的单音步，②内部只有两 mora 调和总是顺向变调；韵律类词与韵律短语的区别则在于③内停延是否

第十二章　普通话的句法韵律层级和韵律模块对词法的制约

大于外停延,④是否左重。下面分别讨论。

对于单说时可以是单音步的三字组而言,"雨伞厂"和"小雨伞"、"买雨伞"最明显的区别在于连调式的不同,前者的连调只能是"顺向"的,后者还可以是"逆向"的。下面先列举连调实例,例中的 213 常说成 211,括号表示音步的范围,(213/354)则该单音节自成音步并可以有两种可选的调值。四字以上归一个音步的只在快速语流中出现:

雨伞厂　　　　　　跑雨伞厂　　　　　　老跑雨伞厂
(35-5-213)　　　(213/354)(35-5-35)　(35-213)(35-5-213)
　　　　　　　　　(35-5-5-213)　　　 (35-5-5-5-213)

小雨伞　　　　　　买小雨伞　　　　　　想买小雨伞
(21-35-213)　　　(213/354)(21-35-213)(35-213)(21-35-213)
(213/354)(35-213) (213/354)(35-5-213)　(35-213)(35-5-213)
(35-5-213)　　　 (35-5-5-213)

买雨伞　　　　　　想买雨伞　　　　　　早想买雨伞
(21-35-213)　　　(35-213)(35-213)　　 (35-213)(21-35-213)
(213/354)(35-213)
(35-5-213)　　　 (35-5-5-213)　　　　(35-5-213)(35-213)

上面均以上声字为例,因为普通话中上声字的连调与单字调的区别最明显。连调值和音步界线根据笔者自己的语感得出,并参考了赵元任(1979)、吴宗济(1984)。它们虽然不能反映连调精确的值,但应该可以反映"位"的区别。

从上面的实例可以看出:

"雨伞厂"只有一种连调式(35-5-213)。很明显,这一连调式是按从左至右的次序连续运用"连上前字变阳平"的结果。首字受次字影响变样阳平,次字又受末字影响变阳平,这就是"从左至右"的顺向连调。"小雨伞"、"买雨伞"则可能有两种连调式。一种与"雨伞厂"相同,也是顺向连调,但不太常用。更常用的是(21-35-213)式。这种连调只能是按内部语法结构(1+(1+1))的次序运用"连上前字变阳平"的结果:先是次字与末字结合,然后才是首字与次字的结合。这与说话时实际出现的先后次序相反,所以称为"逆向连调式"。

我们认为,在普通话中,这两种连调的紧密程度是不同的。顺向连调较紧密,而逆向连调较松散。理由有二:(1) 没有内部语法结构的三音节单纯词(如"索马里"),都是取从左至右的顺向连调,不取逆向连调,没有例外(冯胜利,1998)。单纯词是典型的词,没有与短语交叉的麻烦。单纯词都取顺向连调,说明顺向连调式是"词的连调式"。(2) 逆向套合结构的(1+(1+1))三字组,如果口语中很常用,说话人把它们当做一个整体而忽略其内部语法结构了(如"省美展"),也就经常说成了顺向连调式(吴宗济,1984)。以上两点都说明顺向变调式是更为固化,或者说已经词化的调式,因此我们用它作为区分韵律词和韵律类词、韵律短语的重要依据。柯航(2007)还从没有语义关系、但数字有后二相同或前二相同的三音节数字串955 和 995 分别取较松的 1+2 和较紧 2+1 式变调和音乐中"强弱弱"拍式比"弱弱弱"拍式的节奏更紧凑、整体感更强出发,进一步证明了语法上顺向组合的 2+1 结构节律上紧于语法逆向组合的 1+2 结构。

跟"是否总是顺向变调"相关的是三字组的内部是否可以有"3 mora 调"。首先解释一下"3 mora 调"。"3 mora 调"是指相当于曲折调长度的调,如全上调 213、全去调 51 和略带降尾的阴平、阳平(也许可分别记做 554,354)。较紧密的顺向三字连调,首字只能是 2 mora 的(如半上 21,半去 53 和不带降尾的阴平 55,阳平 35)。"雨伞厂"的首字"雨"在各种组合环境中都只能用无降尾的阳平,而不能用有降尾的阳平或全上,这与三音节单纯词"索马里"的反应完全相同。较松散的逆向三字连调则完全不同。如"小雨伞"和"买雨伞"的第一音节,单说时除了半上 21 外,也可以选择拖长的 211~212~213,甚至变成升调,但该升调一定是时长很长、后面已经略向中等音高回复的 354(参看 6.4.3 中我们的实验结果)。许多学者已经指出,普通话语流的特点是,声调只有在音步、停延段、句段的分界前才取 3mora 长度,不在分界前(如两字组前字)的音节则取 2 mora 长度。也就是说,3 mora 有节律标界作用。所以我们认为,全上调的 213 或拖长的 211 标志着音步的界线,变为升调但拖长的了 354 也标志着音步的界线。2+1 定中式的"雨伞厂"在各种组合中都只有末字一个字是 213 调,也就是说它在各种组合中都是一个三音节的单音步,单音步构造稳定。而 1+2 定中式"小雨伞"和"1+2"述宾式"买雨伞"在更大的组合中首字后也可能出现有标界作用的 3 mora 调,这说明它们有可能组织为 1+2 的两个音步。也就是说,逆向连调的三音节不是稳定的单音步而是可能多音步。

节律上具有"总是顺向连调"和"稳定的单音步"特点的三音节单纯词、2+1 式定中三字组,在语法上也都较"逆向连调"的 1+2 式定中或述宾更

第十二章 普通话的句法韵律层级和韵律模块对词法的制约

凝固,是汉语构造新的定中复合词的主要格式(参看12.4)。综合考虑节律和语法的差异,我们把这两个特点作为韵律词特有的、与韵律类词和韵律短语相区别的节律标志。

端木(2000)认为"大房间"的音步结构为"|大房|间-|",是韵律词,这种看法通不过连调模式和可能停延的检验。它的可能停延只能在"大"之后,而不可能在"房"之后,因此我们不取这一看法。

韵律类词,从名称就可以看出,它既有与韵律词类似的地方,也有与韵律短语类似的地方,可以看做是词和短语的过渡类。

韵律类词与韵律短语不同而与韵律词相近的特点表现在前表中的2、3两条,即在更大的组合中的停延和音域展敛情况。下面先看停延情况(语法每套合一层就加一条"/",节奏仍用前面的表示法):

语法界: 跑//雨伞/厂　　　买//小/雨伞　　　想//买/雨伞
节奏界: 跑(‖)雨伞厂　　　买‖小(|)雨伞　　　想买(‖)雨伞

语法界:老///跑//雨伞/厂　　想////买//小/雨伞　　早///想//买/雨伞
节奏界:老跑(‖)雨伞厂　　　想买‖小(|)雨伞　　　早想‖买(|)雨伞
～早想买‖雨伞

"雨伞厂",从语法上看,在更大的组合中总是在最内层;从节律上说,也总是一个更紧凑的节奏单元。它的内部从不出现全上,也即没有音步界。而比它高的外层述语"跑"却可以用或只能用3 mora全上调213或3 mora阳平354,也即有音步界。这说明它的内部停延总是小于外部停延。

"小雨伞",从语法上看,在更大的组合中也同样总处在最内层,但从节律上看,它可有多种连调式的选择。让我们逐个分析一下。① "买[213]小[21]雨[35]伞[213]":内层的"小"为半上21,外层的"买"为全上213,"买"后的停延更大。在笔者的语感中,这里内层的"小"不能用全上。而更为有力的证据是,如果"小"硬要不自然地拖长为213或211,"买"后就必须有小停顿,也许可表示为213^。总之"买"后的停延一定要大于"小"后的停延。② "买[354]^小[21]雨[35]伞[213]":虽然"买"变了阳平,"小"没变,但"买"的阳平一定是带降尾和停顿的三摩拉阳平,而"小"却是标准的半上,不带转折上升部分,所以依然是"买"后的停延大于"小"后的停延(参看6.4.3)。

总之,尽管1+2述宾"买雨伞"与1+2定中"小雨伞"单念时的连调、停延可以完全一样,但在更大的组合中的表现却完全不同。在更大的组合中

"小雨伞"即使内部有停延,也不能大于外部的;而"买雨伞"内部动词与宾语之间的停延,却通常大于述宾整体与外层成分之间的停延。当外层成分只有一个音节时,这甚至是最自然的选择。

音域展敛问题,对三字组来说不是直接外显的。这是因为它们在单念时大多是单音步的。颜景助、林茂灿(1988)的研究表明,单说时如果没有意念上的强调,普通话中各种语法结构的三字组都体现为音域从首字到末字渐降。也就是说,单说时单音步的"雨伞厂"、"小雨伞"、"买雨伞"在字调音域的展敛方面可以没有差别。但如果在更大的组合中分裂为两音步(只"小雨伞"、"买雨伞"可能分裂),两音步间的音域展敛的差别就很明显了。如:

(1) 买³⁵⁴∧‖小²¹³│雨³⁵伞   (2) 想³⁵买²¹³‖雨³⁵伞

同为上声调,例1"小"的低音点比例2的"买"降得更低,也即前者的音域宽于后者;而例2的"雨"的高音点比例1的"雨"升得高,音域加宽。把音域展宽者简称为"重",上述事实就可表述为,一旦在更大的组合中分裂为两音步,则"小雨伞"是"左重","买雨伞"是"右重"。这就是三字韵律类词与韵律短语在音域展敛方面可选的区别。

"小雨伞"和"买雨伞"在停延和音域展敛上的重要差异,是我们区分韵律类词和韵律短语的重要依据。冯胜利(1997)把它们不加区别地都认为是韵律短语,我们也不能同意。"小雨伞"在更大的组合中保持内紧的凝聚性,从这点看它与韵律词更为接近而与韵律短语的差距较大。端木(1999)援引朱德熙的意见指出,汉语中单音节形容词做定语不是自由的,进而指出汉语的 AN 结构带有句法词的性质而英语的 AN 结构是短语,我们同意这一看法。我们所说的"类词",折合到美国生成学派的术语系统就是 compound word(复合词)。

综上,如果用圆括号表示一个底层音步,则同为三字组的韵律词、类词韵律短语、自由韵律短语在节律上的深层差异可表示为:

三音节韵律词("雨伞厂"):(＊＊＊)

三音节韵律类词("小雨伞"):(＊-)(＊＊)

三音节韵律短语("买雨伞");＊(＊＊)

第十二章　普通话的句法韵律层级和韵律模块对词法的制约

三字述宾的节律表达式"*（**）"的第一音节未加括号,表示它是未入节律结构的自由音节,这是端木(1999)的提议。该音节(如"买雨伞"的"买")在更大组合中不仅可以在音节界两边移动,还可以在较大的停延界两边移动,处理为深层未进入节奏组织的自由音节无疑是很合适的。

这些深层的节律上的差别在语流中实现时,根据具体的上下文语境可能中和(短语的两成分发生音步归并或自由音节组步,也变为单音步),也可能凸现出来(韵律词仍在一个音步,韵律类词成为内紧外松的两音步,韵律短语则左一成分可以跨语法层重组音步)。

从上面的讨论可以看出,我们对韵律词、韵律类词和韵律短语的判定综合考虑了它们连调式的区别和在更大组合中的节律差异。从方法论上看,这与语法上鉴别词和短语要综合考虑它们在更大组合中的表现是一致的。

下面补充谈谈短语两字组节律更细致的情况。

冯(1997)曾经提到,汉语的两字组不管内部是什么语法结构,一般都是韵律词,它们在更大的组合中一般都总是一个稳定的音步。这一判断基本上是正确的。下面仅以定中的"纸伞"、述宾的"买纸"、状中的"手举"为例看看它们在更大组合中的表现(下划线表示所考察的语段,下同):

纸伞　　小<u>纸伞</u>　　找<u>纸伞</u>　　想买<u>纸伞</u>　　<u>纸伞</u>好　　<u>纸伞</u>好使
买纸　　早<u>买纸</u>　　想<u>买纸</u>　　早想<u>买纸</u>　　<u>买纸</u>好　　<u>买纸</u>很划算
手举　　<u>手举</u>小旗　　我<u>手举</u>小旗　　　　　小马<u>手举</u>小旗

"纸伞"、"买纸"、"手举"一般词典均不收入,也就是说,依据语法或语义的标准,通常不被认为是词。但从上面的例子可以看出,只要在更大的组合中这些两字组仍然是最内层的组合,它们就总是一个稳定的音步。由于只有两字,所以只可能有一种连调方向。在前接或后接单音节或两音节时,它们只可能与前接或后接成分合并为一个超音步,而绝不从两字中间分裂。也即这些两字组成稳定的单音步,是韵律词。我们同意冯胜利(1997)对以上两字组是韵律词的判断。

但是,冯(1997)并没有设立严格的判定程序,没有把所有两字组都放到更大组合中去测试(特别是前接单或双音节的测试语境),所以他未能发现,并非所有的两字组都是韵律词。如定中的"指代/数量＋名"(如"这书、俩饼")、述宾的"助动/心理动＋普通动"(如"敢去、想学、要买、爱你")和状中的"连接/否定/时体/范围/频次＋动"(如"都去、不想、曾想、也说、刚走")。这些小类语法上的特点是前字是可穷尽列举的封闭小类,后字的替换极其自由,大大超过一般两字组后字的替换频率,语法上的结构远较一般两字组松散(梁、王,1999)。在韵律上它们也与一般两字组不同,在更大的组合中,它们常常中插音步界。例如:

瞧你|买这|车一|　　来|('**俩一**|饼一|("俩"是确数)～　|来俩饼|("俩"是约数)
我可|不敢|跑一|　　不想|'**学一**|～　|不想学|
他们(|)也都|去一|

根据前面的鉴别标准,这些小类两字组的内部可以有音步界,而前字与属于更高层成分的前接音节却可以没有音步界,内部的停延可以大于外部的停延,所以,这些两字组也跟1+2述宾三字的"买雨伞"一样,属于韵律短语。韵律上的松散与语法上的松散有相当一致的对应性。

12.2.4　多音步语段中普通话韵律类词、韵律短语的区别

本小节讨论多音节韵律类词、韵律短语去除了强调、语气后的韵律表现。强调、语气等的属于比韵律短语更高的"语调语句"层级上的韵律表现。

前一小节曾经指出,单说时常常是单音步的韵律类词"小雨伞"和韵律短语"买雨伞"的重要区别一是在更大组合中的停延情况,二是在更大组合中的音域展敛情况。本小节将说明,多音步的韵律类词与韵律短语的节律区别也是这两方面的区别,在音域展敛方面的差异较之单音节语段还更加直接外显。

在讨论韵律差异之前,先简单看看韵律类词和韵律短语各自的语法构成。

韵律类词包括:

① 定语不带"的"且不是指代、数量成分的定中结构(黏合定中)

② 状语不带"地"等语法词且不是指代、连接、时体、否定等成分的状中结构(黏合偏正)

第六、十一两章我们已经提到,"黏合式"和"组合式"的区别是国内短语研究的一个重要成果,其中"黏合定中"和"黏合状中"(可统称为"黏合偏正")的定义刚好与我们的"韵律类词"相同。

韵律短语包括:

① 直接成分至少为单音步的等立结构

第十二章　普通话的句法韵律层级和韵律模块对词法的制约

② 所有三音节以上(含三音节)的主谓结构、述宾结构、介宾结构
③ 定语带"的"或为指代或数量成分的定中结构(组合定中)
④ 状语带"地"或为表连接、时体、否定等成分的状中结构(组合状中)
⑤ 带"得"的、补语表情景状态的述补结构。

语法上,韵律类词(黏合定中、黏合状中)内部较凝固而韵律短语(主谓、述宾、等立式并列、组合定中/状中/述补)的内部相当松散。这一点已经有许多学者论证过,本文不赘述。本文更关心的是,与语法上的表现相应,在韵律方面多音步韵律类词也是内部凝固的而多音步韵律短语则内部松散。

这里要再次说明的是,本文称为"韵律类词"的,国外学者称为"复合词"。如端木(Duanmu 1997)就明确提到"汉语中不带'的'的定中结构都是复合词"。本书没有采用这一命名。因为汉语中"人民"、"共和国"等由实义单字组成的两字、三字组在国内语言学界也一直也称为"复合词",如果把这些两字、三字组再组合而构成的"中华人民共和国"也同样称做"复合词",势必会造成混淆。

先看多音步韵律类词和韵律短语在停延方面的不同。两音步短语在单说和在更大组合中的停延表现分为两大类:

单说	更大组合中
‖香蕉|苹果‖(黏合定中)	‖爱吃|香蕉|苹果‖～‖爱吃‖香蕉|苹果‖
‖少先队|代表‖(黏合定中)	‖少先队|代表|没走‖～‖少先队|代表-‖没走‖
‖全程|旁听了‖(黏合状中)	‖小王-‖全程|旁听了‖
‖香蕉、‖苹果‖(等立)	‖爱吃|香蕉、‖苹果‖
‖旁听了|政协会‖～	‖他们
‖旁听了‖政协会‖(组合)	‖旁听了|政协会
‖这次|旁听了‖～	‖小王|这次‖旁听了|政协|会议‖
‖这次‖旁听了‖(组合)	
‖小王|旁听会了‖～	‖邀请|小王‖旁听|会了‖
‖小王‖旁听会了‖(组合)	

可以看出,韵律类词的两个音步(如定中结构的"香蕉苹果")在单说时总在一个停延段内,在更大的组合中,也从不中插停延。而韵律短语的两个音步,单说时,或者必须中插停延(如等立结构的"香蕉苹果"),或者可以中插停延(所有组合结构);到更大的组合中,中插停延甚至是唯一自然的

289

选择。很明显,就两音步语段而言,韵律类词在节律上很凝固而韵律短语节律上很松散。区分二者,对于控制停延的插入是十分重要的。

再看更多音步的语段。多音节语段如果是韵律类词性质的多层套合(这只出现在黏合式定中结构),则有语法直接成分关系的两音步之间没有停延,总在一个停延段内。第二层次上如果新加入成分是单音步,则与直接成分之间可以有小停延,也可以三音步松紧均等(如下面的例1);如果新加入成分也是两音步,则按两音步一段分为中有停延的两个停延段(例2)。在第三及更高层次上新加入的成分,不管直接成分是单音步还是两音步、三音步,一律单立停延段(例3):

(1) 不锈钢|(|)苹果|削皮刀
(2) 易拉罐|饮料‖灌装|生产线
(3) 日本产‖钻石牌‖铬镍|合金‖不锈钢|(|)苹果|削皮刀
　　中华|人民|共和国‖人民|代表|大会‖常务|委员会‖委员长

总之,类词性质多层套合的停延与语法套合的层次有关:最低层次的无停延,次低层次的可有小停延,再高层次的则有较大停延。

如果韵律类词之上又套了韵律短语,则类词内部的停延一定小于类词与韵律短语成分间的停延,不管各成分的音步数有多少,这生动地体现出类词在节律上一律内紧外松的特点。如下面的例4(|的多少表示停延的大小):

(4) 旁听了‖‖ 中华|人民|共和国‖ 人民|代表|大会‖ 常务|委员会‖会议

韵律短语则与韵律类词相反。韵律短语内部松散,所以多层套合韵律短语的停延常常打破语法套合的层次,很可能内层的两个直接成分间没有停延,而外层的成分之间却有停延。如下面的例5、例6(仍以 / 表示语法层次,|表示节律边界的大小):

语法界:(5)他们///是//积极/分子
　　　　(6) 小王////这次///旁听了// 政协/会议
节奏界:他们是‖积极|分子
　　　　小王‖(|)这次‖旁听了(|)|政协|会议

例5语法上述宾关系的"是|积极分子"较主谓关系的"他们|是积极分子"的层次更靠内层。但是,靠外层的"他们"与"是……"之间没有停延,靠内层的"是"与"积极分子"之间却有较大停延。例6中,外围状中关系的

第十二章　普通话的句法韵律层级和韵律模块对词法的制约

"这次"与"旁听了……"较主谓关系的"小王"与"这次旁听……"更靠内层,但是,靠外层的"小王"与"这次……"之间可以只有音步界没有停延界,靠内层的"这次"与"旁听……"之间必有强停延。也就是说,与韵律类词不同,韵律短语成分间的节律很松散,并非"内紧外松"。只要控制前加成分的音节数目,就可以很好地检测出韵律短语内部的松散性。

总之,韵律类词与韵律短语两类在停延方面有重要的区别:韵律类词的节律层次与语法层次一致,而组合式韵律短语的节律层次可以与语法层次不一致,什么时候不一致,取决于前后成分的音步数。

最后看看韵律类词和韵律短语在音域展敛方面的不同表现。

韵律类词总是"左重"的。"左重"是指,类词的两个直接成分中,左一直接成分中的音步音域的最宽者宽于右一成分中的最宽者。由于类词的节律层次与语法层次一致,所以体现到节律上就表现为,类词中每个停延段内的几个音步间,最左边那个音步的音域最大;而几个停延段之间,又是最左边停延段的最左边音步的音域最大。可大致示意如下(音步内单字调音域的差别忽略未计,音域框内再分5度才得到声调音高):

(7) ‖中华|人民|共和国‖人民|代表|大会‖常务|委员会‖

韵律短语则是"右重"或"等重"的。"右重"指结构的两个直接成分中,右一成分中的音步音域最大者大于左一成分中的。属于这一类是组合结构,如:述宾的宾语重(例8)、状态述补(带"得")的补语重(例9)、指代/数量定中的中心语重(例10)。"等重"指结构的几个直接成分的音域大小基本相当。属于这一类的是等立结构,如等立的几个词(例11)、等立的"的"字、"地"字结构(例12、13),等立的介词结构(例14)。

(8) ‖抓住了|机遇‖　　(9) ‖跑得‖气喘|吁吁的‖　　(10)这个|大房间

(11) a ‖又唱‖又跳‖　　b ‖纯净水‖太空水‖矿泉水‖汽水‖红牛‖饮料‖

291

(12) ‖顿河|地区的‖哥萨克的|(|)红军|战士　(13) ‖悄悄地‖慢慢地‖从后面|走了|上来‖

(14) 昨天‖在|课堂上‖用|英文‖写了|三篇|作文

停延和音域展敛之间有如下的关联：等立式韵律短语的各个成分"等重"（音域等宽）；组合式韵律短语的左一成分"左轻"（音域较窄），在更大组合中或者左向跨结构边界组织音步或停延段，或者不跨语法边界与直接成分组织音步或停延界，但是在界内是有标记的、"轻"的衬头，如"在|课堂上"的"在"和"用|英文"的"用"，它们的音域比第二成分窄许多（虽然较高）且时长相当短。

端木(1999)曾把类词的"左重"和韵律短语的"右重"进一步概括为"辅重"制约，即辅助成分重于中心成分。他还指出，介词或助词（如"把"、"被"、"在"、"的"、"地"、"得"）是结构中的中心成分，所以它们总是轻读。我们十分赞赏端木的意见。我们认为，"辅重"的确是决定韵律短语这一层级上各音步音域展敛的基本制约，但端木(1999)还主张两字定中或述宾也适用"辅重"原则，并认为成分音节数的单双也是"重音"的一种表现，这些看法我们不同意。

12.3　韵律字、韵律词、韵律类词、韵律短语在语言系统中的重要性

前面(12.1、12.2)已经指出，我们所用的"韵律字、韵律词、韵律类词、韵律短语"这一套术语，属于 Nespor & Vogel(1986)模型中句法韵律单元的性质，是我们综合考察了大小不同的单位在韵律、语法两方面的属性而设立的，下面不嫌重复再重列一下它们在语法、韵律两方面的稳定属性：

韵律字：语法上有意义的最小单元，节律上的一个音节。
　　　　（一音节一义）
韵律词：语法上黏合的、节律上内紧外松的、顺向变调的稳定单音步。
韵律类词：语法上黏合的、节律上内紧外松的、不限于顺向变调的、左

第十二章 普通话的句法韵律层级和韵律模块对词法的制约

重的可能多音步。

韵律短语:语法上等立或组合的,节律上内部较松散的、等重或右重的可能多音步。

正由于这些句法韵律的单元是根据韵律、语法两方面的分布潜能,根据它们底层的稳定的韵律、语法属性而得出的;所以,与"音步"等纯韵律单位有完全不同的性质。音步、停延段是语流表层韵律的生成结果,而韵律字、韵律词等句法韵律单位则是韵律规则运作的辖域,是表层韵律生成过程或生成起点所需要的中介单位。

正由于这些句法韵律的单元是根据韵律、语法两方面的分布潜能和稳定特性得出的,这些单位不仅对于韵律有重要的价值,对语法以至整个语言系统也有重要的价值。

特别是对于汉语,由于汉语的词没有形态标记,又是以复合构词法为主,所以如果仅从语法上的"可自由运用"来区分词和词组(短语),很难取得一致的共识(参看 13.4)。

事实上,母语者心目中界线分明的语言小单位,都是在韵律语法两方面都有稳定属性的,比如汉语中底层为"一音节一义"的韵律字与语素重合,所以汉语母语者和研究者很容易从语流中切分出语素,还原出它的原型;而英语中底层为"一个词重音段一个可自由运用的最小语法单元"的韵律词与语法词基本重合,所以英语母语者和研究者很容易从语流中切分出词,还原出词的原型。(参看 13.4)

通过对汉语句法韵律层级单位的研究我们认识到,汉语中虽然"语法词"与"语法短语"的界线不明,但韵律词、韵律短语的界线还是很分明的。韵律词只限定在"除第一字为指代/数量、助动词、心理动词、介词等封闭类成分之外的所有两字组和 2+1 式定中",据此很容易识别。

在信息处理和汉语二语教学中,除了韵律字,韵律词也是一级非常重要的单位。比如由于汉语的同音语素多,每个语素的构词负担大,所以汉语信息处理的键盘输入、繁简体自动转换、自动校对、自动检索、自动文摘等多项任务的一个基本要求就是"分词不落单",也即需要与 2～3 音节小单元的"词表"对照,计算机才能自动判定键盘输入的单音节拼音对应的是哪个汉字,判定非一对一的繁简转换,判定文本中的错字,快速检索到所需要的信息等等。对于这些需要而言,无论是"白菜"等学界没有争议的"词",还是"白云、发信"等学界对其是否是"词"多有争议的两字组,都是单音节语素(单字)组合的上一级单元,都有"以双

293

定单"的功能。

王立(2003)介绍了她历时5年进行的"公众词感测量"的社会调查的各个步骤和调查结果。调查表明,汉语母语者心目中的"词"是我们所定义的"韵律词",而不是国内语法学界通常所说的"词","蓝天、白云、木桶、羊肉、发信"等两字组,98%以上的被调查人都认为是"词"。

总之,我们认为,句法韵律层级综合了语法、韵律两层面上单位的活动模式,兼有语法、韵律两层面的价值。而其中的"韵律字/韵律词/韵律类词"是汉语母语者心目中确实存在的词法单元而不仅仅是韵律单元。对于没有形态的汉语而言,抓住词法韵律单元及其组合层级同样可以研究词法,这比无休止地争论什么是语法词更有意义。

12.4 句法韵律模块、音节单双对汉语词法句法的制约

上面的三小节我们提到,汉语中与词法句法有关的句法韵律单元有"韵律字(一音节一义)一韵律词(黏合的两音节、2+1式②黏合定中等稳定的单音步)一韵律类词(黏合结构的可能多音节,如1+2、2+2、2+3、3+2式定中)一韵律类词(等立或组合结构的可能多音节)"四个层级。可以看出,各级单位的韵律模块及其整体和直接成分的音节单双都有密切的关系。

我们已经较深入地讨论了与韵律字有关的词法韵律规则,如属于合音的儿化、Z变(2.2、8.4、9.3)和属于分音的嵌l、劈里啪啦等(7.4、9.2),从中可以看出汉语韵律字模块("一音节一义"的强势关联)对汉语词法的制约,本节不再赘言。下面主要讨论汉语韵律词、韵律类词、韵律短语这三级韵律单位上,韵律对词法句法的制约。

汉语的韵律词、韵律类词和韵律短语的区分,乃至语法的词、类词和短语的区分,都不仅与语法结构的类型(包括我们前面所说的黏合/组合/等立)有关系,而且与其整体及其直接成分的音节数目有密切的关系。比如两音节语段大多是词,而三音节语段则2+1式多为定中结构的词,1+2式则定中结构多为类词、述宾结构多为短语。

所以,一方面,汉语中词与短语的区分、一个词或一个短语是否合格

---

② 2+1、1+2中的数字指一个结构中直接成分的音节数目,比如"煤炭/店"为2+1,"种/大蒜"为1+2。

第十二章 普通话的句法韵律层级和韵律模块对词法的制约

等语法问题,与其整体及其内部成分的音节数这一节律要素有密切关系(注:在英语中则是与重音位置有密切关系);另一方面,汉语的节律单元,也与语法上词与短语的区分、语法结构类的区分、黏合/组合/等立的区分等语法要素有密切的关系。我们认为,是韵律(主要是节律)与词法句法的关联同时制约了汉语的韵律分界和汉语的词法句法,韵律与词法句法相互限制而形成了句法韵律的模块。组词也好,造语也好,要在有限的句法韵律模块中活动,而汉语这些模块节律上最明显的限制是音节的单双。

下面介绍与汉语的词法句法受节律制约有关的一些研究。

12.4.1 音节单双与汉语的词法和句法(一):煤炭店与种大蒜③

12.4.1.1 揭示现象:2+1、1+2 与不同语法结构的关联常规

郭绍虞(1938/1985)最早从修辞的角度讨论了古代汉语中单双音节的交替及其作用,但最早指出音节数目对现代汉语语法有制约作用的,应该是吕叔湘(1963)。该文指出:

> 三音节的语音段落,大多数是由一个双音节加一个单音节(2+1)或是一个单音节加一个双音节(1+2)构成的。从结构关系上看,除少数情况外,都属于偏正或动宾两类。

吕(1963)几乎涉及了音节单双在现代汉语中的所有问题,有构词的也有构语的,有跟文体有关的也有与缩略有关的,有与特别词汇搭配的限制,也有与一般节律模式共现的限制。提到的每个问题都值得深入挖掘。本小节只专门讨论 1+2、2+1 节律与词法句法的关联问题。

2+1 与 1+2 与词法句法的关联问题,陆丙甫、端木三(Lu & Duanmu 1991、2002)讨论得相当充分。这两篇文章把直接成分的词类相同、语义也基本相同的两音节、1+2 和 2+1 两种三音节、四音节语段放在一起比较,并对比了一系列平行的例子,使得三音节语段 2+1、1+2 与语法结构有不同关联的常规凸显了出来,也使得这一现象并不是由于语法或语义上的不能搭配,而是由于音节单双与语法结构的关联好与不好,凸显了出来。他们用的典型例子是(本书对表达方式做了一定的修改):

---

③ 本节的介绍参考了柯航(2007)。

	定中	述宾
1+1	技工	种蒜
1+2	*技工人	种大蒜
2+1	技术工	*种植蒜
2+1	技术工人	种植大蒜

后来,端木更多地用"煤店、*煤商店、煤炭店、煤炭商店"来作为定中结构的代表,大约是考虑到"技术工人"与"技工"可能会有学者认为是缩略关系。Lu & Duanmu 提出,以上典型例证说明汉语的结构受节律的制约:2+1 是定中好、述宾不好,而 1+2 是定中不好、述宾好。

只要成分具有意义基本相同的单双音节可交替形式,它们的组合几乎都具有与典型例相同的特点。如:

定中				述宾			
手表工厂	手表厂	*表工厂	表厂	学习绘画	*学习画	学绘画	学画
钢铁工厂	钢铁厂	*钢工厂	钢厂	购买粮食	*购买粮	买粮食	买粮
切割刀具	切割刀	*切刀具	切刀	收割麦子	*收割麦	割麦子	割麦

作者还指出,以上规则有少数例外,但例外大多是能解释的。比如,述宾"研究鬼"是好的,但它是不合上述常规的 2+1 式,这是因为,"研究"只有双音形式,没有单音形式,而"鬼"只有单音节形式,没有双音节形式。

王洪君(2001)指出,2+1 定中好而述宾不好、1+2 述宾好而定中不好的常规不够精密,一个明显的疏忽是,A+N 定中的表现更接近于 V+N 述宾而与 N+N 定中有差距,如下所示:

	NN 定中	AN 定中	VN 述宾
1+1	技工	软发	种蒜
1+2	*技工人	*柔软发	种大蒜
2+1	技术工	软头发	*种植蒜
2+1	技术工人	柔软头发[限]	种植大蒜

[限] 定中式的"柔软头发"限用于前接其他描写性定语的语境,如"她那一头如丝般滑顺的柔软头发"。

因此,Lu & Duanmu 所说的"定中"应该进一步限制为"NN 定中"。

12.4.1.2 解释现象:2+1、1+2 关联着不同语法结构的原因

对以上现象的解释主要有如下几种观点。

(1) 辅重说　Lu & Duanmu(1991/2002)认为,定中 2+1 好而述宾

第十二章　普通话的句法韵律层级和韵律模块对词法的制约

1+2好,这一常规可进一步总结为结构的辅助成分为双音节而中心成分为单音节④。这一现象可以与"重音"结合起来考虑:出现双音节的位置是重音所在位置,而出现单音节的位置是非重音所在。作者还指出,这里所说的"重音"不一定体现为语音上或听觉上的"重",词长的区别可以看做是"韵律重量"上的差别,这也是重音的一种体现,有音系上的意义。Duanmu(1997)还指出,"辅重"在两音节的单音步中不起作用,所以"种蒜""煤店"都是好的结构。

周韧(2006)等支持这一观点。

王洪君(2001)将这一观点总结为"辅重必双"(1+1除外)。

(2) 单双音节语法功能历时分化说　王洪君(2001)指出,"辅重必双"有两个问题:一是很难想象感知不到的范畴能够在语言中起作用,在语言中起作用的重音,应该是听觉上可感知的;二是 AN 定中构成反例:"大房间"的定语"大"是辅助成分,但却是单音节的。

陈宁萍(1987)指出双音动词较之单音节动词的动词性有所减弱、名词性有所增强,可以较自由地做定语、做数量定语的中心语、"进行""加以"的宾语等;张国宪的系列文章(张 1989、1996、2004、2005)系统地讨论了动词、形容词双音化后与单音动、形的功能差别,指出单音节形容词保持了表属性的特点,适合做定语;而双音节形容词则增生了表具体状态、表描写的功能,可以比较自由地做谓语、贴身定语或双音动词的状语。

王洪君(2001)提出,单双音节动、形、名语法功能的历时分化,是造成1+2、2+1与不同语法结构强势关联的原因:①单音动词的动作性强、做定语不自由,双音动词动词性弱、可较自由地做定语;②单音形容词表属性的功能强、做定语较自由而在现代汉语中不用做使动,双音形容词现代汉语中增生使动功能、可带宾语;③名词双音化最早,双音名词可自由构语,而单音名则黏着的较多、用于构词较多。

王洪君(2001)可以解释大部分与不同语法结构有强势关联的1+2、2+1,但无法说明"煤商店"为什么是不好的结构。现在看来,如果从语义类的角度对 NN 定中再区分一些小类,做出更加细化的语法搭配限制,或许有解释这一问题的希望。比如,并非对于所有 NN 定中而言1+2都是不

---

④　中心成分、辅助成分根据 X 杠理论确定。中心成分是结构中决定结构整体性质的成分,包括定中的中心语、述宾的述语、指代/数量+NP 中的指代/数量,介结构中的介词,"的"字结构中的"的"等。

好的结构，NN定中里最松散的"质料名+成品名"就允许1+2格式自由出现（如"木书架、铁门窗、布门帘"）。而正由于有这些次关联的存在，使得"煤商店"不宜采用属于"质料名+成品名"关系的1+2式。

（3）认知层次差别说　　王灿龙（2002）提出，对于定中和述宾来说，1+1、2+2才是无标记的节律模式，1+2、2+1其实都是有标记的。而1+1、2+2之所以无标记，是由于语义基本相同的单音节、双音节在范畴认知的层次上有不同：单音节词对应基本认知范畴的层级（认知原型，如"花"、"人"），而双音节词则或者对应高于基本认知范畴的较抽象的层级（如"植物"、"动物"），或者对应低于基本认识范畴的比较具体的层级（如"菊花/桃花"、"男人/女人"）。在语法组配中，同级认知范畴的相互搭配是最无标记的组合。

我们同意柯航（2007）提出的不同意见：一是哪些词属于基本认知范畴很难确定，二是基本认知范畴未必与单双音节有强势的关联，特别是名词，比如"眼睛"和"眼"、"耳朵"和"耳""桃子"和"桃"，哪个是基本认知范畴呢？另外我们还认为，汉语中无标记的述宾结构应该是1+2式，而非1+1和2+2式。1+1述宾有凝固成词的倾向（如"种树、吃饭"），2+2述宾有名物化的倾向或干脆有名词一解（如"出租汽车、学习文件"），而1+2述宾才是几乎没有名词化可能的、典型的述宾结构。

（4）节律松紧与结构松紧同模说　　吴为善（1989）、王洪君（2000、2002）、柯航（2007）都属于这一派。他们的意见大致可以总结为，节律上1+2比2+1松，语法结构关系上述宾比定中松，节律上的松与语法结构上的松是相对应的。王（2000、2001、2002）还进一步指出，1+2式定中在节律和语法结构上都介乎2+1式定中和1+2式述宾之间：2+1式定中为韵律词、1+2式定中为韵律类词、2+1式述宾为韵律短语。

这里我们还想补充的是，1+2式定中主要有两种类型：一是AN型，如"大房间、小雨伞、黑书包、白窗帘"，另一是"质料名+名"，如"木书架、铁门窗、草门帘"。两类中AN定中比NN定中的语法关系松，在国外语言学界几成共识（参看董秀芳（2004）的104页），而NN定中里"质料名+成品名"则几乎是唯一可以类推产生意义透明的新组合的格式，是NN定中里面语法关系最松散的一类。所以，语法松紧与节律松紧的对应，体现在词、类词、短语三级单位上。

除以上四种解释外，还有其他一些观点。比如冯胜利（2004）的"左向构词、右向构语"说。我们在6.4.2.7中已经指出该说在规则的表述上（特

第十二章 普通话的句法韵律层级和韵律模块对词法的制约

别是规则运用的次序上)有较大的问题,这里不再重复讨论。

12.4.2 音节单双、句法韵律模块与词法、句法(二): 碎纸机与纸张粉碎机⑤

12.4.2.1 揭示现象:单双音节与"碎纸机"与"纸张粉碎机"的成分次序

Duanmu(端木三,1997)最早指出,汉语中以述宾结构做定语的复合名词,如果定语中的动词和宾语是单音节的,就取 VON 的次序,如"切菜刀";而如果动词和宾语是双音节的,则取 OOVVN 的次序(字母重出表示双音节),如"蔬菜加工刀"。端木把"蔬菜加工刀"中的"蔬菜"看成是内层的宾语,并指出与该形式等义的短语形式"加工蔬菜的刀"中的"蔬菜"回到动词后的位置。以上成分次序的差别在汉语中是可类推、能产的,少数例外有可解释的其他原因。下面是符合这一规律的更多的例子,其中的 OO 也可以是更多音节的,VV 必须是双音节的:

碎纸机	护林法	修车厂	验钞灯
纸张粉碎机	森林保护法	汽车修理厂	大额钞票真伪检测灯
粉碎纸张的机器	保护森林的法律	修理汽车的工厂	检测大额钞票真伪的灯

何元建(2004)则指出,除了上述论元关系为"施(S)—动(V)—受(O)"的复合词外,汉语在两三音节小单元的基础上构造的复合词还有"施(S)—动(V)—处所/日期(X)"(如"教员休息室/日")、"动(V)—受(O)—处所/日期(X)"(如"黄金储藏室/购买日")等多种类型,应一并考虑其中的规则。

12.4.2.2 解释现象:"碎纸机"与"纸张粉碎机"成分次序不同的原因

(1) **重音规则激发移位说** 由 Duanmu(端木三,1997)提出。端木认为自己对"纸张粉碎机"的语法分析,是基于生成语法 Hale, K. & S. J. Keyser(1993)模型的。分析如下:"纸张粉碎机"是个名词性的复合词,其底层为[[VO]N]n 结构的"[[粉碎纸张]机]",而从底层到表层"纸张"经历了的位置前移。在该理论中,成分的移位一定要有激发的原因,端木认为,激发"纸张"移位的原因是节律上重音规则的制约。他提出了如下重音规则:

① 基本词和复合词(本文的"类词")整体"左重",
② 汉语的音步必须至少两个音节(两拍步),

---

⑤ 本节的介绍参考了周韧(2006)。

③ 内部成分间"辅重"(定中定语重,述宾宾语重,但在单音步内无效),
④ "辅重"按语法结构关系的层次多轮次地循环运用。如下所示:

表 4

a. [[碎 纸] 机]　　b. *[[粉碎] [纸张] 机]　　c. [纸张 [[粉碎] 机]]
　 (＊ ＊) ＊　　　　　(＊ ＊)(＊ ＊) ＊　　　　(＊ ＊)(＊ ＊)
　 ＊ ·　·　　　　　　＊ · 　＊ ·　　　　　　＊ · 　＊ ·
　 ＊　　　　　　　　　　＊＊(违反左重)　　　　　＊
　＊＊(违反宾重)

先看表 4 a 和 b。"碎纸机"和"＊粉碎纸张机"的第一层次"碎/纸"和"粉碎/纸张"都是述宾结构,但"碎纸"是单音步,单音步内辅重无效,一律左重,所以重音不在宾语"纸"上而在"碎"上;"粉碎纸张"是两音步,辅重有效,所以重音落在宾语"纸张"上。在下一层次上,"碎纸"和"粉碎纸张"作为"机"的定语,根据辅重原则,第一层的重音再加一级。这样,"碎纸机"的主重音在"碎"上,既符合左重,也符合辅重,是节律合格形式;而"＊粉碎纸张机"的主重音如果在"纸张"上,则只符合"辅重",不符合"左重";反过来如果主重音在最左边的"粉碎"上,又会违反"辅重"制约;所以"＊粉碎纸张机"无论重音放在什么位置节律都不好。

再看表 4c"纸张粉碎机"。一种分析是把"纸张"仍看做宾语,然后是述宾结构"纸张粉碎"作"机"的定语。那么,第一层的重音在宾语"纸张"上,第二层"纸张"作为定语的一部分重音再加一级。另一种分析如表 4 所示,认为"粉碎"与"机"先按定中关系结合,重音在定语"粉碎"上,"粉碎机"再受定语"纸张"的修饰,重音在定语"纸张"上。不管取哪种分析,主重音都在"纸张"上,既符合"左重",又符合"辅重",是好的节律。

(2) **词法、句法规则有异而激发移位说**　顾阳、沈阳(2001)提出,语言中能产的合成复合构词法与句法有一致的论元底层(论元指派的一致性原则,The Uniformity of Theta Assignment Hypothesis,简称 UTAH,参看 Baker 1998)。在汉语中,如果动词(V)与域内论元(O)均为单音节(如"录音机"),则 VO 的次序与短语同;但如果动词与域内论元都是双音节或更多音节的,则复合词中论元的次序与短语不同。这些复合词要在词法与句法的接面上生成,具体经历了如下的成分移位过程,以"汽车修理工"为例:

第十二章 普通话的句法韵律层级和韵律模块对词法的制约

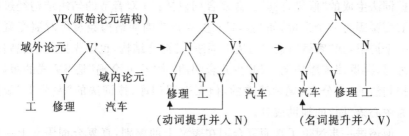

这一方案涉及了两次移位,比较烦琐,而激发移位的原因如果只是词法与句法的不同,又无法解释为什么有的复合词并不移位,如"教员休息室"。

（3）**词法、句法的论元分支方向不同说**　何元建(2004)、何元建、王玲玲(2005)同意 Baker 词法与句法有一致的论元底层的 UTAH 说,但认为顾阳、沈阳认为词法需经两次移位的方案(如"工修理汽车"→"修理工-汽车"→"汽车修理－工")是完全错误的。何认为,语言有一条规则,就是"词法中论元的次序与句法中的相反"。再具体一些,汉语句法无标记的论元次序是[S[VO]]("教师指导论文"),是个右向分支的结构,而词结构中论元的次序是左分支结构的[[OV]S]("论文指导教师"),如下所示:

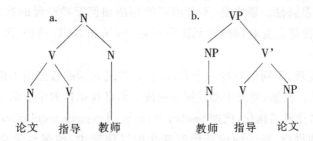

所谓"左分支"或"右分支",是指以中心成分为坐标,辅助成分出现在它的左边还是右边。比如,名性复合词"论文指导教师"的中心语是名词"教师",以它为坐标,修饰语"论文指导"出现在它的左边,而修饰语"论文指导"是动词性的,动词"指导"是其中的中心,它的辅助成分(O)出现在它的左边。"教师指导论文"中 V' 的中心成分是"指导",以它为坐标,辅助成分"论文"也出现在它的右边。

总之,何认为,词法有自己的论元次序安排,按照"词法左分支"、"句法右分支"就可以分别生成复合词"论文指导教师"和"教师指导论文",复合词无须先按句法生成底层再两次移位到表层。

此外,何还把汉语复合词分为只根据词法生成的"真复合词"和不完全

301

根据词法生成的"假复合词"。假复合词包括：① 双音节的句法结构经过历时演变凝固为一个词根,如"签名"；② 双音节的词结构经过历时演变凝固为一个词根,如"客运"；③ "句法＋词法"的混合结构,也即先按句法规则生成短语,再返回词库构词。如"少儿合唱团"中"少儿合唱"是 SV 式的短语,是按句法的"右分支"规则建造的,但又返回词库,按词法的"左分支"规则作为中心语"团"的辅助成分。

何还进一步讨论了真假复合词在表义上的差别：真复合词语义上一般是泛指的,假复合词一般是特指的,可对比真复合词"计算机操作者"和假复合词"操作计算机者"。

何的方案很简明,能解释的汉语现象也相当多,但"词法与句法对论元次序的指派相反"这条规则是否有普遍性,"纸张粉碎机"的层次区分是否只有"纸张粉碎＋机"一种可能性,都是有争议的问题。

(4) **名性复合词之修饰语去动词化的要求激发移位说**　持这一观点的是周韧(2006)。周韧首先对多个语言的复合词与短语进行了类型学的统计,他发现,多语言调查的结果并不支持何(2004)所依据的"语言中词法对论元指派的次序不同于句法指派的次序",也即这一表述在人类语言中很少见,不具普遍性。事实是,不管语言的句法如何安排论元的次序,他所考察的 20 余种语言复合词的论元次序只有 OVN 和 NVO 两种(汉语的"粉碎机"除外)。

周韧发现,不同语言的一个共性是,名性复合词的修饰语不能是动词性很强的结构。比如,英语中动词词源的成分做名性结构的中心语或修饰语时一般要动名化或名词化,比如 teacher training, language acquisition device.

因此他提出,对于词没有形态变化的汉语来说,使名性复合词的动词性修饰语"去动词化"的手段,就是把 VO 变为 OV。比如"粉碎纸张"的动作性强,而"纸张粉碎"则动词性减弱,名物性增强。因此他认为"纸张粉碎机"是由"去动词化"激发、动词向后移位一次而生成的。如下所示：

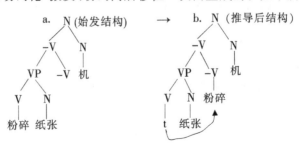

第十二章 普通话的句法韵律层级和韵律模块对词法的制约

此外周韧还讨论了论元结构不是 VON 的"教员休息室"和论元结构是 VON 但动词没有后置的"走私毒品罪"等。

(5) **基本词先行组织说**　　与如上观点的基本理论框架不同,王洪君(2001)和柯航(2007)认为"纸张粉碎机"的结构层次为"纸张＋粉碎机"。这是直接从表层入手,从语言各级单位的活动模式入手解析复合词观点。两人当时的论说都不够充分,这里补充说明一下。

前面的几种说法都是认为复合词与句子有相同的论元结构,在此基础上为复合词设定了不同的底层结构(顾、沈的 SVO,端木、周韧的 VON,何元建的 OVN),再或设定不同的移位规则(端木的 O 前移,顾、沈的先 V 前移再 O 前移,周韧的 V 后移,何则无须移位)。

我们认为,各家方案如此分歧,说明"复合词与句子有相同的论元结构"的说法也需要重新理解。论元结构反映动名之间的语义关系,而进入句子或词后各成分还要获得句法上的语法关系。比如,"体温表"从语义上说,"体温"是"表"所测量的对象 O,但从语法关系上说,"体温"是"表"的定语,而不是宾语。"施/受/处所/时间"等论元身份,与"主/宾/饰/中/"等语法成分,两者不在同一个层次上。如果为了进行不同语言的词法句法对比,当然可以用 OVN 等表达方式,但这一表达并不能说明具体语言词法句法中成分的身份和内部层次。

我们主张"纸张粉碎机"的内部结构是"纸张＋粉碎机",而不是前述各家认为的"纸张粉碎＋机",理由就是前面我们论述的汉语的句法韵律层级"韵律字－韵律词－韵律类词－韵律短语",这一层级中的韵律类词几乎都是由 2、3 音节的韵律词再组合而成的。前述各家的一个共同点是都承认两音节的"碎纸"已经凝固成一个词,它的构造方式与"纸张粉碎机"等类词(他们称做"合成复合词"或"复合词")规则不同。也就是说,在大多数情况下,是先有韵律词,再有韵律词复合而成的韵律类词,这是汉语组词造语的基本规律。当然,也还会有"短语入词"的特殊情况,它们的构造不必先组成韵律词、再由韵律词组成韵律类词。

具体来说,类词"纸张粉碎机"的构造经历了两个阶段,先组成韵律词"粉碎机",再前加另一韵律词做定语组成韵律类词"纸张粉碎机"。

第一阶段,其语义场景具有如下要素:工具－机器、机器的动作－粉碎、施事－人、受事－粉碎的对象饲料/纸张等。面对这一场景,如果我们要对场景做出描述,当然可以说"某人正在用机器粉碎饲料/纸张",但如果我们要对某一名物做出命名,则首先得到确定的应是:① 将命名对象确定为中心语,汉语是中心语居后,由此得到"＿＿机";② 修饰语只能是 1～2 音节,因为韵律词限于 2 或 3 音节。从语义场景和已有的单双音节词根中对修饰语的筛选如下:施事"人"是泛指的,对命名没有作用,所以可能的选择只有双音节的"粉碎""碎纸""纸张"和单音节的"碎"、"纸"。而单音节的"碎"功能太多,组成的"碎机"意义不明确[6](可能是"碎成几块的机器"、"使机器粉碎")、"纸机"已用做表示"生产纸的机器",所以不被选用。双音节的 3 个都是可能的选择。其中"纸张机"是"对象＋名物",如果对象可以激发唯一的用途(比如"体温表"),也是可以的选择,但加工对象为"纸张"的机器并不唯一,比如还可以有"切纸机/分纸机/给纸机",所以"纸张机"也被排除。另外两个"粉碎机"、"碎纸机"是"功用＋名物",也是最常用的复合词构造方式,都被选用。

类词是在基本词已经建造好的基础上的第二阶段的命名。已经有了"粉碎机",如果需要进一步确定其小类,就可以再添加修饰语。也即,我们认为,对于类词的直接成分结构来说,"纸张"是"粉碎机"的修饰语,而不是"粉碎"的宾语,尽管从语义上说"纸张"是"粉碎"的受事。

我们的这种分析与依据表层分布和替换潜能的结构主义的分析是一致的。比如,"纸张粉碎机"中的"粉碎机"可以单用,其中的"纸张"有大量可替换成员,下面是一个公司的广告:"本公司专业生产各种粉碎机:超细粉碎机,化工用粉碎机,医药粉碎机,塑料粉碎机",此外还有"废旧橡胶粉碎机、轮胎粉碎机、中药粉碎机、文件粉碎机、油脂粉碎机、木粉粉碎机、气流粉碎机、机械式粉碎机、高细度回流粉碎机、超微粉碎机、多功能粉碎机、环保型粉碎机、高速粉碎机、慢速粉碎机、中速粉碎机、风选式粉碎机、吸尘万能粉碎机",甚至有个计算机软件叫做"360 文件夹粉碎机"。

我们认为,以"粉碎机"作为第一层的构词,在此基础上再前加修饰语,进一步的修饰可以取"粉碎"的对象,也可以取"粉碎"的方式或其他特点,这种分层两次构造类词更符合汉语者的心理和汉语构词的发展。同时,这两层上词序规则的不同("碎纸机"和"纸张粉碎机"),也是我们在汉语句法韵律层级模型中把韵律词与类词分为两个级单位的原因。而"教员休息室、少儿游泳池"等所谓 SVN 型复合类词按我们的方案将其结构分析为"教员＋休

---

[6] 关于所选成分在语义类上有限制,是我的博士生裴雨来提出的,并计划从这一角度切入做更多的研究。

第十二章 普通话的句法韵律层级和韵律模块对词法的制约

息室"、"少儿+游泳池",则对应的意义为"教员用休息室"、"少儿用游泳池",而不是"教员休息的室"或"少儿游泳的池",似乎也更加贴切。

何元建(2004)、周韧(2006)都提到复合词中语义为受事的论元并不前移的一些例子。何的例子主要是"__者",如"制造谣言者",由于我们认为"__者"的功能本身就不是词缀而是短语缀,所以这里不再讨论。周韧发现一些很有趣的例子和限制,在法律文件中"__罪"、"__犯"、"__案"通常是VON 词序的,如"走私毒品罪"、"拐卖儿童犯"、"侵犯隐私案",这类词序的词只出现在法律文件中。我们认为,这些词的内部结构的确是"走私毒品+罪",属于何元建所说的"短语入词"的"假复合词"。为什么这一类词大多只出现在法律文件中呢?我们觉得,这是因为,对于法律定罪、量刑来说,"走私毒品"与"走私计算机配件"根本不是同一种罪,宽泛的"走私罪"在法律上没有意义,所以只能用"短语入词"的方法来构造新词。这些词的存在和出现限制可以从反面说明我们对"纸张+粉碎机"的层次分析有一定的道理,至少是一种可以的选择。

12.4.3 音节单双与汉语的词法和句法(三):"关严了窗户"与"把窗户关严实了"

董秀芳(1998)讨论了汉语述补带宾式中补语的节律限制:1+1 动结式可自由地带宾语而 1+2 动结式不行⑦。后者并不是由于句法或语义上的不可以搭配,而是由于韵律上的不可以搭配,因此只要宾语提前至动词前,句子就可以成立。如:

关严了窗户　　＊关严实了窗户　　(把)窗户关严实了
摆齐了桌椅　　＊摆整齐了桌椅　　(把)桌椅摆整齐了

12.5　音节单双、自由、黏着和现代汉语书面/口语语体

12.5.1 问题的提出

吕叔湘(1962)《说"自由"和"黏着"》一文提出,用"是否自由形式"很难

---

⑦ 董指出,北京话常用的 400 个形容词(参见胡明扬《北京话初探》)中只有"清楚、明白、干净"可以进入 1+2 动结带宾式,它们的后字都是轻声音节。

定义"词",汉语尤其如此。该文指出,汉语有一大批单音语素(字⑧)"是不能单说的,可是都能跟能单说的对比,算是自由形式呢,还是黏着形式呢?也许可以算是'半自由'吧。"文章列举了汉语单音字在一种环境里能单说或单用,在另一种环境中不能单说和单用的各种情况,包括:(1)在某些方言中可以单说,在另一些方言里不同单说,如"鞋"和"鞋子";(2)书面上单用,口语里不单用,如"花"和"花儿";(3)专科文献里单用,一般不单用,如"鼻(医学)"和"鼻子";(4)一般不单用,但在成语或熟语中能单用,如"*觉"和"不知不觉",(5)只在某种结构里可以单用,在别种结构里就得扩充为双音的同义词,如:"出了名"和"名声可大了"。

吕先生以敏锐的眼光发现了汉语有一类特殊的单音节语素,举例性地列举了它们介乎"自由"与"黏着"之间的性质不同的各种情况,希望能得到进一步的深入研究。

吕先生提出的问题汉族人往往习焉不察,但计算机信息处理和汉语二语教学蓬勃发展之后,由于两者面对的接受对象都不懂汉语,这一问题就凸显了出来:如果不对这些介乎自由与黏着之间的单音字做穷尽性的特类收录并对其自由的条件做出穷尽性的描写,计算机就不能将文本穷尽地分析为词典收录的小单元,就无法进行下一步的语法分析或信息检索,而汉语二语学习者则会大量造出"觉苦恼"等不合格的语段。由这两方面实用的需要,促使对吕先生所提问题的研究取得了突破性的进展。

12.5.2 音节单双与半自由语素及自由条件

董秀芳(2004)用第三章整章的篇幅讨论汉语"半自由语素",她首先给出"半自由语素"的新定义,然后几乎是穷尽地分词类列举了所有的"半自由语素"并详细地讨论了它们黏着和自由的条件。

董对"半自由语素"的定义比吕(1962)窄,只包括受"成双"韵律条件限制而在句法位置上有自由黏着不同的"半自由"。具体说,半自由语素是指"其单音形式单用不自由,不能用于句法组配,但与另一单音形式按公认的句法关系组合后却可以自由地用于句法组配的单音语素"。下面看一些具体的例子:

---

⑧ 该文中"语素"与"字"两术语通用。

第十二章 普通话的句法韵律层级和韵律模块对词法的制约

语素	单音不自由	成双后自由
校	*去校了/*校里边有湖	去某校了/校内有湖
具	*具才华/*特别具吸引力	极具才华/颇具吸引力
佳	*味道特别佳/*不怎么佳	味道极佳/欠佳

"校"是名性单音语素,其单音形式不能做宾语,但是只要前加短语性限定语、单音节指代成分"某/本/该"后就可以做宾语,"校"不能后加双音节的方位成分但可以后加单音节的方位成分。动性语素"具"不可以带宾语,但只要前加程度副词"极/颇"就可以带宾语,"具"不可以前加双音节程度副词"特别",但可以加单音节的。总之,这些语素在某些情况下的不自由,并不是句法上没有自由组配的能力,而是韵律上不允许。

董严格地限定"半自由语素"的范围,有利于更加深入、穷尽地讨论同一性质的问题。她把半自由语素分为动词性(注:指做谓词的)、名词性、副词性、形容词性(注:指做定语的)四类,并分别说明了四类的主要成员、前两类获得句法自由的条件和后两类的所有搭配。

(1)动词性半自由语素:觅、择、返、觉、感、具、知、擅、宜、恐、畏、予、臻、愈、简、迂、苛、佳、畅、妥。

获自由条件:① 前加副词,如:"另觅/另择/重返/早觉/常感/颇具/虽知/尤擅/尤宜/只恐/未予/更臻/刚愈/太简/太苛/太迂/更佳/更畅/更妥";② 前加助动词,如:"欲觅/可择/欲返/可觉/应感/须具/欲知/应擅/可予/欲臻/可愈/可简";③ 前加否定词,如:"不觉/未感/不具/不知/不擅/不宜/不畏/未予/未臻/不愈/不畅/不妥"。

(2)名词性半自由语素:案、刊、感、职、症、语、生(学生义)、剧、校、馆、境、餐、额、膝、颊、耳、鼻、掌、颈、身、桌、椅、镜、机(飞机义)、壁、狱……

获自由条件:① 前加指示词,如:"该案/本刊/此感/此职/此语/该生/该剧/本校/该馆/诸症/我境/每餐",② 后加方位词,如:"额上/膝旁/颊上/耳中/鼻下/掌中/颈后/身上/桌边/椅旁/镜中/机内/壁上/狱中……"。

此外还有大量的单音名可以出现在两字动宾式中(王洪君 2001b),如"爱农、帮农、办校、采桑、防尘、穿衣、订餐、发薪、费资、杀婴、脱衣……",董认为这些黏合两字动宾已近词汇化,其中的宾语成分近乎"词法成分",这些组合与"指代定语____"、"____方位"等典型的自由短语的组合在性质上有所不同,因此不放在"半自由语素"中讨论。对董的这一处理我们持保留意见,毕竟述宾也是典型的短语关系。

(3) 副词性半自由语素：饱、暗、暴、遍、并(同时地)、惨、诚(真诚地)、大、陡、独、顿、飞、共(共同地)、过、合、狠、忽、横、互、急、兼、渐、皆、紧、久、俱、均、苦、狂、连(接连地)、屡、略、猛、频、齐、强(使用强力地)、巧、轻、确、深、实、私、速、同(共同地)、痛、突、微、误、斜、永、勇、暂、骤。

　　副词性半自由语素的特点是搭配受限(语义上允许的配合许多不能搭配)，且只跟单音节搭配，而一般的副词性语素则只要语义上可以配合就可以搭配，且对所配成分的音节单双没有要求。可对比自由副词"乱"和半自由副词性语素"轻"：

　　乱：乱拿、乱放、乱开、乱按、乱拍、乱摸、乱说、乱动、乱跳、乱写、乱画、乱做……

　　乱撕扯、乱收费、乱骂人、乱敲门、乱拍打、乱叫唤、乱动弹、乱涂抹、乱翻跟头……

　　轻：轻拿、轻放、轻开、轻按、轻拍、轻抚、*轻说、*轻动、*轻跳、*轻写、*轻画……

　　*轻撕扯、*轻敲门、*轻拍打、*轻叫唤、*轻动弹……

　　由于所修饰的对象有特定词语的限制，所以虽然整个两语素组的内部结构是透明的，整体结构的性质是典型短语性的，但也有相当程度上的词汇化、有些像一个词了。董因此把这些半自由语素的所有可能的搭配也都一并列出，先列《现代汉语词典》未收录的，再列《现汉》已收录的。下面仅录"暗(秘密地)"一例：

　　《现汉》未录：暗呼、暗恋、暗骂、暗设、暗想
　　《现汉》已录：暗藏、暗害、暗含、暗杀、暗示、暗算、暗笑

　　这一工作对语文词典的词目收录和汉语二语教学提供了重要的参考。

　　(4) 形容词性半自由语素：碧、爱(心爱的)、别(其他的、另外的)、残、翠、敌、孤、故(旧有的、过去的)、寒、荒、巨、枯、邻、妙、奇、余(剩余的)

　　董这里的"形容词性"指的是做定语的，北大语法体系称"区别词性"，其他国内体系称"非谓形容词性"。与副词性半自由语素相类似，该类语素的半自由性也体现在所搭配的中心语有较强的词汇限制，且只能是单音节的。比如"碧"在大规模语料库中出现过《现汉》未收录的"碧峰、碧草、碧池、碧海、碧莲、碧流、碧泉、碧山、碧树、碧水、碧潭、碧天、碧瓦、碧溪、碧霄、碧野"和《现汉》已收录的"碧波、碧空、碧血、碧玉"，其搭配有较多的可替换

第十二章 普通话的句法韵律层级和韵律模块对词法的制约

性,但按说语义上可以搭配还更多,如"*碧湖、*碧衣、*碧石……",但都没有出现,更没有一例与双音名的搭配,如"*碧波浪、*碧山峰、*碧天空",这与自由语素"绿"形成鲜明对比。董对该类半自由语素的每个成员,也穷尽地给出了所有可能的搭配,包括《现汉》未收录的和《现汉》已收录的。

  总体来看,董的研究很有特点。一是她对"词"的定义接受了生成派"内部不能进行句法操作"的观点,避开了之前"最小的自由形式论"难以处理的许多问题。在此基础上她区分了不能用"成分+结构规则"类推构造的"词库词"和可以用"生成+结构规则(词法规则)"类推产生的"词法词",明确地说明了"词"还要进一步区分需要收入词典的词和需要揭示词法、利用词法在线生成的词。二是她对于"半自由语素"的研究充分利用了信息处理学界基于大规模语料库的研究成果。比如她穷尽列举半自由语素及其获取自由的句法条件或所有可能搭配。这样的工作仅凭研究者的苦思冥想是不可能完成的。事实上,作者是利用了北京工业大学人工智能所开发的"两字结构库"(宋柔,1998)和清华大学计算机系开发的《信息处理用现代汉语分词词表》(孙茂松等 2001、2003)所收录的所有两字串。如前所述,由于汉语信息处理的多项任务都要求"分词不落单"(即计算机自动切出的每个最小单位都最好不是单音节的),所以信息处理用词表收录的词目远较为本族人服务的一般语文词典为多。比如,"两字结构库"的目标是收录文本中以直接成分关系出现的所有两字串。正是充分利用了信息处理领域的研究成果,董才能够对半自由语素及其出现环境做出穷尽性的描写,得出其中的规律。这些描写无疑推进了我们对现代汉语节律上的音节单双与句法上的自由/黏着有何种关联的认识,对于语文词典的词条收录和汉语二语教学也提供了有益的参考。

12.5.3 音节单双与现代汉语书面/口语语体

  从2003年开始冯胜利在这一方面进行了大量的研究(下面以冯2003a、2003b、2006为代表),研究是从汉语二语教学的角度切入而突破的。

  冯胜利(2003a、2004b)提出了一个重要的概念——现代汉语书面语。他提出,书面语、口语要拉开距离,或者说书面语要有独立于口语的语法及词汇,是语言作为交际工具必须满足不同场合、不同交际目的的必然结果。五四运动废除了汉语原来的书面语——文言文,但新的现代汉语书面语从此逐渐形成。他还指出,新的书面语不仅要"拉开与口语的距离",还要"避免与文言同流",其语法的特色在于"书面成双"的韵律要求。

"现代汉语书面语"是个十分重要的概念。浸润在母语环境中的我们大多只是意识到书面语夹杂一些古汉语文言的句式和词汇,很难意识到现代书面语与口语有系统的区别。但事实是,对于汉语二语者来说,有的人汉语口语纯熟到可以流利地说相声,古汉语好到可以用文言写文章,却就是写不出合格的现代汉语书面语文章(比如学术论文或政治评论)。冯对于"现代汉语书面语"的研究,填补了二语教学的一个重要的空白。

冯胜利(2003a、2004b)列举了现代汉语书面语不同于口语的多种现象,并指出这些现象的共同点是"书面成双"的韵律要求。具体有:

① 现代书面语新发展出来的、"双求双"格式
合格:进行批判　加以批判　遭到批判　举行会议　滥用职权
　　　安装电灯　集中力量
不合格:*进行批　*加以批　*遭到批　*举行会　*滥用权
　　　*安装灯　*集中力

② 文言进入现代书面语的"动宾前移"句式的双音要求
口语:从美国过境　　在山神庙收徒弟　　在昆明湖划船
书面语:过境美国　　　收徒山神庙　　　荡舟昆明湖
不合格:*过国境美国　　*收徒弟山神庙　　*划龙舟昆明湖

③ 文言单语嵌入现代书面语的方法:成双而后独立
　　不宜前往　　*宜前往　　*不宜往

④ 现代语素沿用古代义项,必双
吃=入:吃水、吃刀；　定=使定:定睛、定影、定编；
过=于:高过、强过

⑤ 单双对应:单则黏着双则自由
据=根据　据实(*据事实)、据此(*据这个)、据理(据道理);
忽=忽然　忽听(*忽听见)、忽见(*忽看见)、忽高忽低(*忽升高忽回低);

以上规律共同起作用,使得现代汉语口语和书面语呈现系统的差别。比如:

一般性口语:很多人都拿着枪抢东西,上大街买东西时要特别小心。
一般性书面语:很多人正在持枪抢劫,故上街购物,须格外小心。

一般的口语和书面语已经有很大的区别,用于特定场合的俚俗的口语

第十二章 普通话的句法韵律层级和韵律模块对词法的制约

或典雅书面语则差别更大。比如(冯,2006):

  典雅书面语:我国政府出于相同的考虑,认为不宜前往。(国与国外交信函)

  俚俗口语:咱想的跟您一样,就甭去啦!(朋友间对面聊天)

  冯(2003)的研究虽然还不够系统和全面,但汉语二语教学的实践、古汉语和北京口语两方面的功底、对汉语韵律多年的研究使他独具慧眼,他不仅提出了"现代汉语书面语有独立的语法"、"现汉书面语的特点是韵律成双的要求"等重要理论观点,而且提出应该编写专门的供二语学习者使用的汉语课本,该课本应设立大量汉语字词"由单组双、拆双为单"的练习。这就开辟出了一片新的、大有可为的研究领域。

  冯胜利(2006)是第一部专为外国人学习现代汉语书面语而编纂的学习手册。该书以系统的术语、规则描写了具有"韵律成双"特点的现代汉语书面语语法,并且近乎穷尽地给出了单字或双音词的条目、例句和能否进行单双音节替换的实例。

  该书把汉语书面语法分为三部分:嵌偶单音词、合偶双音词、常用古文句式。下面我们仅介绍与韵律语法相关的前两部分。

  (一)嵌偶单音词

  这一部分又分为三部分:(1)定义,(2)组双的办法,(3)嵌偶单音词表及实例分析。

  (1)嵌偶单音词是指"在当代书面语正式语体中必须通过韵律组合才能独立使用的单音节文言词。"[⑨]

  (2)嵌偶单音词"组双"办法分为前加法8条、后加法10条、嵌入法4条和排比对仗法1条,各条先列使嵌偶单音词自由的方法,再列所作用的嵌偶单音词的词性(非必列),最后是组双实例。

[⑨] 除强调了语体限制和文言来源外,这一定义与董(2004)的"半自由语素"基本相同,但涵盖面更宽,比如涵盖了董排除在外的、能出现在述宾式但不能单说的(如"爱民"的"民")的单音字。与此相关的是冯的命名强调它们是"词"而董的定义强调它们是"语素",这与冯认为"爱民"是短语而董认为"爱民"已经"词汇化"是一致的。我们认为,冯的处理更符合有文言基础的汉语者的心理,而董的处理更多地考虑了鉴定词与非词的共时原则,笔者个人更倾向于冯的处理,但认为更适合的命名是"嵌偶单音字"。只有"字"才能更好地反映该级单位在汉语句法韵律层级中的地位,事实上冯的讨论中也不时使用"字"的术语。

前加法

① 前加助词法,动词:应予、可予、可逆、可知、能助…
② 前加否定法,动/形:不觉、不畅…/不暖、不佳…
③ 前加副词法,动/形:刚愈、已臻…/太简、极佳…
④ 前加"被"字法,动词:被盗、被邀、被欺、被挫…
⑤ 前加"有"字法,动词:有险、有备、有害、有助…
⑥ 前加指示法,名词:本校、我校、鄙校、此校…
⑦ 前加数字法:两说、两用、两难、三餐…
⑧ 前加动词法,名词:脱衣、爱校、爱农、办校、订餐、发薪…

后加法

⑨ 后加名词法,动/形容:吃水、返校、择友…/爱车、别国、残汤…
⑩ 后加动词法,副/动:暗查、饱经、暴亡…/代购、补交、漏写…
⑪ 后加方位法:桌上、屋前、鼻上、额上、校内、馆外…
⑫ 后加"于"字法:甘于、乐于、惯于、聚于、精于…
⑬ 后加"以"字法:予以、加以、足以、给以、得以…
⑭ 后加"而"字法,副/连:继而、进而、久而…/从而、甚而…
⑮ 后加"为"字法:实为、确为、大为…
⑯ 后加"有"字法:实有、确有、小有、怀有、赋有…
⑰ 后加补语法:围住、困在…/围得他…、困得走投无路
⑱ 后加"介宾"法:围在院子里、困在山里…

嵌入法

⑲ 嵌入[所V]法:所知甚少、为人所欺…
⑳ 嵌入[VO]法:育人、害己、避灾…
㉑ 嵌入[[VO]N]法:灭蝇药、脱衣舞、育儿袋…
㉒ 嵌入[[V+N]+VP]法:披衣站立起来、持枪走进屋子…

排比对仗法

㉓ 排比对仗法:你前追,我后堵;前怕狼,后怕虎…

这 23 条规则有如下两个特点:① 力图全面描写嵌偶单音词获得自由的条件;② 首先按前加/后加/嵌入/对仗来区分大类,避免了使用过多语法术语,这样应该会比较适合汉语二语教学;这些努力是值得称赞的。

但从语法分析的角度看,冯(2006)的规则收录和分类都有些乱。比如,① 12、13、14 三条收录的基本上是《现代汉语词典》已收录的双音词;② "前加动词法"、"后加名词法"中的动词类、"嵌入[VO]法"、"嵌入[[VO]N

第十二章 普通话的句法韵律层级和韵律模块对词法的制约

法"等四条,其实都说的是嵌偶单音词可以出现在 VO 的某个位置;③ "后加'有'字法"内含性质不同的两类:一类是"副+有"("确有、实有、小有"),另一类是"动+有"("怀有"),其中"确有"类应属于只能后加某些单音动词的嵌偶单音副词(规则⑩的第一类),与"确无、确知"等配套,等等。

（3）嵌偶单音词表及实例分析。这一部分像词典一样以音序为序列举了 250 个嵌偶单音词及其组双而自由的实例和单双音节错误组配的实例。如(拼音及释义省略,例句只取一句):

案 n.【误例】×这个案 ｜ ×连续发生三个案,(正例)**案发**:~当日,有人曾见他二人在一起。 **案前**:强调~预防是该市检察院预防犯罪的又一特色。 **本案**:我拒绝回答与~无关的问题。 **此案**:目前,~正在审理之中。 **连发三案**:这个小区里在一个月内~……。

（二）合偶双音词

合偶双音词是指本身是双音节,也只允许双音节成分与之相配的词。

这一部分按音序收录了 400 个合偶双音词,每个词都给出了与之正确相配的双音词例和不能相配的单音词例。如:

安定 v. ~人心 ｜ ~国家 ｜ ~情绪 ｜ ~局势 ｜
【误例】×~人 ｜×~心

这样大规模地收录嵌偶单音词和合偶双音词,既给出它们单音不能单用的实例,又给出它们组双的实例及具体例句,可以想见,这一成果对于汉语二语者学习汉语书面语中单双音节交替的规律是太有用处了。

如果硬找瑕疵的话,那就是或许还可以进一步扩大嵌偶单音词的收录范围,目前收录的 250 个嵌偶单音词几乎没有包括只自由出现在 VO 中的,如"为民做主"的"民","帮农"的"农"等。

12.6 小 结

本章我们首先论证了句法韵律层级的性质,比照英语确定句法韵律层级的方法确定了汉语(普通话)的句法韵律层级中与词法句法有关联的主要层级是:韵律字(音节)—韵律词(稳定单音步)—韵律类词(内紧外松的可能多音步)—韵律短语(内松的可能多音步)。然后我们介绍评介了学界对于这些句法韵律模块在汉语语法中的重要作用:"煤炭店 vs. 种大蒜"、"碎纸机 vs. 纸张粉碎机"、"<u>极具才华</u>/*<u>具才华</u>/*<u>特别具</u>"、"进行批判/*

进行批"、"据实/*据事实"、"去某校/*去校"、"校内/*校里面/学校里面"、"收徒山神庙/*收徒弟山神庙/在山神庙收徒弟"等等诸多现象,都说明单双音节是汉语中大小不同的两级句法韵律单位,适用的词法句法规则也不同。

  词法句法的不同与韵律模块的层级有关联,是所有语言的共性。以单音节、双音节做为重要的两级大小不同的韵律模块则是汉语的特点,这又使得汉语的词法句法,以至书面/口语的风格区别具有了与单双音节有密切关联的突出特点。

第十三章 句法韵律枢纽、汉语的字本位和更普遍的句法韵律层级说

第十一章我们介绍了 Selkirk(1984) 和 Nespor & Vogel(1986) 两种不同的韵律层级说,指出前者实为纯韵律层级,而后者实为句法韵律层级,两者的性质有不同。第十一、十二两章我们分别讨论了汉语普通话纯韵律层级各级单位和句法韵律层级各级单位的具体表现及其与词法句法语用的关联。

本章拟对比英语和汉语的句法韵律层级,通过对比,一方面揭示两种语言的句法韵律层级体系有词本位和字本位的不同,另一方面提出句法韵律层级中应设立"句法韵律枢纽"这一重要的普通语言学参数,才能得到更普遍的句法韵律层级。

13.1 句法韵律层级和张洪明修正方案的三分说

张洪明(Zhang 1992)介绍了美国音系学界当时最通行的韵律层级模型(由 Selkirk 1978 提出并经 Hayes1984、Nespor & Vogel 1986 和 Zec1988 修改补充),并提出了他的修正意见。下图中的 A 是通行模型,B 是张的修正模型(图见下页):

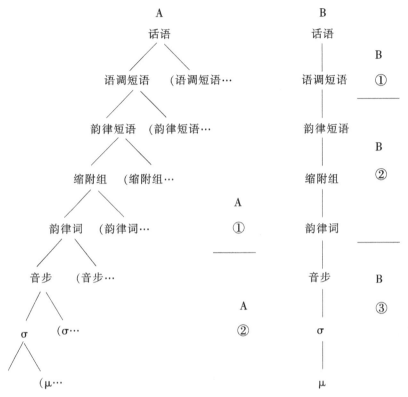

(注:A 方案将各层级又分为两大部分:A①是适用于后词汇规则的层级,A②是适用于词汇规则的层级。B 方案则将各层级分为三大部分:B①是基于焦点的层级,B②是基于词法句法的层级,B③是基于响度的层级。)

从该图示不难看出,A 与本书第十一章介绍的 Nespor & Vogel(1986)模型基本相同,属于我们定义的"句法韵律层级",只是增加了后词汇规则层级 A①和词汇规则层级 A②的大层级之分。

张洪明的模型无疑也属于句法韵律层级。张模型与通行模型的不同有二。第一个不同是通行模型 A 的每个上级单位都管辖一个以上的下级单位,这就是所谓的"严格的层级"理论(上级单位必须大于或等于下级单位);而张的 B 模型没有这一限制。张指出,汉语中不乏韵律词中套有韵律短语的例子(如山西平遥方言中"迎春花"前两字按自由的述宾短语变调,再与最后一字结合时按偏正结构的名词变调,是名词中套有短语的例子)。我们同意张的这个意见。另一个不同是通行模型 A 将韵律规则以韵律词为界分为词汇和词汇后两类;而张模型 B 将韵律规则分为以基于焦点的、

第十三章 句法韵律枢纽、汉语的字本位和更普遍的句法韵律层级说

基于词法句法的、基于响度的三类。词汇和词汇后韵律规则的区分是美国音系学的很重要的一个组成部分,Pullyblank(1986)曾详细总结了两者的不同:词汇性(音系)规则的特点是:①可能涉及词的内部结构(如英语的词重音规则与词的结构是单纯词/派生词有关),②不能跨词运用,③可能是循回性的,④如果是循回性的,是一种严格的循回,⑤结构保持的,⑥可能有词汇的例外,⑦必须在所有的后词汇规则之前运用。词汇后规则的特点正好相反:①不能涉及词的内部结构,②可以跨词运用,③可以不是循回性的,④因为跨界,所以非循回,⑤非结构保持的,⑥不允许有词汇例外,⑦必须在词汇规则之后运用。其中的第③④⑤是词汇音系学的内容,我们在第四章中已有简单的介绍,并指出汉语并不是词汇与词汇后的不同,而是单字与单字后的不同。张提出的平遥"迎春花"一词连调的证据,则是⑦词汇规则必须后于韵律短语规则施用的反例。张认为词汇和词汇后规则的区分不适用于汉语,我们同意这个意见。我们也同意张关于韵律单位应该分为基于响度的、基于词法句法的、基于焦点的等性质不同的三大类的看法。

但是,正如通行模型 A 不是所有语言适用的。我们也不认为张的 B 模型是普遍适用于所有语言的。

我们认为,英语的韵律层级中韵律词是一级枢纽性的单位,以此为界将韵律规则分为词汇的和词汇后的两大类是必不可少的,如果像 B 模型那样将词法和句法合到一起,而将音步、音节与韵律词分开,英语的句法韵律系统将无法运行。而汉语的情况有不同,汉语以音节为韵律层级的枢纽,韵律规则分为单字的与单字后的两大类(单字指"一音节一义"的结合体,为与汉语语法上的字和文字上的字区别,下面特称为"韵律字")。如果不将韵律字前的与韵律字后的韵律规则分为两类,而以韵律词为界把单位和韵律规则分为词汇的和词汇后的两大类,则汉语的句法韵律系统也无法运行。详细的讨论请参看下面的两小节。

我们的主张绝不意味着否定有普遍的句法韵律模型存在。相反,我们认为在英语与汉语的这种差异之下,蕴涵着更为普遍的句法韵律层级模型。这就是每个语言的句法韵律层级都具有一个、也只具有一个像英语的韵律词和汉语韵律字的句法韵律枢纽,以此为界韵律规则分为语法无关的与语法相关的两类。这种具有区分不同性质韵律规则的作用的单位完全可以抽象为更高层的普遍参数。普遍的句法韵律层级只有包含了这种更高层次的普遍参数才能更加完善。这样,具体语言的不同就只是在普遍参数允许的范围内的取值选择的不同,这种取值选择的不同有类型学的

意义。

我们把类似英语韵律词和汉语的韵律字这样具有区分不同性质韵律规则的枢纽单位叫做"句法韵律枢纽"。下面先以英语为例,说明"句法韵律枢纽"一定是语法单位与语音单位的最小交汇单位,说明该级单位在语言系统中的重要地位,然后再讨论汉语的情况。

13.2 句法韵律枢纽(上)
—— 多音节重音型语言的韵律词

让我们先来看一看韵律词在英语句法韵律单位层级体系中有什么特别之处。如前所述,英语的句法韵律单位层级是(从小到大):mora—音节—音步—韵律词—黏附组—韵律短语—语调短语—话语。从命名就可以看出,这一层级体系中韵律词以下的单位是纯韵律性的,它们有特定的韵律标记但不与特定的语法单位重合;韵律词以上的单位则都与某一级语法单位有关,也即它们既有韵律标记又与词汇语法单位有强势关联,尽管不是完全对应的。

从语法单位看,英语最小的语法单位语素没有自己特有的韵律标记。英语词中的语素可以是单音节、多音节、也可以是跨音节,可以是单音步、多音步、也可以是跨音步。英语语素无所谓重音,更提不到停顿和语调模式。而没有进入组词的语素更是只有音段的配列,甚至连音节、音步中的成分哪些是mora,都是组词后才确定的。如英语的后缀-al由两个音段组成,这是确定无疑的,但其音节、音步的界线和mora的身份在不同的组词环境中不同:在ˈnatural一词中,al是末音节ral的韵,a、l都是mora,而末音节ral是前面的左重两拍步(ˈnat-tu)的附属韵律外成分。在ˈnaturˌalism一词中情况就完全不同了:a是词首第一个最重的左重音步中弱拍音节的韵,是mora;而l是第二个次重的左重音步中重拍音节的首音,不是mora。a和l两个音段,在什么情况下都是mora,同属一个音节;什么情况下不都是mora,分属不同的音节和音步;什么时候重读,什么时候轻读;都是根据英语中韵律词的韵律结构限制(参见本书1.3、5.2等章节)决定的,词缀al自身并没有独立的韵律特征和韵律结构。由于没有固定的超音段韵律标记和结构,所以英语的语素韵律上不自由,不能单说。如遇特别需要,只能用文字形式字母的唱名a[ei]—l[el]来指称。

第十三章 句法韵律枢纽、汉语的字本位和更普遍的句法韵律层级说

次小的语法单位——英语词的情况完全不同。它的音节、音步数目虽然不限,但词中音节的响度必须符合响度原则,音段配列有严格的要求,词缘音节的响度和音段配列也有特定的限制(见 5.3)。词的主重音、次重音的关系也有特定的模式(见 6.3)。也即英语到了词这一级才有固定的重音和固定的音节分界,韵律上才可以自由地单说。词是英语中有固定韵律标记和韵律结构的韵律上自由的最小语法单位。

从韵律层面看,英语的音段、音节、音步也能单说,但是如果不与词音形相重合,就只能区别词形,而不能直接区别意义。语法上没有意义,也就没有语法上的自由性可言。英语的韵律单位一直大到词重音域段,与词音形重合才承负意义。所以,音系词是英语中能够承负意义的最小音系单位。

总之,虽然词既不是英语最小的音系单位,也不是英语最小的语法单位,但它却是英语中语法单位和音系单位彼此交汇的最小单位。与音系单位交汇的语法单位才能获得韵律上的自由,与语法单位交汇的音系单位才可能有语法上的自由,所以英语中语法和音系两方面都自由的最小单位是处于语法单位和音系单位最低交汇处的韵律词。

句法韵律最小自由单位在一个语言的句法韵律系统中起着重要的枢纽作用。它既控制它以下的韵律单位和规则,又是它以上的韵律单位和规则的基础。

以英语为例。如前所述,英语韵律词之下的单位 mora 和音节要到韵律词这一级才按首音优先原则和音节结构规则划定的,而音节结构规则又必须区分词中音节和词末音节,涉及了词的分界。音步由重音的位置划定,而重音的位置又与词的某个位置上的音节结构有关(见 1.3)。总之,必须先有词的分界,才能按一定的规则或结构关系确定 mora、音节、音步。所以我们说英语韵律词之下的单位受控于韵律词。

英语韵律词的结构限制则是独立的、专用的,它不受它的上级单位的制约。如词重音规则、词内音段配列规则都与词在调群或句子中的位置无关,与词以上的短语、句子等单位无关。

英语韵律词以上的韵律单位和适用的韵律规则性质与韵律词以下的韵律规则不同。韵律词以上的韵律单位只是在韵律词的基础上施用另外的规则,如改变词与词的重音对比、附加停顿和音高曲线的变化等。词内部的韵律结构,如一个音段是否为 mora,音节的分界,词重音的位置等等都要保留。韵律词之后附加的高层韵律,都可以从韵律词加规则(受纯音系

条件制约的或受句法信息制约的）推出，而韵律词内部的区别性的韵律特征都得以保留。所以我们说，韵律词又是它之上的韵律单位和韵律规则的基础。

英语韵律词有专用的、不被更高级韵律改变的韵律特征，这使得它不管在快速语流中如何变化，在说话人的意识中都有一个唯一不变的原形可以恢复。

韵律的最小自由单位在语言共时的音系层面的其他方面也起着重要的中枢作用。音系的组合、聚合和构词音变规则都与它密切相关。如阻塞音、流音、鼻音、咝音、长元音、短元音等对于英语来说至关重要的音段聚合群（自然类），其活动范围不仅与它们在音节中的位置有关，还与它们在词中的位置（是否词缘音丛）有关；构词中长短元音的交替等规则与该元音是否带辅音韵尾有关，而英语的词中辅音是否做韵尾又要到韵律词一级才确定。总之，可以这样说，所谓英语音系的格局可分为两个方面：一方面是音段的各种自然类和重音、节奏等超音质要素在韵律词的范围内的活动模式，另一方面是在韵律词基础上的更高层的韵律变化模式。韵律词是英语句法韵律的枢纽性单位。

以上讨论也适用于其他轻重音型的多音节语言。

13.3 句法韵律枢纽（下）
——单音节声调语言中的韵律字和字本位

韵律词在英语音系中的种种特殊地位，在汉语音系中都由"韵律字"来承担。"韵律字"就是本书前面经常提到的"单字音"，为与英语中"韵律词"的术语平行，并突出它兼具语法、韵律单位的特性，从第十二章起改称"韵律字"。韵律字的韵律表现是单音节、有固定的调型，同时它又与语法层面的语素（最小的音义结合体）重合。

第十二章已经指出，综合考虑韵律与语法的因素，汉语的句法韵律单位层级有：mora－韵律字（一音节一义的单元）－合音字（一音节两义的单元）－韵律词（稳定单音步）－黏附组（含右附虚词的单音步）－韵律类词（节律内紧外松的可能多音步）－韵律短语（节律内松的可能多音步）－语调短语（有语调的单元）－话语。

从各级单位的命名可以看出，汉语的句法韵律单位从韵律字往上就不

第十三章　句法韵律枢纽、汉语的字本位和更普遍的句法韵律层级说

是纯韵律性的了。下面观察汉语中韵律单位与语法单位相互关联的情况。

从语法单位看,汉语最小的语法单位语素就不仅有自己的音段配列,而且有自己的韵律(或叫超音段)标记——音节的响度配列结构、音段搭配结构和声调。所以,与英语语素不同,汉语的语素从韵律上说也是自由的,可单说的。

从音系单位看,汉语的 mora 和其他音段只有区别音节的作用,而有声调的音节就已经可以直接承负意义,构成一级语法单位。此外,汉语有调音节构成的语素在语法上大多自由,即使是所谓"黏着语素",也多半只要搭配另一个单音节就可以自由地出现在某些句法组配中,如 12.5.2 提到的"桌上、我校"等。

汉语的语法单位和音系单位的交汇点比英语的层级低,在音节－语素这一级上就交汇了,所以汉语的"音节－语素"这种"一音节一义"的小单元就是汉语的最小句法韵律自由单位。

字是汉语中最小的句法韵律自由单位,它在汉语的句法韵律系统中也起着与英语韵律词类似的枢纽作用。

韵律字之下的韵律单位受韵律字的制约:一个音段不进入音节就无法判断它是不是 mora。

韵律字有自己独立的韵律特征——固定的音节界线、固定的声调,音段配列必须符合特定的响度原则和搭配规则;这些韵律特征无须到任何更高层的音系单位或句法韵律单位(如音步或韵律短语)才决定。因而韵律字在汉语中总是韵律自由的,即使是所谓的黏着语素,也可以单独被称说,如"'校','学校'的'校'"。

韵律字之上的句法韵律单位,如各种字组和语调短语等,韵律上也是自由的,但它们都是在韵律字韵律基础上的变化或者再附加上更高层的停顿和音域变化。在更大的韵律单位中,韵律字的音节界线一般不再变化(即使变化也有规则可控),声调调型的连读变化是在字调的基础上受前后字调和/或词法句法结构的制约下的规则变化。也就是说,连调并不是作为不可预测性的韵律特征直接赋予词或词组的,而是由单字调和词法、句法环境而派生的。知道了韵律字的音系形式,再找出少数变化规则(如连调规则、句调规则)等,就可以控制高层韵律。

由于韵律字之上的韵律是在韵律字基础上的可预测变化,且音节分界这一韵律特征除有规则可控的合音字外一般不发生变化,所以韵律字不管在语流中如何临时变化,在汉语者的意识中总有个唯一的"原型"可以恢

321

复。即使对不识字的文盲来说,"一个字一个字地分开说"也不是一件难事。(吴语区少数方言点的情况有些不同。如苏州,由于上海方言变调规则的侵入,单字调与连字调的规则对应被打乱,使得不少母语者的意识中已失去了单字的字调原型。吴语的韵律类型正处在转型的过程中,其韵律词的地位正不断提高,韵律字的地位正不断减弱。但这一转型尚未完成。如苏州、上海的多音词的调型数目虽然与单字调相同,但这些词调仍可以用词的第一音节的单字调加规则推出,与英语的词重音、日语的词调性质完全不同。英语的词重音和日语的词调必须直接标注到多音词或词根上,不可能从第一音节的重音或声调推出。因此本章所讨论的原则基本上也还适用于吴语)。

汉语的韵律字在共时音系中起着最重要的枢纽作用。音系的组合、聚合、交替等规则都与韵律字有关:汉语音节结构的音段配列和音段聚合只需考虑单念的韵律字,不能考虑多音节词连读的情况(参看第二章)。重要的音段自然类(唇音、舌面音、舌根音、高元音等),在韵律字的各个组合位置上有明显不同的分布,在绝大多数多音词中没有另外的分布限制(参看第三章)。韵律字以上层次的种种与韵律有关的变化(合音、分音、叠音、变调、轻声)都可以由韵律字的韵律加上某些规则来控制。如,儿化、Z变等特殊词形与两个韵律字及合音规则有关,"劈里啪啦"等多音节象声词词形与韵律字的重叠变化有关,"薄来"等嵌1词词形在响度上与韵律字类似,等等(参看7.4和第六章)。可以说,在共时音系的层面上,汉语音系的格局就一方面体现为音段的各种自然类和声调等超音质要素在韵律字范围内的活动模式,另一方面体现为在韵律字基础上的更高层的韵律变化模式。韵律字是汉语的句法韵律的枢纽单位。

综上所述,韵律词在多音节重音型语言中的种种特殊地位,在单音节有声调的汉语中都由韵律字承担了。可以看出,句法韵律最小自由单位——句法韵律枢纽,在汉语中也是十分重要的语言学范畴,只是汉语的句法韵律枢纽是与音节重合的韵律字,而不是韵律词。

徐通锵(1997、2007)提出汉语是以"一音节一义"的"字"为本位的,我们觉得,从句法韵律关联的角度看,汉语字本位说是有类型学意义的。

以上讨论也适用于其他单音节声调语言。

第十三章 句法韵律枢纽、汉语的字本位和更普遍的句法韵律层级说

13.4 句法韵律枢纽与文字单位和语法切分的初始单位

由于句法韵律枢纽兼跨音系-语法两层面,所以它不仅在语言共时的音系层面起重要的枢纽作用,而且对语言的共时的语法层面和文字层面也有重要价值。

13.4.1 句法韵律枢纽与文字单位

先看英语。如前所述,英语的语素(morpheme)不是韵律自由的单位,它只有音段的排列,没有固定的韵律标志:可能是单音节,可能是多音节,还可能跨音节。可能不足一音步,可能多音步,也可能跨音步。英语的语素也无所谓重音。而英语的语法词(造句的最小自由单位)则一般也就是音系词;语法词一般都有自己的词重音,有固定的音节界线和 mora 结构。因此,英语的"词(word)"至少有两种定义:①音系词,一个词重音域段的纯音系单位;②语法词,造句的最小自由单位。英语的音系词和语法词在少数情况下不完全重合,如极少数语法词不具备词重音(冠词 the、a;介词 in、on 等),小品词可以与实词并为一个词重音域段,两个自由语素的组合体有个别情况从语音上看像是词组(强重音在后一语素),但从意义和凝固程度上看像是词。但除去这些少数的情况,从整体来看,从系统性的关联看,完全可以说英语的词既是一级音系单位,也是一级语法单位。因此句法韵律层级模型中把除去这些例外情况的音系-语法单位定义为跨层面的"韵律词"。在英语的一般词汇中,音系词、语法词和韵律词都用 word 来指称;语言学则用加定语的方法来区分:音系词(phonological word)、语法词(grammatical word)和韵律词(prosodic word)。

在汉语中,语法词没有自己专用的韵律标记。正如赵元任先生(1975)曾指出的,汉语的语法词可以是单音节的,也可以是多音节的;各类连字调(如普通话的重轻格和准轻重格)既可以用于语法词也可以用于词组。如普通话的重轻格可以是词("溜达"),也可以是词组("救他");准重轻格(中重+重,本书认为的"等重")更既可以是词("假如"),也可以是词组("俩壶")。汉语的语素(最小的音义结合体)则大多与音系字(音节)重合;只有少数的单音节没有意义。没有意义的单音节可分为外语借词的译音字(如"巧克力"的"巧")和与韵律字有特殊叠音生成关系的叠变字(如"摆"的嵌 l

323

派生词"薄来"的"薄"和"来")两类。此外还有少数单音节与两个意义结合,它们是合音字(如"花儿")。译音字、叠变字、合音字音系上是一个音节,但语法上不是一个语素。其余绝大多数的单音节都与语素重合。

由于汉语中音系单位和语法单位交汇在一音节一义上,因此,汉语的一般词汇中"字"这个名称长期就至少有两种定义:一是指语法上一音节一义的结合体,二是指语音上的一个音节。徐通锵先生曾多次指出(参看徐1997,2007),"字"既可以指语音上的音节(如"字正腔圆"),也可以指语法上的语素(如"连字成句")。正因为汉语的这两类单位大致重合,所以才能用同一个字眼儿"字"来指称。为显示系统中语法单位和音系单位交汇这一特殊地位的重要性,我们主张把汉语的语素和音节都称做"字",同时把语素特称"语法字",音节特称"音系字",而去除了少量语素-音节不相重合之特例的、有意义的单音节特称"韵律字"。这样更符合汉语一般语汇中"字"的意义,也与英语语言学中 word 这一术语的用法完全平行。

值得注意的是,英语的 word 和汉语的"字"都还有第三种指文字单位的意义:英语的 word 还可以指书面上由前后空格隔开的字母串,汉语的"字"还可以指书面上一个方块空间内的若干字符的组合。也就是说,在这两种语言文字中音系单位、语法单位、文字单位存在如下关联:英语/英文中 phonological word-grammatical word-graphic word 大致重合,汉语/汉文中"音系字(音节)"—"语法字(语素)"—"文字字"大致重合。我们认为这种关联不是偶然的,之所以如此,是由各自语言中语法单位和音系单位的交汇点落在哪一级单位上决定的。

只有韵律单位与语法单位交汇的单位才是母语者意识中分界明确的单位。一个常提到的事实是,如果要求英语者"一个词一个词地慢慢说",文盲也知道应该在哪儿稍作停顿;而如果要求说英语者"一个语素一个语素地分开说",则大多数人感到困难。这是因为,英语的语素虽有意义却没有自己的韵律标记和韵律结构,韵律上无法言说。而汉语则相反,汉语者大多不难做到"一个字一个字地慢慢说"且切分结果几乎完全一致,而"一个词一个词地慢慢说"则很难结果一致。这是因为汉语的语法词没有专用的韵律格式。总之,只有音系单位与语法单位大致重合的交汇点,只有作为一个语言句法韵律枢纽的句法韵律最小自由单位,才具有如下特点:不管语流中可能发生什么连读变化,在母语者意识中始终有一个唯一不变的"原型"。在母语者意识中始终有原型,因此在母语者的意识中分界明确。在母语者意识中分界明确,所以会成为文字的一级重要的单位。

第十三章　句法韵律枢纽、汉语的字本位和更普遍的句法韵律层级说

总之,我们认为,文字的单位首先是由语言单位决定的,语言中音系单位与语法单位的最低交汇点成为文字的一级单位是十分自然合理的。以上说法并不否认当文字单位确定之后对语言单位也会有一定的反作用。

13.4.2　句法韵律枢纽与语法切分的初始单位

语法单位的切分应该充分利用这种母语者意识中分界明确的单位:与音系单位交汇的语法单位可以依据其自身的韵律标记来分界,可以利用母语者的意识来分界,这是其他层级的语法单位所不具备的方便。

也就是说,我们主张,一个语言中各级语法单位的切分,如果取从小到大的次序,则最佳切分策略是先确定处于句法韵律枢纽的那一级语法单位(英语的词和汉语的字),然后再按一定的原则、程序确定其他各级单位。

尽管美国结构主义语言学号称是按"音素—音位—语素—词—短语—句子"的从小到大或者的从大到小的次序来发现语音和语法单位的,但细观其工作过程就可以发现,其实他们时时处处都离不开词这一级单位。王理嘉(1988)曾指出,英语的音位其实并非是直接对比长语流而发现的,而是对比词音形而发现的。语法单位的发现也同样。按照结构主义的发现程序,对比若干语段而直接得到的"以大致相同的意义重复出现的小片段"(霍凯特,1958),其实只有韵律词或语子。如 nation['neiʃən]、national['næʃənəl]、nationality [ˌnæʃ(ə)'næliti] 是词,[ˈneiʃən]、[ˈnæʃən]、[ˌnæʃ(ə)n]、[əl]、['æl]、[iti]是语子。接着,无论是把词切为词根语素、词缀语素、变形语素还是把语子归纳为这几类语素,都需要以韵律词作为比较的基点,因为语子的语音交替规则是以韵律词的组合环境为条件的。需要对比足够数量的词,才能发现其中某些意义相同或大致相同的小片段,尽管语音形式有差异,但彼此间有规则性的语音联系,如词的某个位置若为重音节,则重音在词的倒数第几第几音节,若为轻音节则又如何如何等,从而再从词切分出语素或把语子归纳为语素。如果不先得到词的分界,英语的语素很难直接从长段语流根据音同义同的原则切出。如果硬要这样做,只会像我们在2.1.2中介绍的 Bloch 那样,把美国中西部英语的音位系统搞得一塌糊涂。也就是说,结构主义语言学家英语语素的发现程序其实依靠了母语者意识中已"事先存在"的韵律词,而英语韵律词之所以能够事先存在,又是由于它是英语系统中音系单位和语法单位的最低交汇点,是最小句法韵律自由单位和句法韵律枢纽,是母语者意识中有明确分界原型的最小单位。

汉语语法单位的切分,笔者主张(王洪君,1994),应该先切出音系字,

325

然后根据音义关系确定语法字,再根据一定的程序确定其他各级单位。音系字由于有固定的韵律标记(音节界线和声调)而十分容易切出,在此基础上根据音义关系又不难确定语法字:绝大多数一音节一义的韵律字是语法字,少数一音节多义的合音字和少数一音节无意义的译音字、叠变字不是语法字。汉语语法字的切分、分界比英语容易得多,但语法词的切分、分界却比英语难得多。汉语语法词切分遇到的最大问题是词与短语的界线问题。如"鸡蛋、空等、扑灭、第十"是词还是短语,学者们仁者见仁、智者见智,争论不休,普通人则是一片茫然。这是因为,首先,汉语的语法词不仅不是最小句法自由单位,而且没有专用的韵律标记,因此,在汉语中语法上是不是词无法从韵律上找到一个可资比较的出发点。其次,汉语的词也没有语法上形态变化的标记,很难从语法上找到外显的直接标记。再次,汉语中的单音字大多也可以按自由短语规则来造句的单音词,而多音词则大多是有语法结构的复合词。复合词中字与字的组合关系又与短语的五种结构方式(联合、偏正、主谓、述宾、述补)可以类比。以上多种因素的结合使得汉语多音复合词与短语很难区分。

不同学者曾经尝试用组成成分能否单用、中间是否允许插入其他成分、成分可否替换等方法从正面来鉴别哪些是词,结果都遇到了不可逾越的困难。如,根据"组成成分都可单用的是词组,否则是词"的观点;会得出"鸡蛋"是词组、"鸭蛋"是词的结论(因为"鸡"、"蛋"可以单用而"鸭"不能单用)。根据"中间不可插入其他成分的是词,否则是词组"的观点,会得出"鞠躬"是词组的结论(因为"鞠躬"可插入其他成分扩展为"鞠一躬")。而根据"成分可替换的可能多的是词组,否则是词"的观点,会得出"萝卜裤"是词组(其可替换成分很多:萝卜缨、萝卜叶、萝卜籽、萝卜心儿……,长裤、短裤、筒裤、牛仔裤、棉毛裤、棉裤、毛裤……),"扑灭"是词的结论。这些结论都不符合汉族人的语感。张洪明(1992)提出,述宾结构可以用能否转换为"把字句"来判定词与词组,这也是行不通的。比如"爱祖国"是典型的词组,但并不能转换为"把祖国爱……"。

笔者(王洪君,1994)提出,单从语法上看,汉语语法上的词和短语没有截然的分界,有的只是语法语义上是特异、凝固搭配还是规则、自由搭配的渐变性差异。特异性、凝固性强则语法语义上的成词性强,规则性、自由性强则语法语义上的成词性弱。由于特异、凝固搭配很难用较少的标准控制,而自由搭配规则(短语规则)却可能用较少的标准控制,因此汉语的语法词的切分应该采取下面的策略:首先根据短语规则确定哪些字组是短

第十三章 句法韵律枢纽、汉语的字本位和更普遍的句法韵律层级说

语,然后除去属于短语的多字组,剩下的多字组是语法词。即,以单音节、有独立韵律标记的语法字作为比较起点,观察多字组中直接成分字的相互关系及其字组整体的功能,如果成分字之间的关系和字组整体的功能都符合自由短语规则,那么它们不是语法词;如果成分字之间的关系或字组整体的功能不同于短语,那么它们是语法词。这种方法可以叫做"基于字和自由字组的排除定词法"。

如,"马跑、饭熟、河深、碱大"和"月亮、地震、便秘、资深、年轻"都是第一字体词性、第二字谓词性、两字间为陈述关系的两字组。但第一类两字组的共同特点是:字组整体不能前加"不"、"很"、数量词组、的字结构做前修饰语,不做定语,可转换为"A 是 B(了)",两成分间还可插入其他成分(如"饭不太熟")。这些共同的规则还可以自由类推到其他第一字为体词性、第二字为谓词性的两字组中,如"鸟飞、肉肥……",类似的情况多得无法一一列举,因此从语法上看这是一种主谓短语性质的组合。而第二类两字组虽然在成分字的字类的选择上、甚至在两字间的关系上符合主谓短语的要求,但不能同时满足上面的其他条件,如,"月亮"可前加"的字结构"修饰语;"地震"、"便秘"可以前加"不";"年轻"可以前加"不"和"很","资深"可以做"教授"、"议员"等的定语;所有这些两字组都不能转换为"A 是 B 了",也不能中间插入其他成分。这些字组的功能各不相同,而且与它们类似的组合数目不多,可以一一列举,因此是属于复合词性质的。值得注意的是,这些复合词不仅与主谓短语的规则不同,与其他短语的规则更不相同,但却与某个单音字的功能类似。如"资深"与"金"一样只做定语,"年轻"与"红"一样做定语、谓语、可前加"很";"便秘"和"躺"一样……等等。由此更可以确定它们是一种凝固性的(尽管有程度大小的不同)、组词造句所用的备用性单位。

总之,在语法单位的层级上,也存在着一层在语法系统中具有特殊地位的小单位,它们的分界明确,在语言的组合中异常活跃,可以做为各级语法单位切分的初始点。该级语法单位在不同的语言中对应大小不同的语法单位,或者是最小的语法单位,或者是次小的语法单位;然而这种对应的差异性中隐藏着更深刻的共性——该级语法小单位都是与同一语言中某一级音系单位大致重合的最小交汇点。因此,句法韵律最小自由单位-句法韵律枢纽这一概念,不仅在语言的音系层面有重要作用(是控制各种组合、聚合及构词音变规则的枢纽),而且在语言的语法层面也有重要的作用,它决定了一个语言语法单位切分的初始点。

13.5　句法韵律枢纽与语音演变的组合条件

句法韵律枢纽单位在语音的历时演变中也有重要价值。

语音演变的一种重要类型是因语言系统自身的原因而产生的纯音系层面的语音演变,这就是著名的青年语法学派所发现的"语音规律无例外"性的连续式语音演变。19世纪的西方语言学家研究了印欧语系多种语言各类语音演变的演变条件,最后发现,印欧语(多音节重音型语言)中规则性语音演变组合方面的条件限制在语音词(本章称做"韵律词")的范围内(房德里耶斯,中译本1992),韵律词以上的语段一般只发生临时性的语流音变。规则性的语音演变不受语速快慢的影响,在同样的组合条件下的同一类音发生同样的变化。语流音变则是词儿连说时的临时性变化,常常是语速一慢,就恢复到原型。少数语流音变的形式可能固定下来成为语词的正式读音,但这只是极个别的情况,因此哪些语流音变可以固定下来,不仅仅与语音条件有关,而且与组合的语法、词汇条件也有很大的关系。仅从语音条件看,语流音变造成的语词读音变化就属于个别的例外变化。

规则性语音演变在多音节重音型语言中在韵律词的范围内发生。什么是"韵律词范围内",著名的格里木定律三个例外的演变条件可以作为最好的说明。

格里木定律主要涉及三套阻塞音的变化:清塞音(p、t、k),称为tenues,简写为T,浊塞音(b、d、g),称为mediae,简写为M,气音(原始语的音值有争论,在后代语的梵语中为bh、dh、gh;在希腊语中为ph、th、kh,在拉丁语中是f、θ、h),称为aspirate,简写为A。从原始印欧语到原始日耳曼语,大多数语词中的这三套音发生了如下的变化:

原始印欧语　　原始日耳曼语
T　　>　　A
M　　>　　T
A　　>　　M

但也有一些语词中的这三套音有着与格里木定律不同的对应,这就是所谓格里木定律的三组例外。19世纪后期,语言学家经过艰苦的工作陆续发现,三组例外虽然所涉及的词不如格里木定律多,但其实并不是例外,因为它们有严格的语音条件,是规则性的有条件分化演变。例外一、三分别反映

第十三章　句法韵律枢纽、汉语的字本位和更普遍的句法韵律层级说

了原始印欧语的 T 组辅音在原始日耳曼语中有条件的分化和二次音变。例外二反映了原始印欧语的 A 组辅音在梵语和希腊语中的有条件分化。

先说例外一和三。原始印欧语的 T 组辅音在日耳曼语中有条件地分化为三组：

$$T \to {}^*A \begin{cases} T\ /\ [-浊] & (格里木定律例外一) \\ A\ /\ 其他 & (格里木定律正则) \\ M\ /\ V\_\_\_ \ 'V & (格里木定律例外三) \end{cases}$$

也就是说，按格里木定律正则，原始印欧语的清塞音 T 在日耳曼语中大多演变为属于气音一类的擦音 A（例如保留印欧语清塞音的拉丁语中"父亲"为 pater，而属于日耳曼语的英语中"父亲"为 fath[θ]er，有 p：f、t：θ 的对应），但①如果清塞音前还另有一个清的阻塞音，清塞音就保持不变；②如果清塞音处于两个元音之间，且后一元音为重音，前一元音为非重音，则清塞音在演变为气音后又进一步演变为浊塞音（先弱化为浊擦音，又变为塞音）。

①是所谓的例外一的条件，它其实是一种韵律词中邻接音段的条件。值得注意的是，这种邻接音段（前面的另一个清阻塞音）可以在一个音节内，也可以跨音节，但不能超出韵律词的范围。如"呕吐"一词，拉丁语与英语的对应为 spuō：spew，p 因前面有个清辅音 s，所以在日耳曼语中不变，仍为 p。p 与作为条件的 s 在同一音节。而"捕获"一词，拉丁语与哥特语（属于日耳曼语）的对应为 captus：hafts，其中哥特的 hafts 的第二个音节的首音 t 因为前面还有个清塞音 f(←p)，所以在哥特语保持了塞音 t 而未变擦音。t 与作为条件的 f(←p)虽不在一个音节，但在同一个韵律词内，就同样可以发挥一致塞音擦化的作用。

②是例外三的条件，这是一种兼及韵律词中的重音位置和元辅音序列的条件。如原始印欧语的"父亲"为 [pəˈteːr]，到原始日耳曼语变为 [fəˈθeːr]，而到哥特语中又变为 [ˈfadar]。"父亲"一词中的清塞音 t 因为处于轻读元音 ə 和重读元音 eː 之间而在后来的日耳曼语中又发生了清擦音浊化、变为浊塞音的演变。在轻读元音和重读元音之间，这当然也是一种跨音节、但不超出韵律词范围的条件。

再说例外二。例外二是关于原始印欧语的 A 组辅音的。A 组辅音在梵语、希腊语中一般都保持原始的气音特征（梵语为 bh、dh、gh；希腊语为 ph、th、kh），但如果同一韵律词中相邻两个音节的首音都是送气音，则前面

329

一个音节的送气音异化为不送气音。如：原始印欧语的 *bhewdho-，在希腊语中为 pewtho-，梵语中为 bo:dha-，第一音节的首音异化为不送气音，第二音节仍为送气音。这种异化以隔位的、非相邻的辅音音段为条件，不在一个音节内，但是在同一韵律词内。

总之，学者的研究已证明，格里木定律的三组例外其实都是有规则的音变。这些规则音变的条件都跨了音节，但又都在韵律词的范围内。

通过对种种规则音变的演变条件的细致研究，20 世纪初的方德里耶斯终于总结出"语音演变在语音词的范围内发生"（中译本 1992）这一更为概括的条件。

一般的语法词都与韵律词重合，与韵律词不重合的语法词常常有例外的演变，如英语中那些总是轻读的单音节小品词。中古英语曾发生了词末 n 脱落（"吃"eten→ete）的规则音变，但中古的冠词 an，只在后面的词以辅音开头时脱落 n(a house)，后面的词以元音开头时就不脱落 n(an arm)。这是因为冠词 an 不具备独立韵律词的身份，当后面的词是元音起首时就与后面的词合并为一个韵律词（即 an arm 是一个韵律词），n 也由于处于韵律词之内（而不是词末）的位置而不符合脱落的条件。可以看到，这些所谓例外也从反面说明了多音节重音型语言规则性音变是在韵律词的范围内进行的。

总之，在多音节重音型语言中，在韵律词的范围内发生规则性的语音演变，韵律词之间发生临时性的语流音变，语流音变可能有个别词例固定下来成为语音演变，但只能是一种不规则的语音演变。韵律词在多音节重音型语言中的历史音变中有这样特殊的地位，无疑是由于它是共时句法韵律的最小自由单位——句法韵律枢纽，因而不管语流中如何临时变化，母语者的意识中总有可恢复的"原型"而决定的。

韵律字，作为汉语的韵律最小自由单位，在汉语的历时音变方面也有与印欧语"韵律词"相同的特殊地位。

汉语史上已知的规则音变都是以韵律字为组合方向的最大范围的。常见的有以介音为条件的声母或韵腹的演变，如重唇分化出轻唇（双唇→唇齿/____合口三等），舌音(t 组)分化为舌头(端组)、舌上(知组)，尖团合流(k 组→tɕ 组/__ i-、y-；ts 组→tɕ 组/__ i-、y-)，a→tɕ/i、y____，等；还有以声母等音段为条件的声调演变，如近古的平分阴阳，上古可能有的 -ʔ→上声，-s → -h →去声，等等。这些变化都在韵律字的范围内。常提到的超出韵律字范围的音变都是个别性的，如"婿"因为经常只用在"女____"的环境中而韵母由 i 变 y，而与"婿"同韵、同声母的其他字（如"细洗犀西"）都没有变 y 韵。

第十三章 句法韵律枢纽、汉语的字本位和更普遍的句法韵律层级说

总之,虽然从语音单位的大小来说,汉语的韵律字与英语的音节大致相当,而与英语的韵律词不相当;但从历时音变中的地位来说,与英语的韵律词相当的是汉语的韵律字而不是汉语的韵律词或多字组。

综合以上四节的内容可以看出,汉语中的韵律字和英语中的韵律词尽管单位的大小不同,但在各自语言系统中的地位却是相同的:它们是各自语言中有独立韵律标记的与语法单位交汇的最小单位。在共时音系中它们决定了音系组合、聚合和词形交替的格局,在历时语音演变中它们决定了规则性语音演变的最大组合范围,在与语法层面的关联上,它们决定了语法单位切分的初始性单位,并且它们还决定了文字的一级单位。

13.6 汉语的字本位与更普遍的句法韵律层级说

多音节语和单音节语是语言学家很早就提出的语言类型区别,但近三十年来似乎不大提了。从前面的分析可以看出,这一类型区别其实是很有价值的。它不像"开音节/闭音节"或"主动宾/主宾动"等类型区别特征那样只涉及语音或语法一个层面,而是抓住了语音单位和语法单位关联的不同——在"一音节一义"的"字"上交汇,还是在"一个词重音域段一个最小句法自由单位"的"词"上交汇——而这一个区别能够决定一个语言的音系、语法、构词、造句等多层面上的诸多不同。

前面提到,20世纪80年代后期非线性音系学提出的韵律层级说和词汇规则与后词汇规则的区分是有其道理的:在多音节轻重音型语言中,韵律词是一级枢纽性的单位,它之下各级单位的关系与它之上各级单位的关系有性质的不同。但从前面的分析我们也看到,这种句法韵律层级模型并不适用于所有的语言。比如单音节声调型的汉语,韵律层级中的枢纽单位是韵律字,不是韵律词。单音节的汉语必须区分的是单字音(韵律字)规则和单字音(韵律字)后规则。

汉语的事实否定了 Nespor & Vogel(1986)所提韵律层级说的普遍性,同时也揭示了建立更高层面上的普遍性的句法韵律层级模型的可能性。从多音节重音型语言与单音节声调型语言的特殊性中我们也看到了更高层面上的共性:①从单位的层级及大小看,两类语言都有 mora、音节、音步、韵律词、黏附组、韵律短语、语调短语、话语等大小不同的句法韵律层级。②这些韵律层级中都有一级是枢纽性的最小的句法韵律自由单位,它是最

小的有独立韵律标记(超音质标记,重音或声调)的与语法单位交汇的单位,该级单位在相当大程度上决定了一个语言音系的共时格局和历时演变。③句法韵律规则以最小的句法韵律自由单位为界分为之上和之下两类,后一类规则必须在前一类规则的基础上施用。

也就是说,适用于所有语言的更普遍的句法韵律层级模型,必须设立"单位层级"和"句法韵律枢纽"两类概念。只有兼顾了层级和层级中的枢纽点(最小自由单位)的模型才能真正反映语言句法韵律系统的特点,才能更好地说明语言韵律的同与异。

语言都具有句法韵律层级,在句法韵律的层级中都有一级枢纽性的单位,这是语言的共性。而不同语言各个句法韵律层级的韵律标记不同、句法韵律枢纽在层级中的高低不同并因此而造成各级韵律规则的制约关系不同,则是不同语言的特性。句法韵律枢纽在句法韵律层级中的层级高低差异有类型学的意义。

我们的假设还有待于更多的语言材料证明。由于我们对日语、班图系语言等多音节声调语言(以前称为"音高重音语言")不太熟悉,上面的讨论没有涉及这一类型的语言。根据我们对日语的一点点知识,其句法韵律枢纽似乎应该是韵律词根。那么,根据我们的假设,这些语言的句法韵律规则也应该以韵律词根为界分为词根规则和词根后规则,这些语言的规则性语音演变也应该限制在韵律词根的范围内。是否真的如此,我们因知识有限不能下结论,希望能有这些语言的专家一起参与讨论。

第十四章　余论：材料与理论、语言普遍性与汉语特殊性

前面的十三章我们介绍了美国非线性音系学的若干分支及其与生成音系学的渊源关系，并结合汉语普通话和方言进行了研究。最后的这一章，打算谈谈一般方法论的问题。

通观本书的介绍和研究可以看出，美国学者的基本思路是，基于一种或若干种具体语言材料的事实，设计出一种可以最简明地使这些材料显示出简单规律的模型框架，先假设这些规律和模式是适用于所有语言的普遍规律和模式，然后再有其他语言的专家们利用不同语言的材料来补充、修正以至否定这些规律与模型。他们有强烈的建立模型的意识和探求语言普遍规律的意识。

美国音系学从 20 世纪 70 年代中到 90 年代初取得了很大的成就，我们在学习、借鉴这些新理论的同时，更需要学习和借鉴他们的上述思路。

对于西方理论中国汉语学界长期以来有两种倾向。一种是热衷于套用西方最新的理论解释汉语的个别实例，另一种是强调汉语的特点，强调西方的理论不适用于汉语。

两种相反的倾向从更高的层次看有共同的不足，这就是立足点只局限于汉语，放弃了对语言普遍规律的探求，放弃了从汉语语料中提取适用于所有语言的假设的努力。这使得我国的音系学几十年来基本停滞，汉语的类型特点也未能真正揭示。

比如，由于音节在汉语中与语法单位语素基本重合，音节中的音段配列都符合响度顺序原则，又有超音段的声调作为标记，所以音节是一级重要的音系单位，对于汉语学者来说是毫无疑义的。而音节在多音节的英语等语言中不与语法单位重合、没有独立的超音段标记，音节中的音段配列又受到词中、词缘位置的制约，并不都符合响度原则（参看 5.1）。所以，从结构主义开始，对于音节从普通语言学的层次上说是不是音系的单位提出

了疑义,一度把音节逐出了音系。在这种时候。我国的学者并没有盲从,仍然把音节作为汉语音系的一级重要单位。但是,我们把音节的重要性看做汉语的特殊性。音节在音系中占有重要的地位,果真是汉语的特殊性吗?第五章中我们已经看到,20世纪70年代中期以后,美国音系学家发现了音节在决定音位变体、轻重音位置方面的重要作用,发现了违反响度原则的音节都在词的两端;从而恢复了音节和音节的响度序列原则在普通语言学中的地位,也揭示了音节在汉语和多音节语中的不同地位只是音节的分界是否在深层标定、是否要受词音形制约的不同,而不是音节是否是音系单位的不同。

再比如,汉语的音节除声调外最多只有四个音段的组合位置、首位置只能是辅音、第二位置只能是高元音、第三位置是所有元音、第四位置只能是高元音和鼻音。由于组合位置少、每个位置上可替换成员少、组合空格也少,所以如果将音节分为声韵两部分,可以得到成员大约在20个至50个之间的声母表和韵母表,十分有利于简单地显示音系的聚合格局。所以,把音节首先分为声韵两部分,一直是汉语音韵分析的传统。印欧语言的音系分析传统上不讲声韵划分,他们语言的音节结构在词缘位置很复杂,常常有多辅音丛,配合的空格也很多;因此如果以可以单独成词的音节(词缘音节)为准把音节分为声韵两部分,将得到上百个成员的声母、韵母表,远不如元辅音表更能显示出音系的聚合格局。因此,声韵分析在西方一直是诗律学的内容,而不是音系学的内容。不少汉语学者强调,声韵双分的音节结构是汉语的特点,果真如此吗?20世纪70年代前期以后对西方自然语言的韵律结构的深入的研究揭示出,西方语言的自然韵律(并非诗律)也是受音节的声韵双分的结构制约的(详见第六章),声韵双分的音节结构是人类音系的普遍特点。美国音系学泰斗Halle教授曾亲自对笔者说,设立声韵双分的音节层级结构的普遍模式是受了中国音韵学的启发。然而做为一种普通语言学的模式,音节声韵双分模型的发明权却不能说是中国人的,因为我们一直强调这是汉语的特点。

另一个例子是我们的传统一直是先讲单字音,再讲单字音的合音、变音等。但引进美国描写派结构主义的双向单一性原则后,分析音位时不再考虑意义,使儿化韵的问题混入音位分析,把音系问题搞得一团糟。当时已经有不少汉语学者意识到这种做法的缺陷,但我们顶多是弃之不用,却没有想到要由此而发现该理论的根本缺陷,另外建立一套理论体系。而20世纪50年代中后期生成学派却抓住双向单一性原则无法简明地处理英语

第十四章 余论：材料与理论、语言普遍性与汉语特殊性

重音的事实，重建了理论体系。

凡此种种，都说明了眼光只限于汉语的局限性。

我们必须认识到，虽然汉语是一种具体的语言，是一种与印欧语类型上很不相同的语言，但是凡人类语言又都有普遍的共性，一些在低层次上看是汉语特殊性的表现，到更高的层次上就体现为人类语言的共性。

我们必须认识到，本书介绍的新理论，也不过是基于某些语言材料得出的理论假设，这些假设能够使这些材料得到比以前的假设更简明的描写，大多也使汉语的描写得到了更简明的描写。这说明这些理论的普适性的确较强。但是，语言现象是错综复杂的，理论的探索是没有止境的。从本书的介绍也可以看到，现在的非线性理论在处理汉语的声调等问题上还不能说是很得心应手，关于词汇和词汇后规则的区分在处理汉语时遇到许多麻烦。这说明现在的理论的普适性还不够。

基于以上认识，本书从汉语的音系分析总是要围绕单字音，而英语的音系分析总是围绕词音形的明显差异入手，从中透视出更高层次的普遍性——最小句法韵律自由单位对音系的枢纽作用，从而提出设立"句法韵律枢纽"这一普通语言学的新参数，并允许该参数有"音节-字"和"词重音域-词"等不同取值。该方案也只是一种假设，还有待于更多语言材料的证实、修正甚至证否。但我们希望，不管结果如何，在验证假设的过程中，都会对句法韵律接面关联的不同类型及其对各自音系的影响有较以前更深刻的认识。

科姆里在《语言共性和语言类型》一书的中译本(1989)序中说："从本世纪80年代起，无论从形式语法、语言类型、功能语法的研究方面看，都开始出现重大的转折，不再依循以英语为中心的观点。人们已经认识到不同的语言在一些对一般语法理论很重要的方面都有差异，而且任何一种语言，如果不能鉴别它在这些方面跟其他人类语言的异同，就不可能对它的结构有完整的认识。"

汉语是世界语言几种大的语言类型之一，把汉语放到更广阔的人类语言的背景中去研究，一定会推进对汉语自身的认识，并对普通语言学作出应有的贡献。

主要参考文献

中文文献：

包智明、侍建国、许德宝(1997)《生成音系学理论及其应用》,中国社会科学出版社。

北京大学中文系现代汉语教研室(1993)《现代汉语》,商务印书馆。

布龙菲尔德(袁家骅、赵世开、甘世福译,1980)《语言论》,商务印书馆。

曹剑芬(1994)普通话语句时长结构初探,《中国语言学报》第 7 期。

——(1995)连读变调与轻重对立,《中国语文》第 4 期。

——(1998/2007)《现代语音研究与探索》,商务印书馆。

陈宁萍(1987)现代汉语名词类的扩大,《中国语文》第 5 期。

陈亚川、郑懿德(1990)福州形容词重叠式的音变方式及其类型,《中国语文》第 5 期。

初敏(1995)高清晰度高自然读汉语文语转换系统的研究,中国科学院声学所博士论文。

初敏、王韫佳、包明真(2003/2004)普通话节律组织中的局部语法约束和长度约束,2003 年第六届全国现代语音学学术会议论文,其主要部分发表于《语言学论丛》第 30 辑,商务印书馆,2004。

戴庆厦、杨春燕(1994)景颇语两个语音特点的统计分析,《民族语文》第 5 期。

董少文(1959)《语音常识(改订版)》,文化教育出版社。

董绍克(1985)阳谷方言的儿化,《中国语文》第 4 期。

端木三(1999)《重音理论和汉语的词长选择》,《中国语文》第 4 期。

——(2000)《汉语的节奏》,《当代语言学》第 4 期。

董秀芳(1998)述补带宾句式中的韵律制约,《语言研究》第 1 期。

——(2003)音步模式与句法结构的关系,《语言学论丛》第 27 辑,商务印书馆。

——(2004)《汉语的词库与词法》,北京大学出版社。

房德里耶斯(岑麒祥、叶蜚声译,1992)《语言》,商务印书馆。
冯隆(1985)北京话语流中声韵调的时长,《北京语音实验录》,北京大学出版社。
冯胜利(1997)《汉语的韵律、词法与句法》,北京大学出版社。
——(1998)论汉语的"自然音步",《中国语文》第1期。
——(2003)韵律制约的书面语与听说为主的教学法,《世界汉语教学》第1期。
——(2003)书面语语法及教学的相对独立性,《语言教学与研究》第2期。
——(2004)动宾倒置与韵律构词法,《语言科学》第3期。
——(2006)《汉语书面用语初编》,北京语言大学出版社。
顾阳、沈阳(2001)汉语合成复合词的构造过程,《中国语文》第2期。
郭绍虞(1938/1941/1985)中国语词的弹性作用,《燕京学报》24期,又载于《语文通论》,开明书店,1941;《照陋室语言文字论集》,上海古籍出版社,1985。
郭小武(1993)试论叠韵连绵字的统谐规律,《中国语文》第3期。
Halle, M.(李兵译,1989)词在记忆中是如何体现的,《国外语言学》第4期。
何元建(2004)回环理论与汉语构词法,《当代语言学》第3期。
何元建、王玲玲(2005)汉语真假复合词,《语言教学与研究》第5期。
贺宁基(1985)北京话二合元音感知中的时间因素,《北京语音实验录》,北京大学出版社。
贺巍(1989)《获嘉方言研究》,商务印书馆。
胡明扬(1987)关于北京话的语调问题,《北京话初探》,商务印书馆:北京。
胡裕树(1981)《现代汉语(增订本)》,上海教育出版社。
黄伯荣、廖序东(1988)《现代汉语(修订本)》,甘肃人民出版社。
黄家教(1990)论现代汉语的 e 和 er,《语言文字论集》,广东人民出版社。
霍凯特(索振羽、叶蜚声译,1987)《现代语言学教程》,北京大学出版社。
江海燕(2004)《汉语语调实验研究》,南开大学博士论文。
劲松(1992)北京话的语气和语调,《中国语文》第2期。
柯航(2007)《现代汉语单双音节搭配研究》,中国社会科学院语言研究所博士论文。
科姆里(沈家煊译,1989)《语言共性和语言类型》,华夏出版社。
邝剑菁、王洪君(2006/2008)连上变调在不同韵律层级上的声学表现——

兼论连上变调的性质,第七届中国语音学学术会议论文,2006年10月,北京大学。载于《中国语音学报》第1辑,商务印书馆,2008。

李龄(1959)四川邛崃话里的后加成分"儿"和"儿子",《中国语文》第1期。

李倩(1998)宁夏中宁方言"-子"的语法意义和特殊变调,《语言学论丛》第21辑,商务印书馆。

——(2001)中宁方言两字组的两种连调模式,《语言学论丛》第24辑,商务印书馆。

李荣(1957)《汉语方言调查手册》,科学出版社。

——(1988)方言研究中的若干问题,《吴语论丛》,上海教育出版社。

李如龙(1984)闽方言和苗、壮、傣、藏诸语言的动词特式重叠,《民族语文》第1期。

李思敬(1986)《汉语"儿"[ɚ]音史研究》,商务印书馆。

李延瑞(1984)普通话音位研究评述,《中国语文》第4期。

李兆同、徐思益(1981)《语言学导论》,新疆人民出版社。

梁玉璋(1982)福州方言的切脚词,《方言》第1期。

梁源、王洪君(1999)二字短语凝固度分级初探,《计算语言学文集》,黄昌宁、董振东主编,清华大学出版社。

林伦伦(1995)粤西闽语语音特点及内部差异,《方言》第1期。

林茂灿(2004)汉语语调与声调,《语言文字应用》第3期。

——(2005)语调理论与汉语语调——兼谈汉英语调对比,《声学技术》24卷3期。

林茂灿、林联合、夏光荣、曹雨生(1980)普通话二字词变调的实验研究,《中国语文》第1期。

林茂灿、颜景助(1980)北京话轻声的声学性质,《方言》第3期。

林茂灿、颜景助、孙国华(1984)北京话两字组正常重音的初步实验,《方言》第1期。

林焘(1985)探讨北京话轻音性质的初步实验,《北京语音实验录》,林焘、王理嘉等著,北京大学出版社。

林祥楣(1991)《现代汉语》,语文出版社。

李晓华(2007)《新闻播音节律特征研究》,北京大学博士论文。

凌锋(2003/2005)《普通话上声强重音的声学表现》,北京大学中文系硕士论文,载于《语言学论丛》第31辑,商务印书馆。

刘现强(2003/2007)《现代汉语节律研究》,北京大学中文系2003年博士论文,北京语言大学出版社。

陆丙甫(1989)结构、节奏、松紧、轻重在汉语中的相互作用,《汉语学习》第3期。

陆志韦等(1957)《汉语的构词法》,科学出版社。

吕叔湘(1962)说"自由"和"黏着",《中国语文》第1期。

——(1963)现代汉语单双音节问题初探,《中国语文》第1期;又载于《汉语语法论文集》(增订本),商务印书馆,1984。

——(1980)丹阳方言的声调系统,《方言》第2期。

马凤如(1984)山东金乡话儿化对声母的影响,《中国语文》第4期。

牟廷烈[韩](2001)韩汉拟声摹态词比较,《语言学论丛》第23辑,商务印书馆。

潘家懿(1986)山西方言在汉语音韵学中的地位,《音韵学研究》第2辑,中华书局。

沈家煊(1992)口误类例,《中国语文》第4期。

沈炯(1985)北京话声调的音域和语调,《北京语音实验录》,北京大学出版社。

——(1994a)北京话上声连读的调型组合和节奏形式,《中国语文》第4期。

——(1994b)汉语语调构造和语调类型,《方言》第3期。

石毓智(1995)论汉语的大音节结构,《中国语文》第3期。

史存直(1957)北京话音位问题商榷,《中国语文》第2期。

宋柔(1998)《两字结构库》(数据库),未公开发布。

孙景涛(2005)论"一音一义",《语言学论丛》第31辑,商务印书馆。

孙茂松等(2001、2003)《信息处理用现代汉语分词词表》(数据库),未公开发布。

汪平(1983)苏州两字组的连调格式,《方言》第4期。

王安红(2003)《普通话语调音高降势现象研究》,北京大学博士论文。

王灿龙(2002)句法组合中单双音节选择的认知解释,《语法研究与探索》第11辑,商务印书馆。

王福堂(1999/2005)《汉语方言语音的演变与层次》,语文出版社。

王洪君(1992)Morris Halle与生成音系学,《国外语言学》第2期。

——(1994a)从字和字组看词和短语,《中国语文》第2期。

——(1994b)生成音系学的形成和发展,《海外中国语言学研究》,语文出版社。

——(1994c)什么是音系的基本单位,《现代语言学》(论文集),语文出版社。
——(1994d)汉语中常用的两种语音构词法,《语言研究》第1期。
——(1995)普通话韵母的分类,《语文建设》第1期。
——(1996)汉语语音词的韵律类型,《中国语文》第3期。
——(2000)汉语的韵律词和韵律短语,《中国语文》第6期。
——(2001)音节单双、音域展敛与语法结构类型和成分次序,《当代语言学》第4期。
——(2002)普通话中节律边界与节律模式、语法、语用的关联,《语言学论丛》26辑,商务印书馆。
——(2004)试论汉语的节奏类型——松紧型,《语言科学》第3期。
——(2005)韵律层级模型中的最小自由单位及其类型学意义,《汉语研究的类型学视角》,徐杰主编,北京语言大学出版社。
——(2005)普通话节律与句法语用关联之再探,《声学技术》第24卷,上海。
王洪君、富丽(2005)试论现代汉语的类词缀,《语言科学》第5期。
王晶、王理嘉(1993)普通话多音节词音节时长分布模式,《中国语文》第2期。
王理嘉(1983)北京话的中元音音位,《语文研究》第1期。
——(1988)普通话音位研究中的几个问题,《语文研究》第3期。
——(1991)《音系学基础》,语文出版社。
王立(2003)《汉语词的社会语言学研究》,商务印书馆。
王青锋(2007)《河南长垣方言·语音篇》,1986年初稿(手稿),1989年第二稿(手稿),2007年中州古籍出版社。
王韫佳(2007)试论普通话疑问语气的声学关联物,《语言学论丛》第37辑,商务印书馆。
王韫佳、初敏、贺琳(2006)汉语焦点重音和语义重音分布的初步实验研究,《世界汉语教学》第2期。
温端政(1985)《忻州方言志》,语文出版社。
吴为善(1986)现代汉语三音节组合规律初探,《汉语学习》第5期。
——(1989)论汉语后置单音节的黏附性,《汉语学习》第1期。
——(2006)《汉语韵律句法探索》,学林出版社。
吴宗济(1982)普通话语句中的声调变化,《中国语文》第6期。
——(1984)普通话三字组变调规律,《中国语言学报》第2期。

——(1988)普通话四字组变调模式(英文),《语音研究年报》1988,中国社会科学院语言所语音研究室,内部发行。

——(1993/2004)普通话语调分析的一种新方法:语句中基本调群单元的移调处理,英文稿载于 1993 年内部发行的《语音研究年报》(社科院语言所语音室编),中译稿(曹文译)收在《吴宗济语言学论文集》,商务印书馆,2004。

——(1994/2004)普通话语调中短语调群在不同音阶的调域分布新探,英文稿载于《第一届国际韵律特征研讨会(横滨)论文集》(1994),中译稿(曹文译)收在《吴宗济语言学论文集》,商务印书馆,2004。

五臺(1986)关于"连读变调"的再认识,《语言研究》第 1 期。

徐通锵(1981)山西平定方言的"儿化"和晋中的所谓"嵌 l 词",《中国语文》第 6 期。

——(1985)宁波方言的"鸭"[ɛ]类词和儿化的残迹,《中国语文》第 3 期。

——(1997)《语言论——语义性语言的结构原理和研究方法》,东北师范大学出版社。

——(2007)《汉语字本位语法导论》,山东教育出版社。

徐通锵、王洪君(未刊)《闻喜方言调查报告》1985 年初稿。

薛凤生(1986)《北京音系解析》,北京语言学院出版社。

叶军(1996)停顿的声学征兆,《第三届全国语音学研讨会论文集》。

——(2001)《汉语语句韵律的语法功能》,华东师范大学出版社。

叶文曦(2004)汉语语义范畴的层级结构和汉语构词的语义问题,《语言学论丛》第 29 辑,商务印书馆。

游汝杰等(1980)论普通话的音位系统,《中国语文》第 5 期。

张崇(1990)《延川方言志》,语文出版社。

——(1993)嵌 l 词探源,《中国语文》第 3 期。

张国宪(1989)"动+名"结构中单双音节动作动词功能差异初探,《中国语文》第 3 期。

——(1996)单双音节形容词的选择性差异,《汉语学习》第 3 期。

——(2004)形动构造奇偶组配的语义·句法理据,《世界汉语教学》第 4 期。

——(2005)形名组合的韵律组配图式及其韵律的语言地位,《当代语言学》第 1 期。

张洪年(1985)镇江方言的连读变调,《方言》第 5 期。

张盛裕(1982)潮阳方言的象声字重叠式,《方言》第 3 期。
赵秉璇(1979)晋中话"嵌 l 词"汇释,《中国语文》第 6 期。
赵元任(1922)中国言语字调底实验研究法,《科学》第七卷第 9 期。
——(1929)北平语调的研究,《最后五分钟》之附录,中华书局。
——(1931)反切语八种,《史语所集刊》第二本第三分。
——(1932)英语语调(附美语变体)与汉语对应语调初探,《中研院史语所集刊》外编(蔡元培先生六十五岁庆祝论文集)。
——(1933)汉语的字调跟语调,《中研院史语所集刊》第四本第三分。
——(1935)国语语调,《国语周刊》第 214 期。
——(1968/1979)*A Grammar of Spoken Chinese*,University of California Press,Berkeley and Los Angeles,1968;《汉语口语语法》(吕叔湘中译),商务印书馆 1979。
——(1992)汉语词的概念及其结构和节奏(王洪君译),《中国现代语言学的开拓和发展》,清华大学出版社。
郑秋豫(2005)北京大学汉语语言学中心系列讲座资料。
郑张尚芳(1980)温州方言儿尾的语音变化,《方言》第 1 期、第 2 期。
周庆生(1987)郑州方言的声韵调,《方言》第 3 期。
周韧(2006)现代汉语韵律与语法的互动关系研究,北京大学博士论文。
周同春(1982)北京语音的音位系统,《语言文字论文集(下)》,北京师范大学出版社。
朱川(1996)新闻语音节奏群时长实验研究,《第三届全国语音学研讨会论文集》。
朱德熙(1982)潮阳话和北京话重叠式象声词的构造,《方言》第 3 期。
——(1982)《语法讲义》,商务印书馆。
朱晓农(1996,夏剑钦摘译)上海音系,《国外语言学》第 2 期。
朱晓农(2008)中国语言中具有语言学功能的发声态,第 8 届中国语音学学术会议讲演。
山西省方言志丛书,如《运城方言志》(吕枕甲 1991),《洪洞方言志》(乔全生 1983),吴建生(1984)《万荣方言志》等。

英文文献:

Anderson S. R. (1985) *Phonology in the Twenty Century*. Chicago and London:The University of Chicago Press.

Aronoff, M. & Oehrle R, (eds)(1984) *Language Sound Structure*: studies in phonology presented to Morris Halle by his teacher and students. Cambridge, Mass.: MIT Press.

Baker, M. (1988) *Incorporation*, Chicago: University of Chicago Press.

Bao, Zhiming(包智明,1990) Fanqie Language and Reduplication, *Linguistic Inquiry* 21:317—350.

Bloch, B. (1941) Phonemic Overlapping. in Joos Martin(1957).

Chan, M. K. M.(陈洁雯,1985) *Fuzhou Phonology: A Non-linear Analysis of Tone and Stress*. PhD dissertation, University of Washington, Seatle.

——(1988) An Autosegmental Analysis of Danyang Tone Sandhi: Some Historical and Theoretical Issues. in《吴语研究》,徐云扬主编(1995),香港中文大学新亚书院。

Chomsky, N. & Halle, M. (1968) *The Sound Pattern of English* (SPE). New York: Harper and Row.

Chomsky, N. Halle M. & Lukoff F. (1956) On Accent and Juncture in English. *For Roman Jakbson*. ed. by Morris Halle et al., Mount: The Hague,65—80.

Chen, Matthew(陈渊泉,1991) An Overview of Tone Sandhi Phenomena across Chinese Dielects. Languages and Dielects of China. ed. by Wang, W. *Journal of Chinese Linguistics*. Monograph Series No. 3:113—158.

——(2000/2001)*Tone Sandhi: Patterns across Chinese Dialects*(汉语方言的连读变调模式),北京:外语教学与研究出版社,伦敦:剑桥大学出版社。

Cheng, C-C(郑锦全,1973) *A Synchronic Phonology of Mandarin Chinese*. Mouton: The Hague.

Cinque, G. (1993) A Null Theory of Phrase and Compound Stress, *Linguistic Inquiry* 24:239—297.

Clements, G. N. (1985) The Geometry of Phonological Features. *Phonology Yearbook* 2:225—252.

Clements,G. N. & Goldsmith, John (eds)(1984) *Autosegmental Studies in Bantu Tone*. Dordrecht: Foris Pubications.

Clements, G. N. & Keyser, S. J. (1983) *CV Phonology: A Generative Theory of Syllable*. Linguistic Inquiry Monograph Series. No. 9. Cambridge, Mass.: MIT Press.

Duanmu, san (端木三, 1989) Cyclicity and the Mandarin Third Tone Sandhi. ms. MIT.

——(1990) *A Formal Study of Syllable, Tone, Stress and Domain in Chinese Languages*. PhD dissertation, MIT.

——(1992) End-based Theory, Cyclic Strss, and Tonal domain. *Chicago Linguistic Society* Vol. 28:65—76.

——(1997) Phonologically Motivated Word Order Movement: Evidence from Chinese Compounds, *Studies in the Linguistic Sciences* Vol. 27, No. 1:49—77.

——(2000) Tone: An Overview. in *The First Glot International State-of-the-Article Book: The Latest in Linguistics*, ed. Lisa Lai-Shen Cheng and Rint Sybesma.

Durand, Jacques (1990) *Generative and Non-linear Phonology*. London: Longman.

Goldsmith, John (1976) *Autosegmental Phonology*. PhD dissertation, MIT. Published by Garland Press, New York.

Goldsmith, John (1990) *Autosegmental and Metrical Phonology*. Cambridge Mass. & Oxford UK: Blackwell Publishers.

Hale, K. & S. J. Keyser (1993) On Argument Structure and the Lexical Expression of Systacic Relations, in Hale, K. & S. J. Keyser (eds, 1999) *The View from Building* 20. Cambridge: MIT Press.

Halle, Morris (1959) *The Sound Pattern of Russian*. Mouton: The Hague.

——(1962) Phonology in Generative Grammar. *Word* 18:54—72.

——(1992) Phonological Features. in *International Encyclopedia of Linguistics*. ed. William Bright, New York & Oxford: Oxford University Press.

——(1995) Feature Geometry and Feature Spreading. *Linguistic Inquiry* Vol. 26:1—46

Halle, Morris & Jean-Roger Vergnaud (1987) *An Essay on Stress*.

Cambrige, Mass.: MIT Press.

Halliday, M. A. K. (1970) *A Course in Spoken English: Intonation*. Oxford: Oxford University Press.

—— (1985) *An Introduction to Functional Grammar*, London: Edward Arnold.

Hartman, L. M.(哈忒门, 1944) The Segmental Phonemes of the Peking Dialect. in Joos, Martin(1957).

Hayes, B (1984) The Phonology of Rhythm in English. *Linguistic Inquiry*. Vol. 15:33—74.

Hockett, C. F. (霍凯特, 1947) Peking Phonology. in Joos, Martin(1957).

Hoffman, Carl (1963) *A Grammar of the Margi Language*. London: Oxford University Press.

Hulst, H. van der & Smith, Norval (1982) *The Structure of Phonological Representations* (Part I & II). Dordrecht: Foris. Publications.

Irshied, Omar (1984) *The Phonology of Bani-Hassan Arabic*. PhD dissertation, University of Illnois, Urbana.

Itô Junko (1986) *Syllable Theory in Prosodic Phonology*. Amherst: University of Mass. PhD dissertation, Published by Garland Press, New York 1988.

—— (1989) A Prosodic Theory of Epenthesis. *Natural Language & Linguistic Theory* 7:217—259

Jakobson, R. , G. Fant, and M. Halle (1952) Preliminaries to Speech Analysis, the Distinctive Features and their Correlates, MIT Acustic Laboratory, Tech. Report No. 13.

Joos, Martin(ed. 1957) *Readings in Linguistics*. American Council of Learned Societies. Washington.

Kaisse, Ellen M. (1985) *Connected Speech: The Interaction of Syntax and Phonology*, Orlando: Academic Press.

Keating, Patricia(1988) Palatals as Complex Segments: X-ray Evidence, *UCLA Working Papers in Phonetics* 69: 77—91.

Kenstowicz, Michael (1994) *Phonology in Generative Grammar*. Cambridge Mass: & Oxford UK. : Blackwell Publishers.

—— (1986) Notes on Syllable Structure in Three Arabic Dialects. *Revue Québécoise de Lingustique* 16:101—128.

Kiparsky, Paul(1982)From Cyclic Phonology to Lexical Phonology, in van der Hulst & Smith eds. (1982).

Liberman, M. (1975) *The Intonational System of English*. PhD dissertation, MIT.

Lin, Yen-Hwei(林燕慧, 1989) *Autosegmental Treatment of Segmental Process. in Chinese Phonology*. PhD dissertation, University of Texas, Austin.

Lu, Bingfu. and San Duanmu(陆丙甫、端木三, 1991) A Case Study of the Relation Between Rhythm and Syntax in Chinese. Paper presented at the Third North America Conference on Chinese Linguistics, May 3—5, Ithaca.

McCarthy, John(1979) On Stress and Syllabification. *Linguistic Inquiry* 10: 443—466.

—— (1981) A Prosodic Theory of Nonconcatenative Morphology. *Linguistic Inquiry* 12:373—418.

—— (1982) Prosodic Templates, Morphemic Templates, and Morphemic Tiers. in van der Hulst and Smith(1982, Part I).

—— (1984) Prosodic Organization in Morphology. in Aronoff and Oehrle (1984).

—— (1986) OCP Effects: Gemination and Antigemination. *Linguistic Inquiry* 17: 207—263.

McCarthy, John & Prince, Alan S. (1986) *Prosodic Morphology*. Waltham Mass:Brandeis University ms.

Mohanan, K. P,(1982)*Lexical Phonology*, PhD dissertation, MIT.

Nespor M. & I. Vogel(1986) *Prosodic Phonology*. Dordrecht: Foris.

Palmer, H. (1922) *English Intonation with Systematic Exercises*. Cambridge: Heffer.

Prince, Alan S. (1984) Phonology with Tiers. in Aronoff and Oehrle (1984).

Sagey, Elizabeth(1986) *The Representation of Features and Relations in Non-linear Phonology*, PhD dissertation, MIT.

Seilkirk, E. (1978) On Prosodic Structure and its Relation to Syntax Structure. in *Nordic Prosody* II, Fretheim, T. ed., Trondheim.

—— (1984) *Phonology and Syntax*. Cambridge, MA.: MIT Press.

Shaw, Patricia (1976) *Theoretical Issues in Dakota Phonology and Morphology*. PhD dissertation, University of Toronto. Published by Garland Press.

Shi Chi-lin(石基琳,1986) *The Prosodic Domain of Tone Sandhi in Chinese*. PhD dissertation, University of California at San Diego.

Stavropoulou, P. Predicting(2002) Prosodic Phrasing, MS dissertation, Department of Theoretical and Applied Linguistics, University of Edinburgh.

Steriade, Donca(1988) Reduplication and Syllable Transfer in Sanskrit and Elsewhere. *Phonology* 5:73—155.

Sun, Jingtao(孙景涛,1999) *Reduplication in Old Chinese*(古汉语重叠之研究), PhD dissertation, University of British Columbia, Vancouver.

Wang, Jenny Zhijie(王志洁,1993) *The Geometry of Segmental Features in Beijing Mandarin*. PhD dissertation, University of Delaware.

Xu, Yi (1997) Contextual Tonal Variations in Mandarin. *Journal of Phonetics* 25:61—83.

—— (1998) Consistency of Tone-syllable Alignment across Different Syllable Structures and Speech Rate. *Phonetica* 55:179—203.

—— (1999) Effects of Tone and Focus on the Formation and Alignment of f_0 Contours, *Journal of Phonetics* 27:55—105.

—— (2001) Pitch Targets and Their Realization: Evidence form Mandarin. *Speech Communication* 33:319—337.

Yip, Moira(1980) *The Tonal Phonology of Chinese*. PhD dissertation, MIT. Published by Garland Press, New York, 1990.

—— (1989) Contour Tones. *Phonology* 6:149—174.

Zec, D (1988) *Sonority Constraints on Prosodic Structure*. PhD dissertation, Stanford University.

Zhang, Hongming(张洪明,1992) *Topics in Chinese Phrasal Tonology*. PhD dissertation, University of California at San Diego.

后　记

　　这是我第一本著作,是我近十年来学习心得和研究体会的总结。书稿终于付梓,心中却有些忐忑。这几年的学习和研究使我真正体会到了学无止境,探求无止境:没有接触过的新理论和语言材料还有很多,对非线性音系学理论的理解不一定全面,对一些汉语问题的分析也许不是最好的。但是我也同时认识到,学问正是在各种不同的认识和分析方案的交锋中前进的,这给了我勇气把这一阶段性的成果奉给同行,希望它能对同行有所启发,也希望能听到不同意见使它得到修正。

　　回想起来,这些年的学习和研究曾得到了多方面的帮助,没有这些帮助,本书的完成和出版是不可能的。

　　1990年秋哈佛燕京学社资助我赴美访问、进修一年,为我系统地学习非线性音系学提供了各种条件。

　　麻省理工学院(MIT)的Halle教授和Kenstowicz教授合授的两个学期的音系学课程,教给我美国音系学各方面的知识。智慧的Halle教授讲课深入浅出、诙谐风趣。课上沿着他的思路层层剖析表层现象,异常简明的规律就显露出来了,这一切至今令我陶醉。严谨的Kenstowicz教授了解美国音系学各方面的历史和新进展,也十分熟悉各种已发表的语言材料,他的新著《生成语法中的音系学》就是这一特点的最好体现。而在该书出版之前,教授就慷慨地见赠书稿,使我受益匪浅。

　　当时在MIT工作的端木三博士不但在生活上,而且在学习上给我以许多帮助。他力图通过具体语言各种不同的表象去探索语言深层共性的精神、他对纯归纳研究途径的尖锐批评都深刻地影响了我。

　　在1991年的美国暑期学院(设在加州大学Santa Cruz分校)学习期间,Moira Yip教授授我以非线性音系学在汉语研究方面的有关成果。张洪明博士慷慨、热情、周到地给我以多方面的帮助。

　　1991年我刚从美国进修回来,兴奋异常。在那里接触了那么多新的音系理论,恨不得马上介绍给国内同人。业师徐通锵先生却提醒我,切忌食而不化。美国的理论一年几换,单纯地介绍外国理论,即使是加上几个汉语的例子,也算不上语言学理论的研究。同年我在中文系开设《生成音系学》的课程,开始写讲义;徐先生又告诫我,著作一定要有一条明确的主线,以它贯穿对各种繁复现象的描写及其解释。开始我并不能很好地理解先生的意思。但六年来随着一些具体研究的完成,我发现一条贯穿各点的"纲"越来越清晰了,这就是汉语"一音节一义"的关联。从这一关联中才又抽象出了更高层的具有普通语言学意义的参数——句法韵律的最小自由单位。

这几年的研究体会,曾陆续以单篇论文的形式在《语言研究》、《中国语文》、《国外语言学》、《语文建设》等杂志和语文出版社的两本论文集《海外中国语言学研究》、《现代语言学》(上海现代语言学研究会年会论文集)上发表,这使得我能够及时听到反馈,进行更深入的研究。

有关句法韵律的最小自由单位的想法,曾在1996年的第三届全国语音学研讨会上发表,与会的潘悟云、王志洁、石汝杰等先生提出了不少不同的看法,促使我进一步地吸取有关研究成果,修改了一些明显的错误。

每当有了新的想法,我总是先与爱人王福堂切磋,切磋中得到了不少启发。他还提供了绍兴方言变调的材料,帮助确定了书中闻喜方言Z变韵和平定方言嵌l词的音值,王青锋《长垣方言·语音篇》的材料也是由他审定音值的。

国家教委八五社会科学基金重点项目《当代语言学流派评析》(叶蜚声主持)和《语言研究方法论》(徐通锵主持)为我这些年的研究提供了经费上的支持。

非线性音系学是个很专门的学术领域,上山基金的资助、北大出版社郭力编辑的大力支持,才终使本书付梓。

谨记于此,以表达我深深的谢意。

王洪君
1997年10月于北京大学承泽园

增订版后记

一晃,初版印行竟已近十年。大约在三四年前,就听学生说本书的初版已告售罄。是原版再印,将这几年的研究成果另成新书出版,还是补充介绍一些新的理论(如优选音系学),还是……,一时竟拿不定主意。十几年来音系理论有很多新的进展,而我自己这几年的研究则集中在与信息处理有关的汉语节奏与语法语用的关联方面。感谢北大出版社主动提出再版增订的要求,使我最终决定在订正原版的基础上补充我所主持的社科基金项目《现代汉语韵律与语法语用的关联》(01BYY022)的研究成果。

令人欣慰的是,原版绝大多数的内容,比如汉语单字音与派生音的性质不同,普通话和方言的儿化、Z变、嵌l、双声叠韵、连调、轻声等多种语音构词法之间的区别与联系及共时态与历时态的联系,普通话韵律层级及其枢纽与多音节语的韵律层级及其枢纽的不同及更高层次上的普遍性等等,即使放在今天,读者的反映也仍然是新鲜而深刻。这使想起导师徐通锵先生一直以来的教诲:借鉴国外的理论,一定要深入地掌握其精髓,掌握其观察问题的角度,而不是只借用其表达的手段(如转写公式A→B / X __ Y、特征盒表达式、树形特征几何及连接线等等);要从汉语的事实出发整体考虑其各种共时、历时事实之间的联系,从汉语事实出发选择或归纳最简描写模型。表达手段会因学派更替而废弃,而新的观察角度如果能揭示新的规律或联系就不会过时。

本次增订的改动之一在于"增":较原版增加了16万字、近2/5的篇幅。增补的内容主要在现代汉语节律与语法语用的关联方面(11、12两章和6.5节)。在这两章一节中,除了介绍我自己的和跟硕士富丽、邝剑菁一起做的研究,还介绍了语音学专家吴宗济、沈炯、林茂灿、曹剑芬、石基琳、许毅、初敏、王韫佳和音系学或句法学专家陈渊泉、冯胜利、端木三、张洪明、董秀芳、何元建、沈阳以及博士生周韧、柯航等人的研究。此外,本书还增补了我指导韩国硕士牟廷烈所做的有关韩语拟声摹态词的研究(§7.5节)和孙景涛先生关于上古联绵词的研究,重写了有关汉语连上变调和轻声变调的部分。

增订的改动之二在于"订",订正了原版的多处错漏。这要感谢选修我十几年来在北大开设的音系学课程的学生们,他们对书中的错误多有指正,指正最多的记得有刘祥柏、刘现强、裴雨来、李计伟等。

学而后知不足。在音系学领域耕耘多年后越发感到个人的局限:对许多国外理论还缺乏了解,了解一些的也恐怕理解有误,对汉语普通话和方言的许多现象还缺乏细致的研究,等等。这都有待大家的指正。企盼本书的出版能够激起大家对音系学的关心和兴趣:提出更多的讨论课题,揭示出更加简明的规律,挖掘出汉语的特点及更高层次的语言普遍性。

王洪君

2008年5月3日于承泽园寓所